Querebentã de Zomadônu

Etnografia da Casa das Minas do Maranhão

Copyright © 2009
Sergio Ferretti

Editoras
Cristina Fernandes Warth
Mariana Warth

Coordenação editorial
Silvia Rebello

Coordenação de produção
Christine Dieguez

Preparação de texto
Eneida D. Gaspar

Revisão
Letícia Féres
Diogo Henriques

Projeto gráfico de miolo e diagramação
Selênia Serviços

Capa
Ilustrarte Design e Produção Editorial

Restauração da imagem de capa
Francisco Otoni - Estúdio Edgar Rocha

Produção Gráfica
Aron Balmas

Todos os direitos reservados à Pallas Editora e Distribuidora Ltda. É vetada a reprodução por qualquer meio mecânico, eletrônico, xerográfico etc., sem a permissão por escrito da editora, de parte ou totalidade do material escrito.

CIP-BRASIL. CATALOGAÇÃO-NA-FONTE
SINDICATO NACIONAL DOS EDITORES DE LIVROS, RJ.

F447q
3ª ed.

Ferretti, Sergio, 1937
Querebentã de Zomadônu : etnografia da Casa das Minas do Maranhão / Sergio Ferretti. — 3ª ed. — Rio de Janeiro : Pallas, 2009.
336p.

Anexo: Laços de parentesco na Casa das Minas
Contém glossário da Casa das Minas
Inclui bibliografia
ISBN 978-85-347-0414-4

1. Casa das Minas de São Luis do Maranhão. 2. Cultos afro-brasileiros — Maranhão. 3. Negros — Maranhão — Religião. 4. Maranhão — Usos e costumes religiosos. I. Título. II. Título: Etnografia da Casa das Minas do Maranhão.

08-3013.

CDD: 299.6098121
CDU: 299.6(812.1)

Pallas Editora e Distribuidora Ltda.
Rua Frederico de Albuquerque, 56 — Higienópolis
CEP 21050-840 — Rio de Janeiro — RJ
Tel./fax: (021) 2270-0186
www.pallaseditora.com.br
pallas@pallaseditora.com.br

Sergio Ferretti

Querebentã de Zomadônu

Etnografia da Casa das Minas do Maranhão

3ª edição

Rio de Janeiro
2009

SUMÁRIO

Prefácio 7

Introdução 9

Evolução dos estudos sobre o negro e os cultos afro-brasileiros
no Maranhão 13

O conhecimento científico e o conhecimento religioso 37

História da Casa das Minas. Mito e realidade 53
    Localização e fundação 53
    As primeiras mães 57
    Feitorias ou barcos de iniciação 59
    Gestão de Mãe Andresa (1915-1954) 65
    Últimas gonjaí 72
    Situação atual 80

Elementos da teogonia: os voduns e seus filhos 89
    Os voduns — sombras ou "brancos" 89
    Toquéns 94
    Tobóssis ou meninas 95
    Famílias de voduns e seus filhos 100

O ciclo de festas 131
    Partes secretas das festas 132
    As festas grandes 135
    Calendário das festas, aniversário dos voduns, festas de obrigação 138
    Festas antigas desaparecidas 143
    Presépio e queimação das palhinhas 147
    Festa de São Sebastião para Acóssi. O jantar dos cachorros 148
    Torração, tambor de entrudo, Arrambã 159
    O tambor de choro e o luto da lei 163
    O ciclo da Festa do Divino 168

Elementos do ritual 183
Cânticos, danças, instrumentos 183
Vestes rituais 193
Alimentos rituais 199
Pedras de assentamento 203
Banhos e plantas 205
Tratamento de algumas doenças e da loucura 213
Transe religioso, mediunidade e vidência 219
Irmandade e vida comunitária 229
Modelos de organização 229
Rituais iniciáticos 233
Elementos da vida comunitária 235
Aspectos da organização do grupo 243
Normas de etiqueta e nomes privados 245
Conflitos e sexualidade 249
Parentesco de sangue e parentesco no santo 251
O espaço sagrado 255
Relações com o mundo exterior 265
À guisa de conclusão: O futuro da Casa das Minas 275
Anexo: Laços de parentesco na Casa das Minas 279
Glossário da Casa das Minas 285
Bibliografia consultada 317

Lista de ilustrações

Tabela 1: Relação de chefes da Casa das minas que são lembradas, com indicação de seu nome africano, respectivo vodum, período de chefia e principais auxiliares, 87
Tabela 2: Relação de vodúnsis-gonjaís da Casa das Minas, com nomes dos respectivos voduns e tobóssis conhecidos, 98
Tabela 3: Relação dos Reis de Abomey, no Daomé, atual República de Benin, com indicação dos nomes de voduns da Casa das Minas, 101
Quadro 1: Voduns da Família de Davice, 103
Quadro 2: Voduns da Família de Savaluno, 112
Quadro 3: Voduns da Família de Dambirá, 114
Quadro 4: Voduns da Família de Quevioçô, 120
Tabela 4: Número de divindades conhecidas na Casa das Minas, 126
Tabela 5: Calendário das Festas da Casa das Minas, 141
Mapa I: Planta da Casa das Minas (Querebentã de Zomadônu), 258

Prefácio

Entre a primeira edição deste livro e a atual, quase 25 anos já se passaram. A Casa das Minas, o universo religioso do qual trata o livro, não desapareceu do mapa, mas alguns de seus atores sociais envelheceram e morreram, cedendo espaço a novos personagens iniciados. Alguns poucos estudos se acrescentaram e ampliaram os horizontes bibliográficos. No entanto, os fenômenos analisados no livro se mantêm na atualidade, obrigando-me a conservar o conteúdo do texto do primeiro prefácio por mim redigido em 1983.

Com efeito, dos estudos realizados no Brasil sobre as religiões brasileiras de matriz africana, poucos foram os consagrados à Casa das Minas. Entre os mais destacados tem-se o trabalho de Nunes Pereira, *A Casa das Minas*, com a primeira edição em 1947 e a segunda edição ampliada em 1979; o trabalho de Octávio da Costa Eduardo, em 1948; e os trabalhos mais recentes do próprio professor Ferretti, como o *Repensando o sincretismo: Estudo sobre a Casa das Minas*, de 1995. Entre esses primeiros trabalhos e o *Querebentã de Zomadônu*, mais de três décadas se passaram. Imagina-se também que, durante esse tempo, muita coisa teria acontecido na Casa das Minas, daí a primeira característica do estudo realizado por Ferretti, ou seja, a atualização do tema.

Embora reconheçamos a seriedade dos trabalhos anteriores, haveria necessidade de situá-los no contexto científico de seu tempo, isto é, na década de 1940, dominada pela análise funcionalista e por todo um instrumental teórico e conceitual vinculado à Antropologia colonial. Daí, a segunda característica do trabalho de Sergio Ferretti, que, embora retomando alguns aspectos já tratados por seus predecessores, analisa-os fazendo praticamente uma releitura, à luz de um instrumento conceitual redefinido e despojado da ideologia colonial. No seu trabalho encontra-se uma grande preocupação com o objeto de estudo, ou seja, esse grande questionamento que cada jovem cientista consciente faz a respeito de sua responsabilidade de pesquisador. De outro modo, não há apenas o sistema religioso que o preocupa, mas também o próprio homem, o fundador e o utilizador do culto da Casa das Minas.

Além de apresentar uma pesquisa bibliográfica rica sobre o assunto, através da qual o autor retoma, critica, sintetiza vários estudos realizados no campo da religiosidade afro-brasileira, fornecendo um quadro muito claro sobre eles, *Querebentã de Zomadônu* é também uma mina de informações de primeira mão. Nele se sente a penetração e a aceitação que o autor teve na Casa das Minas, bem como se revive o trabalho da Antropologia de campo. Mas isso não é tudo, pois o trabalho, apesar de ser uma monografia, tem um caráter ensaístico. É um trabalho etnológico, em que o autor não apenas descreve o seu objeto, mas tenta explicá-lo, recorrendo aos subsídios teóricos da ciência antropológica e das disciplinas auxiliares.

As preocupações com o homem e com o futuro da Casa das Minas o leram, neste trabalho, a operar uma ruptura metodológica entre a abordagem sincrônica de cunho estruturalista e funcionalista e a abordagem diacrônica necessária para captar os fenômenos conflituais dentro da Casa relacionados à sociedade global, quer estes sejam de natureza política, econômica ou sociológica. Nesta ordem de ideias, os processos de mudança e de resistência cultural apontados no trabalho permitem-no explicar por que a Casa das Minas caminha para um futuro pouco promissor quanto a sua sobrevivência e manutenção. No que concerne a essa dimensão histórica, *Querebentã de Zomadônu* toma uma distância considerável em relação aos trabalhos anteriores.

Com esta publicação, o autor disponibiliza aos estudiosos das religiões ditas populares um precioso instrumento de trabalho.

Kabengele Munanga
Universidade de São Paulo, junho de 2007

Introdução

O ensaio de Antropologia da Religião que estas páginas apresentam ocupa-se com o estudo da Casa das Minas de São Luís do Maranhão, dedicando-se a analisar as características de sua estrutura mitológica, de seu ritual e de sua organização, as mudanças por que tem passado nos últimos anos[1], e sua importância no ambiente religioso afro-maranhense.

Casa de mina, ou *tambor de mina*, é a designação popular, no Maranhão, para o local e para o culto de origem africana que, em outras regiões do país, recebe denominações como candomblé, xangô, batuque, macumba etc. É o nome de uma das religiões afro-brasileiras desenvolvidas por antigos escravos africanos e seus descendentes. Entre outros aspectos, caracteriza-se como religião de transe ou possessão, em que entidades sobrenaturais são cultuadas e invocadas, incorporando-se em participantes, principalmente mulheres, sobretudo por ocasião de festas, com cânticos e danças executados ao som de tambores e outros instrumentos. Daí o termo *tambor*, pelo qual também são designados tais cultos.

O termo *mina* deriva do Forte de São Jorge da Mina, na Costa do Ouro, atual República de Gana, um dos mais antigos empórios portugueses de escravos na África Ocidental. É também o nome de um dos grupos étnicos que, naquela região, desde cedo foi absorvido pelo tráfico de escravos. No Brasil, o termo *mina* é atribuído genericamente a escravos procedentes da região do Golfo de Benim, na África Ocidental.

Casa das Minas é o nome pelo qual é conhecido o mais antigo terreiro de tambor de mina de que se tem notícia no Maranhão, sendo provavelmente o que deu origem a esse culto em terras maranhenses e que aqui serviu de modelo

---

1   Quando o estudo foi realizado, no início da década de 1980. (N. E.)

a outras casas semelhantes. É também chamada de *Casa Grande das Minas* ou *Casa das Minas Jeje*, por ter sido fundada por negros jeje, denominação dada a grupos étnicos provenientes do sul do Benim — o ex-Daomé —, vindos em grande número para o Brasil no século XIX.

A Casa das Minas é ainda chamada de *Querebentã de Zomadônu*, ou *Terreiro de Zomadônu*, nome da divindade protetora dos seus fundadores. Fundada em inícios do século XIX, é considerada a casa-mãe dos tambores de mina do Maranhão e da Amazônia, embora formalmente não haja outras que lhe sejam filiadas. Atualmente possui pouco mais de uma dezena de filhas-de-santo, que recebem, em estado de transe, os chamados voduns. Serve também como local de residência a cerca de três dezenas de pessoas relacionadas com as filhas-de-santo. Em comparação com o número de participantes que possuía, por exemplo, na década de 1940, quando foram realizadas outras pesquisas a seu respeito, e de acordo com a memória das atuais participantes, ou em confronto com outros tambores de mina, a velha Casa dá a impressão, ao menos em relação ao número de seus membros, de que se encontra atravessando longa fase de declínio. Não obstante isso, goza ainda de grande prestígio no ambiente dos grupos religiosos afro-maranhenses, embora exista atualmente, em São Luís, grande número de terreiros de tambor de mina em expansão, de origem variada, seguindo rituais que se dizem nagô, angola, cambinda, fanti ashanti etc., além de terreiros de umbanda e de cura, ou pajelança, de influências ameríndias e outras.

A religião relaciona-se com o modo de pensar e agir das pessoas, com o seu modo de conhecer e compreender o mundo e de se comportar diante de outras pessoas. Dada a relação entre religião e valores sociais, a análise do comportamento religioso pode fornecer elementos para a melhor compreensão daqueles valores vigentes entre a população que adota uma determinada religião, servindo para identificar até que ponto esses valores refletem ou se opõem aos da classe dominante.

O tambor de mina é fenômeno que faz parte da religiosidade tradicional e da cultura popular, mas cujo significado e influência no comportamento da população maranhense não foram ainda devidamente reconhecidos e analisados. É importante indagar até que ponto esse culto pode ser considerado fator de resistência à mudança ou, ao contrário, elemento de resistência cultural e de preservação da identidade de um grupo. O presente estudo, por suas limitações, não dá resposta a todas essas perguntas, mas abre oportunidade a que sejam levantadas e debatidas. Por ele se verá que o tambor de mina é criação cultural de um grupo que se orgulha de suas raízes. É também uma das formas possíveis de manifestação da criatividade e de organização popular, exteriorizadas sobretudo durante a realização de festas, nas quais se usam vestimentas diferentes e as pessoas desempenham papéis diversos dos de sua vida cotidiana. É uma espécie de teatro popular, uma oportunidade de lazer, do encontro de muitas pessoas, com comidas e bebidas. Nessas festas, a comunidade se exterioriza em formas de solidariedade e cooperação que se sobrepõem aos conflitos. Ao mesmo tempo, o grupo se torna mais valorizado e apreciado pelos que são de fora. Aí, como por um mecanismo de compensação em que se invertem personalidades e papéis da vida diária, pessoas pobres e sem prestígio passam a ser tratadas como senhores importantes, os fracos aparecem como fortes, os pobres se tornam poderosos. O tambor de mina pode, assim, ser considerado uma forma de terapia grupal de base popular, moderadora de conflitos internos. Para os membros do grupo, o tambor de mina é uma religião como as outras. O que é típico da mina são os voduns, que se manifestam para tratar de problemas das pessoas, como doenças e dificuldades da vida. Para eles, também, o tambor de mina é uma obrigação e tem suas dificuldades. Portanto, embora o que apareça seja a beleza das festas, o tambor implica uma série de compromissos, sacrifícios e responsabilidades pesadas, assumidas pelo grupo.

É oportuno registrar, desde o início, que a área de Antropologia da Religião é uma das mais complexas, entre outros fatores, porque cada religião se pretende, no geral das vezes e por sua própria natureza, a única verdadeiramente válida. Isso deve ser particularmente enfatizado quando se estudam as religiões populares que, por um viés etnocêntrico, são comumente consideradas crendices e superstições vulgares e atrasadas, por se ignorar que pode haver nelas um complexo conjunto de valores e uma filosofia de vida diferente, comparáveis aos momentos mais elevados de qualquer civilização.

Com o relativismo da ciência antropológica, aqui procuramos apenas analisar a manifestação do fenômeno religioso como uma das mais importantes na organização humana.

Evolução dos estudos sobre o negro e os cultos afro-brasileiros no Maranhão

Uma obra literária maranhense — *O mulato*, de Aluísio Azevedo, publicada em 1881 — levantou polêmica, em todo o Brasil, sobre o preconceito racial e a escravatura. A despeito disso, os estudos científicos sobre o negro no Maranhão, especialmente sobre suas manifestações religiosas, eram pouco desenvolvidos até inícios dos anos 1980, ao contrário do que ocorria em várias regiões do país. Excetuando o esforço precursor do maranhense Raimundo Nina Rodrigues (que realizou seus trabalhos na Bahia, em fins do século XIX, contudo em seus escritos faz apenas rápidas referências a seu estado natal), uns poucos estudos de História dedicam páginas ao tema da escravidão e apenas algumas obras de Literatura referem-se ao assunto. Tratando direta e propriamente do negro no Maranhão, existiam apenas dois trabalhos científicos importantes, ambos da década de 1940: o de Nunes Pereira, de 1947, e o de Octávio da Costa Eduardo, de 1948. O interesse pelo estudo do tema ressurgiu nos anos 1970, principalmente em função do desenvolvimento de teses de pós-graduação, entre as quais merece menção a de Maria Amália Pereira Barreto (1977)[2].

Conforme temos notícia, apenas a partir de fins da década de 1930 começam a surgir as primeiras e breves informações de estudiosos e viajantes sobre a religião dos negros no Maranhão. Em 1936-38, o geógrafo e etnógrafo maranhense Raimundo Lopes, em *Uma região tropical*, afirma que seu irmão Antônio Lopes reuniu, no Instituto Histórico e Geográfico do Maranhão, notável documentação sobre "confrarias fetichistas" de origem daomeana, nas quais, em associação com o catolicismo, se misturam estranhas práticas e "cren-

---

[2] No final dessa década, também Nunes Pereira (1979) apresentou uma segunda edição ampliada de sua obra *A Casa das Minas*.

dices do Continente Negro" (Lopes, 1970, p. 69-73). Roger Bastide (1971, p. 256-266), ao comentar a bibliografia sobre a área religiosa afro-maranhense, afirma não ter localizado em São Luís os manuscritos de Antônio Lopes sobre seitas feiticeiras[3]. Sobre esse assunto, o escritor maranhense José Jansen nos informou que viu com Antônio Lopes, antes do falecimento deste em 1950, vasto material sobre a Casa das Minas, e lembra de fotos ampliadas das tobóssis — entidades femininas infantis — com todas as suas vestimentas, como também representações gráficas de movimentos de dança do tambor de mina. Edmundo Correia Lopes (1944, p. 140) e Bastide (1971, p. 256) informam que o maranhense Fróes de Abreu, em *Na terra das palmeiras* (1931, p. 249), declarou que "todo aquele que quisesse estudar as sobrevivências africanas no Brasil deveria escolher, de preferência a qualquer outra, a terra do Maranhão, onde os negros estiveram mais isolados do contato com as civilizações europeias". Nunes Pereira (1979, p. 51), além de referências aos estudos de Correia Lopes, indica ainda (1979, p. 47) o escritor espanhol Álvaro de Las Casas, que, no livro de viagens *Labareda dos trópicos*, narra sua visita à chefe da Casa das Minas em São Luís. Mas, de fato, como afirma Bastide (1971, p. 256-266), curiosamente, a área do Maranhão permaneceu muito tempo abandonada pelos africanistas, e o material anterior às publicações de Nunes Pereira e Costa Eduardo deve ser usado com cautela, por incorrer em erros e imprecisões.

Desta primeira fase, destacam-se os trabalhos de Edmundo Correia Lopes, historiador e etnólogo português, que lecionou na Bahia e fez viagem de estudos ao Norte do Brasil (Lopes, 1939, p. 114), tendo realizado pesquisas na Casa das Minas em 1937. Esse autor demonstra conhecimentos especialmente de Etnomusicologia, Linguística, História e Mitologia. Em trabalho sobre a escravidão (1944, p. 140), enfatiza a importância do Maranhão, para onde julga que devem convergir os interesses dos estudiosos de problemas afro-brasileiros, sobretudo pela presença, aqui, das comunidades religiosas negras de São Luís e dos núcleos de negros nos vales do Itapecuru e Mearim. Interessado em estudar elementos culturais de origem daomeana no Brasil, Correia Lopes publicou vários artigos fazendo referências a grupos de cultos afro-brasileiros e à Casa das Minas. Considera ele o quanto é vasto o patrimônio musical, coreográfico, psicológico, histórico e folclórico desse grande terreiro jeje e, apesar do muito que lá tenha coletado pessoalmente, receia que tal riqueza nunca venha a ter o es-

---

[3] Ver também comentários de Bastide em Nunes Pereira, 1979, p. 208.

tudo que merece. Informa ainda (1947, p. 79) ter publicado aproximadamente duas dezenas de cânticos da Casa das Minas, entre mais de uma centena que coletara. Lamentamos que o autor, àquela época já tão informado, não tenha publicado outros estudos de maior peso sobre esse terreiro que lhe despertou tanto interesse. Sobre o assunto, o último trabalho seu de que temos notícia é um comentário, datado de 1947, sobre *A Casa das Minas*, de Nunes Pereira (que o reproduz em sua edição de 1979).

É também de Correia Lopes (1945, p. 66) um comentário filológico sobre a *Obra nova de língua geral de mina*, de Antônio da Costa Peixoto, publicada em Lisboa em 1944 (republicada em 1945), segundo manuscrito localizado na Biblioteca Pública de Évora, e escrito em Minas Gerais em 1741. Trata-se de vocabulário usado pelos escravos daomeanos no Brasil. Eram eles oriundos de nações de diferentes línguas, mas entendiam-se em uma língua geral do país de exportação, o Daomé. Comentando o uso dessa língua no Brasil, diz Correia Lopes (1945, p. 51) que, entre os cânticos da Casa das Minas, predominam os fon ou gun. A respeito do vocabulário, informa mais recentemente a professora Yeda Pessoa de Castro:

> ...é o documento linguístico mais interessante que temos do tempo da escravidão. Trata-se de um caderno redigido na intenção de ensinar um vocabulário africano que era comumente usado entre escravos da região (Minas Gerais). Esse vocabulário precisamos como de base ewê, e, dentre os 831 termos que ele contém, 80% podem ser identificados como fon, enquanto 20% são mahi, gun, mina e ewê, embora observando que, do grupo de línguas ewê, o mahi, o gun e o fon são muito próximos entre si. A esse dialeto de base ewê, juntamente com outros que podem ter surgido no mesmo século, em diferentes localidades e pelos mesmos motivos, chamaremos de dialeto das minas. (1980, p. 20)

Em 1938, por iniciativa de Mário de Andrade, o Departamento de Cultura da Prefeitura de São Paulo realizou viagens de pesquisa pelo Norte e Nordeste, na chamada Missão de Pesquisa Folclórica, coletando gravações e outros documentos, em especial sobre o folclore musical. O material coletado em São Luís foi publicado somente em 1948, pela Discoteca Pública Municipal de São Paulo, com apresentação de Oneyda Alvarenga, acompanhado de discos sobre tambor de mina e tambor de crioula. Essa autora (1948, p. 4) informa que "os cultos apresentados nestes discos ainda não possuem documentação bibliográfica" e também que conseguiu identificar o emprego frequente da palavra vodum, constante em vários cânticos, o que revelaria "no tambor de mina uma possível origem daomeana" (1948, p. 5). Os registros de tambor de mina e de tambor de crioula foram coletados em São Luís, em junho de 1938, no terreiro Fé em Deus, localizado no bairro do João Paulo, dirigido pela mãe-de-santo Maximiana Rosa Silva, que teria nascido em São Luís em 1873. O livro apresenta breves informações sobre os 22 participantes das gravações, com dados sobre sua idade, cor, filiação, local de nascimento, profissão, indumentária, onde e quando aprenderam a manifestação e viagens que realizaram. Aí estão transcritos 103 cânticos, a maioria de tambor de mina, informando a apresentadora que 74 são em língua nacional e 29 em língua africana ou com mistura de português e palavras africanas. Seguindo Mário de Andrade, Alvarenga denomina as duas manifestações de "cânticos de feitiçaria", não fazendo distinção precisa entre tambor de mina e tambor de crioula. Informa ela ainda que a Missão apenas registrou os textos dos cânticos e breves anotações sobre a coreografia, sem apresentar dados sobre a organização dos cultos. Refere-se, entretanto, à natureza poético-musical dos cânticos de tambor de crioula, cantados sempre em português e com caráter essencialmente profano. Nota ainda Alvarenga (1948, p. 6) certo parentesco do tambor de crioula com o samba rural paulista, o que, em sua opinião, também se observa com clareza em muitos dos cânticos de tambor de mina coletados. Em que pese a esse ponto de vista, o tambor de crioula e o tambor de mina, ambos com certas semelhanças, constituem manifestações culturais muito distintas, conforme constatamos em outro trabalho (Ferretti, 1979)[4].

Arthur Ramos, ainda em 1937, afirmava que o termo "vodu" não existia no Brasil, em virtude da supremacia numérica e talvez cultural dos nagôs, que impuseram aos jeje sua língua e suas crenças (Ramos, 1979, p. 204). Posteriormente, corrige tal afirmação ao tomar conhecimento, em 1944, da monografia apresentada por Nunes Pereira à Sociedade Brasileira de Antropologia e Etnologia, evidenciando a existência do culto e de sobrevivências daomeanas no Maranhão (Ramos, 1979, p. 205). Em diversas obras, como em *As culturas negras* (s.d., p. 113), e na introdução ao livro de Nunes Pereira (1947, p. 9),

---

4   Carlini (1993) apresenta dados importantes sobre os trabalhos da Missão de Pesquisas Folclóricas no Nordeste e no Maranhão. Sabemos que a Discoteca Oneyda Alvarenga, do Centro Cultural São Paulo, tem planos de reeditar em livro, vídeo e CD, os trabalhos da Missão de Pesquisas Folclóricas.

Ramos informa que, no Seminário de Aculturação da Northwestern University, em 1941, nos Estados Unidos, sugeriu ao professor M. J. Herskovits, então uma das maiores autoridades em estudos sobre o negro nas Américas e no Daomé, o plano de uma viagem de estudos ao Maranhão, infelizmente não concretizada, tendo ele morrido em 1949 e Herskovits em 1962. Herskovits, em 1943/1944, mandou ao Maranhão o jovem antropólogo radicado em São Paulo Octávio da Costa Eduardo, que, sob sua orientação, elaborou monografia sobre a área. Publicados, os trabalhos de Nunes Pereira (1947) e de Costa Eduardo (1948) receberam comentários críticos de diversos autores, que contribuíram para o debate e a divulgação das obras desses dois estudiosos. Em fins da década de 1940 e inícios da de 1950, Pierre Verger e Roger Bastide estiveram de passagem pelo Maranhão (Bastide, 1971, p. 257) e, juntamente com outros poucos interessados, fizeram observações complementares aos trabalhos então existentes.

Em 1942, Nunes Pereira realizou pesquisa identificando sobrevivências daomeanas no culto da Casa das Minas. Arthur Ramos qualifica de pioneiro, no Norte do país, esse trabalho, apresentado em 1944, editado em 1947 e cuja segunda edição ampliada veio a circular só em 1979. Nunes Pereira, para quem a Casa das Minas é "uma sociedade africana transplantada para o Brasil", comenta inúmeros aspectos da organização da Casa e do culto, enfatizando a coesão familiar, o regime matriarcal, a terminologia de parentesco relacionada aos voduns. Para ele, aquele centro "foi desde sua origem casa para reunião social, política e religiosa" (1979, p. 24). Além disso, destacando o papel da chefe da Casa, Mãe Andresa, na conservação das tradições africanas e reportando-se à presença de negros minas na Amazônia, o autor descreve festas, danças, cânticos, comidas, obrigações e outros aspectos do culto. Nega ele, aí, a presença significativa de elementos indígenas, católicos ou espíritas, propondo, na esteira de Arthur Ramos, a existência de um sincretismo mina, jeje, nagô, muçulmi. O próprio Nunes Pereira (1979, p. 32-82) qualifica de depoimento o seu trabalho, afirmando lhe terem sido facilitadas muitas das informações porque era filho de antiga dançante da Casa, a qual, quando ele era ainda menino, ofereceu-o à proteção de uma das divindades ali cultuadas.

Com formação acadêmica em Medicina Veterinária, Nunes Pereira conseguiu realizar valioso estudo etnográfico, reunindo informação fidedigna, mas sem maiores preocupações de ordem teórica. A segunda edição ampliada de sua obra — aparecida 32 anos após a primeira e quatro vezes mais volumosa — aduz poucas contribuições novas, sendo mais, o que aí se apresenta, baseada em informações bibliográficas. Correspondendo à sugestão de Bastide, o autor acresce, nessa nova edição (1979, p. 209), informações sobre mitologias africanas e cânticos, tanto da Casa das Minas como de casas de culto da Amazônia. Em notas complementares e em apêndice, Nunes Pereira atualiza informações, esclarece aspectos específicos ou mais curiosos do culto, comparando-os com fenômenos semelhantes que tinha observado sobretudo na Amazônia. Sua contribuição mais importante foi, sem dúvida, a que apresentou em 1947, nas setenta páginas de seu texto original. Seu livro de 1979 é, além do mais, prejudicado por deficiências de revisão editorial.

Octávio da Costa Eduardo, antigo professor da Escola de Sociologia e Política de São Paulo, realizou estudos de pós-graduação sob a orientação, como lembramos, de Herskovits. Durante nove meses, entre 1943 e 1944, aquele antropólogo fez trabalhos de campo no Maranhão, tanto em São Luís como no meio rural, resultando, daí, valioso estudo sobre o negro[5], infelizmente nunca autorizado para publicação no Brasil. Costa Eduardo apresenta suas ideias de acordo com a teoria culturalista, bastante difundida àquela época nos meios antropológicos norte-americanos, nos quais, entre seus expoentes, destacava-se o próprio Herskovits. Nessa perspectiva, fazendo comparações entre as comunidades urbana e rural, Costa Eduardo discute conceitos de aculturação, mudança cultural, dinâmica cultural, foco cultural. A maior parte de sua obra — as 51 páginas do capítulo V — é dedicada ao estudo da religião, caracterizando, o autor, de modo geral, as casas de culto que conheceu, comparando as tradições religiosas iorubá e daomeana dos ambientes urbano e rural, mas concentrando-se especialmente na Casa das Minas, da qual apresenta e comenta letras de cânticos religiosos, descreve danças, vestimentas, instrumentos, rituais e práticas, deuses, mitologia etc. Seu livro também se refere a numerosos outros aspectos específicos do culto dos voduns, como os toquéns e as tobóssis — entidades jovens, os primeiros, e entidades femininas infantis, as segundas —, o esquecimento de Legba — o *trickster* daomeano —, rituais de iniciação, hierarquia, tocadores etc. No panteão das divindades cultuadas na Casa das Minas, Costa Eduardo identifica o culto de antepassados da família real de Abomey, no Daomé, até fins do século XVIII, fato de que os membros do culto até então, parece, não tinham consciência muito clara (Eduardo, 1948, p. 76).

---

5   Esse estudo, *The Negro in Northern Brazil*, saiu em Nova York, em 1948, e foi reeditado em Washington e Londres, em 1966.

Costa Eduardo escreveu outros artigos em publicações nacionais e estrangeiras, nos quais faz referência ao tambor de mina: um deles a respeito dos tocadores (Eduardo, 1952) e outro sobre literatura oral em Codó (Eduardo, 1951). Seus trabalhos atualmente são acessíveis apenas a poucos especialistas, constituindo-se, entretanto, a primeira tentativa de estudo científico dos cultos afro-maranhenses, pelas valiosas informações etnográficas que apresentam.

Pode-se criticar Costa Eduardo por não ter permitido até hoje a tradução de sua obra. Pode-se também criticá-lo por não ter sido mais minucioso a respeito da Casa das Minas, uma vez que, tendo convivido aí durante cerca de seis meses — numa época em que estavam vivas importantes líderes do culto —, provavelmente teria podido reunir maior número de informações do que as que apresenta[6]. Pode-se também criticá-lo por algumas poucas incorreções que transmite sobre o Maranhão. Outras críticas que lhe podem ser feitas decorrem do tipo de abordagem que utiliza, atualmente não mais adotada pela Antropologia[7]. Critica-se, em tal tipo de abordagem, a tendência à procura de analogias com a África, sem a devida ênfase a elementos especificamente locais, o que pode levar a explicações excessivamente analógicas e não científicas. Além disso, os conceitos que dominaram a Antropologia entre 1930 e 1950, como aculturação, contatos culturais, mudança cultural ou foco cultural, foram considerados mecanicistas, inadequados ao estudo da realidade colonial, pela pouca importância que emprestam às relações conflitivas. Apesar destas e de outras críticas que lhe podem ser formuladas, Costa Eduardo realizou um esforço de documentação e reflexão que permanece válido.

No final dos anos 1940, o fotógrafo e etnólogo francês Pierre Verger visitou também a Casa das Minas. Autor de importantes estudos sobre religiões afro-brasileiras e sobre o tráfico de escravos, baseados em pesquisas que realizou na África e no Brasil, especialmente na Bahia, Verger escreveu sugestivo artigo (1952, p. 157-160; 1990, p. 151-158) a partir de dados de Costa Eduardo e de suas pesquisas no Daomé. Nele (1952, p. 157-162) apresenta a hipótese de que a Casa das Minas teria sido fundada por membros da família real de Abomey vendidos como escravos para o Brasil no reinado de Adandozã (1797-1818), sendo, portanto, uma das mais antigas casas de culto afro-brasileiras sobreviventes até

---

6   Comenta-se que Costa Eduardo deve ter assumido compromisso com o grupo de culto, que lhe impunha reservas a respeito de determinados assuntos.
7   Vejam-se, a propósito, as críticas de Balandier (1971, p. 22-28), Jean Copans (1975, p. 157-212), Gerard Leclerc (1973, p. 69-80); e, no Brasil, de Clóvis Moura (1977, p. 160-164) e outros.

hoje e, talvez, o único lugar fora da África em que são cultuados voduns da família real de Abomey[8]. Em correspondência de 30 de outubro de 1985, Pierre Verger teve a gentileza de nos esclarecer o que segue acerca desse artigo:

> Tenho uma precisão de detalhe (pessoal) a lhe dar sobre a hipótese feita por mim a respeito da origem da Casa das Minas por Nã Agotimé, que você cita. Quando publiquei em Os afro-americanos, em 1952, meu artigo, eu conhecia Octávio da Costa Eduardo apenas por seu artigo sobre "Os Tocadores de Atabaques" [...] que ele me havia enviado para a Memória 27 do IFAN, que organizei a pedido de Thédore Monod, e foi só muito depois que tive o esclarecimento da identificação que ele fizera das divindades da família real de Abomey [...] o que teria facilitado minhas pesquisas em 1948, quando desesperadamente eu procurava as origens destes voduns na região dos Mina do Dahomey, enquanto estes ensinamentos me aguardavam em Abomey, onde os encontrei mais tarde, como está indicado em meu artigo. O fato de comprovar em seguida, pelo texto de Costa Eduardo, foi para mim uma confirmação e não um ponto de partida.

Roger Bastide faz referência, em diversos estudos (1971, p. 256-266; 1973, p. 293-324; 1974, p. 120-140, 1978, p. 213-226), aos cultos afro-maranhenses, em especial à Casa das Minas. Esse sociólogo compara o tambor de mina com aspectos de outros cultos afro-brasileiros e considera que São Luís é uma "ilha de resistência africana, mas especificamente daomeana" (1971, p. 256), e denomina o culto praticado na Casa das Minas de "vodum em conserva" (1974, p. 124). Tendo realizado apenas breve viagem de estudos ao Maranhão em inícios dos anos de 1950 (1971, p. 257; 1978, p. 223), em seus trabalhos relativos a essa área, Bastide praticamente se limita a retomar e a interpretar informações de Nunes Pereira e de Costa Eduardo. Assim, sua visão sobre o assunto baseia-se em informações coletadas por outros, em meados da década de 1940, e que não foram atualizadas. No seu último trabalho em que faz referências ao Maranhão (1974) ou nas diversas de suas obras traduzidas no Brasil, mais divulgadas na década de 1970, as informações referentes a essa área religiosa são apresentadas como se não tivessem sofrido alterações durante mais de vinte anos e como se a realidade em questão houvesse permanecido con-

---

8   Verger regressou ao Maranhão em 1956 (Verger, 1982) e, também, em 1985. O mesmo autor nos mostrou mais de duzentas fotos de um álbum que pretendia editar sobre o Maranhão em 1947.

gelada, como podem dar a entender certas formas de utilização do material etnográfico. Apesar destas e de outras críticas que lhe são formuladas, Bastide teve, entre outros, o mérito de divulgar informações de difícil acesso, de acordo com teorias lógicas interessantes, escritas em linguagem agradável, embora às vezes apresentadas em detrimento dos fatos. Sua contribuição ao estudo das religiões afro-brasileiras no Nordeste (especialmente na Bahia) é valiosa e interessante, tendo importância reduzida as que se referem ao Maranhão. Algumas foram discutidas e criticadas por Pereira Barreto (1977).

O escritor espírita maranhense Waldemiro Reis, no trabalho *Espiritismo e mediunidade no Maranhão*, publicado em São Luís em fins da década de 1950, descreve, em dois capítulos, fatos curiosos relacionados com curandeiros e macumbeiros famosos de várias regiões do Maranhão, além de dados sobre a história de antigos terreiros de tambor de mina de São Luís. O seu livro tem, entretanto, caráter doutrinário e apologético a respeito do espiritismo.

Após os trabalhos de Roger Bastide que fazem mais referências ao Maranhão — publicados originariamente na década de 1960 e divulgados em português na década de 1970 (1971 e 1974) —, o interesse pelo estudo de religiões afro-maranhenses declina ou parece mesmo esgotado. Durante mais de uma década, praticamente não foi publicado nenhum estudo científico sobre o tema.

Entre os estrangeiros que escreveram sobre a área afro-maranhense, inclui-se, além dos citados, o africanista suíço Jean Ziegler, que possui vários livros traduzidos no Brasil. Com referência à área do Maranhão, Ziegler (1975, p. 21-36, com tradução) apresenta a descrição de uma cerimônia fúnebre a que assistiu em um tambor de mina de São Luís, quando de sua passagem por essa cidade, durante cerca de dez dias, em 1972. O autor situa seu estudo na perspectiva de uma Sociologia da Morte. Trata-se de obra de cunho mais jornalístico do que científico, com informações discutíveis, quase anotações de um turista apressado. Ziegler, todavia, se propõe (1975, p. 25) futuramente formalizar a reconstituição de suas pesquisas na Casa das Minas, o que demonstra a facilidade e a pretensão com que alguns ensaístas europeus divulgam suas descrições de viagens.

Depois de Nunes Pereira e de Costa Eduardo, e dos comentários de Bastide, Maria Amália Pereira Barreto foi a primeira pesquisadora que se dispôs a elaborar monografia sobre o tambor de mina. Em 1977, essa antropóloga apresentou à Escola de Sociologia e Política de São Paulo dissertação de mestrado, publicada no mesmo ano em São Luís, com o título *Os voduns do Maranhão*. Aí, Barreto (1977, p. 53) apresenta críticas ao trabalho de Ziegler, informando, entretanto, que, por influência da então recente publicação daquele livro, visitou inicialmente a casa ali descrita, optando posteriormente por pesquisar outras casas de culto. Proposta sua é a de estudar a Casa das Minas e a influência que ela exerce sobre o contínuo religioso afro-maranhense, comparando-a com duas outras casas tradicionais de tambor de mina de São Luís: a Casa de Nagô e a de Fanti-Ashanti, destacando discordância entre os fatos e a bibliografia específica. Baseada nas fontes bibliográficas disponíveis essa obra apresenta um panorama histórico sobre o negro, os estudos afro-brasileiros e a escravidão no Maranhão. Essa utilização de ampla bibliografia, grande parte da qual de difícil acesso, constitui um dos méritos do trabalho. O capítulo que dedica à Casa das Minas (1977, p. 52-111) apoia-se sobretudo em Nunes Pereira, e parcialmente em Costa Eduardo, com opiniões também de Bastide, Verger e outros. Ao longo de suas páginas, apresenta considerações sobre a chefia e a manutenção da Casa, o calendário religioso, os voduns cultuados, os instrumentos musicais, os trajes, a alimentação e duas cerimônias a que assistiu. Porém, seu contato com a Casa das Minas e com os outros dois grupos foi limitado, reduzindo-se a entrevistas com os chefes sobre particularidades do culto e aspectos de suas histórias de vida (1977, p. 22). Uma das partes mais interessantes de sua monografia (1977, p. 88-111) é dedicada ao debate do espaço e do tempo sagrado — inspirado em Mircea Eliade e em Ernst Cassirer — e sobre a memória coletiva, a partir de Halbwachs e de interpretações da Psicanálise. Contudo, sua pesquisa de campo foi reduzida, como tem ocorrido em alguns estudos antropológicos recentes, o que não nos parece o meio mais indicado de se estudar o fenômeno religioso. Seu estudo tem caráter mais bibliográfico do que de pesquisa direta. A autora apresenta também várias afirmações discutíveis ou carentes de maior fundamentação, como, entre outras: "os africanos ao virem para o Brasil possuíam mais uma estrutura mística do que um corpo definido de práticas religiosas. Daí a plasticidade de sua religião, que aceitou influências católicas, indígenas e espíritas" (1977, p. 31). Em nossa opinião, tais influências não resultaram de uma hipotética e discutível plasticidade original das religiões africanas, mas, sobretudo, da imposição do culto católico aos negros escravizados, mantidos em situação de inferioridade social. Também discordamos de que os africanos não possuíssem um corpo definido de práticas religiosas. Do contrário, como então elas permaneceram conservadas até hoje? Outra afirmação: "o regionalismo religioso daomeano pode ser responsável pela diluição do culto jeje no Brasil, pois, vendo-se frente a uma religião melhor organizada, comum, como era a dos iorubanos" (1977, p. 90). Não concordamos com o julgamento de valor de que a religião iorubana era melhor organizada do que a daomeana, tendo em vista a organização complexa do culto da Casa das Minas jeje. A antropóloga também não explica bem o que quer dizer ao afirmar que "os voduns na Casa das Minas parecem constituir herança familiar mais do que étnica. Parece por conseguinte que os voduns são conservados por tradição familiar" (1977, p. 93). Na p. 53 de seu livro, Barreto expressa julgamento de valor a respeito de uma casa de culto que, a seu ver, não conserva a pureza das tradições africanas. Com isso, demonstra ter a mesma preocupação arraigada que há em grande número de pesquisadores, interessados em localizar "africanismos puros"[9]. Em citação de trabalho de Nina Rodrigues, Pereira Barreto (1977, p. 22) dá a entender que são palavras desse autor (Rodrigues, 1977, p. 260) ideias preconceituosas contra a religião dos negros expressas pelo bispo Dom João Correia Nery. Também ao discutir a permanência e o desaparecimento de rituais de origem africana, acentua a autora (1977, p. 130-35) o esquecimento de Fá e de Legba — o Exu dos daomeanos —, afirmação que nos parece precipitada, necessitando de maiores pesquisas que esclareçam este suposto esquecimento de Legba. Algumas imprecisões e incorreções diversas devem ainda ser mencionadas, como a afirmação de que os voduns comem e bebem (1977, p. 70). Ademais, apresenta também, como se fossem suas, informações retiradas de Nunes Pereira (Barreto, 1977, p. 62; 78-9) e de Costa Eduardo (Barreto, 1979, p. 76), de quem nem sempre constam citações completas. Acreditamos ainda que o trabalho de Pereira Barreto se prolonga demais em considerações de caráter geral e em abordagens históricas sobre o negro e a escravidão, repetindo ideias já apresentadas por outros, sem maior preocupação com a pesquisa direta, que trouxesse contribuição efetiva ao conhecimento do objeto de estudo[10].

Jean Yves Mérien, professor de Literatura na Universidade de *Haute Bretagne*, na França, realizou pesquisas durante os anos de 1970 e publicou artigos relacionados com o tema de sua tese de doutoramento em Letras, *Aluísio Azevedo, vida e obras (1857-1913)*, defendida em 1980 (Mérien, 1988). Em diversos artigos, embora não discutindo especificamente o problema das religiões, esse autor apresenta interessantes observações a respeito do negro, sobre os maus-tratos

---

9 Tal perspectiva recebeu grande ênfase nos trabalhos de Herskovits dos anos de 1940, tendo sido criticada, por exemplo, por Lapassade e Luz (1972, XIII) e por J. Carvalho (1978, p. 80).

10 Maria Amália Pereira Barreto faleceu prematuramente em inícios da década de 1990, tendo defendido, no Museu Nacional, tese de doutoramento em Antropologia sobre a Casa Fanti-Ashanti (Barreto, 1987; comentada por Mundicarmo Ferretti, 1993).

e sobre as revoltas de escravos, o movimento antiescravagista e o preconceito racial no Maranhão. Segundo Mérien, o romance naturalista *O mulato* "representa uma discussão vibrante contra os preconceitos raciais e a sociedade escravagista". Sua tese dedica vários capítulos ao estudo da vida econômica, política, social e cultural do Maranhão entre 1830 e 1881. Em artigo sobre Aluísio Azevedo (Mérien, s.d., VIII, p. 83-123), refere-se ao conservantismo racial vigente no Maranhão em meados do século XIX, à Revolta da Balaiada, aos quilombos aqui existentes e aos preconceitos contra o negro, inclusive do próprio Aluísio Azevedo. Em comentários sobre o poema *O Calhambola*, do escritor Celso Magalhães, Mérien (1978) refere-se a levantes de escravos no Maranhão, desde a época das guerras de Independência, que continuaram pela Revolta da Balaiada, na década de 1830, até a rebelião de 1867, em um quilombo perto de Viana. Seus escritos trazem, assim, diversas observações sobre a vida dos escravos no Maranhão, fundamentadas em pesquisas na literatura disponível, das quais sobressaem aspectos do preconceito racial, que, em grande parte, persiste até hoje.

Entre os trabalhos de História sobre o negro no Maranhão, destaca-se o de Dunshee de Abranches, *O cativeiro*, memória histórica publicada no Rio em 1941 (2. ed., 1992). Sobre a Revolta da Balaiada, os trabalhos publicados referem-se à participação de escravos negros em lutas sociais e em quilombos no Maranhão, durante o século XIX. Ainda na área de História, dois trabalhos importantes, sobre companhias de comércio na época do Marquês de Pombal, analisam o comércio e o tráfico de escravos para o Nordeste, entre 1755 e 1778: Manuel Nunes Dias (1970, p. 397-458) estuda a atuação específica da Companhia no Maranhão, com dados estatísticos sobre o comércio entre São Luís e Lisboa e sobre o tráfico de escravos introduzidos no Pará e Maranhão, provenientes especialmente de Angola, Cachéu e Bissau (1970, 459-498); Antônio Carreira (1968/1969) detalha características do tráfico de escravos realizado pela Companhia Geral do Grão-Pará e Maranhão, com dados sobre a concorrência estrangeira e o contrabando nesse período (1968/1969, p. 79-88). Vicente Salles, em estudo sobre o negro no Pará (1971), também apresenta dados históricos significativos sobre o negro no Maranhão.

Em obras literárias, já se disse que é reduzida a abordagem de problemas relacionados com o negro no Maranhão, como a escravidão, os preconceitos raciais e as religiões afro-maranhenses. Entre as que se referem ao negro, destacam-se: o já mencionado *O mulato* (1881), de Aluísio Azevedo; *Maranhão de outrora* (1924), de Maria José Bastos Ribeiro; e, mais recentemente, *Os tambores de São Luís* (1975), de Josué Montello, que tem, entre as personagens, uma dançante da Casa das Minas que costumava ajudar na fuga de escravos. Há também um romance publicado em inglês e até hoje não traduzido, sobre a vida da fundadora da Casa das Minas (Gleason, 1970). Sua autora realizou pesquisas no Benim e no Brasil, tendo estado no Maranhão por volta de 1968. O seu trabalho demonstra contato com a literatura específica e apresenta dados históricos sobre o antigo reino do Daomé. A respeito do Maranhão, suas informações apoiam-se na literatura disponível sobre a Casa das Minas e sobre o folclore, com visão romanceada e impressionista, procurando reconstituir de forma poética a vida de Nã Agotimé, uma das esposas do Rei do Daomé, Agongolo (1789-1797), que teria sido vendida como escrava pelo sucessor, o Rei Adandozã (1797-1818), e a quem coubera a missão espiritual de implantar no Brasil o culto de divindades da família real do Daomé. Gleason tenta recompor a vida na corte do Daomé em inícios do século XIX, a viagem de Agotimé como escrava, sua chegada à Bahia, sua participação em uma das revoltas de escravos muçulmanos em Salvador — provavelmente a revolta de 1835 — e sua vinda para o Maranhão, à procura de conterrâneos do Daomé. Seu romance descreve, em linhas gerais, a Casa das Minas em São Luís e termina com a chegada de embaixadores do Rei Ghezo (1818-1852), filho de Nã Agotimé, que receberam a missão de procurá-la na América. Apoiada em fontes históricas e etnográficas e em alguns contatos com a realidade, Gleason elaborou obra erudita de literatura, de linguagem refinada, sem, entretanto, maior compromisso com o rigor histórico-científico.

Trabalhos sobre cultura popular também costumam ocupar-se com problemas relacionados ao negro. Entre estes, podemos destacar o estudo *Tambor de crioula, ritual e espetáculo*, por nós coordenado e realizado com uma equipe da então Fundação Cultural do Maranhão, com apoio da CDFB/FUNARTE (Ferretti *et al.*, 1979; 3. ed., 2002). Baseou-se esse ensaio em pesquisa exploratória realizada em 1978 em São Luís, Rosário e Alcântara, sobre aspectos da cultura popular maranhense. Trata-se, no caso, de manifestações culturais provavelmente de origem africana, que se incorporam à prática do catolicismo popular e das religiões afro-maranhenses, caracterizando-se como atividades rituais lúdico-religiosas, em que se destaca a punga ou umbigada. O trabalho inclui, entre outras partes, um histórico sobre manifestações lúdicas de negros, do período colonial a inícios do século XX, com base em informações bibliográficas disponíveis e em pesquisa em jornais maranhenses dos séculos XIX e XX. Aí se analisam também alguns aspectos da música do tambor de crioula, mediante estudo dos seus instrumentos, suas cantigas e sua melodia, ao que se acrescentam considerações a respeito das interferências do turismo nas manifestações da cultura popular e a tendência a transformá-las em espetáculos. Nosso ensaio verifica aproximações entre atividades sagradas e profanas na devoção de São Benedito e indaga ainda sobre relações entre o tambor de crioula e o tambor de mina como manifestações diferentes que às vezes são confundidas por espectadores desinformados. Constatamos (2002, p. 105) que o tambor de crioula é um ritual que faz parte de um sistema religioso, aí se incluindo entre os momentos de diversão, uma vez que a mentalidade popular encontra-se profundamente enraizada no sagrado. Assinalamos também (2002, p. 138) que, através da música, revela-se a originalidade do tambor de crioula, que permite ao mesmo tempo a participação coletiva intensa e o destaque do indivíduo nos improvisos. Além disso, pontuamos que a música é um fator de manifestação de orgulho, de auto-afirmação e de identidade social.

Em outro trabalho (1979, p. 83-93), anotamos que participantes de grupos de tambor de crioula parecem aceitar preconceitos dos brancos e assumir preconceitos de negros que se identificam mais com a cultura da classe dominante. Essa aceitação de preconceitos pode ser encarada como uma estratégia de integração dos participantes de grupos de tambor de crioula com a sociedade envolvente, como forma de assegurar a sobrevivência de suas manifestações ou mesmo como uma forma de resistência cultural.

Outro escrito que faz referência a religiões afro-maranhenses é o da psicanalista Betty Milan (1979), que se propõe a análise sobre o poder a partir de contatos com um centro de umbanda do Rio de Janeiro e outro de São Luís, de uma história de vida coletada em asilo de loucos, e de comentários sobre a obra de Carlos Castañeda. Em anexo (1979, p. 89-93) Milan transcreve, "para o que possa e venha suscitar", a íntegra de entrevista realizada em 1979 com a chefe da Casa de Nagô em São Luís. Trata-se de trabalho repleto de afirmações imprecisas e de apelos ao exótico, em que a autora procura desvendar suportes do poder em crenças religiosas. O segundo capítulo narra a visita ao terreiro do pai-de-santo Zé Negreiros, de São Luís, aonde a autora foi levada por um chofer que conhecera na véspera, "bem informado das transas do astral da cidade" (1979, p. 31). Relata Milan uma cerimônia a que assistira, dizendo que o pai-de-santo tentou induzi-la a entrar em transe e não conseguiu, acrescentando que "sem ter tido transe, saiu transada" (1979, p. 35). Ela compara o transe a um corpo acéfalo e se refere ao poder do pai-de-santo como "simulação e vazio" (1979, p. 37). Nas conclusões, comenta as artimanhas do poder e suas simulações, que reforçam a crença no engano que aliena, dizendo que o analista utiliza ética contrária à do poder. Apoiada em citações de psicanalistas em moda e manejando linguagem acadêmica sofisticada, tenta realizar incursões no campo da Antropologia da Religião, de forma completamente arbitrária, preocupada em desmascarar aspectos "exóticos" em religiões que considera primitivas. Tal procedimento lembra reportagens de cunho sensacionalista, comuns em hebdomadários brasileiros da década de 1950, preocupados em desvendar mistérios ou mesmo crimes que afirmavam ocorrer em terreiros de umbanda, especialmente da Baixada Fluminense (RJ), denunciando-os à opinião pública, sobre a qual exerciam grande influência, em virtude de ampla divulgação. Lamentamos que continuem a ser publicados trabalhos apoiados em procedimentos tão superficiais e com incursões pouco cautelosas e desgastantes, em esfera fora do âmbito de qualificação profissional do autor, com resultados irresponsáveis, que contribuem para a continuidade de preconceitos culturais.

A respeito de povoados negros, segundo observações de Borges Pereira (1981, p. 67-70), apoiadas em pesquisas de Anita Queirós Monteiro e outras, muitas comunidades rurais de negros, que atualmente estão sendo contatadas e pesquisadas em várias partes do país, a rigor não se originaram de quilombos, "a não ser que se deem novas dimensões a este conceito". Muitas dessas comunidades, de fato, originaram-se de antigas fazendas que foram doadas a ex-escravos ou abandonadas. Tais comunidades também não estão isoladas, uma vez que mantêm contatos em maior ou menor grau com a sociedade envolvente, especialmente através das frentes de expansão. Borges Pereira afirma também que "do ponto de vista cultural [...] as comunidades até agora estudadas não se distinguem dos bairros rurais das regiões onde se encontram" (1981, p. 69), o que talvez se explique "em parte por inadequação de recursos analíticos". Segundo Anita Queirós Monteiro, citada por Borges Pereira, talvez haja, entretanto, diferenças sutis no plano da intensidade ou ritmo de vida em que são usados certos elementos culturais por parte de elementos dessas comunidades.

O antropólogo Peter Fry, juntamente com os linguistas Carlos Vogt e Maurizio Gnerre, da UNICAMP, publicaram artigos com sugestivas reflexões sobre a comunidade rural negra de Cafundó, localizada a 150 quilômetros de São Paulo. Vogt e Fry (1982, p. 48) consideram que "falar 'língua africana' pela comunidade de Cafundó é interpretado como um ato ritual. Seu papel é tornar mais complexa a identidade de seus usuários". A metodologia adotada por Vogt e Fry poderia ser adaptada ao estudo de comunidades rurais e negras que vêm sendo contatadas atualmente no Maranhão. No mesmo artigo, os autores apresentam reflexões críticas interessantes a respeito dos estudos sobre o negro no Brasil, a partir da fase heroica e romântica de Nina Rodrigues, com análises do ponto de vista médico-legal, passando por análises culturalistas e depois sociológicas, até análises linguístico-antropológicas e histórico-estruturais.

Uma nova linha de pesquisas em Antropologia começou a ser produzida, incluindo estudos sobre o negro em áreas rurais do Maranhão, no âmbito de análises sobre o campesinato. É de Luiz Eduardo Soares (1981) uma tese de mestrado em Antropologia Social que reúne resultados de pesquisa de campo realizada em 1978 no local denominado Bom Jesus, no município de Lima Campos, no Maranhão.

Soares narra como um grupo composto por cerca de mil famílias de camponeses tem resistido com sucesso à expropriação de suas terras, conseguidas por doação dos antigos proprietários aos ex-escravos da fazenda e aos seus descendentes. Em sua opinião, aí está, relativamente bem-sucedido, um caso particular de resistência à expropriação de terras no contexto das relações entre campesinato e capitalismo. Analisando mecanismos sociais que permitiram a coesão camponesa — como a identidade social do grupo, o acesso coletivo às terras, a identidade étnica e genealógica (1981, p. 32) —, o autor procura reconstituir a história do grupo, a partir do discurso dos interessados, de uma maneira que não é neutra e revela concepções sobre o presente (1981, p. 35). Do seu ponto de vista, em Bom Jesus, o patrimônio transmitido pela herança não se restringe à apropriação da terra, mas compreende também a percepção social da negritude: "o povo de Bom Jesus vive de maneira muito intensa e especial seu patrimônio étnico", embora "sua cor da pele não tenha necessariamente de ser negra" (1981, p. 45-46). Os conflitos internos do grupo são também analisados, na monografia do autor, através de categorias como os "chegantes", os "caboclos" os "cearenses", os "enricados" e os "negros", "pretos" ou "morenos". Soares caracteriza a liderança anterior e a atual, ressaltando sua função de coesão e constatando que o respeito à liderança reflete o próprio grupo, sua unidade, seu patrimônio simbólico e material, sua identidade social (1981, p. 133). As atividades econômicas principais são por ele detalhadas e diferenciadas em básicas e complementares, identificando, o autor, por esse meio, estratégias econômicas de comunitarismo e de individualismo no grupo. Constata ele, ademais, que os vínculos familiares e genealógicos estão sujeitos a manipulações segundo circunstâncias que levam a se enfatizar ora o parentesco matrilinear, ora o patrilinear (1981, p. 114). Algumas festas religiosas e brincadeiras são também aí descritas como dramatizações da vida social (1981, p. 151-166). No grupo analisado, a visão dos "chegantes" enxerga que os "morenos não são católicos e se apegam com as leis do povo do ar" (1981, p. 153). A tese de Soares ressalta, ainda, as relações entre a dimensão religiosa e a de lazer nas festas de tambor, o que "faz a passagem entre o puramente lúdico e estético e o exclusivamente reverencial e espiritual". Para ele, como para outros autores mencionados, existem elementos comuns entre o tambor de mina e o tambor de crioula (p. 155-156), e dançar e bater o tambor reafirmam vínculos genealógicos com os fundadores do grupo, acentuando sua identidade. A festa máxima da comunidade é marcada pelo ciclo das festas do Natal, com o nascimento do Bom Jesus, celebrado com a brincadeira do buscamento e do levantamento do mastro. Soares analisa, além disso, símbolos das práticas lúdica e religiosa sob a ótica do trabalho e do lazer, como se refletissem problemas básicos de identidade do grupo e reforçassem sua unidade. O seu trabalho elabora interessante análise das condições de vida de um grupo de camponeses negros do Maranhão, aí compreendidos os problemas do negro na perspectiva mais ampla da sociedade envolvente. Lamentamos, entretanto, que o autor não tenha dado maior destaque e a devida ênfase à caracterização de problemas específicos do negro no meio rural maranhense.

O lavrador negro maranhense Manuel da Conceição publicou o livro *Essa terra é nossa* (1980), realizando a partir de entrevistas gravadas concedidas à socióloga Ana Maria Galano, quando estavam ambos exilados na França. O texto descreve as condições de vida do trabalhador rural da zona de fronteira agrícola do Maranhão, entre a Amazônia e o Nordeste, fazendo a entrevistadora a transcrição de depoimentos que conservam particularidades da linguagem oral do autor, cuja instrução formal é apenas de nível primário. Manuel da Conceição nasceu em 1935, em Coroatá, no Vale do Itapecuru. Expulso de suas terras, participou da organização do sindicalismo rural em Pindaré-Mirim, nos anos de 1960. Perdeu uma perna em consequência de tiroteio da polícia em 1968. Esteve preso e foi torturado entre 1972 e 1975, como narra no livro, sendo julgado e absolvido. Novamente preso, exilou-se, retornando ao país em 1979 e filiando-se, então, ao Partido dos Trabalhadores. O livro apresenta o testemunho de sua vida e de sua militância política no meio rural maranhense, entre meados de 1950 até meados de 1970. Ao lado de problemas específicos do campesinato, tema principal do depoimento, relacionado com expropriações de terras, o autor inclui, em diversas passagens, aspectos dos preconceitos raciais contra o negro no meio rural (1980, p. 32-35; 44-45; 84-85). Ele próprio e seu pai, como negros casados com brancas, sentiram esses problemas, pois, como afirma, "as famílias que têm pele branca de modo geral não aceitam que um filho ou uma filha se case com moça ou rapaz negro" (1980, p. 85). Conceição também cita anedotas que refletem esse racismo, detendo-se em aspectos da religiosidade popular, de superstições, do conhecimento, da medicina e da cultura popular que, a seu ver, devem ser levados em consideração, pelo papel que desempenham na mentalidade do campesinato. Trata-se de testemunho importante sobre a realidade rural maranhense, em que o elemento negro aparece como principal componente da classe subordinada, visto através de depoimento de um de seus representantes mais combativos.

Na linha de pesquisas sobre campesinato maranhense, diversos autores têm estudado problemas relacionados com terras de negros no Maranhão. Além dos já mencionados, devemos indicar Regina Prado (1974; 1977), Laís Sá (1974; 1975) e Alfredo Wagner Berno de Almeida (1982; 1994). Este último (1994, p. 179-183) comenta bibliografia sobre a problemática das terras de negros no Maranhão, destacando, entre outros, o Projeto Vida de Negro (1989) e o trabalho de Dimas Salustinano Silva (1983). A professora Maristela Andrade (1990), da Universidade Federal do Maranhão, também coordena pesquisa em que têm colaborado estudantes e especialistas interessados em problemas relacionados com terras de negros. A propriedade conhecida como Quilombo de Frechal, recentemente desapropriada pelo governo federal, tem atraído a atenção de maranhenses e estrangeiros. Temos conhecimento de trabalhos em vias de publicação sobre Frechal, e de estudos em andamento sobre outros povoados negros no Maranhão.

É interessante lembrar que o Projeto Vida de Negro identificou, desde 1988, cerca de quatrocentos povoados negros no Estado, sendo o Maranhão considerado uma das regiões do Brasil onde existe maior número desses povoados e remanescentes de quilombos.

Redigido originalmente entre 1981 e 1982, e apresentado como dissertação de mestrado em 1983, este livro foi publicado em 1985/1986. De 1980 até hoje, o panorama dos estudos sobre o negro e suas manifestações culturais e religiosas foi bastante alterado no Brasil e no Maranhão, sendo difícil realizar hoje um levantamento exaustivo a seu respeito.

Houve acontecimentos que contribuíram para tal mudança. Entre esses, destacamos o surgimento de movimentos sociais envolvidos com o negro. No Maranhão, podemos indicar o Centro de Cultura Negra — que publicou o trabalho de Joel Rufino dos Santos (1985) —, o Núcleo de Estudos Afro-Brasileiros, da Universidade Federal do Maranhão (NEAB-UFMA), o Bloco Afro Akomabu, o Instituto da Tradição e Cultura Afro-Brasileira (INTECAB-MA) e outras organizações e movimentos empenhados em discutir e trabalhar a situação do negro. Esses movimentos continuam surgindo e atuando no Maranhão, como em todo o Brasil.

Outros fatores contribuíram para a mudança do panorama dos estudos afro-maranhenses. Em 1985, após dois anos de preparação, foi organizado em São Luís, na Universidade Federal do Maranhão, por iniciativa da UNESCO, o Colóquio Internacional para debater Sobrevivências das Tradições Religiosas Africanas na América Latina e no Caribe. Esse evento (24-28 de junho de 1985) reuniu quarenta especialistas internacionais e, em seu relatório final, é dito o seguinte em relação à Casa das Minas:

> São Luís e a experiência original da Casa das Minas, fundada no Brasil pela Rainha Agontimé, mãe do Rei Ghezo, condenada à deportação a seguir de um ajuste de contas no seio da família real, antes que o seu filho acedesse ao trono do Danxomé em 1818 e lançasse uma vasta operação em busca de sua mãe. A comunidade da Casa das Minas, com base na família, continua a tradição religiosa real de Zomadônu marcada, por um lado, pela importância da iniciação, o segredo ascético dos grandes responsáveis, a gerontocracia feminina, a complexidade dos ritos e, por outro lado, pela integração da comunidade no meio em que vive, de modo que as sujeições rituais decorrentes da sua origem fon não excluem de maneira alguma as exigências de integração profunda no contexto sociocultural e político-econômico brasileiro. (1986, p. 34)

Os *Anais* (UNESCO, 1986) foram publicados em português, francês e inglês. O colóquio foi precedido pelo Seminário Nacional Religião e Negritude (p. 18-21, junho de 1985), organizado pelo NEAB-UFMA, que reuniu inúmeros especialistas convidados (*Religião e Negritude*, 1985). Os dois eventos consecutivos tiveram a participação de mais de trezentos inscritos, procedentes de várias regiões do país e do exterior. A primeira edição deste livro foi lançada naquela oportunidade. Em função da preparação daquele colóquio, o reitor da UFMA solicitou ao historiador Mário M. Meireles (1983) que preparasse um trabalho sobre negros no Maranhão. Na mesma ocasião, a UNESCO lançou o projeto para a edição de um *Guia brasileiro de fontes para a história da África e da escravidão* (UNESCO, 1988). O trabalho foi coordenado pelo Arquivo Nacional, num esforço conjunto de arquivos de todo o país, com a participação do Maranhão, tendo resultado em uma publicação em dois volumes e em um número especial da revista *Arquivo e Administração*.

À época em que realizávamos a pesquisa que deu origem a este livro, três outros pesquisadores também trabalhavam sobre temas relacionados com o negro no Maranhão. O primeiro foi o historiador alemão Mathias Röhrig Assunção (1988; 1993), que realizou estudo precursor sobre a Revolta da Balaiada na memória oral (*A guerra dos Bem-te-vis*, 1988), com segunda edição revista que, na época, estava para ser editada pela EDUFMA. Assunção defendeu tese de doutorado no Instituto da América Latina da Universidade Livre de Berlim, sobre *Agricultores, escravos e camponeses no Maranhão na primeira metade do século XIX*, trabalho com tradução para o português também prevista na época. Periodicamente, esse autor tem se apresentado em congressos e publicado em revistas especializadas, artigos relacionados ao negro no Maranhão no século XIX.

O segundo, o etnógrafo alemão Hubert Fichte, prematuramente falecido em 1986 (Ferretti, S. 1985; 1990), passou oito meses, entre 1981 e 1982, pesquisando a Casa das Minas, tendo publicado artigo sobre suas plantas (Fichte, 1985). Hubert Fichte, que era escritor prolífico, deixou um *roman-fleuve*, com 19 volumes para serem editados (Fichte, 1987, p. 19). Depois de sua morte, diversos livros dessa coleção foram lançados na Alemanha e no Brasil. Com referências específicas à Casa das Minas, destacamos, em português, Fichte, 1987; e em alemão, Fichte, 1989; 1990; 1993. Outros trabalhos desse autor continuam sendo editados, como em *Álbum de fotografias da Casa das Minas*, de Leonore Mau, de 1995, que apresenta texto de Fichte em alemão e português.

A antropóloga Mundicarmo Maria Rocha Ferretti iniciou, a partir de 1983, pesquisas sobre religiões afro-maranhenses, tendo publicado, desde então, uma série de trabalhos de grande interesse, abordando sobretudo o caboclo na mina maranhense. Entre seus principais livros e trabalhos sobre esse tema, destacamos Ferretti, M., 1985; 1987; 1989; 1991; 1993; 1994; 2000, 2001.

O ano do Centenário de Abolição da Escravatura no Brasil ensejou a publicação de diversos estudos sobre o negro em nosso país. Em relação ao Maranhão, destacamos a publicação, pela Pró-Reitoria de Pesquisa e Pós-Graduação da Universidade Federal do Maranhão (PPPG-UFMA), de um número especial dos *Cadernos de Pesquisas*, dedicado aos 100 Anos da Abolição, com artigos de vários professores.

Direta ou indiretamente vinculados às comemorações do Centenário da Abolição foram publicados outros trabalhos, pouco antes ou logo após 1988. Entre esses, a edição fac-similar, coordenada por Nascimento Morais Filho, de *O Bem-Te-Vi*, jornal editado por Estêvão Rafael de Carvalho em São Luís (julho-outubro de 1838) propagando ideias que culminaram com a Revolta da Balaiada.

Desde meados da década de 1980, alguns pais-de-santo do Maranhão têm publicado trabalhos sobre suas casas e sobre suas experiências religiosas. Um dos mais atuantes é Euclides Menezes Ferreira, que já escreveu diversos livros (1984; 1985; 1987; 1994) e promete publicar outros mais. Jorge Itaci Oliveira (1989) afirmava ter outro livro para publicar. Sebastião de Jesus Costa (1985), conhecido como Sebastião do Coroado, foi dos primeiros a se inserir na mesma empreitada. Também têm sido publicados alguns discos, CDs, vídeos e DVDs abordando temas relacionados com música religiosa e da cultura popular afro-maranhense.

A professora de História Maria do Rosário Carvalho Santos tem realizado pesquisas sobre religião e cultura negra. Entre seus estudos já publicados, destacamos o livro *Boboromina* (1989).

A professora Jalila Ayoub Jorge Ribeiro, da UFMA, publicou dissertação de mestrado em História sobre o sistema escravagista no Maranhão (1988) e elaborou tese de doutorado sobre o mesmo tema.

Ainda com referências à escravidão, temos o estudo de José de Ribamar Caldeira (1991), sobre a literatura de viajantes estrangeiros no Maranhão do século XIX.

A pesquisadora Mundinha Araújo tem publicado trabalhos (1990; 1994) e documentação valiosa a partir de entrevistas e/ou de prolongadas pesquisas no Arquivo Público do Estado do Maranhão, relacionadas a insurreições de escravos. O Arquivo Público do Estado (1992, 1992b), sob sua direção, publicou documentos sobre esse tema (1992, 1992b) e possui outros para publicação.

A oportunidade da realização da 47ª Reunião da Sociedade Brasileira para o Progresso da Ciência (SBPC) na UFMA, em 1995, proporcionou a divulgação e publicação de trabalhos relacionados ao negro e à cultura popular. Além dos trabalhos incluídos nos *Anais* daquela reunião, podemos indicar: Carvalho, 1995; Mott, 1995; Silva, 1995; Otávio, 1995; Ferretti *et al.*, 1995; Ferretti, S., 1995; Ferretti, S, 1995b.

Em 1991 defendemos tese de doutorado em Antropologia na USP, orientada pelo Prof. Dr. Kabengele Munanga, sobre o sincretismo na Casa das Minas, publicada pela EDUSP (Ferretti, 1995). Nesse trabalho, além de discutirmos aspectos históricos, estruturais e festivos, constatamos que a Casa das Minas é muito tradicional e, ao mesmo tempo, altamente sincretizada e que a presença do sincretismo não descaracteriza a tradicionalidade dos grupos religiosos.

Desde 1992, a Comissão Maranhense de Folclore foi reorganizada e tem publicado alguns livros e um Boletim, que divulga regularmente trabalhos sobre culturas populares e religiões africanas no Maranhão.

Nos últimos anos, muitos estudantes de Ciências Sociais, História, Educação Artística e outros cursos têm redigido monografias de conclusão de cursos de graduação, realizando pesquisas sobre cultura popular e sobre casas de culto afro-maranhenses. Alguns têm também concluído dissertações de mestrado em que abordam aspectos dos cultos afro, como Cleides Amorim (2001), sobre a Casa das Minas, e Claudia Gouveia (2001), sobre Festas do Divino. Parece-nos auspicioso esse interesse de jovens pesquisadores por religiões e cultura populares no Maranhão.

Desde fins da década de 1980, muitos pesquisadores estrangeiros têm passado pelo Maranhão, interessados em realizar pesquisas sobre religiões afro-maranhenses, publicando artigos e redigindo teses sobre o tema. Entre estes, mencionamos Sonja Brilman (1989), que defendeu dissertação de mestrado em Amsterdã, sobre o terreiro de Mãe Elzita; o norte-americano Daniel Halperin (1992; 1995), que realizou estudos sobre a dança e outros aspectos dos rituais em diversos terreiros de tambor de mina de São Luís; o belga Didier de Lavaleye (2002), que defendeu tese de doutorado em Bruxelas sobre pajelança e xamanismo na região de Cururupu; o espanhol Luís Nicolau (1997; 2001), que defendeu tese em Londres sobre a possessão por espíritos no tambor de mina e tem publicado trabalhos comparando a religião dos voduns no Maranhão, na Bahia e no Benim; a sul-africana Patrícia Sandler, que realizou pesquisas para tese de Etnomusicologia sobre religiões afro-maranhenses; o etnolinguista e antropólogo beninense Hippolyte Brice Sogbossi (1996; 1999; 2004), que redigiu tese em Havana sobre cultos jeje, dissertação no Rio de Janeiro intitulada *Os minas-jeje em São Luís*, e tese de doutorado no Museu Nacional, comparando os jeje do Maranhão, da Bahia e do Benim.

Pesquisadores de outras regiões do país também têm se dedicado a estudar temas relacionados com religião e cultura popular no Maranhão. O músico e antropólogo carioca Gustavo Pacheco realiza pesquisas sobre cultura popular no Maranhão e elaborou tese de doutorado sobre a pajelança na região de Cururupu (Pacheco, 2004). A etnolinguista baiana Yeda Pessoa de Castro (2002) tem feito viagens de estudos ao Maranhão e publicou importante trabalho sobre a língua mina jeje no Brasil, fazendo muitas referências ao Maranhão.

Entre os estudiosos do tambor de mina e das religiões populares no Pará que fazem referências ao Maranhão, não podemos deixar de mencionar trabalhos dos Leacock (1972), de Anaíza Vergolino Silva (1976), de Yoshiaki Furuya (1986; 1994), de Raimundo Maués (1990; 1995) e de Aldrin Moura de Figueiredo (1996).

Nos últimos anos, o Maranhão tem atraído cada vez mais a atenção de pesquisadores interessados em estudar temas diversificados relacionados com o negro e as religiões afro-maranhenses. Verificamos, assim, que ultimamente têm sido produzidos trabalhos que modificaram o panorama vigente em inícios da década de 1980.

Houve, pois, conforme se documenta, significativa reversão quanto à carência de trabalhos científicos sobre o negro e suas manifestações religiosas no Maranhão, diferentemente do que denunciávamos na primeira edição deste livro. Registrando auspiciosamente esse progresso, parece-nos, entretanto, válido ainda hoje, no que se refere ao objeto do presente estudo, o receio de Correia Lopes (1947, p. 78), de que a Casa das Minas nunca venha a ter o estudo que merece, uma vez que os trabalhos de ilustres pesquisadores que por lá passaram não conseguiram desvendar toda a complexidade daquela casa de culto.

O CONHECIMENTO CIENTÍFICO
E O CONHECIMENTO RELIGIOSO

Muitos estudos de Antropologia da Religião, especialmente os das religiões afro-brasileiras, quase não fazem referência aos procedimentos metodológicos neles adotados, com exceção de poucas monografias mais recentes. Trabalhos clássicos apresentam, em geral, pouca ou nenhuma indicação metodológica. Nesta área, talvez mais do que em qualquer outra, parece-nos fundamental a análise detalhada das formas de relacionamento entre o pesquisador e os pesquisados, que informe e esclareça ao máximo sobre o modo de envolvimento ocorrido. Uma atenção maior com tais procedimentos pode trazer contribuições importantes tanto ao estudo do fenômeno da religião em geral quanto aos estudos sociais, especialmente no meio urbano.

Uma das constatações iniciais é a de que o resultado do trabalho de pesquisa não irá trazer benefícios diretos ao grupo estudado. Não há dúvidas, entretanto, de que um melhor conhecimento sobre o tema contribui efetivamente para a redução de preconceitos em relação ao meio. É conveniente, porém, alertar para que uma eventual publicação dos resultados da pesquisa não venha a trazer futuros problemas aos membros do grupo. Algumas vezes a publicação de pesquisas traz problemas, pela revelação de conflitos existentes ou de características pessoais de comportamento, devido a inabilidades do pesquisador, sobretudo quando da elaboração do relatório. A publicação pode também contribuir para dificultar possibilidades de acesso a novos pesquisadores. Em estudo clássico sobre pesquisa de problemas sociais em meio urbano, Foote-Whyte (1971) chama a atenção para estes e vários outros temas correlatos, concluindo, entretanto, que não existe modalidade ideal de trabalho de campo, que naturalmente varia muito com o tipo de problema a ser estudado. Na Antropologia da Religião, são complexas as relações entre o trabalho de pesquisa e as consequências de sua divulgação. Talvez por isso alguns prefiram que seus trabalhos tenham divulgação restrita, em periódicos especializados, ou que sejam divulgados exclusivamente em língua estrangeira, para não se tornarem acessíveis aos membros do grupo estudado, o que, evidentemente, não deixa de ser uma forma de dominação e de etnocentrismo.

Informações a respeito do trabalho de campo transmitidas, por exemplo, nos textos de Roger Bastide, são escassas e pouco precisas. Em *As religiões africanas no Brasil* (1971, p. 44), Bastide informa ter sido aceito por uma das numerosas seitas religiosas da Bahia e, por isso, se sente como africano. Diz ele que sua experiência é vivida e afirma, em latim: "*Africanus sum*". Trata-se evidentemente de afirmação de efeito mais literário do que esclarecedor de uma metodologia de pesquisa científica. Entre seus numerosos escritos sobre religiões afro-brasileiras, o antropólogo francês infelizmente não se preocupou em prestar maiores esclarecimentos sobre a metodologia de pesquisa no conhecimento do fenômeno religioso. Nos seus *Estudos afro-brasileiros* (1973), tanto na Introdução (1973, ix-xxi) como no item "Monografias de Candomblé" (1973, 83-92), Bastide apresenta comentários e sugestões metodológicas, enfatizando a necessidade de estudos monográficos sobre casas de culto. Arthur Ramos, em *O negro brasileiro* (1951) — cuja primeira edição é de 1934 —, refere-se brevemente à sua iniciação como ogã — título honorífico, incluindo diversos cargos, atribuído a protetores de candomblés da Bahia, em geral homens de boa situação financeira e que contribuem para a manutenção do culto. Ramos informa que "para fins de pesquisa científica nos submetemos, eu e meu prezado amigo, o Dr. Hosannah de Oliveira, docente da Faculdade de Medicina da Bahia, às cerimônias de iniciação de ogãs, no terreiro do Gantois" (1973, p. 69). Descreve ele a rápida cerimônia de que então participou, e nisso consiste uma das poucas referências à sua participação pessoal, que se pode encontrar em seus diversos trabalhos sobre o tema.

Na Bahia, pesquisadores mais antigos, como Nina Rodrigues, Arthur Ramos ou Edson Carneiro, tanto quanto estudiosos atuais como Pierre Verger, Vivaldo da Costa Lima, Juana Elbein dos Santos e outros, como artistas plásticos, escritores, músicos e intelectuais diversos, costumam participar de casas de culto tradicionais, recebendo o título de ogã ou submetendo-se a graus diversificados de iniciação, dando contribuição, sobretudo financeira, para a manutenção das casas. O cargo de ogã, entretanto, não existe em todas as casas de culto afro-brasileiras, com as características que possui na Bahia. No Maranhão, este cargo formalmente não existe no tambor de mina, embora sempre se solicitem e se aceitem cooperações financeiras nas despesas do culto. Assumindo o título de ogã ou outro, diversos pesquisadores conseguem maior aproximação com o grupo de culto, adquirindo a confiança dos dirigentes. Chegam inclusive a ser admitidos em cerimônias ou em locais de culto não público e se consideram como pessoa de dentro do grupo. Alguns até se submetem a níveis mais elevados de iniciação, como por exemplo Gisèle Binon Cossard (Fichte, 1987, p. 39-91). Outros preferem participação menos ativa. Já referimos o caso de Nunes Pereira (1979, p. 32), no Maranhão, e como ele teve facilitadas suas investigações na Casa das Minas.

Entre os estudos já clássicos, um dos poucos que fazem referências interessantes sobre o trabalho de campo é o de René Ribeiro (1978, p. 6-7), o qual considera que o investigador não deve se submeter à hierarquia do culto a fim de desligar-se de compromissos rituais e de tabus, para conseguir maior liberdade de opinião e não se envolver na política competitiva entre as casas. Ele afirma que se enquadra na categoria de "confidente simpatizante", sem se desligar dos atributos distintivos de sua classe social, o que não deixou de limitar sua aceitação pelo grupo. Sua pesquisa se enquadra na tradição médico-psiquiátrica de estudos afro-brasileiros, iniciada por Nina Rodrigues e continuada por Arthur Ramos, e da qual ele é um dos ilustres representantes. Como discípulo de Herskovits, Ribeiro demonstra em seus trabalhos preocupação com o rigor científico, de forma pouco comum entre estudiosos destes temas àquela época.

Procedimento diverso é adotado por Juana Elbein dos Santos em sua dissertação (1976) orientada por Bastide. Seu trabalho baseia-se em observações resultantes de viagens de estudo feitas à África e em vários anos de convivência em um terreiro nagô tradicional da Bahia. Natural da Argentina, Elbein dos Santos casou-se com importante membro do grupo de culto, o Mestre Didi, e informa que foi iniciada em 1964, por Mãe Senhora, no terreiro de Axé Opô Afonjá (Santos, 1976, p. 15). A partir de análise de Meyer Fortes, essa antropóloga considera que há duas perspectivas possíveis nesse tipo de estudo: "desde fora" e "desde dentro" — conforme o autor seja ou não parte integrante da cultura em questão —, e acrescenta:

> Devido a que a religião Nagô constitui uma experiência iniciática, no decorrer da qual os conhecimentos são apreendidos por meio de uma experiência vivida no nível bipessoal e grupal, mediante um desenvolvimento paulatino pela transmissão e absorção de uma força e um conhecimento simbólico e complexo a todos os níveis da pessoa, e que representa a incorporação vivida de todos os elementos coletivos e individuais do sistema,

> *parece que a perspectiva que convencionamos chamar "desde dentro" se impõe quase inevitavelmente.* (Santos, 1976b, p. 17)

Seguindo técnica que qualifica de "iniciática", essa autora elabora, então, sua interpretação na perspectiva "desde dentro para fora", que parece adequada ao tipo de interpretação simbólica e filosófica de aspectos da cultura nagô, que ela se propõe realizar, ressaltando a necessidade de contatos prolongados com a cultura em questão e um relacionamento dinâmico junto ao grupo.

Nas religiões afro-brasileiras, os graus de iniciação são inúmeros e diversificados. Para alguns, uma simples lavagem de contas ou mesmo um jogo de búzios já representa um certo tipo de iniciação (Araújo, 1977). Para outros, a iniciação religiosa é bem específica. Elbein dos Santos não explicita o seu tipo de conhecimento iniciático, informando apenas que se baseia em convivência íntima e contínua, sem maiores indicações sobre a metodologia adotada em seu trabalho (conforme comenta Trindade-Serra, 1978, p. 262), não esclarecendo se considera esta perspectiva imperativa a toda pesquisa sobre religião e, então, impossível aos que não tiverem tal motivação.

A visão iniciática depende dos objetivos da pesquisa e não é acessível a todos, não sendo, a nosso ver, imprescindível ao trabalho científico, embora a maior aproximação possível com o grupo seja de grande importância nos estudos sobre religião. Parece-nos ser justamente aí que se encontra um dos grandes dilemas da observação participante em Antropologia Social, e no lugar em que este dilema surge de forma mais evidente. Se o pesquisador não se envolver o suficiente com o grupo, não conseguirá perceber inúmeros problemas. Mas à medida que se deixa envolver pelo grupo, corre o risco de perder parte de sua liberdade de ação e de reflexão, ficando a par de segredos religiosos que não podem ser revelados. Temos sido convidados para assumir certos graus de participação iniciática mais profunda em grupos de culto que frequentamos. Até o presente, conseguimos nos liberar desse compromisso, procurando demonstrar que nosso interesse é o conhecimento científico. Não é fácil, entretanto, a procura deste meio-termo. Entre outros fatos, por exemplo, há particularidades, intimidades e mesmo fragilidades no seio dos grupos, que muitas vezes não convém serem revelados e analisados. É necessária uma atitude equilibrada e cautelosa para não ferir suscetibilidades. A curiosidade e as perguntas insistentes não são, de modo geral, bem recebidas nos ambientes religiosos dos terreiros, especialmente no decorrer das cerimônias. Além disso, como informa Cossard (1970, p. 211), após a iniciação, a filha-de-santo "não adquiriu saber particular, não teve a revelação de segredos esotéricos". O conhecimento religioso é adquirido aos poucos, por longa convivência, sendo transmitido mais como uma doação a alguém em quem se tem confiança, quase como um presente, um dom ou uma troca. Há também nos terreiros toda uma tradição de negação de respostas a perguntas curiosas e uma atitude de sutileza na linguagem. O conhecimento religioso, de modo geral, é considerado um mistério transmitido a poucos iniciados, por isso muitas religiões possuem um domínio reservado de segredos. No tambor de mina, como nas religiões afro-brasileiras em geral, há também inúmeras fórmulas, invocações ou palavras rituais que são secretas. Por outro lado, a oralidade é uma das características essenciais da cultura afro-brasileira. Como demonstra Elbein dos Santos, referindo-se ao sistema nagô, o conhecimento passa ao pé do ouvido, de uma pessoa para outra:

> *A palavra proferida tem um poder de ação. A transmissão simbólica, a mensagem, se realiza conjuntamente com gestos, com movimentos corporais; a palavra é vivida, pronunciada, está carregada com modulações, com emoção, com a história pessoal, o poder e a experiência de quem a profere. A palavra transporta o alento [...] ultrapassa seu conteúdo semântico racional para converter-se em um instrumento condutor de um poder de ação e de realização...* (Santos, 1976b, p. 12-13)

Em relação à oralidade, uma das dificuldades a considerar é, como salienta Manuela Carneiro da Cunha, que

> *...a língua é difícil de conservar na diáspora por muitas gerações e, quando se o consegue, ela perde sua plasticidade e se petrifica, tornando-se por assim dizer uma língua fóssil que testemunha de estados anteriores. Ora, quando não se consegue conservar a língua, constrói-se muitas vezes a distinção sobre simples elementos de vocabulário, usados sobre uma sintaxe dada pela língua dominante. Quando os pretos do Cafundó, que o Vogt, o Peter Fry e o Maurízio Gnerre estudam, usam termos bantos sobre uma estrutura gramatical e sintática portuguesa, estão fazendo precisamente isso: usando elementos dispersos de uma língua, elementos apenas de vocabulário, para manterem sua distintividade.* (Cunha 1979, p. 36)

Como lembram as filhas atuais da Casa das Minas, e como foi constatado por pesquisadores como Correia Lopes (1945, p. 53), ao tempo de Mãe

Andresa ainda havia na casa algumas vodunsis gonjaís, como Dona Zulima e Dona Anéris, junto com a chefe, que conversavam em jeje. Lembram mesmo que as gonjaí, costumavam falar em jeje para não serem compreendidas pelas demais. Atualmente, o jeje permanece principalmente nos cânticos, em fórmulas rituais e em algumas centenas de palavras, expressões e nomes próprios (parcialmente incluídas no Glossário, ao final deste livro), cuja transcrição é complexa.

Outra das dificuldades no estudo das religiões afro-brasileiras, comentada, por exemplo, por Waldemar Araújo (1977, p. 9), refere-se à impossibilidade de participação do pesquisador em cerimônias secretas ou em rituais — que em determinadas casas só podem ser assistidas por elementos de um dos sexos — ou de penetrar em certas partes não públicas da casa. Na Casa das Minas, como em geral nas religiões afro-brasileiras, o papel da mulher é predominante na maior parte dos rituais. Parece-nos que pesquisadora mulher talvez tenha maiores oportunidades de aprofundar o conhecimento de determinados aspectos do comportamento, relacionados, por exemplo, com formas de liderança feminina e sua importância na transmissão da cultura ou com pequenos detalhes de comunicação, como sinais de olhar e outros gestos.

A partir da década de 1970, estudiosos da cultura afro-brasileira, como Lapassade e Luz (1972) e Yvonne Velho (1973), deixam transparecer em seus escritos que se identificaram de tal forma com alguns membros do grupo de culto a ponto de chegarem a tomar partido ao lado de facções dentro dos grupos. Lapassade e Luz (1972, p. xix) afirmam ter tomado partido ao lado da quimbanda contra a umbanda, por considerar seus seguidores como os mais oprimidos. Yvonne Velho elabora sua análise como observadora e como participante da vida de um terreiro de umbanda. Diz ela que, durante a pesquisa passou "também a ser peça do drama" (p. 9), e se refere às suas contribuições como sócia da casa, à sua participação "recebendo passes" ou tendo medo de "cair no santo", de entrar em transe, tomando partido em disputas entre os membros do grupo. Afirma a autora: "Procurei conscientemente colocar-me como parte do objeto pesquisado [...] pertencendo a um mundo acadêmico e tendo valores diferentes, fiz parte do drama como um personagem" (p. 172).

A nosso ver, tal participação contribuiu grandemente para a originalidade de sua contribuição antropológica, desmistificando a pretensão de neutralidade da pesquisa científica. Parece-nos importante que o pesquisador tome partido ao lado do grupo estudado, sobretudo contra os preconceitos da sociedade, no caso, em relação ao negro, suas manifestações culturais e sua religião, que é vista como constituída apenas de um conjunto de superstições antiquadas.

Madeleine Michtom também se refere à observação participante, por exemplo, comentando o ciúme da esposa de um líder de culto para com as mulheres que o procuravam (1975, p. 31). Informa também (p. 38-39) que os participantes do grupo não acreditavam que ela quisesse estudar objetivamente o espiritismo, mas que desejava desenvolver sua mediunidade, encorajando-a a entrar em transe. Refere-se ela também às suas contribuições ao grupo, como presentes, fotografias, gravações e pequenas contribuições em dinheiro aos médiuns e suas famílias: "Na cidade de Nova York, onde a mediunidade é um recurso suplementar aos baixos rendimentos recebidos do serviço social e dos salários marginais dos espíritas, acho que não poderia realizar pesquisa sem pagamentos, como faz qualquer um que deseje ser ajudado" (1975, p. 39).

No Maranhão, muitas vezes também contribuímos com pequenas ajudas aos membros do grupo, por solicitações de alguns, e, sobretudo, colaborando nas inúmeras despesas das cerimônias de culto e com outras ajudas indiretas, dando pequenos presentes, como fotos, gravações e outros. Tivemos sempre a preocupação em colaborar de forma discreta e cuidadosa, para não criar dependências nem outros problemas nas relações com os informantes, evitando o sistema de informações pagas, procurando a colaboração de testemunhos privilegiados através de entrevistas com pessoas mais capacitadas para responder a determinados tipos de indagações e com a preocupação de testar informações, em contatos diversificados dentro da rede de relações sociais do grupo.

Como informamos anteriormente, não existe, no tambor de mina do Maranhão, o cargo de ogã ou protetor do terreiro, descrito por vários autores nos candomblés da Bahia. Na Casa das Minas, entre as filhas-de-santo, não há homens que recebam voduns, pelo menos atualmente, dizendo-se apenas que no passado teria havido alguns, sobretudo tocadores, mas que não dançavam. Lá também não se estimula a participação masculina no culto. Entretanto, no passado como atualmente, sempre houve homens ou mulheres que tinham devoção especial a uma ou outra das divindades cultuadas na Casa. Atualmente, o processo de aproximação de pessoas de fora ocorre principalmente durante as festas, em especial durante a Festa do Divino. É sobretudo nessas ocasiões que o universo dos frequentadores da Casa se amplia. Alguns frequentadores vão aos poucos tornando-se mais amigos, a partir de contatos iniciais com uma das filhas-de-santo, passando a colaborar com ela em algumas das despesas de manutenção do culto. Os que têm devoção especial às divindades e que são considerados amigos chamam-se de *assíssi*. Em algumas festas, recebem comidas de obrigação, banhos de limpeza, e pedem às filhas que acendam velas em sua intenção. Costumam também receber uma guia ou pequeno rosário de contas com cores relacionadas com a divindade de sua proteção. Aos poucos passam a participar de forma mais íntima do culto, sendo convidados para assistir a alguns rituais mais restritos, junto com poucas pessoas amigas e frequentadores mais antigos. Passam a ser considerados como participantes de uma categoria relativamente ampla de membros do grupo de culto, como assíssis ou companheiros.

Nosso interesse pelo estudo de religiões afro-maranhenses decorre de leituras de obras de Roger Bastide, em cursos sobre Sociologia do Desenvolvimento que frequentamos na década de 1960. Posteriormente, estando no Maranhão, interessando-nos por aspectos da cultura e da religiosidade popular, voltamos a ler Bastide, procurando conhecer trabalhos dos autores que ele comenta, especialmente Nunes Pereira e Costa Eduardo. Não foi fácil a localização destas obras em bibliotecas especializadas e em sebos de várias cidades do país. Um dos mais difíceis foi o livro de Costa Eduardo (1948), procurado durante anos e fotocopiado da Biblioteca do Museu Goeldi, no Pará. Aos poucos fomos reunindo razoável bibliografia sobre o tema. A partir de 1973, começamos a visitar assistematicamente cerimônias públicas em terreiros de tambor de mina em São Luís, às vezes atraídos pelo som dos tambores em épocas de festas. A justificativa de nosso interesse específico em conhecer e pesquisar o tambor de mina pode ser feita adotando-se as seguintes palavras de Evans-Pritchard:

> *O antropólogo deve seguir o que encontra na sociedade que escolheu estudar: a organização social, os valores e sentimentos do povo, e assim por diante. Posso ilustrar este ponto pelo que ocorreu comigo mesmo. Eu não tinha interesse por bruxaria quando fui para a terra Zande, mas os Azande tinham, de forma que tive de me deixar guiar por eles. Não me interessava especialmente por vacas quando fui aos Nuer, mas os Nuers se interessavam, então tive aos poucos que me interessar por gado.* (1978, p. 300-301)

Um de nossos problemas de interesse era o de verificar até que ponto uma tradição religiosa popularmente difundida numa região atrasada pode ser favorável ou não à mudança social e ao desenvolvimento, preocupação evidentemente decorrente de leituras de obras de Max Weber (1964; 1969). O contato com autores clássicos que escreveram sobre religiões afro-brasileiras levou-nos, como também ocorreu com outros autores (ver Silva, 1976, p. 13), ao interesse em conhecer e procurar sobrevivências africanas, na perspectiva difusionista e culturalista de que está impregnada essa bibliografia. Como escrevia José Jorge Carvalho em correspondência de 17 de julho de 1978, "a gente já se aproxima desses cultos 'viciado' por uma visão de 'coisas africanas' aprendida pela leitura". Tivemos também acesso a obras de outra orientação, publicadas na década de 1970, como as de Lapassade e Luz (1972) e de Yvonne Velho (1973). Em contato com estudiosos preocupados com esse tema, começamos a nos interessar pelo estudo da religião específica que se desenvolve aqui, não como pura conservação de elementos africanos, pois tais elementos se conservavam por servirem a uma estratégia do grupo, como cultura de resistência socialmente definida em vista à manutenção da autonomia de membros da classe marginalizada em relação à sociedade envolvente que a estigmatiza. Passamos a nos preocupar já não mais com as origens africanas de elementos do culto, mas com a reinterpretação desses elementos e com a estrutura significativa dos símbolos no contexto local, e com as condições de sua sobrevivência atual. Como dizia Carvalho na correspondência citada acima: "Creio que hoje em dia esses estudos de tipo comparativo entre religiões da África e do Brasil estão bastante desacreditados, porque não chegam a explicar a reinterpretação e a nova estrutura significativa dos símbolos transplantados de um contexto religioso para outro".

Fomos aos poucos entrando em contato com algumas casas de culto afro-maranhenses e realizando entrevistas com seus dirigentes, no período entre 1974 e 1978, especialmente com Dona Amância, que chefiava a Casa das Minas; com Mãe Dudu, da Casa de Nagô; com Pai Euclides Ferreira, da Casa Fanti-Ashanti; com Jorge de Itaci, da Casa de Iemanjá; com Dona Celeste, também da Casa das Minas; e com alguns outros. Constatamos que havia grande diferença entre a realidade atual destas casas e o que era descrito na bibliografia, mesmo em relação aos rituais, fato que também é constatado por Pereira Barreto (1977, p. 21-22). Tais divergências em grande parte decorrem de características específicas do tambor de mina, que possui inúmeras peculiaridades que o diferenciam de outros cultos afro-brasileiros mais estudados em outras regiões do país. Decorrem também do longo intervalo de tempo — de quase quarenta anos — desde que foram realizadas no Maranhão as pesquisas clássicas de Nunes Pereira e Costa Eduardo, repetidas constantemente na bibliografia sobre a área.

Em 1981, elaboramos projeto de dissertação com o título *Tambor de mina, estudo de religião e mudança*, que previa pesquisa num tambor de mina tradicional em declínio, a Casa das Minas, e em outro terreiro mais recente, em expansão, a Casa Fanti-Ashanti, fundada em meados da década de 1950 e dirigida por Pai Euclides Ferreira. Iniciamos a pesquisa realizando estudos comparativos nos dois terreiros, mas, no decorrer do trabalho, constatamos que as duas situações eram igualmente complexas e bastante distintas, com problemas específicos, e que o tempo disponível não seria suficiente para o estudo em dois grupos. Resolvemos, então, no presente estudo, concentrar-nos na Casa das Minas, deixando para outra oportunidade a Casa Fanti-Ashanti, que também frequentamos com regularidade.

Escolhemos estudar a Casa das Minas, que é um dos mais antigos centros de culto afro-brasileiro conhecidos e já tem sido objeto de estudos na literatura específica, como constatamos na análise bibliográfica. Trata-se, evidentemente, de um terreiro tradicional, que nos últimos trinta anos se encontra em fase de declínio, ao menos no número de participantes. Privilegiamos esta casa como objeto de estudo não com a intenção inviável de procurar africanismos puros ou de identificar núcleos religiosos mais autênticos, mas por a considerarmos uma das mais representativas e, até hoje, um dos modelos de organização do tambor de mina do Maranhão, e também pelo grande número de temas de interesse que não foram ainda abordados nos estudos sobre a Casa das Minas. Ao mesmo tempo, era a casa em que já mantínhamos, desde vários anos, contatos mais intensos com alguns de seus membros, o que consideramos de fundamental importância neste tipo de estudo, pelos laços de confiança desenvolvidos e que só lentamente conseguem ser elaborados.

Nosso trabalho de campo pode ser considerado como tendo sido realizado em duas partes: a primeira, mais assistemática, de 1973 a 1978; a segunda, mais intensa, entre 1981 e 1982. Na primeira parte, a maioria das entrevistas foi feita em 1975 e em 1976/1977, com Dona Celeste. Nesse período, assistimos a numerosas cerimônias, principalmente as várias fases da Festa do Divino, e fomos nos familiarizando com a Casa e com alguns membros do grupo. Também costumávamos realizar entrevistas, procurando inicialmente conhecer características gerais dos rituais e da organização do grupo. A segunda parte do trabalho de campo foi realizada de forma mais intensa em torno do projeto de pesquisa referido. No primeiro semestre de 1981, definimos este projeto e assistimos a cerimônias públicas de culto, realizando diversas entrevistas. No período de agosto de 1981 a fevereiro de 1982, intensificamos as entrevistas realizadas com várias filhas-de-santo da Casa, num mínimo de duas a três por semana, com duas a três horas cada, muitas delas com Dona Deni. A maioria das entrevistas era marcada com antecedência e seguia roteiro previamente estabelecido. Todo o material coletado, juntamente com descrições de festas e outras observações, foi anotado em diários de campo e simultaneamente fichado por nome e por assunto. O relatório final foi redigido no período de março de 1982 a março de 1983, principalmente durante os períodos de férias escolares. Nessa fase de redação, continuamos a frequentar as festas da Casa e a diversificar contatos e entrevistas. Não pretendemos parar de visitar Casa e o grupo após o término deste trabalho, uma vez que residimos na mesma cidade e criamos laços afetivos com muitas pessoas. Assim, é provável que, decorrido mais algum tempo, tenhamos outra visão sobre temas aqui abordados, talvez quase que a "visão do nativo". Alguns dos contatos iniciais com membros do grupo e entrevistas preliminares foram realizados com a colaboração da auxiliar de pesquisa Rosário de Carvalho, que facilitou a manutenção de relações pessoais com diversos deles. Entre agosto de 1981 e fevereiro de 1982, esteve em São Luís, realizando pesquisas na Casa das Minas, o casal alemão composto pelo etnógrafo Hubert Fichte e a fotógrafa Leonore Mau, que manteve conosco relações de colaboração muito cordiais. Realizamos inúmeras entrevistas em equipe que contribuíram para manter elevado, por mais tempo, o nível de interesse das conversas com os informantes e permitiram posteriormente a troca de informações e o debate sobre muitos assuntos sobre os quais desenvolvemos opiniões semelhantes. Uma de suas opiniões é a de que, a uma fase de "alucinação" com os excessos de dados e detalhes durante a realização da pesquisa de campo, segue-se uma fase de síntese dos dados mais significativos na elaboração do relatório final. Podemos acrescentar que, sobre um tema tão amplo como a Casa das Minas, várias visões diferentes podem ser escritas. Procuramos observar a Casa através de visões dadas pela História, pela Mitologia, pelos rituais e pela vida comunitária do grupo. Inúmeras visões são possíveis a partir desses ou de outros enfoques.

Durante o trabalho de campo, algumas vezes utilizamos recursos audiovisuais complementares, como gravações e fotografias, usados especialmente nas festas. Esse material constituiu bom subsídio para a descrição da cerimônia e dos participantes. Além do mais, a entrega de uma foto e seu comentário é uma das possibilidades de estreitar contatos com informantes. Por falta de habilidade, muitas vezes as fotos não saíram boas. Uma vez batemos todo um filme com a máquina tampada. Em geral, pessoas do meio interpretam tais fatos como sinal de que "os donos da casa", isto é, as divindades, não queriam que se tirassem aquelas fotos. Posteriormente, em uma cerimônia, no intervalo entre as fotos, colocamos a máquina em cima da bolsa, sobre um muro. Tendo mudado de lugar, pegamos a bolsa e a máquina caiu, quebrando o *flash*. Ficamos aborrecidos por não poder terminar de bater o filme. Comentamos com alguém ali perto terem sido os voduns que não quiseram que batêssemos as fotos, talvez por não termos pedido permissão. A pessoa respondeu que também achava isso, mas que não havia comentado porque muitos não acreditam.

O relato desse tipo de situação permite refletir sobre as fronteiras de explicação entre o conhecimento religioso e o conhecimento científico. Para o conhecimento científico, a explicação religiosa é quase sempre baseada em crendices e superstições; para o conhecimento religioso, a explicação científica não consegue jamais explicar tudo. Em relação a isso, são interessantes algumas observações de Evans Pritchard:

> *Talvez seja melhor dizer que o antropólogo vive simultaneamente em dois mundos mentais diferentes, que se constroem segundo categorias e valores muitas vezes de difícil conciliação. Tornamo-nos, ao menos temporariamente, uma espécie de duplo marginal alienado de dois mundos [...] Muitas vezes me perguntaram se, quando estava entre os Azande, cheguei a aceitar suas ideias sobre bruxaria. Esta é uma pergunta difícil. Acho que as aceitei; não tinha escolha... Quando se precisa agir como se acreditássemos, acabamos por acreditar, ou semi-acreditar, na medida em que agimos* (Pritchard, 1978, p. 303-304).

Dona Deni uma vez nos contou que há muito tempo, durante uma festa na Casa das Minas, alguns marinheiros de fora da cidade, de passagem pela rua, ouviram o som dos tambores e entraram na casa dizendo que também queriam dançar. De repente todos eles começaram a pular e não conseguiam parar. Um dos voduns então os levou até a porta da rua e eles só pararam quando saíram da casa. Fatos como estes são sempre contados como prova de punição ou castigo místico dos voduns contra a curiosidade dos estranhos.

O relato desses fatos permite também que indaguemos sobre como os pesquisados veem o pesquisador neste tipo de pesquisa. Depois de uma convivência prolongada de muito tempo com o grupo, assistindo às festas e conversando sobre elas e outros acontecimentos diários, os membros mais ativos parece que nos veem talvez como um devoto interessado ou como um "confidente simpatizante", na expressão de René Ribeiro (1978). No grupo, costumamos ser chamados de "professor" e considerados um amigo, interessado e colaborador, inclusive, algumas vezes, fomos consultados diante de certos problemas, por exemplo, de relacionamento com autoridades públicas.

No interessante artigo *Repensando a pureza nagô*, Beatriz Góis Dantas comenta com propriedade ideias de Patrícia Birman, avançando pistas de pesquisa propostas por Yvonne Velho e Peter Fry e criticando a valorização do tradicionalismo nos terreiros como focos de resistência cultural, considerando

> *a hipótese de que os africanismos encontrados nos terreiros não seriam realmente práticas sociais africanas, mas representações de africanismos produzidos nos meios acadêmicos no passado, representações que ao se difundirem passaram para o senso comum [...] Nessa perspectiva, a "pureza nagô" que havia sido reificada pelos culturalistas e transformada em categoria de análise se reduz a uma capa ideológica tecida pelos intelectuais para encobrir a dominação* (Dantas, 1982, p. 16).

Apoiada em pesquisas de campo em Sergipe, onde os terreiros afro se subdividem em toré — termo pejorativo, equivalente a candomblé de caboclo, de origem indígena — e nagô — que se pretendem representar a tradição africana pura —, Góis Dantas critica essa postura de pretensa pureza nagô que se baseia muito mais na moralidade do que na ortodoxia. Salienta ela, entre os aspectos dessa pretensa pureza em Sergipe, a ausência do demônio e o afastamento de Exu, a falta de derramamento de sangue de animais e o movimento de volta à África, que qualifica como um movimento de purificação para assegurar a clientela atraída pela "superioridade do africano" em relação aos candomblés de caboclo, os quais, dotados de uma estrutura organizacional muito mais fluida e mais bem adaptados às exigências da sociedade moderna, multiplicam-se rapidamente e lhes fazem concorrência. Acaba por concluir que

> *...a valorização da África, que em outros contextos tem sido usada pelos negros para questionar a dominação, também tem sido uma forma de domesticação dos cultos mais sutil do que a exercida pelos aparelhos repressivos, na medida em que não altera as relações entre as classes e os grupos, constituindo-se assim numa ideologia da pureza africana para encobrir a dominação* (Dantas, 1982, p. 19).

Estes e outros fatos correlatos, de acordo com os dados disponíveis e com o enfoque adotado, podem também ser considerados como uma estratégia de sobrevivência e de resistência que permite ao grupo preservar um espaço cultural que lhe é próprio. Constatamos que muitos grupos de culto, no passado e até hoje, têm sobrevivido e conseguido conservar elementos culturais que lhes são típicos, apesar de todas as formas de dominação a que estão sujeitos. Tendo em vista peculiaridades específicas do tambor de mina, apesar de seu declínio, constatamos que até hoje a Casa das Minas continua a exercer influência em muitos aspectos da organização religiosa afro-maranhense.

Segundo Renato Ortiz (1980, p. 110), para Weber, as crenças religiosas se apresentam sobretudo como ideologia que legitima a ordem histórico social. Assim, em Weber, a religião aparece ora como uma força de transformação, ora como elemento de estagnação da ordem econômica. De acordo com a interpretação de Bourdieu (1974, p. 79-98), Weber analisa o fenômeno religioso como estratégia de poder em função de necessidades e interesses de certos grupos sociais. Para Weber, os leigos esperam da religião sobretudo justificativas sociais de existir enquanto ocupantes de uma determinada posição na estrutura social. As demandas religiosas constituem, portanto, dois grandes tipos: as de legitimação da ordem estabelecida, próprias das classes privilegiadas, e as demandas de compensação, próprias das classes desfavorecidas.

O interesse pelo conhecimento dos fenômenos religiosos como fonte de compreensão da sociedade aproxima Weber e Gramsci, que também veem a religião como ideologia. Segundo Portelli (1977, p. 22), para Gramsci a religião não é um conjunto ideológico homogêneo, mas dividido em subreligiões. Assim, toda religião é uma multiplicidade de religiões distintas e às vezes contraditórias. Gramsci não se interessa pela religião enquanto concepção do mundo, mas pelas normas de conduta a que corresponde. A religião pode conduzir a atitudes opostas: ativa ou passiva, ou progressista e conservadora (Portelli, 1977, p. 28). Por outro lado, a multiplicidade de seitas religiosas, para Gramsci, é consequência da limitação das liberdades políticas:

> ...enquanto o aparelho de Estado proíbe a livre formação de organizações políticas, a única possibilidade de expressão popular que subsiste é a da religião e, em consequência, a da formação de seitas religiosas [...] o aparelho religioso se converte no modo essencial de expressão dos grupos sociais subalternos (Portelli, 1977, p. 39).

Segundo Rubem Alves (1978, p. 136), o estudo da religiosidade popular, após ser identificado com o exótico e como sobrevivência de arcaísmo, passou a ser encarado como expressão de resistência, como protesto contra uma realidade estranha. Ante a impossibilidade de ação política, esse protesto assume a forma simbólico-religiosa. Para Balandier (1969, p. 109), "o sagrado é uma das dimensões do campo político; a religião pode ser instrumento de poder, garantia de sua legitimidade". Por outro lado, de acordo com Carlos Rodrigues Brandão (1980, p. 297), a mesma modalidade de sistema religioso pode, em determinadas circunstâncias, contribuir, seja para a manutenção da ordem social, seja para a sua transformação. Brandão assinala a multiplicação atual de pesquisas a respeito da religião dos subalternos (1980, p. 17), que perdem aos poucos o caráter meramente etnográfico e passam a fazer perguntas de teor político sobre relações entre classes sociais e religião. Afirma, entretanto, Brandão (1980, p. 296) que se deve evitar o engano de chegar apressadamente a conclusões finais sobre funções do setor religioso, tentando reduzir o sagrado à lógica funcionalista de uma sociologia sectária, para a qual toda religião cumpre, em qualquer conjuntura, a tarefa de atribuição de legitimidade a uma ordem social de dominação. Além disso, nas pesquisas em ciências humanas, como em outras áreas, a formação do pesquisador é fundamental, como salienta Evans-Pritchard:

> *Na ciência, como na vida, só se acha o que se procura. Não se pode ter as respostas se não se sabe quais são as perguntas. Por conseguinte, a primeira exigência para que se possa realizar uma pesquisa de campo é um treinamento rigoroso, para que se saiba como e o que observar, e o que é teoricamente significativo. É essencial percebermos que os fatos, em si, não têm significado. Para que o possuam, devem ter certo grau de generalidade. É preciso saber exatamente o que se quer saber, e isso só pode ser conseguido graças a um treinamento sistemático em Antropologia Social acadêmica* (Evans-Pritchard, 1978, p. 299).

O conhecimento religioso e o conhecimento científico, por diferentes que sejam, possuem, entre outros, o ponto comum de serem ambos iniciáticos, exigindo longa convivência que possibilite uma assimilação lenta e gradual de procedimentos adequados. Ambas as formas de conhecimento respondem a determinado tipo de vocação ou apelo, relacionada uma com o mundo natural e a outra mais com as coisas do sobrenatural. Segundo Max Weber, o conhecimento científico é um vir-a-ser que se renova, recolocando sempre novas questões. Weber (1959) compara o homem de ciência com o homem de ação política e considera que o objetivo da pesquisa científica é a verdade universalmente válida (Aron, 1962, p. 180). Por analogia, podemos também comparar a ética do homem de ciência com a do homem religioso, dizendo, ainda segundo Weber, que correspondem respectivamente a uma moral de responsabilidade e a uma moral de convicção (Aron, 1962, p. 204). O conhecimento científico sobre o conhecimento religioso que nos preocupou aqui caracteriza-se fundamentalmente pelo desejo de conhecer e pelo respeito ao outro, que consistem justamente nas principais ambições da Antropologia como ciência.

História da Casa das Minas. Mito e realidade

Localização e fundação

Quem contorna a cidade de São Luís pelo Anel Viário, aproximando-se do Rio Bacanga, avista à direita a elevação em que se situa a cidade, por onde sobe o casario modesto dos bairros da Madre de Deus e de São Pantaleão. Às margens do Bacanga há sempre grande quantidade de embarcações a vela, de tipos variados, que servem de transporte para o interior do Estado. À direita veem-se os muros e ciprestes do Cemitério do Gavião; mais adiante, o Hospital Geral, antigo Retiro dos Jesuítas da Madre de Deus; depois, as ruínas de antigas fábricas de tecidos e, mais à frente, as torres da Igreja de São Pantaleão e a Caixa-d'Água. Após as ruínas das fábricas, com paredes e telhados cobertos de trepadeiras, surge à direita a ladeira de São Tiago, atual Rua das Cajazeiras, que segue para a cidade. A terceira transversal é a Rua de São Pantaleão, que, com uns 15 quarteirões, liga o Hospital Geral, no Bairro da Madre de Deus, ao Centro de São Luís.

A Casa das Minas localiza-se à Rua de São Pantaleão, 857, esquina com o Beco das Minas. É formada por dois casarões de taipa geminados, seguidos por um terreno murado em cada rua, ocupando uma área com aproximadamente 1.500 m², situada em bairro antigo e populoso, próximo ao Centro. A casa possui duas portas e seis janelas, que abrem diretamente para a Rua de São Pantaleão. A porta próxima à esquina está geralmente com uma folha aberta e dá para um corredor escuro, ladeado por quatro portas, as duas últimas sempre fechadas. Segue-se uma ampla varanda com piso de terra e peitoril de meio muro, abrindo para um grande terreno cheio de várias árvores e plantas. A construção, com um pátio central, possui semelhanças com o *compound* típico da arquitetura tradicional da Nigéria e do

Benim, como se pode verificar em Cunha (1985). Há um corredor com quartos, que continua pela esquerda, e alguns quartos à direita do quintal. A casa não é forrada e mostra o madeiramento antigo, coberto de telhas coloniais. A varanda e o terreno interno estão quase sempre desertos.

A época da fundação da Casa se perdeu na memória dos seus participantes. Deve ter sido fundada antes da metade do século XIX. O documento escrito mais antigo de que se tem notícia seria uma escritura do prédio da esquina, datada de 1847, em nome de Maria Jesuína e suas companheiras. A memória oral vai mais além, mas sem grande precisão. As filhas atuais dizem que esta é a segunda casa, pois uma anterior funcionou à Rua de Sant'Ana, num terreno baixo entre a Rua da Cruz e a Godofredo Viana. Mãe Andresa, quando ia assistir à missa na Igreja do Carmo, passando por ali, mostrava diversas vezes à Dona Deni o lugar onde as mais velhas diziam que funcionara antes a primeira Casa. Não sabem por quanto tempo a Casa funcionou ali. Tiveram que mudar, pois a cidade estava crescendo e, naquele tempo, ainda havia muitos sítios e terrenos vazios na Rua de São Pantaleão. Parece também que a primeira Casa foi dirigida por, ou pertencia a, um homem.

Os fundadores da Casa foram negros africanos jeje trazidos como escravos para o Maranhão. Mãe Andresa disse a Nunes Pereira (1979, p. 24) que quem

Fachada da Casa das Minas, na esquina da rua de São Pantaleão com o Beco das Minas, em 1998 — foto de Sergio Ferretti.

assentou a Casa foi "contrabando", gente mina jeje vinda da África, que trouxe o *comé* consigo. No Brasil eram chamados de "contrabando" os escravos desembarcados após 1831, ano da primeira lei que proibiu o tráfico negreiro, violada por cerca de vinte anos.

Segundo Verger (1952, p. 159), São Luís é o único lugar fora da África onde são conhecidas e cultuadas divindades da família real de Abomey, afirmação apoiada por Costa Eduardo (1948, p. 77) e Pollak-Eltz (1972, p. 111). Métraux (1968, p. 24) afirma que alguns deuses da família real de Abomey foram também levados para o Haiti. O escritor alemão Hubert Fichte nos informou pessoalmente que, em Trinidad, há uma casa de culto de origem daomeana, a Dangbé Comé, estudada por Richard Carr, fundada talvez em 1860, a qual possui voduns conhecidos na Casa das Minas, alguns talvez da família real.

Atualmente, os membros do grupo afirmam que a Casa foi fundada por Mãe Maria Jesuína, que adorava Zomadônu. Jesuína seria africana e teria sido "feita" na África, tendo vindo da Casa anterior. Pode-se supor que Maria Jesuína era a mesma Nã Agotimé que teria nascido na década de 1770, tendo menos de oitenta anos de idade em 1847, ano da aquisição do prédio atual. Se não foi a fundadora, Nã Agotimé teria sido a mãe-de-santo de Maria Jesuína. As filhas da Casa desconhecem o nome de Nã Agotimé e quase nada dizem sobre Maria Jesuína, pois as mais velhas não conversavam sobre a fundadora, cujo nome é um dos segredos perdidos da Casa.

Nossas tentativas para obter outras informações sobre a fundação da Casa das Minas foram inúteis. Dona Amélia, nascida em 1903, diz que conheceu várias das velhas africanas. Elas tinham o rosto "lanhado", com marcas tribais. Diz que elas eram marcadas como os índios e falavam embrulhado. Muitas vendiam na rua angu quente e mindubi torrado e usavam o sobrenome do seu senhorio, como sua avó Cecília Maria do Nascimento Bandeira, que era africana e dançava na Casa das Minas. Dona Deni, que frequenta a Casa desde 1936, diz que ainda conheceu velhas africanas que falavam mal o português, como Mãe Preta, e que as primeiras velhas deviam já ter vindo da África preparadas como filhas-de-santo.

Em julho de 1981, Nunes Pereira, em entrevista gravada na Secretaria de Cultura do Maranhão, informou que a Casa das Minas funcionou inicialmente próximo ao local onde se situa hoje o Cemitério do Gavião. Não obtivemos na Casa das Minas referências a que ela anteriormente tenha funcionado mais próxima ao local do cemitério, de onde dista umas três ou quatro quadras. O pessoal afirma que teria funcionado anteriormente na rua de Sant'Ana, como indicamos. César Marques (1970, p. 194) diz que o Cemitério do Gavião foi instalado no ano de 1855, no local onde havia uma chácara.

A escritora J. Gleason (1970, p. 276) informa que Agotimé teria fundado seu terreiro em São Luís, próximo ao antigo Seminário dos Jesuítas. Coelho de Souza (1977, p. 12) indica que a Casa dos Jesuítas da Madre de Deus passou para o Governo da Capitania do Maranhão a partir de 1761, tendo servido inclusive como Palácio dos Governadores. Atualmente, lá funciona o Hospital Geral Tarquínio Lopes, ao fim da Rua de São Pantaleão, distante algumas quadras da Casa das Minas. Informações sobre a Casa dos Jesuítas são também fornecidas por César Marques nos itens "Hospital Militar" (Marques, 1970, p. 379) e "Jesuítas" (1970, p. 420). Ainda a este respeito, informações interessantes são apresentadas pelo escritor Waldemiro Reis:

> *Pelas investigações que fiz, vim a saber que o primeiro terreiro de mina foi, em São Luís, instalado ainda no tempo de Dom Pedro I, na parte central da área ocupada atualmente pelo Cemitério Municipal desta cidade. Dissemo um velhinho africano que, pelos meus cálculos, contava cerca de 120 anos de idade. Contou-me uma anciã que uma velha que a criara sempre dizia ter funcionado a segunda Casa das Minas, nesta capital, no sítio da família do Dr. Roxo, lugar muito conhecido como Quinta do Cazuza Lopes. Esse aprazível sítio confina com a chácara outrora de propriedade do coronel Manuel Inácio Dias Vieira, pertencente hoje às Irmãs Doroteias. Não se sabe quem dirigiu as primeiras casas de mina, porque foram verdadeiros africanos que as formaram, não se tendo encontrado, até hoje, documentos que possam comprovar não só o tempo de existência dessas casas, como também o número de pessoas que se agruparam para manter esses templos onde se praticava a doutrina jeje. Alguns anos depois, foi então organizada, por um grupo de descendentes de africanos, a casa à rua de São Pantaleão, nº 199 e atualmente 857, tendo o seu barracão próprio para as danças, o culto e homenagens públicas aos patrões da ordem. Sabe-se, também, que, nessa terceira casa, uma das suas primeiras dirigentes fora Luísa Ferreira, mulata forte, espadaúda, alegre e sempre tratável, mantendo um grande círculo de amigos. Com a sua morte, fortaleceu-se a ação de Susana da Conceição (Mãe Hosana) e depois a velha Andresa Maria de Sousa Ramos tomara conta da casa, no dia 11 de dezembro de 1911, mantendo-se como Mãe até o dia 15 de abril de 1954, quando faleceu com 99 anos de*

idade, deixando no seu lugar a irmã Leocádia Santos. Andresa Maria, que apresentava verdadeiras características da raça africana e trabalhava nas linhas jeje, cambinda e nagô, sempre procurara imprimir, entre os seus filhos e adeptos da ordem, o máximo respeito e obediência aos princípios da moral e justiça. [...] Dentre os batedores de rons [hons] e romplins [homplis] mais conhecidos da Casa Grande, destacaram-se Sérvulo Vale Nazaré, Pedro Queirós, Basílio Ferreira e Luís Moisés (p. 111-12).

As primeiras mães

Após a morte de Mãe Maria Jesuína, a chefia da Casa passou para Mãe Luísa, que também carregava Zomadônu, o dono da Casa. Afirmam que Mãe Luísa era muito enérgica e chefiou a Casa por muito tempo, tendo morrido com mais de oitenta anos. Ela também era africana e teria sido irmã-de-santo de Maria Jesuína. Luísa foi mãe-de-santo de Mãe Andresa e de Mãe Leocádia. Dona Luísa de Apojevó, que dançou na Casa desde 1902 e que deve ter nascido em 1894, dizia que conheceu Mãe Luísa, a qual teria morrido quando ela já era mocinha. Dona Amélia e Dona Joana, nascidas em 1903, diziam que conheceram Mãe Luísa, que deve ter morrido por volta de 1910.

Dona Deni diz que o nome de culto ou o nome africano de Mãe Luísa, citado pelos voduns, era *Azuace Sacorebaboi*. Esse nome aparece pela metade, *Azuace*, numa cantiga de Zomadônu sobre as fundadoras. Nesta e em outras cantigas, Zomadônu é chamado *Babanatô*. Segundo Dona Deni, ainda no mesmo cântico ele diz que é de Abomey e que veio para cá por causa das vodunsis que também eram de lá. Zomadônu veio para protegê-las, pois elas foram muito maltratadas e pediram a proteção dele. Neste cântico aparece também a palavra *Massecutô*, que, segundo Deni, talvez seja uma parte do nome africano de Maria Jesuína.

Dona Amélia, com seu vodum Doçu, disse que no início, nos arredores da casa, só tinha mato, que os fundadores da Casa das Minas foram três pessoas, e que as velhas africanas eram do mesmo barco ou grupo de iniciação. As filhas dizem que a Casa das Minas e a Casa de Nagô foram fundadas por gente que veio da África junto e que trouxe escondidas consigo as pedras de assentamento, que representam as divindades. Dona Amância, falecida em 1976, aos 74 anos, e que dançou com oito anos, em 1910, fazia referência a um velho africano, tio

Basílio, que usava toalha quando recebia seu vodum, e que teria sido um dos poucos homens a receber vodum na Casa. Dona Deni diz que também ouviu falar que tio Basílio foi um africano que era tocador e recebia, como encantado, o senhor Daco-Donu, que só veio nele e não veio mais depois da morte dele. Parece que tio Basílio era casado, usava toalha em diagonal e não dançava.

Dona Deni disse também que, na Casa anterior, o dono e responsável por tudo era um velho africano e que, na fundação, toda a Casa era de Zomadônu. Os voduns da família de Davice teriam chegado com os de Dambirá, que são seus hóspedes. Depois vieram os de Savaluno e os de Quevioçô, estes últimos, nagôs. Para ser uma Casa completa tinha que ter voduns de todos os pelotões.

Na Casa, preserva-se a história guardando nomes de pessoas, de suas entidades protetoras e de alguns de seus familiares, mas não se guardam datas dos acontecimentos. Dona Amância, por exemplo, dizia que a Casa tinha perto de quatrocentos anos, o que, evidentemente, não é possível, pois a própria cidade de São Luís foi fundada em 1612. Em fevereiro de 1992, Dona Enedina nos informou que o primeiro homem na Casa das Minas foi Manassém; em janeiro de 1993, poucos meses antes de completar oitenta anos, a mesma Enedina nos disse que o fundador da Casa foi um homem chamado Papa César, e quem batizou o terreiro foi Manacás.

Depois da morte de Mãe Luísa, ocorrida provavelmente entre 1905 e 1910, a Casa passou a ser dirigida por Mãe Hosana, filha de nochê Sepazim, que a dirigiu por pouco tempo, até 1914. Morreu com mais de oitenta anos; era crioula e não mais africana, como as mães anteriores. Parece que era viúva. Dona Deni disse que a viu em sonho uma vez, entrando na Casa e, pela descrição, foi identificada por Dona Amélia.

Na memória das filhas atuais, três fatos importantes marcaram a chefia de Mãe Hosana. Foi ela quem ampliou a Casa, comprando o prédio ao lado, seguido ao da esquina, que foi deixado para a irmandade, e que é de sua senhora Sepazim. Foi também ela quem teria mandado o tocador Gregório José Vieira, pai de Dona Amélia, cobrir as pedras de assentamento dos voduns no comé, construindo um degrau cimentado ao pé das paredes. Essa medida foi tomada com receio de perseguições policiais que periodicamente ocorriam, em várias partes do país, aos cultos afro-brasileiros. Dessa época, temos notícia de grandes perseguições aos terreiros de Alagoas, que destruíram em 1912 inúmeros xangôs de Maceió, tendo dado origem aos objetos de culto conservados no Instituto Histórico e Geográfico de Alagoas, na Coleção Perseverança (Duarte,

1974, p. 9). Dona Deni, quando se refere à cobertura dos assentamentos, lembra de outras perseguições ocorridas na década de 1930. Devido a perseguições que poderiam sofrer, as últimas africanas teriam assim mandado cobrir os assentamentos, pois os que violassem a Casa não achariam nada especial.

Outra lembrança de fato importante da época de Mãe Hosana foi ela mandar preparar o último barco ou feitoria de meninas da Casa. Assim, em fins de 1913, realizou-se a última preparação de filhas completas, das vodunsi-gonjaí, ou hunjaí, que são chamadas de mães pelas *vondunsi-he*, e entre as quais é escolhida a mãe da Casa. Quem dirigiu essa feitoria foi a tia de Dona Amélia, Mãe Maria Quirina, de Doçu, que morreu em janeiro de 1915. No mesmo ano, morreu também Mãe Hosana, sendo substituída por Mãe Andresa, que chefiou a Casa por cerca de quarenta anos.

FEITORIAS OU BARCOS DE INICIAÇÃO

Na Casa das Minas há dois graus de iniciação. O primeiro é o de vodunsi-he, quando a pessoa recebe um vodum e passa a dançar mina[11]. A pessoa recebe o santo numa festa, e este é reconhecido e nomeado pelos demais voduns presentes. Passa alguns dias na Casa, com tratamentos especiais, e vai aos poucos sendo introduzida no culto. Fala-se muito pouco sobre esta primeira iniciação de vodunsi-he, que quase não é destacada. Atualmente, todas as vodunsis só têm este grau.

O segundo grau de iniciação é o de vodunsi-gonjaí, quando algumas vodunsi-he, que passaram pela primeira iniciação e já dançam com seu vodum, entram na chamada feitoria das gonjaí e passam a receber uma entidade feminina infantil denominda tobóssi ou menina. Esse segundo grau de iniciação é a feitoria ou barco das filhas feitas completas, que foi realizado pela última vez em 1914. Dona Joana nos disse que hoje não há mais feitoria de meninas, pois esta feitura era "muito fina".

Esta feitoria ou barco, na Casa das Minas, só se faz uma vez e, depois disso, não se fazem mais sacrifícios de bichos pela pessoa, mas só por obrigação dos

---

11 Antigamente eram iniciadas vodunsis meninas aos 8 ou 12 anos Depois passaram a entrar, sobretudo, pessoas mais velhas. Em 1985, depois que redigi este trabalho, entrou uma menina com cerca de 12 anos, que atualmente não tem participado do culto.

voduns. As obrigações das pessoas são só os banhos, o que diferencia a Casa das Minas das de candomblé nagô da Bahia ou de xangôs de Recife[12].

Segundo Vivaldo da Costa Lima (1977, p. 68), o termo barco "parece de origem fon mas não deve ser traduzido — ou entendido — como sinônimo de embarcação ou navio, pela sua homofonia com o termo da linguagem-de-santo, embora assim pensem alguns [...] barco significa, aqui, o grupo da iniciação formado pelos aspirantes de um terreiro". O pessoal da Casa das Minas diz que deve haver uma palavra jeje para barco, mas não lembram qual é. Alguém da Casa teria dito que seria a palavra *rama*, mas não se tem certeza. Barco é expressão mais usada nos terreiros jeje-nagôs da Bahia. Na Casa das Minas utiliza-se mais a palavra feitoria ou, então, pelotão.

Costa Eduardo (1948, p. 72-73) afirma que os ritos para fazer as gonjaís eram ainda bem conhecidos, e apresenta breve descrição com informações que conseguiu. Dona Celeste disse que considera a descrição dele bastante completa e que ele disse o que se podia dizer. Dona Celeste e Dona Deni dizem que nunca ouviram referências à existência de provas especiais para a iniciação. As mães de cada lado ou família indicam as vodunsis de seu lado que serão iniciadas, e elas só ficam sabendo na hora. Não há número determinado. A feitoria demorava cerca de quarenta dias e nela só podiam entrar pessoas absolutamente sãs. Há remédios para os olhos, outros que se colocam na língua para não se falar demais, e para os ouvidos; todos eles devem ser dados logo no começo. As filhas ficam em repouso nos quartos da família de voduns a que pertencem ou na Sala Grande. A Casa fica fechada, só com as vodunsis dentro; as visitas são despachadas na porta. Há banhos especiais, que são tomados de madrugada. O sangue da pessoa não pinga na iniciação dos jeje — esse povo não corta nem raspa o cabelo de ninguém. A chefe do grupo tem que ser uma gonjaí competente para botar a mão na cabeça das vodunsis. É um trabalho muito cansativo e perigoso, pois elas passam vários dias no comé e tomam muitos remédios. As mães ficam no comé e as filhas na Sala Grande contígua, com a porta entre ambas aberta, e respondem aos cânticos. Dormem em esteiras no chão.

Dizem que cada mãe-de-terreiro, em vida, só organiza um barco, encarregando uma das filhas de maior competência de dirigi-lo. Deve haver um inter-

---

12 No candomblé as iniciações normalmente são renovadas aos 3, 7, 14 e 21 anos, com novas matanças de animais. Na Casa das Minas, esta segunda feitoria é feita de uma vez por todas, e há uma festa de pagamento ao fim de um ano.

valo de uns dez a vinte anos entre dois barcos sucessivos. As pessoas entram no barco quando já têm responsabilidade, pelo menos com mais de 16 ou 18 anos de idade, e tendo no mínimo cerca de uns dez anos de dançante.

Antigamente, era costume algumas filhas receberem o santo quando mocinhas, aos 12 anos, ou ainda meninas, aos sete ou oito anos, especialmente se eram pessoas que tinham parentes na Casa. Dona Amélia e Dona Joana dançaram aos 12 anos; Dona Amância e Dona Luísa dançaram aos sete ou oito anos.

Dona Leocádia, uma das últimas gonjaí morreu em 1970, com mais de oitenta anos, e teria nascido, segundo sua filha, em 1888. Era natural de Codó, filha de Dona Angélica Maria da Conceição Santos e neta de Dona Margarida da Conceição Santos, ambas dançantes da Casa. Dona Leocádia foi irmã-de-barco de Mãe Andresa e deve ter dançado também criança, aos sete anos. Supomos que o barco em que Dona Leocádia foi iniciada teria sido organizado o mais cedo possível, por volta de 1900, quando Andresa tinha cerca de quarenta anos de idade e Leocádia seria mocinha, com uns nove anos como dançante. Numa antiga foto que Dona Amélia mostrou , quase completamente apagada, provavelmente das gonjaí desse barco, aparece Mãe Andresa como mulher adulta, possivelmente aos trinta ou quarenta anos.

Dona Celeste diz que as vodunsis-gonjaí sempre falavam em jeje, como muitas pessoas falam numa língua estrangeira quando não querem ser entendidas por estranhos que se aproximem. Dona Deni diz que as mais velhas conviviam com as africanas que falavam em jeje, a língua da Casa, e assim se acostumavam e sabiam falar jeje. As quatro últimas gonjaí da Casa morreram em inícios da década de 1970. Depois disso, a Casa não teve mais mãe completa. Costa Eduardo (1948, p. 72) informa que, à época de sua pesquisa, isto é, em 1944, havia trinta anos que não se fazia iniciação e existiam nove gonjaí sobreviventes de um grupo de 19, mas não define esse grupo.

Tem-se notícia da realização de duas feitorias na Casa, a última em dezembro de 1914, e uma, talvez uns vinte anos antes, quando foram feitas outras gonjaí, como Mãe Andresa e Mãe Leocádia. Dona Deni acha que essa feitoria foi após a Abolição da Escravatura, pois antes lá era como uma senzala e só havia festas nos dias de santo da Igreja Católica. Não se tem certeza se houve ainda uma feitoria anterior ali ou na outra casa, ou se as velhas africanas já teriam vindo preparadas da África. Sabem da data do último barco, pois Dona Amélia, que nasceu em 31 de dezembro de 1903, tinha 12 anos quando recebeu seu senhor Doçu pela primeira vez, na festa de pagamento, um ano após a feitoria, em janeiro de 1916. Temos notícia da feitoria de 18 gonjaí no último barco, de 1914, e de pelo menos nove no barco anterior, perfazendo assim um total de trinta gonjaí feitas na Casa, além das africanas que já teriam vindo feitas. Poderiam ainda ter sido organizadas na Casa uma ou duas feitorias anteriores a essa, por Mãe Luísa ou por Mãe Maria Jesuína, mas não se tem notícias disso.

Segundo informações de Dona Deni, o barco em que Mãe Andresa foi preparada teria sido formado pelas seguintes filhas, cujos nomes aparecem também em Nunes Pereira (1979, p. 26): Norberta, de Bedigá; Virgilina, de Boçucó; Antonina, de Azacá; Teresa, de Daco; Benedita, de Lepon; Leocádia, de Toçá; Cecília, de Bedigá; Maria Quirina, de Doçu; Francisca Adriana, de Doçu; Maria do Carmo, de Ajautó; Dadá ou Andrezinha, de Borutói; Andresa, de Poliboji. As 18 vodunsi-gonjaí preparadas na última feitoria, de 1914, foram: Zulima, de Doçu; Anéris, de Agongone; Cecília, de Doçupé; Zila, de Apojevó; Teresa, de Boçucó; Medúsia, de Toçá; Adalgisa, de Agongone; Felicidade, de Poliboji; Glória, de Bedigá; Caetana, de Toçá; Emília, de Azacá; Antônia, de Decé; Raimunda, de Sepazim; Filomena, de Poliboji; Manoca, de Daco; Chiquinha, de Toçá; Almerinda, de Liçá; Arcângela, de Apojevó.

Quais teriam sido as razões pelas quais não foram feitas outras gonjaí na Casa? A primeira explicação que se consegue é que foi por falta de recursos para as despesas, como foi dito a Costa Eduardo (1948, p. 72). Dona Amância disse que não houve mais feitoria porque as filhas sempre deixavam a cerimônia para depois, e não tiveram recursos. Até em seu leito de morte, Mãe Andresa queria formar outro pelotão e, depois que ela morreu, as outras gonjaí foram também morrendo.

Outras afirmam que não havia mais tocadores preparados para ajudar as vodunsis na matança; ou as antigas, por egoísmo, não quiseram transmitir os segredos da iniciação às mais novas.

Dona Deni acha que não foi por falta de recursos. Diz que a feitoria era uma festa para a qual todas contribuíam com o que era determinado, sem saber o que seria comprado ou quem seria escolhida. Não eram necessárias muitas despesas. As gonjaí, um ano depois de preparadas, é que fariam uma festa de pagamento para as mais velhas.

Assim, não foi por pobreza das filhas que não se fez outro barco. Depois da morte de Mãe Andresa, ainda houve festa de pagamento, e estava quase tudo arrumado para fazerem outro barco. Dona Celeste mandou do Rio de Janeiro louças e tecidos, mas recebeu carta de Dona Manoca dizendo que a casa estava precisando de uns consertos e que a feitoria não ia ser realizada logo, pois ainda não viera ordem dos voduns.

Dona Deni acha que foi pela morte de Mãe Anéris, e não por falta de recursos, que não se fizeram outras gonjaí. Mãe Anéris estava designada por Mãe Andresa para dirigir a feitoria, mas ignorava que viria a morrer tão rapidamente. Para Dona Deni, a causa de tudo foi esse "descuido" de Anéris, e não o desinteresse das filhas, pois essas só ficariam sabendo que não seriam escolhidas na hora da feitoria. Mãe Anéris era a mais competente para botar a mão na cabeça das vodunsis. Ela sabia tudo o que era necessário. Embora fosse analfabeta, conhecia tudo a fundo. Era solteirona e morou sempre lá. Foi criada por Mãe Luísa, pois

Vodunsis com suas tobossis após a última feitoria das gonjaís em 1914, tendo ao centro mãe Andresa carregando sua tobossi Açoabebe. As tobossis seguram bonecas, usam trouxa ou rodilha na cabeça, pano da costa e manta de miçangas coloridas. Acompanhadas, entre outros, pelo huntó (tocador) chefe mestre Gregório (pai de dona Amélia de Toi Doçu), por dona Norberta de Toi Bedigá, mãe da gantó (tocadora de ferro) dona Maria Cosme (e avó do huntó Assis). Na frente os três tambores com letras iniciais dos nomes dos voduns aos quais são dedicados.

sua mãe era cozinheira dos voduns. Teve muito contato com Mãe Hosana e com Maria Quirina. Era uma gonjaí inteiramente dedicada às coisas da religião. Não se tem certeza se ela recebeu aviso para fazer o barco, pois era muito fechada e não conversava sobre essas coisas com ninguém. A morte de Mãe Anéris foi a maior frustração. Ela julgara ter mais tempo de vida. As outras tinham conhecimento, mas Anéris tinha mais. Mãe Anéris morreu com cerca de setenta anos, em setembro de 1962, oito anos após a morte de Mãe Andresa, que havia dirigido a Casa entre 1915 e 1954, e também não preparou um barco, embora tenha tido todas as condições e auxiliares numerosas e competentes, como Dona Anéris, Dona Zulima e outras. À sua época, certas festas tinham mais de cinquenta dançantes, como Dona Celeste ainda lembra. A Casa tinha mais recursos e muitos amigos que colaboravam mandando mantimentos e dando outras ajudas.

Deve ter havido outras razões por que outras gonjaí não terem sido feitas na Casa das Minas, e uma das que nos parecem mais significativas, entre as apresentadas, foram as inovações e erros na última feitoria. Houve inovações no número, nos critérios de escolha das participantes e na categoria de pessoas escolhidas. Dona Laurentina de Apojevó recebeu em sonho ordem para entrarem doze vodunsis e entraram dezoito. Assim, foram feitas seis pessoas a mais. A própria Dona Laurentina era uma das mais velhas e não foi feita gonjaí. A mãe da Casa era Mãe Hosana, que encarregou Dona Maria Quirina de dirigir o barco. Além de gente demais, escolheram gente muito nova no santo, como Dona Cecília, que não tinha tempo suficiente de dançante. Houve preferência de umas em prejuízo de outras, como de Dona Luísa, que já dançava havia mais de dez anos, ou como Minha Vozinha, uma senhora que estava pronta, e não foi escolhida. Preferiram umas e deixaram de escolher outras com maior competência. Dizem também que houve preferência por algumas com mais recursos, em detrimento de outras mais pobres. Outro erro ainda mais grave foi que Dona Almerinda, de tói Liçá, não poderia ter sido escolhida, pois seu vodum na Casa das Minas é mudo, como a maioria dos voduns do panteão de Quevioçô, e, por isso, não poderia, assim, receber tobóssi.

Dizem que, devido a esses erros, várias gonjaí morreram pouco tempo depois da feitoria. A feitoria foi em dezembro e, logo em janeiro, morreu Maria Quirina, a chefe do barco. Mãe Hosana, chefe da Casa, morreu na festa de pagamento feita um ano depois, em dezembro, de 1915, antes de Dona Amélia dançar. A festa foi feita em um lado da Casa e o enterro saiu pelo outro lado, pois a festa não podia ser interrompida. Depois dessas, rapidamente foram morrendo as seis que foram feitas a mais. Mãe Dudu da Casa de Nagô, que dançou em 1916, nos informou que desde quando dançou também não houve mais feitoria de meninas na Casa de Nagô. A notícia dos erros dessa feitoria e de suas consequências funestas deve ter logo se espalhado por outros terreiros da Amazônia, pois, parece que não houve mais feitoria a partir dessa época nas demais casas da região, de relações com os jeje.

GESTÃO DE MÃE ANDRESA (1915-1954)

Andresa Maria de Sousa Ramos, falecida a 20 de abril de 1954, dirigiu a Casa das Minas por cerca de quarenta anos. Teria nascido em 1855. Alguns dizem que ela morreu com 95 anos, e outros que foi com 102. Mãe Andresa não tinha raízes na Casa. Nasceu em Caxias, no interior do estado, na família de Paulo Ramos, que foi governador e interventor do Maranhão entre 1936 e 1945 (Meireles, 1980). Andresa, que era negra, deveria ter sido de origem jeje e parece que era aparentada com Paulo Ramos. Seus antepassados foram escravos em Caxias, na casa da família de Paulo Ramos, e ela seria descendente de escrava com o senhor, como era comum.

Quando jovem, Andresa procurou tratamento na Casa das Minas. Não se sabe se ela recebeu seu vodum com sete ou oito anos, ou na faixa de 12 a 15 anos. No início, vivia em Caxias e vinha a São Luís algumas vezes para as suas obrigações. Ela carregava tói Poliboji, do lado de Dambirá, e foi feita gonjaí aos trinta ou quarenta anos, no penúltimo barco. Depois de feita, passou a receber sua sinhazinha, ou tobóssi, que se chamava Açanhabebe. Segundo Nunes Pereira (1979, p. 27), Andresa teve dois nomes africanos: o primeiro e mais conhecido era Roiançama, e o outro, dado após a feitoria, Rotopameraçuleme[13], como era chamada pelas tobóssis.

Dona Joana disse que Andresa já colaborava com a chefia da Casa ao tempo de Mãe Hosana. Segundo Dona Deni, Mãe Andresa teve namorados na juven-

---

13 Segundo Dona Deni, esses nomes africanos significam que ela era uma pessoa muito obediente aos voduns e que, se viesse a ser chefe, iria continuar muito humilde. Segundo Nunes Pereira (1979, p. 27-28), "O primeiro nome talvez se relacionasse com o clã a que pertenciam os 'contrabandos' que 'assentaram' a Casa Grande. O segundo nome provavelmente se relaciona com as funções do culto no peji, a direção da casa, na vida quotidiana, e a organização das danças, no Gume".

tude, chegou a ser noiva e vendia coisas para se manter. Mais tarde passou a se dedicar exclusivamente à direção da Casa[14]. Quando foi escolhida chefe, estava com cerca de sessenta anos e era, como se diz, "moça velha". Dona Leocádia, da mesma feitoria e, segundo alguns, mais velha na lei do que Andresa, foi casada duas vezes e dizem que, por isso, a chefia não lhe coube na juventude, só tendo sido chefe após a morte de Andresa. Dizem também que a chefia deveria caber inicialmente a Maria Quirina, que chefiou o último barco e morreu logo após a feitoria.

Na Casa, o pessoal do lado de Dambirá é hóspede de Davice e vivia "espalhado". O terceiro prédio a partir da esquina, que era de Dadarrô, caiu, e até hoje só existe o terreno murado. Quando o muro caiu, Dadarrô doou a parte posterior do terreno para que os de Dambirá construíssem quartos. Andresa

A nochê Andresa Maria ao lado do grupo de noviches com suas tobóssis e indumentária completa. De pé, da direita para a esquerda: mãe Manoca, mãe Adalagisa e mãe Aneris. Sentadas: mãe Andresa, mãe Leocádia e mãe Norberta, ambas da feitoria anterior. Festa de pagamento, provavelmente na década de 1940.

---

14 Não é obrigatório que as mães da Casa deixem de se casar, mas dizem que é preferível, pois há maior dificuldade de dedicação da mulher casada às coisas da religião, devido, entre outras, às inúmeras restrições sexuais que lhe são impostas nas épocas de obrigações.

mandou construir um quarto para seu senhor Poliboji, onde passava os dias. Segundo alguns, isso foi ainda ao tempo da velha Mãe Luísa. O número de filhos do pessoal de Dambirá foi crescendo na Casa, chegando a ser o grupo mais numeroso, com mais de vinte dançantes. Construíram, então, ao lado do primeiro, os quartos de Boçucó, o de Alogue e outros. À noite, Andresa dormia na Sala Grande ao lado do comé, junto com outras gonjaí, e pela manhã levava sua rede para o quarto de Poliboji. As mais velhas costumavam dormir na Sala Grande, pois muitas vezes a porta do comé permanecia aberta durante a noite. No fim da vida, já doente e paralítica, Mãe Andresa passou a viver dentro de casa, no lado de nochê Sepazim.

Mãe Andresa era muito amiga de várias mães-de-santo antigas de São Luís. Muitas frequentavam a Casa das Minas, e Andresa também às vezes ia assistir a festas em algumas casas. Uma dessas antigas mães-de-santo foi Mãe Anastácia, que morreu em 1971 com mais de cem anos, e que, em fins do século XIX, fundou no Outeiro da Cruz o terreiro da Turquia, que existe ainda hoje. Dona Anastácia chegou a morar certo tempo na Casa das Minas antes de abrir seu terreiro. Em homenagem ao Senhor Rei da Turquia, Andresa presenteou Dona Anastácia com um rosário de Dambirá. As duas eram muito amigas. Foi Dona Anastácia que recebeu Amância, aos três meses de nascida, e a deu para Dona Andresa criar. Amância morreu em 1976 e foi a primeira vodunsi-he a chefiar a Casa após a morte das últimas gonjaí.

Dona Noêmi Fragoso, falecida em 1941, também era amiga da Casa e dirigia um terreiro mina cambinda, que depois foi chefiado por sua filha Joana Batista, falecida em 1985. Outras mães-de-santo, como Dona Maximiliana do João Paulo; Vó Severa do Apeadouro; Mãe Pia do terreiro do Egito, no Bacanga; Maria Cristina do terreiro do Justino, no Bacanga; Nhá Chica e outras foram antigas chefes de terreiros de mina, em São Luís, eram amigas da Casa. Até hoje, quando chega lá alguém com vodum que não é mina-jeje, é despachado e encaminhado a outras casas. Nos tempos antigos, quando em outro terreiro se recebia alguém que tivesse santo jeje, este era mandado logo para a Casa das Minas, o que hoje não acontece mais.

Mãe Andresa não viajava para fora do estado, mas muitas pessoas vinham visitá-la. Do interior vinha muita gente. Muitas filhas da Casa eram naturais de Codó, de Caxias, de Cururupu, de Guimarães, de Rosário etc., principalmente das regiões da Baixada e do Litoral Norte ou do Vale do Itapecuru, onde a colonização com a mão-de-obra escrava foi mais intensa. Vinham também pessoas de outros estados, principalmente do Pará, como Dona Joana, de Belém, e até de Manaus. Dona Laura, filha de Poliboji, que dançava na Casa, ia muitas vezes a Manaus, de onde mandava coisas africanas, e era muito amiga de Dona Maria Rita Estrela, chefe de terreiro de lá.

Andresa explicava os rituais para as filhas que não podiam assistir a eles. Ela tinha bondade sem limites e não gostava de contrariar ninguém. Tinha muitos amigos e inúmeros afilhados. Alguns até hoje são assíduos às festas da Casa. Muitas dançantes ou pessoas amigas ofereciam seus filhos aos voduns. Andresa, carregando Poliboji, chegou mesmo a batizar na Igreja católica algumas crianças, como Maria, filha de Dona Flora, que depois virou crente. Combinavam com o seu senhor, marcando o dia e a hora do batismo e ele vinha, como combinado. Chegava em casa, ia à igreja com a criança e ninguém percebia.

Andresa também tinha muitos amigos que eram comerciantes ricos. Havia amigos da Casa, como o senhor Abelardo Ribeiro, dono de engenho em Guimarães, devoto de Poliboji, que mandava de tudo para as festas: arroz, farinha, açúcar e outros mantimentos, e bandejas com comidas feitas. Suas filhas frequentavam a casa e eram amigas das velhas. Em Ribamar, o comerciante Mundico Silva também era devoto de Poliboji e mandava sempre peixe, farinha e outras coisas para as festas. Mãe Andresa ia sempre a Ribamar no dia de São José e no mês de setembro, na época da festa, e ficava hospedada ali por quase um mês, com alguma filha de São Luís. Mundico mandava buscá-la e trazê-la em transporte próprio, e colocava à disposição de Andressa casa, comida e empregada, enquanto ela ficasse lá.

Pessoas amigas e devotas que contribuíam para a manutenção da Casa eram chamadas de assíssis, e sempre havia diversas. Ao tempo de Mãe Andresa, a Casa tinha despensa, que vivia sortida com mantimentos vindos do interior, mandados por amigos, e ela tinha até que distribuí-los para que não se estragassem. Dona Celeste lembra que, depois da Festa do Divino, iam ao leprosário, à época atrás do Cemitério do Gavião, levando em várias carroças mantimentos, comidas e doces que sobravam da festa. Grande quantidade de alimentos era dada por comerciantes amigos. Mãe Andresa também possuía muitas joias, que devotos de seu senhor lhe davam de presente, como um colar de ouro, comprido e pesado, que, após sua morte, Amância comprou a Dona Manoca e Dona Laura, ao viajar para Manaus, deixara com Poliboji em Mãe Andresa. Antes da Segunda Guerra, Andresa teve que vender várias dessas joias para pagar dívida de impostos da Casa. Ela havia dado o dinheiro para o tocador Maneco fazer os pagamentos. Ele gastou o dinheiro, e não pagou. A dívida foi executada. O desembargador Dr. Benedito Salazar, filho de Dona Zila e amigo da Casa, conseguiu que a dívida fosse parcelada e Andresa pagou-a vendendo algumas das joias. Depois disso, parece que ainda aconteceu o mesmo com outro tocador, até que Dona Manoca passou a se encarregar dos pagamentos.

Andresa não negava nada a ninguém. Uns acham mesmo que ela era boa demais: abriu muito a Casa e algumas pessoas foram relaxando. Dizem que Dona Leocádia era mais rígida e tinha temperamento mais reservado. Atualmente, algumas filhas chegam mesmo a fazer pequenas restrições a Mãe Andresa. Havia louças da Casa, bonecos e brinquedos finos de porcelana, que pertenciam às tobóssis, e foram sendo levados por pessoas amigas que os pediam. Dizem que Andresa dava tudo que lhe pedissem, por não gostar de contrariar ninguém. Em algumas épocas vinham muitos migrantes do Ceará pedindo esmolas e pousada. Andresa costumava recebê-los por uma noite, despachando-os no dia seguinte após o café-da-manhã. O tocador Sérvulo Nazaré, uma vez, pediu emprestados a Mãe Andresa alguns documentos e retratos antigos de dançantes, para mostrar a uma pessoa no Tribunal, onde ele trabalhava como beleguim. Esses documentos não foram mais devolvidos e acabaram desaparecendo.

Nas festas grandes, cada filha-de-santo dava um casal de criação (aves). Às vezes matavam quarenta, oitenta ou mais galinhas, pois a Casa chegou a ter umas cinquenta dançantes, como ainda lembram as atuais. As últimas festas grandes de Natal, com matança de bode, em vida de Mãe Andresa, parece que foram realizadas em 1945, 1948 e 1952. Após sua morte, em 1954, as últimas festas grandes devem ter sido em 1958 e 1961[15].

O pessoal de Dambirá, a que pertencia Mãe Andresa, é encarregado dos remédios e plantas na Casa. Antigamente, o quintal tinha canteiros com quase todas as plantas necessárias. Hoje muitas têm que ser compradas no mercado. Cada velha tinha o seu canteiro de plantas. Onde há uma mangueira, era o lugar do canteiro de Andresa. Ela mandava Mena, que também era de Poliboji, buscar folhas (o que era feito pela manhã), com uma cuia com água do comé. Algumas plantas vinham de Belém ou Manaus. Muitas pessoas iam à casa pedir remédios a Mãe Andresa. Dona Deni lembra de um senhor que tinha uma grande ferida na perna, que, por isso, ia ser amputada. Ele fugiu do hospital e

---

15 Assistimos depois disso a uma festa grande, realizada em janeiro de 1985 (Ferretti, S. 1995, p. 189-199).

foi para lá. Andresa preparou uma pomada com a casca de uma planta, parece que de aroeira. Ferveu a casca num litro d'água até ficar uma xícara com uma pomada roxa. O homem usou o remédio e ficou bom.

Os voduns não gostam de contato com os mortos, e o pessoal da Casa atualmente não costuma frequentar o espiritismo. Algumas com problemas às vezes vão procurar centros espíritas. O senhor Waldemiro Reis, antigo espírita de muito prestígio na cidade, era amigo e visitava a Casa ao tempo de Mãe Andresa e de Dona Manoca. A doutrina da reencarnação é aceita por muitos, e o espiritismo é considerado por elas um meio de lidar com os desencarnados.

Durante o Estado Novo, à época da interventoria de Paulo Ramos (1937/1945), o Chefe de Polícia Flávio Bezerra perseguiu muitos terreiros e pretendia transferi-los do Centro da cidade para os bairros mais distantes da periferia. Contam histórias de que a Polícia às vezes andava a noite inteira atrás de um terreiro: ouvia os toques dos tambores, mas não conseguia chegar lá, ou só chegava pela manhã, terminada a cerimônia. Ouvimos esta história em relação ao terreiro de Justino, no Bacanga, ao tempo da chefia de Dona Maria Cristina, e também em relação à Casa das Minas, à época de Mãe Andresa. Soubemos, através do senhor José Jansen Pereira, que num museu, onde está a atual Assembleia Legislativa, sob a orientação de Antônio Lopes entre 1930 e 1932, havia alguns objetos originários de terreiros, recolhidos pela Polícia.

Flávio Bezerra estava querendo proibir os terreiros da cidade de tocar, e chegou a propor que a Casa das Minas fosse transferida para um sítio distante. Mãe Andresa disse-lhe que não poderiam sair de lá. Dizem que ela foi para perto da cajazeira sagrada e teria dito que se ali naquela casa existisse alguma coisa, voltariam para autorizá-la a tocar, antes da próxima festa. Paulo Ramos estava viajando e, quando regressou, soube da ordem e mandou suspendê-la, dizendo que a Casa das Minas e a Casa de Nagô, ali perto, eram muito antigas e teriam autorização para continuar tocando. Vieram avisar isto dias antes da data da festa de Santa Bárbara.

Ao tempo de Mãe Andresa, as duas principais gonjaí eram Dona Zulima e Dona Anéris. Dona Zulima Nazaré, de Doçu, tinha estudos, tocava piano, falava francês e recebia os pesquisadores estrangeiros que passavam por lá. Ela tinha vários parentes na Casa, como Dona Teresa de Boçucó e o tocador Sérvulo. Dona Anéris, de Agongone, era analfabeta, mas tinha grande conhecimento e responsabilidade nas coisas da religião. Como Dona Zulima, Anéris também era moça velha, solteirona. Anéris foi criada na casa por Mãe Luísa e era muito reservada. Anéris e Zulima foram feitas no barco de 1914. Anéris era a mãe pequena e estava previsto que deveria dirigir a próxima feitoria, pois era a gonjaí mais dedicada à religião. Quando Andresa morreu, Anéris ficou fazendo as vezes de mãe, pois Dona Leocádia, que ficou como mãe da Casa, não residia lá.

No dizer das filhas atuais, Mãe Andresa era a flor do jardim da Casa das Minas. Durante sua gestão, a Casa tinha grande número de filhas e organizava festas muito concorridas. Ela possuía muito conhecimento das coisas da religião, sendo uma pessoa mansa e de grande prestígio. Nos últimos vinte anos antes de sua morte, a Casa foi visitada por diversos pesquisadores brasileiros e estrangeiros, conforme já mencionamos. Nunes Pereira (1979, p. 21-22) diz que a alma africana da Casa das Minas se assemelhava à alma daquela velhinha que a dirigiu, e que sua presença se descobria em numerosos detalhes da Casa, o que muitos ainda afirmam até hoje.

Em março de 1953, o então Vice-Presidente da República, Café Filho, esteve em São Luís e foi visitar a Casa das Minas. Houve uma reportagem do jornalista Nonato Masson, publicada no *Pacotilha/Globo*, em 9 de março de 1953, fazendo referência a Mãe Andresa — que já estava muito idosa e adoentada — e à sua substituta, Anéris Santos. A reportagem, intitulada "Segredos e Mistérios da Casa das Minas", cita, sem indicar a fonte, diversas frases do livro de Nunes Pereira, e é ilustrada com fotos de Dreyfus Azoubel.

Nos últimos anos, Andresa ficou paralítica, mas dirigia a Casa assim mesmo. Durante as cerimônias, ela perguntava se tinham feito tudo o que se devia fazer e assistia às danças sentada numa cadeira ao lado dos tocadores, e não perdeu a lucidez até o fim. Parece que ela passou uns cinco anos paralítica e fumava bastante. Os médicos mandavam-na parar de fumar, mas ela não atendia. Dona Manoca mudou-se para a Casa das Minas e tomava conta de Mãe Andresa, que passou a dormir e a passar os dias no quarto próximo à Sala Grande, onde viveu os últimos tempos. Sua morte ocorreu numa Quinta-Feira Santa, a 20 de abril de 1954. O tambor de choro foi tocado após o Sábado de Aleluia. Ela deve ter morrido provavelmente aos 99 anos. Filhas da Casa mais jovens ou de outras famílias de voduns que não a de Dambirá, a que Andresa pertencia, colocaram luto por três meses. As filhas de Dambirá colocaram luto por seis meses. As filhas de tói Poliboji, vodum de Mãe Andresa, como Dona Filomena e as outras vodunsis-gonjaís, colocaram luto por um ano. Após esse ano de luto, fez-se uma limpeza da Casa, ofereceu-se um galo amarelo e, a partir daí, os tambores passaram a tocar novamente, mas parece que a Casa já não tinha o mesmo brilho, após a morte de sua última grande chefe.

Últimas gonjaí

Nos vinte anos que se seguiram à morte de Mãe Andresa, as últimas vodunsis-gonjaí foram também morrendo. Com o seu desaparecimento, perdeu-se a possibilidade de ser organizada uma nova feitoria de gonjaí. Com elas também desapareceram as tobóssis.

Desde os últimos anos de vida de Mãe Andresa, e sobretudo após sua morte, muitas dançantes da Casa mudaram-se para o Rio de Janeiro ou São Paulo. Após a Segunda Guerra Mundial, houve intenso surto migratório de nordestinos para o Sul, à procura de melhores condições de vida. O crescimento das grandes metrópoles atraía mão-de-obra nordestina para o Sul, principalmente para o setor da construção civil e outros, onde se ofereciam oportunidades de trabalho. Na década de 1950, as diversas fábricas de tecido de São Luís

Três tobóssis sentadas no quintal com suas bonecas, usando manta de miçangas coloridas e rodilha na cabeça. Agon em Mãe Manoca; Omacuibe em Mãe Anéris e Dona Firmina com Adajebê.

entraram em acelerado declínio e foram todas fechadas em inícios dos anos de 1960. São Luís possuía 159 mil habitantes e cerca de mil operários nas fábricas de tecidos, onde trabalhava grande número de dançantes da Casa das Minas. Com o declínio dessas fábricas, cujas ruínas ainda se espalham pela cidade, as condições de vida e de emprego da classe trabalhadora foram se deteriorando, ampliando o fluxo migratório. Na Casa das Minas, uma das primeiras filhas a se transferir para o Sul foi Dona Geralda de tói Dadarrô, irmã de Dona Manoca. Em 1932, Dona Enedina Oliveira de Jogorobuçu foi para São Paulo, daí voltando em 1937, depois tendo se mudado para o Rio. Basílica Oliveira, sua irmã, também foi um pouco depois. Muitas foram acompanhando o marido, e outras por necessidade, procurando melhores condições. Dona Celeste foi também, em 1954. Dona Joana foi em 1956. Diluzinha e Luísa mudaram para Belém. Teresa foi para o Rio; Dona Cirene de Acuevi também foi nessa época. Mais tarde, nos anos de 1960, Zuleide de Poliboji e Nanã de Dadarrô, que residiam no Rio de Janeiro, foram a São Luís à procura de tratamento e receberam seus voduns, voltando para o Sul, onde vivem. Das que foram para o Sul, algumas regressaram, como Dona Celeste e Dona Joana. Outras vivem lá e vêm a São Luís quando podem, como Dona Enedina e outras que quase nunca vêm.

O número de filhas da Casa foi se reduzindo com a morte das mais velhas, a ida de algumas para o Sul e a entrada de poucas outras. Muitas festas foram deixando de ser feitas, como as festas grandes e de pagamento dos tocadores, nas quais havia matança de bode. As festas para as tobóssis, no São João, no Natal e no carnaval, também deixaram de ser feitas após a morte de Dona Manoca, em 1967. Não se fez mais festa no dia de São Pedro, e várias outras de aniversário de voduns deixaram de ser realizadas. A Festa do Divino ficou diversos anos sem ser organizada, só ressurgindo após o regresso de Dona Celeste. As festas de obrigação passaram a ser feitas com menos dias de duração. Muitas vezes só se toca num dos três dias previstos. Outras vezes não há toques e apenas alguns voduns vêm e ficam sentados. Quase não se faz mais matança de animais.

Após Andresa, a chefia da Casa, por direito de antiguidade, passou à Dona Leocádia de Nagono Toçá, que era a última irmã de barco de Mãe Andresa e, portanto, a mais antiga iniciada. Dona Leocádia era filha e neta de dançantes, e devia ser descendente da geração de fundadores da Casa. Teria nascido em Codó em 1888. Morreu aos 82 anos, em 1970, e teve outros parentes na Casa, como Dona Zila. Segundo alguns, Dona Leocádia era mais velha no santo do que Mãe Andresa, o que parece difícil de se constatar. Dona Leocádia casou-se duas vezes e teve dois filhos: Seu Antônio, o mais novo, que vivia com ela, e Dona Lourdes, que foi criada por outra família, com quem ainda vive. Depois de viúva, a chefe da Casa desaconselhou Dona Leocádia a casar de novo. Ela casou e diminuiu um pouco suas obrigações com a religião, pois morava na Madre de Deus. Seu marido, Mestre Gregório, era carpina. Dona Leocádia vivia mais com a família, deixando as coisas da Casa das Minas a cargo de Andresa, Zulima, Anéris e Manoca.

Quando Andresa morreu, Leocádia ficou na chefia, mas Dona Anéris, que era a mãe pequena de Mãe Andresa e morava na Casa, ficou fazendo as vezes de mãe. Parece que houve alguns desentendimentos entre Leocádia e Anéris. Em 1958 houve festa grande, com matança de bode. Dona Anéris deveria organizar um outro barco e não esperava morrer tão cedo, em setembro de 1962. Antes de Anéris, faleceu Dona Anadaí, que carregava tói Zomadônu, o dono da Casa, que até hoje não escolheu outra filha. Dona Manoca teria dito a Dona Leocádia que iria para o Rio de Janeiro se ela não viesse cuidar da Casa. Dona Leocádia resolveu então mudar-se para a Casa das Minas e ficou morando lá até pouco antes de morrer. A chefia ficou então com Dona Leocádia, auxiliada por Manoca, que também morava lá.

Vodunsis com suas tobóssis em 1962: Dona Manoca com Agon, Dona Zila com Adagebe, Dona Filomena com Sandolebê e Dona Anéris com Omacuibe — foto de autor desconhecido.

Dona Manoca chamava-se Romana Santos e era filha de tói Daco. Teve duas irmãs na Casa, Dona Chiquinha de Bôça e Dona Geralda de Dadarrô, que se mudou para o Rio de Janeiro, e que Dona Manoca às vezes ia visitar. Manoca morava com uma tia no Largo de São Tiago e, quando a tia morreu, mudou-se para a Casa das Minas. Foi morar no prédio ao lado, de nochê Sepazim, que estava arruinado após a morte de Dona Zulima. Com a cooperação das irmãs, ela comprou material, levantou as paredes, fez ligação de luz, água e esgoto e conseguiu outros benefícios para o imóvel — tudo isto ainda ao tempo de Mãe Andresa. Dona Manoca também era solteirona e tinha grande espírito prático, tomando conta de tudo. Depois que Dona Anéris morreu, ela alugou uma parte da casa a uma amiga, Dona Maria de Lourdes Pinheiro, que tinha uma pequena oficina tipográfica. Alugou também outra parte a um relojoeiro, parente de pessoa da casa. Nunes Pereira (1979, p. 175-178) diz que Dona Manoca queria assumir a direção da casa, usurpando direitos e deveres que cabiam à Dona Leocádia, e pretendia assenhorear-se do patrimônio material e espiritual dela. As filhas atuais não confirmam estas afirmativas.

Dona Manoca queria organizar um estatuto para a Casa, mas não conseguiu. O farmacêutico Dr. Rosa Neto, devoto de Acoicinacaba, era muito amigo de Dona Manoca, e frequentava muito a Casa àquela época. Ao tempo de Dona Manoca, a Casa teve telefone, que foi retirado após seu falecimento em 1967. Quando ela faleceu, restavam apenas quatro gonjaí: Dona Leocádia, Dona Filomena, Dona Cecília e Dona Medúsia. A partir daí, não houve mais festa das tobóssis.

Dona Leocádia faleceu em 1970, e a chefia passou para Dona Filomena (ou Mena), a vodunsi mais antiga. Dona Filomena Maria de Jesus, filha de tói Poliboji, foi a última gonjaí, e chefiou a Casa por apenas dois anos antes de morrer. Descendente de cambinda e conhecedora de cantigas da religião dos cambindas, ela era irmã da mãe de Dona Marcolina, de Dona Enedina e Dona Basílica. Foi casada e não teve filhos. O marido dela alugava um sobrado à Rua da Estrela, subalugando-o a prostitutas. Quando ficou viúva, Dona Filomena ficou muito doente, com o corpo cheio de chagas. Foi se tratar na Casa das Minas e passou a morar lá desde muito antes da morte de Mãe Andresa. Dizem que Dona Filomena era muito calada e esquisita, mas ficava outra quando recebia seu senhor Poliboji, que é muito alegre. Dona Deni disse que Poliboji em Dona Filomena também batizava crianças na igreja, e que ela guardava numa cesta de vime diversas mantas das tobóssis cujas vodunsis haviam morrido. Como a maioria do pessoal de Dambirá, Dona Filomena também era médium vidente.

Houve tempos em que a casa vivia quase deserta, com apenas uma ou duas dançantes residindo lá. Dona Neusa, de nochê Sobô, morava lá com Dona Filomena, mas desentendeu-se com um tocador e foi viver na Casa de Nagô.

Ao tempo de Dona Filomena, ainda havia duas gonjaí, Dona Cecília de Doçupé — que morreu por esta época e era irmã de Dona Zila, também gonjaí, já falecida — e Dona Medúsia de Tocé, que ficou cega e deixou de frequentar a Casa, pois sua família se converteu ao protestantismo. Dona Medúsia era filha de dançante da Casa; tinha uma irmã também dançante, que carregava tói Ajautó, casou-se com um protestante e teve dois filhos doentes mentais. Dona Medúsia foi a última gonjaí da Casa das Minas e faleceu em dezembro de 1977, após Dona Filomena, que morreu em 1972.

Quando a chefia estava com Dona Filomena, a mais antiga vodunsi-he residente em São Luís, Dona Amância Evangelista de Jesus Viana, filha de Bôça, passou a dividir a chefia com Dona Filomena, que já estava muito idosa (Pereira, 1979, p. 178). Dona Amância foi criada na Casa das Minas. Andresa encarregou Anéris de cuidar dela quando pequena e dizem que Anéris, a essa época moça nova, perdeu um noivo por causa de Amância. Amância recebeu seu vodum na Casa das Minas muito cedo, aos sete ou oito anos, por volta de 1910. Ainda moça, Amância começou a beber. Casou-se com um tocador da casa, mas logo se separou dele, passando a viver por muitos anos com Sérvulo, outro tocador. Dona Amância tinha uma filha adotiva e alguns afilhados e filhos de criação. Por cerca de trinta anos, viveu em uma casa que possuía no Bairro do João Paulo. Desde a morte de Dona Manoca, Dona Amância passou a assumir diversos encargos da chefia.

Dona Amância acabou indo residir definitivamente na Casa das Minas. Ela tinha um temperamento muito forte e era enérgica. Ainda ao tempo de Dona Manoca, organizou uma Festa de São Sebastião em sua casa e convidou as companheiras. Dona Manoca não aceitou e organizou a festa da Casa das Minas. Durante a festa, a vodum de Dona Amância chegou e foi com ela para a Casa das Minas, dizendo que não queria nada com a festa de Amância. Quando se transferiu para a Casa das Minas, Dona Amância mandou buscar, com Dona Marcolina, de tói Daco, as chaves da casa de nochê Sepazim. Dona Marcolina disse que não as dava, pois lá não tinha nada dela. Amância arrombou a porta, tirou as coisas do vodum de Dona Marcolina e colocou lá sua mobília de quarto, sala e cozinha, passando a viver ali. Aquela parte da Casa pertence ao pessoal da família de Davice. Mãe Andresa só morou lá quando estava muito doente. Amância, que era do lado de Dambirá, estava indo assim contra costumes tradicionais.

Dona Amância resolveu organizar uma festa de *rumaco* para tói Acóssi. Rumaco é uma festa de limpeza da Casa e deve ser feita em meados de agosto, com pombo e com as mesmas comidas da festa de Acóssi. Deni diz que Mãe Andresa não fez essa festa, que foi organizada só ao tempo da velha Mãe Hosana. É uma obrigação da Casa que tem que ser feita com várias gonjaí. As mais velhas descreviam essa festa com todos os detalhes e ensinavam os cânticos próprios. Amância resolveu fazê-la e se aborreceu, porque Deni disse que não poderia ser feita por falta de gonjaí e de número suficiente de filhas do lado de Dambirá. Amância a fez assim mesmo e ensinou a pessoa amiga de outro terreiro, que aprendeu com ela. Pouco tempo antes de morrer, em janeiro de 1976, Dona Amância organizou um almoço dos cachorros na Festa de São Sebastião. Todos os anos fazia também a Festa do Divino, que era organizada por Dona Celeste.

Dona Amância era muito amiga e frequentava o terreiro da Turquia, dirigido por Mãe Anastácia. Após a morte de Dona Anastácia, Amância foi uma das pessoas que se esforçaram para que o terreiro da Turquia, um dos mais antigos de São Luís, não fechasse. Amância também era amiga e assistia a festas no terreiro Fanti-Ashanti, no Cruzeiro do Anil, dirigido por Pai Euclides.

Devido a seu temperamento um tanto duro e rude, Amância encontrou dificuldades na chefia da Casa das Minas. No dizer das irmãs, ela era dotada de grande carrancismo e não costumava ouvir a opinião de outras pessoas. Uma das dançantes, Dona Alba, de Bôça, sua irmã-de-santo, foi ao terreiro de Teófilo, no Bairro de Fátima, para o batismo de um tambor. Amância se aborreceu e brigou muito com ela. Alba ficou zangada e não voltou mais. Amância brigou também com Hilton, filho de Sérvulo Nazaré, que era tocador e não foi tocar numa festa. Ele ficou aborrecido e não voltou mais. Muitas vezes ela queria organizar uma festa, mas não conseguia reunir os tocadores. Benedito, que era tocador, descendente de pessoas muito antigas na Casa e que morava lá, possuía uma oficina mecânica. Dona Manoca não concordou com a permanência da oficina e ele saiu de lá. Dona Amância mandou buscá-lo e ele foi morar novamente na Casa das Minas com a família, e não instalou sua oficina enquanto Amância viveu. Benedito ficou morando lá até morrer, em 1981.

Em fins de 1974, nos últimos meses do Governo Pedro Neiva, que em 1973 havia inaugurado o Museu Histórico e Artístico do Maranhão, a primeira-dama do estado, Dona Enei Santana, recebeu de funcionário da Fundação Cultural a sugestão de reformar o prédio da Cafua das Mercês, antigo depósito de escravos que se encontrava em ruínas, para ali ser montado um pequeno museu relacionado com o negro no Maranhão. A ideia foi aceita e as obras iniciadas. Dona Enei mandou convidar no Rio de Janeiro os técnicos que haviam trabalhado na organização do Museu do Estado. Uma das ideias para se conseguir material para o acervo foi a de visitarem alguns terreiros de tambor de mina solicitando doações. Foram visitados a Casa de Nagô, cuja chefe, Dona Dudu, não concordou em doar nada, e o terreiro de Jorge de Itaci, do bairro da Fé em Deus, que doou alguns objetos e confeccionou rosários de santos. Visitaram também a Casa das Minas em fins de 1974, acompanhados da primeira-dama do estado, que se propôs a conseguir ajuda para a Casa em troca de doações de alguns objetos para o futuro museu. Dona Amância disse que precisava substituir uma parte das telhas e consertar a parede da cozinha da casa, que estava desabando. A esposa do governador ofereceu uma certa quantidade de tijolos e telhas e pediu à Dona Amância que doasse algumas roupas, colares e instrumentos. Pressionada com a presença e a insistência da primeira-dama, Dona Amância, sem consultar as companheiras, doou diversos objetos da Casa[16], o que provocou um grande mal-estar e muitas reclamações contra ela.

Disseram que ela doou objetos muito valiosos e que queria acabar com a Casa das Minas; que ela queria vender um dos prédios para o deputado Epitácio Cafeteira, ex-prefeito da cidade; e depois que queria doar o prédio para o estado; que ela teria dado a Dona Enei um antigo livro relativo aos rituais que Nunes Pereira (1979, p. 32) menciona, dizendo que ficava guardado no comé. Dona Amância informou-nos pessoalmente que esse livro desapareceu logo após a morte de Mãe Andresa. Até hoje, entretanto, seu desaparecimento é objeto de conflitos e de acusações dentro do grupo.

Dona Amância tinha dificuldades em conseguir a colaboração de todos os participantes para as festas e as despesas de manutenção da Casa, como o pagamento de taxas de água, luz e impostos dos dois prédios. Ela era muito amiga de Nunes Pereira e aguardava sempre sua visita quando passava por São Luís,

---

16 Em troca da ajuda recebida, Dona Amância doou ao museu os seguintes objetos: toalha bordada de se receber vodum, camisa bordada, travesseiro de renda, lenço de homem, lenço de mulher, anágua, par de chinelos, suporte de cachimbo longo, bengala de dança, pulseira (*dalsa*) de coral, pulseira de búzios, manta de miçanga das tobóssis, rosário de culto, ferro (*gã*), vareta de madeira (*aguidavi*), uma cabaça, um tambor grande, estrela de Salomão, pequena imagem de Cosme e Damião em madeira.

pedindo-lhe sugestões. Dona Amância confirmou-nos que tinha a ideia de ceder ao Estado um dos prédios, o de nochê Sepazim, para ali ser instalada uma escola. Dizia que as mais velhas falavam que, quando a Casa não tivesse mais filhas, ficaria para o Estado. Dona Amância esperava que, cedendo um prédio, conseguiria ajuda para a manutenção do outro, uma espécie de aluguel ou isenção de impostos e taxas. Por essa época, um antropólogo do Sul, de passagem por São Luís e interessado por problemas de religião, sabendo desses fatos, disse a um amigo que Dona Amância estava realizando um suicídio cultural.

Havia na Casa muitos rosários de contas, panos da costa e mantas de miçangas, usadas antigamente pelas tobóssis, e que foram desaparecendo. Dona Filomena guardava diversos. Após sua morte, Dona Amância disse que iria botar tudo na maré, pois não tinham mais serventia. Dona Deni lhe lembrou que lá não se costumava botar nada no mar. Amância, então, com uma faca, cortou várias mantas e rosários. A manta que doou para o museu pertencia à sinhazinha de Dona Manoca. Tói Daco, o senhor de Dona Manoca e de Dona Marcolina, veio em Dona Marcolina e brigou muito com Dona Amância. Dona Marcolina ficou muito tempo sem frequentar a Casa. Amância brigou com vários outros voduns. Tói Lepon, senhor de Dona Deni, também discutiu e brigou com Amância.

Dona Zuleide Amorim, paraense que vivia no Rio de Janeiro, veio à Casa das Minas à procura de tratamento, à época de Dona Manoca, e recebeu tói Poliboji. Depois que Dona Filomena morreu, Zuleide resolveu fundar um terreiro de mina em Jacarepaguá, semelhante à Casa das Minas, pretendendo reunir as filhas da Casa que viviam no Rio. Zuleide veio algumas vezes a São Luís e levou mudas do pé de cajá e do pé de ginja da Casa, e fez uma viagem pela África com o marido, que trabalha em embarcação. Nunes Pereira, na segunda edição de sua obra, cita diversos cânticos em jeje que conseguiu lá e chegou a fazer um filme, que foi mostrado na televisão em São Luís e provocou muita polêmica na Casa. Disseram que Zuleide copiara alguns rituais da Casa das Minas e os deturpara, que levara coisas que teria conseguido com o consentimento de Dona Amância e mesmo que ela teria comprado alguns objetos a Amância. Em 1980, Zuleide foi para o Pará, fechando sua casa no Rio.

Dona Amância bebia muito, e isto era objeto de críticas de suas irmãs, pois uma chefe da Casa tem sempre que receber pessoas de fora e ocupar-se com várias obrigações. Antes de Dona Amância cair doente, a senhora dela veio, cantou, chorou e disse a Deni que ia "deixar essa mulher de mão", pois estava cansada dela e em breve não viria mais. Passado algum tempo, Amância adoeceu. Deni disse que teve em sonho uma visão em que Amância estava caindo num abismo e tentou ajudá-la, mas foi repreendida. A mesma Deni disse que, a essa época, também viu em sonho uma senhora, identificada como sendo Mãe Hosana, dizendo para Amância: "Na minha casa tu não vais ficar." Mãe Hosana foi quem comprou e doou para a Casa das Minas o prédio de nochê Sepazim em que Amância estava morando. Quando ficou muito doente, outros voduns vieram visitá-la, mas Bôça, sua senhora, não veio mais. Dona Amância começou a sentir dores em várias partes do corpo e dizem que, no começo, procurou se fazer de forte. Passou mal durante uns meses e morreu com um tumor interno, em inícios de julho de 1976. À época, ouvimos de pessoas próximas à Casa a referência de que sua morte foi consequência de uma "guerra de santo". A sua missa de sétimo dia foi rezada na Capela da Santa Casa de Misericórdia, que ficou cheia de pessoas amigas. A maioria estava vestida de branco. O padre, um estrangeiro idoso, avisou no sermão e ao fim da missa ter sabido pelos jornais que aquela missa seria pela mãe-de-santo de um terreiro, e que os que fossem frequentadores de terreiros não poderiam comungar. Houve um grande número de comunhões, e o padre ficou aborrecido, voltando a falar ao final sobre o tambor de mina como uma religião do demônio. Na refeição servida na Casa após a missa, uma pessoa ligada ao culto comentou que o padre estava na casa dele e que lá ele estava com razão. Depois, conversando com outras pessoas que estiveram presentes, elas disseram que ficaram envergonhadas e tristes com o que o padre disse, mas sabiam que ele tinha agido assim porque amigos de Dona Amância colocaram aviso da missa dizendo que ela era a mãe da Casa das Minas. Dona Remédios, antiga participante da Casa, já falecida, indagada sobre o comentário do padre, respondeu que "foi batizada e ninguém podia lhe tirar o direito de comungar. Se à noite ela dançasse no terreiro, nem o padre nem ninguém tinha nada com isso", como posteriormente nos confirmou a freira norte-americana Barbara Ann English, que também participou destas cerimônias.

Situação atual

Antes de morrer, Dona Amância acusava algumas de suas irmãs de quererem transformar a Casa num centro de umbanda e de venderem garrafadas como remédio caseiro. Após sua morte, as irmãs foram praticamente unânimes em condenar diversas de suas atitudes, sobretudo a doação de peças ao Museu sem consultá-las. Disseram que ela deveria ter agido assim influenciada pela doença e pela bebida. Uma chefe da Casa não poderia de modo algum fazer o que ela fez, e não poderia ser viciada em bebidas alcoólicas. Depois disso, a Casa passou a ser dirigida em equipe. Uma dançante mais velha, Dona Amélia, encarregou-se da direção das coisas dos voduns. Junto com ela, na direção administrativa, ficou uma dançante mais nova, Dona Celeste, que possui tino para o cuidado das coisas materiais, e Dona Deni, encarregada dos cânticos e das cerimônias.

Dona Celeste dança na Casa desde 1950, sendo, entretanto, uma das filhas mais novas. Ela se empenhou e conseguiu que fosse redigido um estatuto da Irmandade da Casa das Minas, publicado no Diário Oficial do Estado a 20 de fevereiro de 1980, que permite a participação de pessoas amigas na associação. A

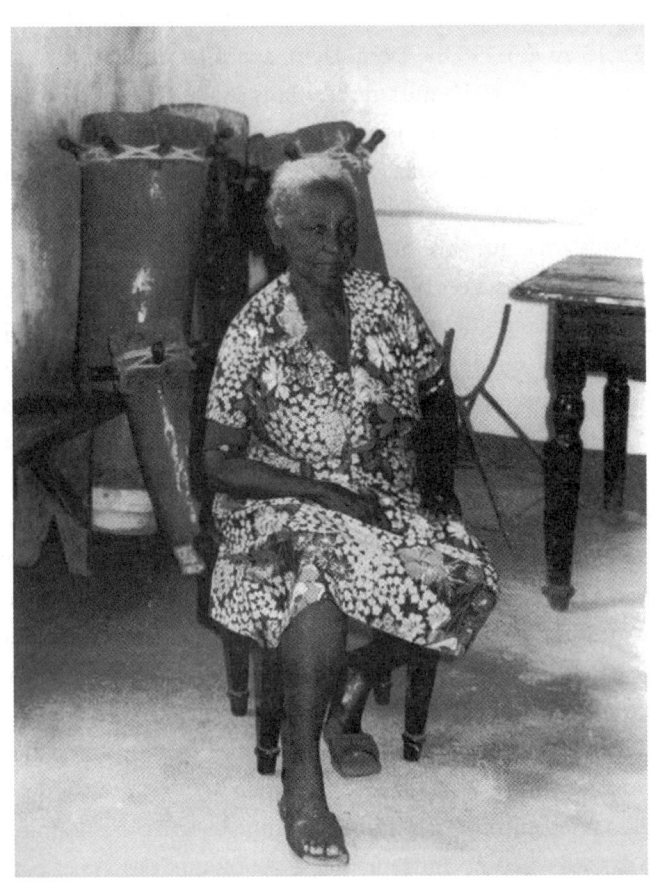

Dona Amélia sentada diante dos tambores em 1985 — foto de Sergio Ferretti.

direção é compartilhada entre algumas irmãs mais atuantes, como Dona Deni e Dona Maria Lisboa (Maria Roxinha), que residem na Casa. Dona Celeste tem conseguido trazer algumas irmãs que residiam no interior e que já não têm grandes obrigações familiares. Assim, conseguiu trazer Dona Luísa, à época a mais antiga dançante, com oitenta anos de filha-de-santo; Dona Flora, também com mais de setenta anos de dançante; e Dona Justina. Essas três, com Maria Roxinha, eram as filhas da Casa que residiam lá à época de nossa pesquisa. Dona Celeste dizia que pretendia também residir na Casa, o que fez em meados da década de 1990.

Dona Amélia e outras filhas — como Dona Joana Miranda, já falecida, que dançou durante cerca de 65 anos, e Dona Maria — residiam fora. Ambas sempre compareceram regularmente às diversas atividades da Casa. Dona Beatriz e Dona Edwirges, falecidas há alguns anos, também iam quando podiam. Dona Zobeilda, que reside na cidade, comparece às festas a que pode ir. Dona Rita Prates, que faleceu em 1989, e Dona Deni, sua filha, mudaram-se para lá em fins dos anos 1980. As residentes em São Luís são as filhas da Casa que atualmente estão sempre lá. Outras, em número reduzido, residem no interior ou em outros estados e frequentam a Casa irregularmente, quando de uma viagem para cumprir obrigações, como Dona Basílica, falecida em 1991, e Dona Enedina Oliveira, sua irmã, que vive no Rio.

Comparando-se com a cerca de meia centena de filhas que costumava participar das festas ao tempo de Mãe Andresa, a Casa das Minas atualmente possui um número reduzido de filhas. Não há um equilíbrio entre as poucas que entram e as que morrem quase anualmente. Poucas têm cerca de sessenta anos, e várias têm mais de setenta ou oitenta anos de idade. O pessoal da Casa diz que não se preocupa em convencer ou influenciar ninguém de fora. Os frequentadores dizem sempre que são os voduns que escolhem as pessoas e que elas continuam encaminhando a outros terreiros pessoas que não possuam vodum jeje, que eventualmente procuraram a Casa ou recebem lá algum vodum de fora. Dizem que não querem receber qualquer pessoa e que um vodum, por exemplo, como Zomadônu, o dono da casa, que não tem vindo em ninguém há mais de trinta anos, não pode vir em qualquer *nigrinha*, em qualquer moça nova e sem juízo, que vai querer mandar nas outras. Elas constatam que, ultimamente, os voduns têm escolhido mais pessoas de fora, residentes em outras cidades. Reclamam que, hoje, pessoas de outros terreiros, quando recebem alguém que possui vodum jeje, não as encaminham mais para a Casa das Minas, como antigamente. Se depois uma dessas pessoas vem procurar a Casa, costuma sofrer muitos problemas por já ter se submetido a serviços diferentes dos de lá. Algumas chegam mesmo a ficar loucas definitivamente, por tratamento inadequado e prejudicial a que foram submetidas. Apesar de pouco numerosas, as filhas se orgulham de pertencer à Casa das Minas e do grande prestígio de que esta desfruta entre os grupos religiosos afro-maranhenses.

Na Casa das Minas, os instrumentos de acompanhamento dos toques, como o ferro e as cabaças, são tocados por mulheres, e os tambores por homens, sendo esta a principal função masculina. Os tocadores têm também outras atividades que lhes são próprias e, embora não recebam voduns, devem ser preparados como as vodunsi-he. Geralmente eles são filhos, netos e esposos das dançantes e não podem tocar em outras casas, para não confundirem o ritmo. O último tocador preparado foi seu Benedito, devoto de Sobô, que era filho e neto de antigos tocadores e dançantes e faleceu em 1981, não tendo deixado descendente como tocador ou dançante. Há uns seis tocadores que tocam nas festas, mas alguns são novatos e estão aprendendo. Algumas mulheres dançantes também tocam os tambores na ausência dos tocadores. Trata-se, portanto, de um grupo de culto eminentemente feminino e muito tradicional.

Quase todos os anos são realizados um ou mais toques de tambor de choro ou zelim para filha ou tocador recém-falecido, cerimônia que não pode deixar

Dona Luíza com Apojevó, Elizabeth com Decé, e Dona Amélia (sua bisavó) com Doçú em 1986 — foto Sergio de Ferretti.

de ser feita. Após o zelim de Dona Amância, em julho de 1976, houve os de Dona Mariazinha, Dona Medúsia, Dona Rosa, Lúcio, Benedito e os de Dona Cirene, Dona Marcolina, Dona Flora, Dona Luísa, Dona Joana, Dona Rita, Dona Basílica, Dona Amélia, Dona Justina, Dona Beatriz e Dona Maria Roxinha.

Além da Festa do Divino, realizada em maio ou junho, as demais festas anuais com toque de tambor são as dos dias de Santa Bárbara, Natal, São Sebastião, Quarta-Feira de Cinzas, Sábado de Aleluia e São João, que são festas de obrigação, algumas com três dias de toque. Há também as festas de aniversário de voduns, sendo atualmente comemoradas as dos dias de São Benedito, São Cosme e Damião e Reis. Há, assim, cerca de dez festas anualmente, com a duração de um a três dias cada uma, ou até mais, como a Festa do Divino, com quatro ou cinco dias no período de duas ou três semanas.

Dona Celeste mantém relacionamento muito bom com diversas autoridades com que periodicamente busca contatos, como, por exemplo, a direção da Empresa Maranhense de Turismo, do Museu do Estado, do Centro de Cultura Popular Domingos Vieira Filho, da Secretaria de Cultura ou Fundação Cultural, do Serviço de Patrimônio Histórico, da Fundação de Bem-Estar Social e, eventualmente, com a primeira-dama do estado, com o prefeito da capital, ou mesmo com o governador ou outros políticos. Ela procura essas ou outras autoridades e instituições, que também algumas vezes a procuram, sabendo conservar, assim, boas relações de amizade e, sempre que necessário, conseguindo alguma ajuda para a Casa. Essas ajudas vão desde uma autorização para adquirir gêneros em grande quantidade para uma festa, a preço mais acessível, até a ajuda da prefeitura ou do governo do estado para a execução de pequenos reparos no prédio da Casa. Procura ela, também, conseguir aposentadoria para as mais idosas, e tem conseguido assim colaborações para a realização de algumas festas de obrigação que são mais dispendiosas, considerando que a Casa das Minas faz parte das tradições culturais do Maranhão e precisa ser mantida com o apoio de todos.

Em 1980, Dona Celeste conseguiu que fosse devolvido à Casa das Minas o tambor grande que fora cedido ao Museu ao tempo de Dona Amância. O instrumento foi oficialmente devolvido e recebido na Casa com um toque especial de tambor e com a vinda dos voduns. Em inícios de 1982, Dona Celeste conseguiu a promessa de serem devolvidas uma bengala e uma pulseira de coral cedidas por Dona Amância, tendo declarado que aqueles eram os últimos objetos que estava com intenção de reaver. Esses objetos foram devolvidos em 1985.

À mesma época, a Casa das Minas e a Casa de Nagô conseguiram do governo recursos para a execução de algumas obras de reparo em seus prédios.[17] Parte do madeiramento e das telhas foi substituída. Assim, atualmente, a Casa tem conseguido se manter ampliando seu relacionamento com autoridades de vários setores na esfera pública e com particulares. Ao mesmo tempo, mantém-se a tradição de não se apresentarem espetáculos para autoridades ou visitantes em teatros ou praças públicas, como também de não realizarem festas em casa fora das datas estabelecidas. Nos dias de festas, há um certo afluxo de curiosos e de alguns turistas, levados por pessoas residentes na cidade. Em geral, estes estranhos e turistas não têm sido tão numerosos e não chegam a permanecer por muito tempo a ponto de perturbar o bom andamento das cerimônias. Parece-nos que há, entretanto, o risco de certa dependência paternalista da Casa em relação ao estado, o que não

Dona Celeste com seu vodum Averequete em setembro de 1993 — foto de Sergio Ferretti.

---

17 Segundo informações oficiais da Empresa Maranhense de Turismo (MARATUR, 1982, p. 24-25), o governo do estado, através daquele órgão, concluiu, no primeiro trimestre de 1982, obras na Casa de Nagô, no valor de 198.557 Cruzeiros, e na Casa das Minas no valor de 661.395 Cruzeiros. À época, o dólar americano estava cotado a cerca de 160 Cruzeiros, e o salário mínimo regional por mês era de 9.750 Cruzeiros.

deixa de afetar a sua autonomia. Por outro lado, verifica-se que há um esforço de adaptação da Casa às circunstâncias da época atual, procurando-se o apoio dos poderes constituídos, visando a preservação de um patrimônio cultural. Uma consequência perigosa que daí pode decorrer seria acabar transformando a Casa, de um núcleo vivo de tradições negras, em uma espécie de museu afro-religioso.

Após o falecimento de Dona Amélia, ocorrido em 1997, Dona Deni, que já vinha dirigindo os rituais com a doença daquela, assumiu a chefia da Casa. Dona Deni Prata Jardim, filha de Dona Rita Prata de tói Bedigá, é vodunsi de tói Lepon. Assumiu a chefia com mais de setenta anos de idade, com cerca de cinquenta e cinco anos de dançante, e reside atualmente lá com netas e bisnetos.

Em novembro de 2002, após um processo que tramitou durante cerca de dois anos, a Casa das Minas foi tombada pelo Instituto do Patrimônio Histórico e Artístico Nacional, sendo a terceira casa de religião afro-brasileira a ser tombada por aquele órgão, após a Casa Branca e o Ilê Axé Opô Afonjá de Salvador. Foi uma homenagem e uma forma de proteger da especulação imobiliária, e de outras ameaças, este local de culto, de tanta importância para as tradições afro-maranhenses. Na ocasião foi fixada, na fachada da Casa, ao lado da entrada principal, uma placa de azulejos alusiva ao evento.

As informações de caráter histórico aqui apresentadas são as que conseguimos reunir. É provável que outras possam vir a ser conhecidas ou mesmo que alguns documentos venham a ser descobertos, esclarecendo certas indicações ou invalidando outras, e que novas interpretações sejam propostas. A tabela 1, a seguir, procura reconstituir a relação das chefes da Casa das Minas nos últimos 150 anos. Radcliffe-Brown (1973, p. 232-251) considera que a estrutura social é uma rede complexa e dinâmica de relações humanas, que possui forma própria. A Casa das Minas, a nosso ver, vem mantendo sem grandes alterações as características de sua estrutura social, apesar das transformações por que tem passado durante mais de um século e meio, especialmente nas três últimas décadas, devido, sobretudo, à não renovação de seus quadros e à perda de rituais importantes. Em síntese, podemos caracterizar a Casa das Minas como um grupo negro religioso tradicional, quase uma sociedade secreta, aristocrática e sob liderança autoritária feminina. Os diversos componentes dessa caracterização serão especificados ao longo deste trabalho.

TABELA 1

Relação de chefes da Casa das Minas que são lembradas, com indicação de seu nome africano, respectivo vodum, período de chefia e principais auxiliares

NOME DE BATISMO	NOME AFRICANO	VODUM	PERÍODO	AUXILIARES
Mãe Maria Jesuína	Massecutô	Zomadônu	? — 1847 (prédio)	—
Mãe Luísa Ferreira	Azuaci Sacorebaboi	Zomadônu	? — 1905/10	—
Mãe Hosana da Conceição	—	Sepazim	1905/10 — 1915	Mãe Andresa
Mãe Andresa Maria de Souza Ramos	Roiançama; Rotopameraçuleme	Poliboji	1915 — 1954	Anéris; Zulima, Manoca
Mãe Leocádia Santos	—	Toçá	1954 — 1970	Anéris (1962); Manoca (1967)
Mãe Filomena Maria de Jesus	—	Poliboji	1970 — 1972	Amância
Dona Amância Evangelina de Jesus Vieira	Boçuroncoli	Bôça	1972 — 1976	Amélia
Dona Amélia Vieira Pinto	Gongeume	Doçú	1976 — 1997	Deni; Celeste
Dona Deni	Ihapen	Lepon	1997 -	Celeste

ELEMENTOS DA TEOGONIA: OS VODUNS E SEUS FILHOS

Os voduns — sombras ou "brancos"

A história das divindades é um dos aspectos menos comentados na religião praticada na Casa das Minas. No Maranhão, nos terreiros de tambor de mina, em geral fala-se pouco a respeito delas. Costuma-se manter a maior reserva ao tratar desse assunto, especialmente em relação à divindade protetora de cada um, cujo nome evita-se pronunciar. Segundo Euclides, chefe da Casa de Fanti-Ashanti, no Maranhão vigora o antigo costume de o pessoal dos terreiros não dizer o nome das divindades. Muitas vezes dizem apenas um apelido. No antigo terreiro do Egito, a divindade equivalente a Oxalá era conhecida como Rei dos Mestres. Na Casa de Nagô, até hoje muitas divindades são conhecidas apenas por apelidos, como Pedrinho ou Joãozinho.

Dona Celeste diz que as velhas gonjaí conversavam com os voduns ou entre elas em língua jeje e, se chegasse alguém, não entendia nada. Deni disse que as mais velhas da Casa das Minas eram muito desconfiadas e, se alguma delas estivesse conversando por perto, quando saía, vinha outra perguntar sobre o que estavam conversando, e Deni respondia que não havia escutado nada.

Ela acha que as filhas atuais, mesmo as mais velhas, tiveram pouco contato com as que já morreram, e por isso muitos conhecimentos se perderam. Como sabem pouco, não podem dizer para qualquer um todo o pouco que sabem. Dona Dudu, da Casa de Nagô, dizia que não podia responder a tudo que lhe perguntavam e que "não iria virar a tripa com o dedo". Para ela, os maçons e os negros nunca dizem tudo o que sabem e, por isso, uns respeitam os outros. Ela falava que "não se pega no pé de planta para sacudir, para não despencar a rosa" e que "não sabia por que tem cristão que quer escarafunchar o que pode lhe fazer caírem as unhas". Dizia que saber é poder, e ela não sabia o que podia acontecer, com esse poder. Dona Joana também dizia, por exemplo, que entendia o significado dos cânticos, pois as mais velhas lhe explicaram, mas era segredo, e ela não podia revelar. Em outros terreiros de mina antigos do Maranhão, também costuma-se preservar muito os segredos do culto. Num dos cânticos que ouvimos no terreiro da Turquia, repete-se o seguinte refrão: "Se eu não fosse filha de rei, tudo o que ouvia eu ia dizer..." Na Casa das Minas, Dona Roxa afirmava que Mãe Anéris dizia sempre, referindo-se aos voduns: "Com sombra não se brinca. Quem não conhece sombra tem que respeitar a sombra que não conhece". Lá é costume também referirem-se aos voduns chamando-os de *os brancos*.

Verificamos que o segredo e o mistério desenvolvido em torno de muitos assuntos, especialmente em relação aos voduns, talvez seja responsável pela perda de parte desse conhecimento. Com todo esse mistério, muita coisa não foi revelada às mais novas, talvez mesmo por certo egoísmo das antigas, pois saber é poder, como dizem. Com a morte das mais velhas, muitos segredos não foram transmitidos e acabaram desaparecendo ou sendo esquecidos. A discrição, o segredo e o mistério excessivo contribuíram, assim, a nosso ver, para a perda de muitas formas de conhecimento religioso tradicional e secreto, na Casa das Minas e em outros grupos.

Na visão atual da Casa, pelo que se pode perceber principalmente através do discurso de Dona Deni, de Dona Celeste e dos voduns, acredita-se que, acima de tudo, há um Deus Superior, a que chamam *Avievodum* ou *Evovodum*, identificado com o Divino Espírito Santo da doutrina católica. Uma senhora da Casa explicava a uma menina, na saída da missa do domingo de Pentecostes, antes da procissão do Divino, que "o Divino é o primeiro Deus, foi ele que criou Jesus". Deni diz que em primeiro lugar há o Deus Pai, que é o Criador de todos. A esse respeito, a doutrina da Casa encontra-se em acordo com o catolicismo dominante na sociedade envolvente.

Em muitas sociedades da África existe a noção de Deus como um ser supremo, mas que está muito distante, é inacessível, e não se fazem rituais em sua homenagem. Entre os basangas do Zaire, por exemplo, o ser supremo

> é imaterial e invisível. Ele se exprime através dos fenômenos da natureza, como o vento, o relâmpago, a tempestade etc. A crença no Ser Supremo entre os basangas não é acompanhada de um culto correspondente [...] É um

Deus distante e ocupadíssimo. Eis a razão de não se dirigirem senão aos intermediários... (Munanga, p. 308)

Como informa Binon Cossard (1970, p. 12), entre os povos de Angola é inútil erguer estátuas, ídolos, templos, oferendas ou culto à divindade suprema, que delegou poderes a seus ministros que regem o Universo. Por outro lado, segundo Herskovits (1967, II, p. 298-308), para os daomeanos, a equivalência entre Mavu-Lisa e Deus-Jesus dos teólogos europeus, como entre Legba e o Demônio, foi efetuada pelos missionários cristãos em tempos relativamente recentes. Herskovits não concorda que a ideia de um Deus possa ser abstraída das crenças dos daomeanos e demais povos da África Ocidental, a não ser com o apelo a uma lógica que, para ele, é inconcebível aos próprios nativos. No Maranhão, parece-nos atualmente que a influência do cristianismo alterou esse princípio fundamental. Pelo menos formalmente, adota-se a ideia de um ser supremo que, no catolicismo popular, também quase não é cultuado. Na Casa das Minas, entretanto, todo o culto e os ritos dirigem-se exclusivamente aos voduns.

Dona Deni diz que é muito difícil chegar-se até Deus. Tudo depende Dele através dos voduns. Depois de Deus vêm os santos da Igreja Católica, que são os verdadeiros santos, já estão purificados, e não pedem nada. Os santos podem resolver tudo, mas estão também muito longe e não precisam mais de nós para nada. Os santos não aparecem e não podem chegar até nós. Se não for através do nosso guia, o santo não chega até nós, pois os santos não baixam. Neste mundo nós estamos perdidos: como vamos chegar aos santos? Nós precisamos dos voduns para chegar a eles. Por melhor que seja, o vodum sempre tem alguma falha e acaba se irritando ou fazendo o que não deve. Os santos são mais puros. Os voduns pedem e os santos mandam. Os santos vivem no Sol, e os voduns, espalhados para administrar o Universo. Tem vodum muito antigo, do começo dos tempos. Não dá para entender se eles tiveram uma encarnação. Dona Celeste diz que os voduns devem ter tido vida na terra como os santos, e que eles não são considerados deuses. Diz também que não entende muito bem dessa história. Eles vieram da África, mas não dizem se têm parentes lá. Referem-se a "meu povo", "minha gente", "os lá da África" e "os daqui". Lepon em Dona Deni disse que os voduns vivem em outros planetas e que ele nunca se encarnou nesta terra.

Dona Celeste e Dona Deni dizem que na Casa das Minas não se dá ordem aos voduns. Pede-se alguma coisa, e eles dizem "vou ver se Evovodum quer".

Se der certo, eles mandam agradecer a Evovodum. O que se pode resolver sem pedir a eles, se resolve. Quem tem necessidade, pede e eles ajudam. Os voduns ajudam as pessoas necessitadas. A manifestação deles é para isso. Mas não se pode mandar neles, e oferendas não adiantam. Há problemas que são naturais e os voduns não podem interferir. Se o problema for decorrente de perturbação, aí eles cortam, pois é a obrigação deles. Eles não vivem à disposição dos humanos, não são nossos empregados. Não vivem para fazer o que a gente quer. Podem ajudar a afastar uma perseguição, mas ninguém tem competência de mandar nos voduns. O vodum diz: "Não sou seu filho nem seu irmão, por isso você não tem de mandar em nada". Eles têm os serviços deles que só eles entendem. Nós não entendemos as coisas deles e eles não entendem dos nossos serviços. Só convivendo no dia-a-dia com eles é que se entende o que é a missão deles. É preciso arranjar amizade com eles. Mas os voduns precisam de nós. Eles têm que entrar em contato com a humanidade e precisam dos humanos. É a missão deles. Os sacrifícios que oferecemos aos voduns constituem uma troca entre o nosso sangue e o sangue dos animais. Temos que fazer oferendas para que não haja derramamento do sangue humano.

Os voduns não estão acima dos santos, pois baixam em qualquer médium, e os santos não baixam. Nas festas os voduns cantam, dançam e brincam. O fardo fica mais leve e suportável. A vida vai se tornando mais tolerável e mais humana. Outras religiões não têm voduns que se manifestem. Onde existe manifestação de voduns, tem que haver dança. Brincando, os voduns se comunicam melhor com o povo, entram em contato com os outros que não são médiuns, para dar conselhos. O tambor e os cânticos chamam os voduns, mas eles vêm se quiserem. Eles fazem o que querem e acham conveniente. Costumam chegar na hora do toque e alguns até mesmo antes, pois os donos da festa sempre vêm na frente. Não há toques especiais para chamá-los. Os tambores não têm poder sobre os voduns, pois quem tem poder são os próprios voduns.

As filhas da Casa dizem que lá os voduns têm que vir calmamente, senão podem aleijar as dançantes, pois o corpo não é deles. Tem vodum que é todo aleijado, mas não aleija a pessoa. Os voduns da Casa das Minas são de nível alto. A religião é um caminho para eles se comunicarem com o mundo. Deve haver voduns baixos, passíveis de punição, mas os mais velhos não os aceitam na Casa. Cada vodum tem devoção a um santo. Por isso, o povo diz que o vodum e o santo são um só, mas não são. O santo é um e o vodum é outro. Os voduns tomam conta das coisas da natureza — das águas, dos ventos, das plantas, das doenças.

Na ladainha dos voduns, cantada em jeje — após a ladainha dos santos, cantada em latim —, eles pedem ajuda aos santos para si mesmos e para nós. Os santos são mais puros e são adorados pelos voduns. O vodum é uma força e é preciso preparar o espírito do médium para recebê-lo. Os voduns da mata que vêm nos outros terreiros geralmente são grosseiros, e há dançantes que caem quando os recebem, precisando de pessoas para as segurar. No transe, o vodum nunca vem de uma vez. As pessoas vão sentindo a aproximação, mas a manifestação é rápida, e a pessoa tem que se controlar. Na Casa das Minas, os voduns não podem passar muito tempo com a pessoa. Mãe Andresa reclamava e pedia que eles não se excedessem. Se a pessoa passar mais de dois dias em transe com o vodum, pode ficar obcecada, pois a força deles é muito grande e pode ser prejudicial. Se o vodum ficar sempre na pessoa, ela destrói o vodum e ele destrói a pessoa.

Deni diz que na Casa das Minas há sempre muitos voduns. Nas festas, as pessoas que são videntes veem os voduns na varanda, mas só baixam os que têm filhas lá. Ela diz também que lá não se deve falar sobre o que se vê. Os voduns da Casa das Minas acham que um médium não tem condições de ter mais de um vodum. É um dos aspectos que diferenciam a Casa da maioria dos outros terreiros. Outra característica que também não costuma ocorrer nos outros terreiros é que, na Casa das Minas, o mesmo vodum pode ter várias filhas e vir nelas ao mesmo tempo. Poliboji, por exemplo, costumava ter diversas dançantes. O mesmo acontece com vários outros, como, por exemplo, Bôça, Lepon, Aloque, Bedigá, Doçu, Daco, Apojevó, Toçá, Agongone, Tôpa e muitos outros.

Depois das festas, os voduns costumam ficar sentados na Sala Grande, conversando, às vezes até quase o amanhecer. Eles nunca se deitam em rede. Às vezes, quando ficam muito tempo, descansam em esteiras, com a cabeça sobre travesseiros. Há voduns de lá que gostam de ir visitar outros terreiros onde são conhecidos, como Azacá, Doçú, Liçá, Badé e outros. Os voduns não comem, não bebem, não dormem e não satisfazem necessidades. Alguns gostam de fumar. Se uma filha pedir algum mal ao vodum, ele leva o mal em dobro para ela mesma. No comé da Casa não existe estátua de nenhum vodum. Eles não se manifestam em estátuas. É comum os voduns escolherem pessoas de fora e levarem-nas para a Casa das Minas, como aconteceu com a mãe de Dona Joana, com Dona Rita Prates, com Dona Zuleide e outras.

Os voduns masculinos são chamados de *tói*, e os femininos, de *nochê*. Alguns voduns são homens mais velhos, como Acoicinacaba, Arronoviçavá, Dadarrô, Acóssi, Badé. Outros são velhos, como Lepon, Borutói, Ajanutói. Alguns são homens maduros como Zomadônu, Doçu, Daco-Donu. Os voduns femininos velhos são Sobô, Naé, Naité, Naiadônu e Nanã.

Os voduns de cada grupo ou família têm suas características. Os de Quevioçô são quase todos mudos, exceto os dois mais novos. Eles curam com passes e preces. Os de Dambirá curam com raízes e remédios. Os voduns de Quevioçô são das águas e dos astros: Badé protege contra o raio ou o corisco, Loco acalma as tempestades, Liçá representa o sol, Averequete é a estrela-guia, Abé é a sereia, Nanã representa os pântanos. Os de Dambirá são voduns da terra, combatem as doenças e a peste. Entre eles, Boçucó se transforma em serpente. Os voduns de Davice são os da família real: Naé representa a paz; Dadarrô, o governo; Sepazim é a imperatriz; Doçu é poeta e tocador; Bedigá é o advogado e o que herdou a coroa.

TOQUÉNS

Os que são mais jovens entre os voduns formam um grupo especial chamado toquéns ou toquenos. São os guias, mensageiros ou ajudantes, os que vêm na frente e chamam os outros. Quando por acaso, nas festas, eles chegam atrasados ou após os mais velhos, cantam um cântico próprio pedindo desculpa (Eduardo, 1948, p. 88).

São os seguintes os 11 toquéns conhecidos na Casa das Minas: na família de Davice: os filhos de Zomadônu — os gêmeos Toçá e Tocé — e ainda Jogorobuçu e Apoji; os filhos de Doçu — Doçupé, Decé e Acuevi —; o filho de Dadarrô — Apojevó — e o filho de Sepazim — Daco —; na família de Savaluno: o filho de Agongone — Jotim — e ainda Avrejó, filho de Ajautó de Aladá. Nas outras famílias, os voduns mais jovens fazem o papel de toquéns e são da família de Quevioçô — Averequete e Abé; e da família de Dambirá — Boça, Boçucó e os gêmeos Roeju e Aboju. Os toquéns são guias da casa, e um deles, Nagono Toçá, é o guia de todos. Eles têm cerca de 15 anos de idade. Uns são homens e outros, mulheres. Dona Celeste diz que alguns são meios-irmãos, isto é, filhos de um mesmo pai com mães diferentes, como os filhos de Zomadônu e de Doçu, de quem não se conhece o nome das mães.

A festa dos toquéns era no dia 31 de dezembro, véspera do Ano-Novo, que é o dia da Festa de Zomadônu. Fazia-se festa dos toquéns quando tinha festa grande. O toque dos toquéns começava cedo, pelas 18 horas. Eles dançavam em volta de um dos pés de ginja e distribuíam doces em folhas de paneiro. O pé de ginja era cercado por uma meaçaba. Eles dançavam e vinham distribuindo doces, flores e bebidas como refresco ou licor. Dizem que as filhas que têm vodum toqueno geralmente não são escolhidas para chefe da Casa e também não participam das matanças de animal.

Outra festa relacionada com os toquéns é a Festa de Cosme e Damião, a 27 de setembro, feita em homenagem aos gêmeos Toçá e Tocé, filhos do dono da casa, é uma festa de obrigação. Toçá gosta de fazer brincadeiras e tem cantigas próprias. Vai pelo quintal, brinca com as crianças, apanha folhas de mato para distribuir entre as pessoas e chama as crianças para brincar com ele na roda. Dizem que Dona Leocádia, já bem velha, era uma graça com ele, brincando como criança. Dona Torquata, falecida em 1924, mãe de Dona Joana Miranda, também dançava com Toçá, e Dona Medúsia, com Tocé. A maioria dos toquéns pertence à família de Davice. Nas famílias de Quevioçô e de Dambirá, os voduns mais jovens fazem o papel de toquéns.

TOBÓSSIS OU MENINAS

Outro grupo de divindades infantis, exclusivamente femininas, que vinha na Casa das Minas até meados da década de 1960, eram as meninas ou tobóssis. Como já foi dito, elas só eram recebidas pelas vodunsis-gonjaí — as que haviam se submetido ao processo especial de iniciação, o último dos quais foi realizado em 1914. As últimas gonjaí morreram nos anos de 1970, e as tobóssis não vieram mais. As filhas atuais ainda lembram muito e falam com saudade das tobóssis. Elas eram crianças, brincavam como crianças e falavam em língua africana, diferente dos voduns. Era difícil compreendê-las, pois não falavam nada em português e diziam muitas palavras pela metade. Pouca gente as compreendia. Eram chamadas de sinhazinhas e, no fim da feitoria, cada tobóssi dava o seu nome africano, mas, quando vinham pela primeira vez, elas eram muito tímidas, e só a mãe pequena compreendia o que diziam. As tobóssis só chamavam as filhas da Casa pelo nome africano. Eram elas que se reuniam com os voduns, escolhiam o nome africano de cada uma das filhas e davam este nome no dia da festa de dar o nome. Elas eram consideradas filhas dos voduns. Cada tobóssi só vinha em uma gonjaí, e, quando esta morria, ela não voltava mais, pois a missão dela se encerrava ali.

Elas vinham três vezes por ano, quando havia festas grandes, que duravam vários dias. Vinham nas festas de nochê Naé, em junho e no fim do ano, e também durante os dias de carnaval. Nochê Naé é a chefe das tobóssis. Na Casa de Nagô, onde antigamente também havia tobóssis, diz-se que a chefe delas é Iemanjá. A possessão pelas tobóssis ocorria depois que os voduns tivessem sido despachados das vodunsis-gonjaí. Elas se reuniam na Sala Grande e as tobóssis chegavam tarde da noite ou já de madrugada, batendo palmas e acordando a casa. No carnaval, elas ficavam desde a noite de domingo até às 14 horas da Quarta-Feira de Cinzas e, na segunda-feira, alguns voduns vinham visitá-las, sendo recebidos pelas vodunsis-he. Nas festas grandes de fim e início de ano, elas vinham durante nove dias, nos intervalos de descanso entre os dias de dança. Ficavam durante o dia, tinham cânticos próprios, dançavam na Sala Grande ou no quintal, sem os tambores, e gostavam de brincar com bonecas e louças de crianças. Os voduns nunca comem, mas as tobóssis comiam comidas iguais à nossa, com os convidados, e davam doces e comidas às pessoas. No carnaval, elas tomavam conta das frutas do Arrambã, que ficavam guardadas no comé, para serem distribuídas na Quarta-Feira de Cinzas. Pela manhã elas tomavam banho, comiam e depois dançavam. No quintal, elas dançavam em volta do pé de ginja delas, as cantigas eram simples e esquisitas. Elas brincavam com pó e confete, mas tinham medo de bêbados e mascarados. Recebiam bonecas e brinquedos de presente dos amigos que as visitavam e sentavam-se em esteiras no chão. Na terça-feira de carnaval, dançavam à tarde na Sala Grande. Na Quarta-Feira pela manhã, dançavam em volta da cajazeira, distribuíam acarajés em folhas de *cuinha* e depois eram despachadas.

Elas se vestiam com saias coloridas; usavam pulseiras, chamadas *dalsas*, feitas de búzios e coral; usavam pano da costa colorido sobre os seios recobertos por uma manta de miçangas coloridas, presa no pescoço, e ainda vários rosários. Quando uma gonjaí morria, na festa seguinte as tobóssis choravam muito, distribuíam pelas outras filhas as coisas dela, desmanchavam a manta, repartiam as miçangas entre as companheiras restantes e com essas miçangas acrescentavam uma nova ordem à sua manta. Assim, as mantas possuíam várias ordens de miçangas de cores variadas. Na cabeça, as tobóssis usavam uma trouxa de pano, como se fosse uma rodilha, feita com um lenço vermelho dobrado nas pontas. Elas davam dalsas às vodunsis-he que já tinham um certo tempo de dançante e tinham, assim, funções importantes no preparo das novas filhas da Casa.

As filhas atuais dizem que as tobóssis eram crianças puras. Elas tinham mais coisas. Tinham mais afinidade com o corpo e permitiam uma ligação mais direta do que os voduns, que são adultos. Não tinham falhas e não se irritavam, seu papel no culto era só brincadeiras. Eram espíritos mais perfeitos e mais elevados. Os voduns podem ter falhas; as meninas, não. Por sua pureza, as meninas davam capacidade às gonjaí de fazerem outras gonjaí. E se os voduns não podem permanecer por muito tempo, pois as filhas ficam muito cansadas, as meninas podiam passar até nove dias com as gonjaí. Deni não sabe se à noite elas se afastavam ou se permaneciam com as gonjaí, que dormiam na Sala Grande[18]. As meninas eram mais delicadas e pediam um tratamento melhor do que os voduns. Lepon, através de Dona Deni, disse que "agora as mulheres não têm mais responsabilidade para cuidar das nossas crianças".

No comé há um lugar para as obrigações das tobóssis. Dona Joana dizia que a feitoria delas era muito fina e especial. Dona Celeste acha que os voduns são mais importantes do que as tobóssis, pois têm mais obrigações. Veja-se, na tabela 2, a relação das gonjaí, com os nomes dos respectivos voduns e tobóssis.

De acordo com informações de Dona Dudu, na Casa de Nagô, os ritos de feitoria das meninas também não foram mais realizados desde cerca de 1915, quando ela começou a dançar. Lá, as meninas não comiam, só bebiam água. Não usavam manta de miçangas, como na Casa das Minas, mas usavam muitos colares e pulseiras e ficavam sentadas em cadeiras sobre tapete. Iemanjá é a chefe delas e tem convento de meninas. Dudu lembrava de uma cantiga das meninas que dizia que todas são guerreiras no mar[19].

No Maranhão afirma-se que havia meninas ou princesas que se assemelham às tobóssis, em alguns terreiros antigos, como ainda há em alguns atuais. Segundo Dona Zeca, elas apareciam no terreiro da Turquia, mas hoje elas não baixam mais. Euclides diz que havia também tobóssis no terreiro do Egito. Segundo Euclides, em seu terreiro havia 11 filhas com tobóssis. Elas tinham nomes africanos e vieram do terreiro do Egito. Ouvimos também referências à

---

18 Binon Cossard (1970, p. 164-165), a respeito do candomblé de rito Angola, informa que o estado de erê é uma forma de transe menos violenta, que permite a deglutição de alimentos, a diurese, a abstração de julgamento etc., tornando fisicamente possível enfrentar as condições penosas da longa reclusão durante o processo de iniciação. Afirma ela ainda que o erê é masculino se o orixá que o acompanha é masculino, e é feminino se o orixá é feminino. Na Casa das Minas, como vimos, as tobóssis são exclusivamente femininas.
19 Dona Dudu, em entrevista a 25 de setembro e 24 de outubro de 1981, nos informou que Dona Noca, Dona Rosalina, Dona Teresa e Dona Luísa, dançantes da Casa de Nagô, tinham meninas. Conseguiu lembrar-se ainda dos nomes das seguintes meninas: Moça Memeia, Clarice, Olinda Maçarangana, Flor do Dia ou Flodovia, Iemanjazinha, da falange de Iemanjá, e Servaninha, da linha do rei de Cotelo e parente do rei do Junco.

existência de tobóssis em terreiros do interior, em Codó, e assistimos a festas de meninas em alguns terreiros de mina de São Luís.

Luís Nicolau Parés, antropólogo espanhol radicado na Bahia, realizou pesquisas no Maranhão (1997) e tem publicado trabalhos comparativos sobre religiões afro-brasileiras na Bahia, no Maranhão e no Benim. Parés (2001, p. 177-213) apresenta interessante paralelismo entre conceitos e práticas religiosas em torno da figura ritual das tobóssis, comparando as Nesuhué em Abomé com as tobóssis em São Luís e o vodum jeje mahi Aziri Tobóssi em Cachoeira, na Bahia.

TABELA 2

Relação de vodunsis-gonjaí da Casa das Minas, com os nomes dos respectivos voduns e tobóssis conhecidos, de acordo com diversos informantes

1. Família de Davice:

VODUNSI	VODUM	NUNES PEREIRA	COSTA EDUARDO	DANÇANTES
Zila	Apojevó	Dagêbe	Adagebe	Adagebe
Manoca	Daco	Agon	—	Agon
Leocádia	Toçá	Trotrôbe	Torotoro	Trotobe
Cecília	Doçupé	Revive	—	Revive
Zulima	Doçú	—	Afovive	Afovive
Firmina	Jogoroboçú	Nanonbebe	—	—
Medúsia	Tocé	—	Asodovi	—

2. Família de Savaluno

VODUNSI	VODUM	NUNES PEREIRA	COSTA EDUARDO	DANÇANTES
Adalgisa	Agongone	Açonlevive	—	Sonlevive
Anéris	Agongone	Omacuibe	Homahuibe	Homacuibe ou Homaclibe

3. Família de Dambirá

VODUNSI	VODUM	NUNES PEREIRA	COSTA EDUARDO	DANÇANTES
Andresa	Poliboji	Açoabebe	Asanhabebe	Açoabebe
Filomena	Poliboji	Sandolêbê	Sandolebe	Sandolebe
Teresa	Boçucó	Ulôlôbe	—	Ulolebe
Chiquinha	Bôça	Sonlevive	—	Sonlevive
Felicidade	Poliboji	—	—	—

4. Família de Quevioçô e Aladanu

VODUNSI	VODUM	NUNES PEREIRA	COSTA EDUARDO	DANÇANTES
Almerinda	Liçá	Agamavi	—	Agamavi
Vita	Abé	—	Asadolebe	—
—	Ajautó	—	Whweobe	—

Fontes: Nunes Pereira (1979); Costa Eduardo (1948) e dançantes.

Famílias de voduns e seus filhos

Em relação à Casa das Minas, as filhas atuais, em geral, dizem poucas coisas sobre as divindades, não sabemos se para preservar o que conhecem ou por não conhecerem muito mais do que o que dizem. Cada uma delas evita falar sobre sua própria divindade, a se referir a seus cânticos e mesmo pronunciar seu nome mais comum ou os outros nomes africanos que cada vodum possui. Elas, portanto, desenvolvem uma estratégia de discrição e mistério, mesclada provavelmente com o esquecimento e a perda de conhecimentos. Dessa forma, são poucas as informações que conseguimos obter a respeito das divindades. São cerca de 60 divindades que são conhecidas atualmente, incluindo voduns e toquéns masculinos e femininos, e as tobóssis cujos nomes são lembrados. Estão organizadas em três panteões principais — também chamados famílias ou pelotões —, a saber: o de Davice, o de Dambirá e o de Quevioçô, e dois secundários: o de Savaluno e o de Aladá.

Herskovits (1967, I, p. 95; 153-156) considera que a sociedade daomeana é patrilinear e polígena, entretanto nela a mulher ocupa um papel especial. Essa sociedade está organizada em sibs[20] sem base territorial própria e subdivide-se em famílias extensas distribuídas por todo o país. Na Casa das Minas, os voduns também se reúnem em famílias extensas, formando algo como clãs ou sibs, estabelecidos em partes específicas da casa, como se verá adiante. Alguns desses clãs, a exemplo da família de Davice, subdividem-se em linhagens, como as chefiadas por Zomadônu e por Dadarrô.

Vejamos as divindades de cada uma dessas famílias.

Família de Davice

A família de Davice, ou família real, é constituída de voduns que são nobres, reis ou príncipes. A Casa das Minas tem o nome jeje de Querebentã. Segundo Dona Deni, *querebentã* é o nome do palácio do povo de Davice, a casa deles. Dona Celeste diz que significa terreiro de Davice, e que não conhece outro nome africano para a Casa. A família real é a família do dono da Casa. Davice foi a primeira família que chegou, fundou a Casa e recebeu voduns de outras famílias como hóspedes. Diversos desses voduns são identificados como membro da família real de Abomey, conforme informação de Costa Eduardo (1948, p. 77) e Verger (1952, p. 160) (ver tabela 3).

---

20 Sibs ou sips são grupos de parentesco unilateral equivalentes a clãs. (Ver *Dicionário de Ciências Sociais*, FGV, 1986).

TABELA 3

Relação dos reis de Abomey, no Daomé, atual República do Benim, com indicação dos nomes de voduns correspondentes da Casa das Minas

DATA	REI	VODUNS DA CASA DAS MINAS
1600-1620	Gangnihessou	*Dadarrô* (seria Agassou e se tornou chefe religioso); *Jotim*, filho de Dadarrô. A partir de uma usurpação, os reis passaram a ser sagrados em Abomé, e não mais em Aladá.
1620-1645	Daco-Donu	*Daco-Donu*; *Ahonovi Sava* (irmão do Rei Daco).
1645-1685	Houegbadjá	*Sepazim*, filha do Rei Houegbadjá; *Naiadono*, mãe dos Reis Akabá, Agajá e Hangbe.
1685-1708	Akabá	Koisi-Akaba ou *Acoicinacaba*, pai de Zomadônu; *Zomadônu* (tohossú), primeiro filho anormal do Rei Akabá.
1708-1732	Agadjá	Togpa (*Topa*), irmão de Zomadônu; *Doçu-Agadjá* ou Doçú; Koesina, irmão do rei Agajá; *Doçupé* e Kepelou, tohossús do Rei Agadjá; *Toçá* e *Tocé*, gêmeos filhos do Rei Agadjá.
1732-1774	Tegbessou	Bepegá (*Bedigá*), filho do Rei Tegbessou; *Apojevó* (Agbojahoun), filho do Rei Tegbessou.
1774-1789	Kepenglá	*Dessé*, filho do Rei Kepenglá; *Nanã*, filha do Rei Kepenglá; *Naité*, Naité Sedumé, mãe do Rei Agonglo.
1789-1797	Agonglo	*Agongone* (Nã Agontimé), viúva do Rei Agonglo e mãe do Rei Ghezo, teria sido vendida como escrava por Adandozã.
1797-1818	Adandozã	
1818-1858	Ghezo	
1858-1889	Glelê	
1889-1894	Behanzin	
1894-1900	Agoli-Agbo	

Dezenove voduns da Casa das Minas identificados por Verger estão com os nomes em itálico.
Fontes: Herskovits (1976, p. 13); Costa Eduardo (1948, p. 77); Verger (1952, p. 160); Glele (1974, p. 91).

Vejamos os voduns que são conhecidos da família de Davice, com algumas informações disponíveis sobre cada um deles e sobre as principais filhas que tem ou teve na Casa (ver quadro 1).

Nochê Naé — É a mãe de todos, considerada mãe dos voduns de todas as famílias e a ancestral mítica da família ou clã de Davice. É o vodum maior e nunca teve filha dançante na Casa, tendo apenas devotos que lhe são consagrados. Rege a Casa das Minas, é superior a todos, é a mais velha de todos os voduns. É um vodum que não se chama por qualquer coisa. Há cantigas para ela que só são cantadas no dia dela e pedem a sua presença total. Só se pede a presença de Nochê Naé por algo muito especial. Ela é a decisão de tudo. Decide e os outros fazem sob sua decisão.

Na realidade, ela é mais importante do que Zomadônu, o dono da Casa. Dona Deni diz que, entre os jeje, Naé corresponde à Vó Missã entre os nagôs, é a mais velha e a que decide. Na Casa, a árvore sagrada, a cajazeira, é de Naé. Ela é a chefe das tobóssis, que a chamam de Dindinha. Anualmente, são realizadas duas festas em sua homenagem: no meio do ano, em São João, e no fim do ano, no Natal. São festas de obrigação, com três dias de toque. Antigamente eram as festas grandes, com vários dias de duração, com matança de bode, e cada dançante oferecia um casal de criação (ave) branco. As matanças são realizadas no *pêndome* (altar) de Naé. Nas festas de junho as dançantes se vestem de azul e branco, e, no Natal, só de branco: é a festa branca. Naé tem muitas cantigas, e em toda festa se cantam algumas para ela. No início da despedida de todas as festas, faz-se uma reverência para Naé, com as dançantes inclinando-se e colocando um lenço acima dos olhos, na testa. Dona Celeste disse que, no comé, nochê Naé é saudada batendo-se com a cabeça no pêndome.

Nochê Naé ou *Sinhá Velha*, como é chamada, sendo vodum feminino muito velho e que nunca é recebido em transe pelas vodunsis, pode ser comparada — como já constatamos em outro trabalho (Ferretti, S., 1989, p. 186) — com uma *iamí oxorongá*, entidade conhecida principalmente na mitologia iorubana, na Nigéria e no Daomé. As iamís são velhas mães poderosas que devem ser invocadas com grande respeito, consideradas "as senhoras do pássaro da noite", habitantes das grandes árvores. Elas devem ser homenageadas para se fazer pedidos aos orixás, pois possuem poderes sobre eles. Podem ser incluídas entre os deuses da Criação, como representantes da primeira mulher que veio ao mundo, como ser primordial que não incorpora nos fiéis. Seres auto-suficientes que contêm em si o Bem e o Mal, controlam o poder de feitiçaria e

Quadro 1: Voduns da família de Davice

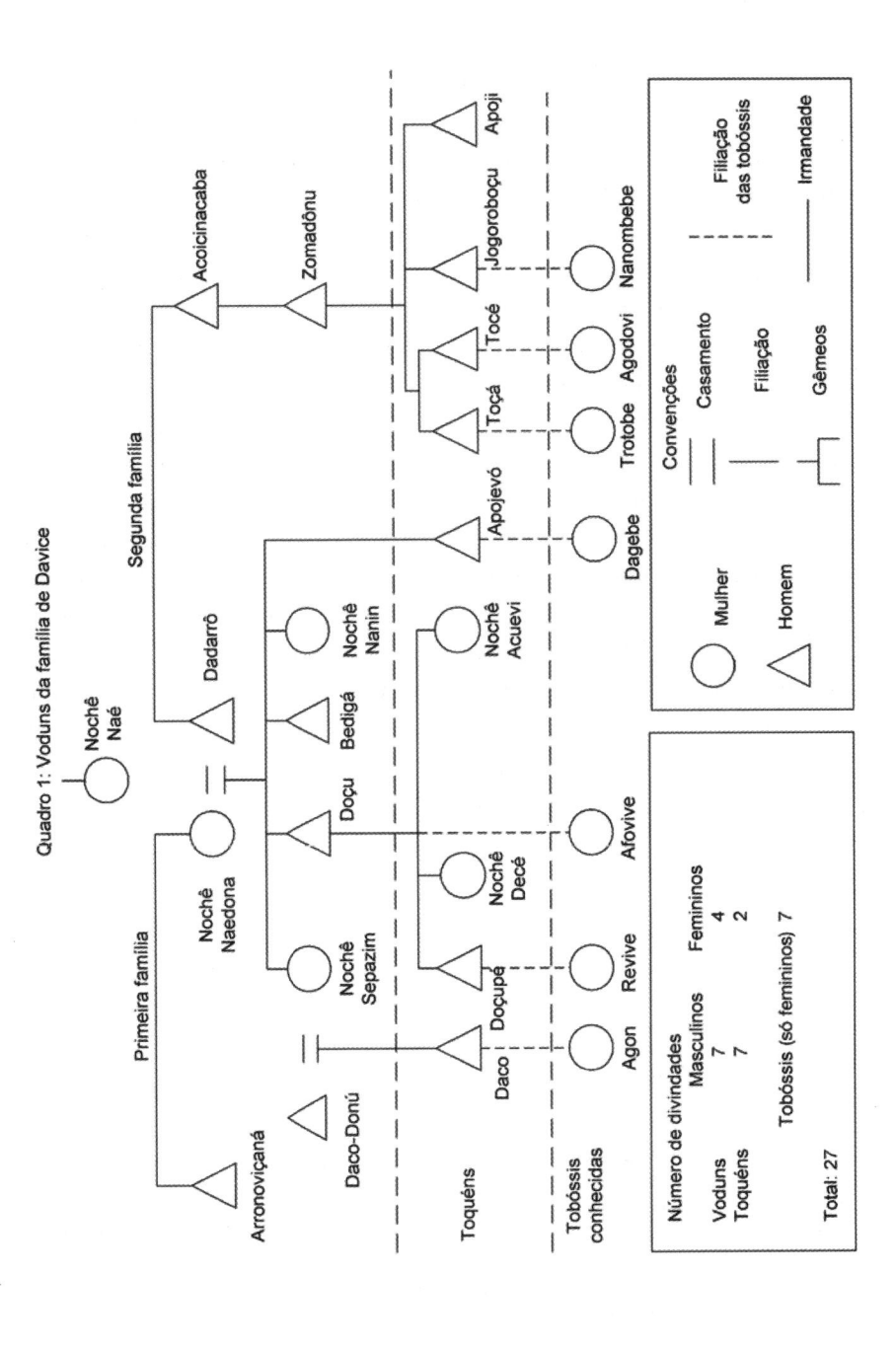

Primeira família / *Segunda família*

Arronoviçaná
Daco-Donú
Nochê Naé
Nochê Naedona
Nochê Sepazim
Dadarrô
Acoicinacaba
Zomadônu

Toquéns: Daco, Doçupê, Doçu, Bedigá, Apojevó, Toçá, Toçé, Jogoroboçu, Apoji

Nochê Decé, Nochê Nanin, Nochê Acuevi

Tobóssis conhecidas: Agon, Revive, Afovive, Dagebe, Trotobe, Agodoví, Nanombebe

Convenções

‖ Casamento	○ Mulher
│ Filiação	△ Homem
┬ Gêmeos	
┆ Filiação das tobóssis	
── Irmandade	

Número de divindades

	Masculinos	Femininos
Voduns	7	4
Toquéns	7	2
Tobóssis (só femininos)		7

Total: 27

Querebentã de Zomadônu

antifeitiçaria. Tendo tudo, são perfeitas, embora sejam temidas como perigosas, como costuma ocorrer em muitas sociedades com as velhas, detentoras de conhecimentos. Na Nigéria, as Iami Oxorongá, cujo nome não deve ser pronunciado, são cultuadas em sociedades controladas por mulheres, em meio às quais homens dançam com vestes especiais, usando máscaras de madeira, chamadas *geledê*. No Maranhão, encontramos algumas semelhanças entre essas máscaras e as chamadas caretas de Cazumbá, personagem encontrado em alguns grupos de bumba-meu-boi da Baixada Maranhense (Ferretti, S., 1993). No tambor de mina não se fazem referências explícitas à figura das Iami, e o único pássaro importante nas casas de mina é a Pomba do Divino. Na Casa das Minas, outros voduns femininos velhos, que também não baixam, como Nanã e Naité, da família de Quevioçô, podem ser incluídos igualmente na categoria aqui referida. Convém, entretanto, assinalar que essa constatação é apenas uma hipótese[21].

ZOMADÔNU — É o dono e chefe da Casa. É chefe de uma das famílias ou de uma das linhagens do clã de Davice. Foi o vodum protetor da fundadora e das primeiras mães. Veio nelas para organizar a Casa. Qualquer festa tem que ser começada com ele. É o que abre as portas. É também chamado Babanatô, e tem outros nomes em jeje, que aparecem em vários de seus cânticos, mas que não se costuma revelar. A chefe, ou mãe, recebe ordens dele. As dançantes dizem que não conhecem a história dele e sabem apenas que é um rei, filho de outro rei[22]. Não ouviram falar das mulheres dele, mas sabem que teve quatro filhos que são toquéns. Dois são gêmeos: Toçá e Tocé. Teve ainda Jogoroboçu, ou Bôçu, e Apoji.

Segundo Herskovits (1967, p.13), o Rei Acabá governou o Daomé entre 1680 e 1708. Baseado em Herskovits, Costa Eduardo (1948) diz que Zomadônu foi um filho de Acabá, "adorado como filho anormal do rei, que chefia o poderoso grupo de todas as crianças anormais — os tohossú, filhos dos reis do Daomé". Segundo Herskovits, os *tohossús* são os reis da água, pois as crianças anormais

---

21 O estudo das Iami Oxorongá encontra-se especialmente desenvolvido na mitologia iorubá (Verger, 1994, p. 13-71; Cunha, 1984, p. 1-15; Dreval & Dreval, 1990; Santos, 1976).

22 No Relatório Final do Colóquio organizado no Maranhão pela UNESCO (1986, p. 35), é dito em relação a Zomadônu: "Segundo um chefe tradicional (um *Daah*) vindo da África, Zomadônu é considerado como o culto mais importante no reino fon. O ritual, a organização e as circunstâncias de celebração das cerimônias de Zomadônu são a prova do seu caráter excepcional, da sua magnificência e do seu papel de referência espiritual e moral para todos os seus adeptos. O nome Zomadônu, que significa 'não se põe o fogo na boca', traduz o poder excepcional deste Vodum".

eram jogadas nos rios. Zomadônu tinha seis olhos, sendo dois nas nádegas. Foi o Rei Tegbessou (1740-1774) quem estabeleceu no Daomé o culto de Zomadônu e dos tohossús reais, que eram em número de 11, sendo Zomadônu o mais antigo deles. Observa-se que, na Casa das Minas, os toquéns também são em número de onze. Foi Zomadônu quem ensinou os daomeanos a realizar cerimônias aos ancestrais, quem lhes revelou os deuses do céu, da terra, das águas e do trovão, e lhes ensinou os 766 cânticos para serem cantados nas cerimônias aos ancestrais (Herskovits, 1967, I , p. 223-231).

Segundo o pessoal da Casa das Minas, Zomadônu é normal. Dona Deni diz que já o viu várias vezes, que ele é escuro e usa túnica com um torso branco ou roupa africana estampada. Conforme Euclides, para os fantis, Zomadônu é defeituoso e é o rei das águas. A festa de Zomadônu na Casa das Minas é no primeiro dia do ano. Era nesse dia que se realizava a festa de pagamento aos tocadores. Zomadônu não tem vindo nas filhas da Casa desde a década de 1960. A última que o carregava foi Dona Anadaí, falecida em inícios dos anos de 1960. Dona Romana também o carregava, e ele tinha outras filhas. Zomadônu é o dono de um dos tambores grandes da Casa e do ferro — gã — que acompanha os cânticos. Ele tem vários cânticos, uns de chegada, outro que se refere às fundadoras, outro em que pede os chinelos — *afopá* —, a toalha — *trogônu* —, a bengala — *adrobô* —, o pano do ombro, o rosário e todas as suas diversas insígnias. As filhas atuais esperam que ele escolha uma nova dançante, que, como já foi dito, não pode ser qualquer pessoa sem juízo, qualquer *nigrinha*, e que essa filha venha a assumir futuramente muitos encargos importantes.

NAGONO TOÇÁ — É considerado o filho mais velho e o mais levado, que gosta de fazer brincadeiras. É o mais querido e protegido do pai. É o guia dos voduns da Casa, o que abre o culto. Entre suas filhas estava Dona Torquata, mãe de Dona Joana, que era de Codó, tinha vários parentes dançantes e tocadores e morreu em 1924. Outra de suas filhas foi Dona Leocádia, que chefiou a Casa após a morte de Mãe Andresa, até morrer em 1970.

TOCÉ — Foi carregado por Dona Medúsia, a última gonjaí, falecida cega em 1977. Toçá e Tocé são comemorados no dia de Cosme e Damião.

JOGOROBOÇU (Boçu ou Ajogorobuçu) — É carregado atualmente por Dona Enedina Oliveira, que teve várias irmãs dançantes, vive no Rio de Janeiro desde 1954 e dançou em 1932. Dona Enedina contou que sua avó era cambinda e foi apanhada na África com um lenço vermelho acenado por pessoas de um navio; que sua mãe, Dona Filipa, era filha do Barão de Itapari e recebeu na Casa das

Minas o nome africano de Sandancoe. A mesma Dona Enedina nos informou que, antes de ela dançar, seu senhor vinha em Dona Lila.

ACOICINACABA (Coicinacaba ou Dehuesina) — É o pai de Zomadônu (Costa, 1948, p. 77). Segundo Dona Celeste, as mais velhas diziam que Acoicinacaba recebia muita festa das tobóssis quando vinha visitá-las, e elas batiam palmas para ele. Nas festas, quando se inicia a despedida, há um cântico em que todos ficam de pé, inclusive os tocadores e a assistência: é uma homenagem ao pai do dono da Casa e uma saudação aos que vão sair. Costa Eduardo (1948, p. 77) considera que Coicinacaba, ou Coisinacaba, parece ser um nome composto de Coisi e Acabá, em que Coisi seria um nome privado. Acoicinacaba é o dono de um dos tambores grandes e o vodum protetor do Dr. Rosa Neto, amigo da casa.

DADARRÔ — É o vodum mais velho da família de Davice e o chefe da primeira família ou linhagem. O povo de Zomadônu comprou o prédio da Casa das Minas à época da fundação, que depois foi ampliado com o povo de Dadarrô que vivia no prédio ao lado. Após o prédio da esquina, há o de nochê Sepazim, filha de Dadarrô, e, adiante, um terreno vazio, onde antigamente ficava a casa de Dadarrô, que caiu, e onde, atrás, ficam hoje os quartos do pessoal de Dambirá.

Costa Eduardo (1948, p. 77) afirma que Dadarrô significa *"o rei mais velho"*. Para Verger (1952, p. 160), Dadarrô seria Agassu, o vodum dos reis de Abomey. Dadarrô vinha em Dona Geralda, irmã de Dona Manoca, que se mudou para o Rio de Janeiro e já morreu. O vodum passou a vir em Dona Nanã, maranhense ligada à Casa, que foi criança para o Rio e quase não voltou a São Luís. Diz-se que Dadarrô criou os toquéns. Ele representa o governo e é o protetor dos homens de dinheiro. É casado com Naedona (Naiadona ou Naegongon). Costa Eduardo (1948, p. 76) diz que Naedona é a mesma Naé, e talvez seja Naeté, a deusa daomeana do mar; que Acoicinacaba é seu filho, e Zomadônu, seu neto, governa os outros voduns em nome do avô.

Atualmente, na Casa, diz-se que Zomadônu é sobrinho de Dadarrô. Segundo Verger (1952, p. 160), Naiadona foi mãe dos reis daomeanos Acabá e Agajá. Conforme as filhas atuais, nochê Naedona tem um irmão cambinda, *Arronoviçavá*. Dizem que os cambindas possuíam terreiros em Codó, de onde vieram muitas antigas dançantes. Arronoviçavá era de um terreiro cambinda de Codó e vinha de visita à Casa das Minas. O terreiro dele foi fechado e, atualmente, ele vem em uma filha de Dona Amélia, Dona Zobeilda, que dança com ele desde o tempo de Mãe Andresa. Ele tem várias cantigas em cambinda (ou caxias) e até as batidas para ele são diferentes. Arronoviçavá chama os jejes de *Indeia* e uma de suas cantigas repete: "Deinha, Adeinha. Para Munim baiô na Indeia".

Dadarrô e Naedona tiveram os seguintes filhos adorados como voduns: Sepazim, Doçu, Bedigá, Nanim e Apojevô.

Nochê Sepazim — É a única princesa da família real. É filha de rei e mulher de rei, como diz um de seus cânticos que começa com as palavras "ce pa ce paia vezum, vai havê no manué".

Segundo Verger (1952, p. 160), Sepazim é o nome de uma filha do Rei Wegbadjá de Abomey (1650-1680). Na Casa das Minas, dizem que Sepazim adora o Divino Espírito Santo, cuja festa é realizada em sua homenagem. Dona Celeste diz que ela dá esmolas aos pobres e doentes da família de Acóssi, e, por isso, na Festa do Divino, crianças representando os imperadores, quando voltam da procissão, após receberem a coroa e o cetro, distribuem esmolas aos pobres na entrada da Casa. Na despedida de todas as festas com tambor, há um cântico em que Sepazim, inclinada, faz gestos de quem recolhe na toalha as roupas e as coisas que trouxeram para ir embora. Como atualmente ela não vem, uma vodum mulher, Abé (da família de Quevioçô), representa o seu papel durante esse cântico e se abaixa, fazendo gestos com as mãos, como se estivesse recolhendo coisas na toalha, juntando as roupas e as outras coisas para sair. Sepazim foi a senhora de Mãe Hosana, que morreu em 1914 e dirigiu a Casa por alguns anos antes de se iniciar a longa gestão de Mãe Andresa. O pessoal que carrega vodum descendente de Sepazim e Dadarrô costuma residir na parte da Casa que lhe pertence, como as filhas de Daco, de Doçu e de Bedigá.

Daco-Donu — É o marido de Sepazim. Ele também é príncipe e casou-se com princesa. Dizem que ele é rei de Aladá e vive com o povo de Davice. Segundo Verger (1952, p. 160) e de acordo com Herskovits (1969, p. 13), Daco-Donu foi o rei de Abomey que reinou entre 1625 e 1640 ou 1650, sendo o primeiro rei de que se conhece o nome no Daomé, atual República do Benim.

Na Casa das Minas, dizem que Daco-Donu só veio em uma pessoa, um homem, Tio Basílio, que era africano e tocador e, segundo Dona Joana, morreu depois que ela começou a dançar, em 1917. Tio Basílio recebia Daco-Donu, não dançava e ficava sentado cantando e tocando. Foi iniciado com as outras dançantes. Fala-se que, depois dele, não houve outro homem na Casa que recebesse vodum. Daco-Donu também não veio em outra pessoa depois da morte de Tio Basílio. Sepazim e Daco-Donu tiveram um filho, tói Daco, que é toquém e foi o senhor de Dona Manoca, falecida em 1967, e de Dona Marcolina Oliveira (falecida em 1982), cujo nome africano privado era Azaniebi e que teve várias irmãs dançantes.

Doçu — Que tem, entre outros, os nomes de Doçu-Agajá, Maçon, Huntó (tocador), Bogueçá e Poveçá, é outro dos filhos de Dadarrô e Naedona. Segundo Verger (1952, p. 160) e Herskovits (1967, I, p. 13), Doçu-Agajá foi o Rei daomeano Agajá, que reinou entre 1708 e 1740 e era irmão do rei anterior, Acabá (1680-1708). De acordo com as mesmas fontes, o Rei Agajá teve entre seus filhos os gêmeos Tocé e Dossupé (que era tohossú).

Segundo a mitologia conhecida na Casa das Minas, Doçu é homem moço, boêmio, poeta, compositor e tocador. É dos voduns mais simpáticos e alegres. Sabe tocar e dançar, e ensinou aos outros voduns. Foi ele quem compôs grande número de cantigas da Casa. É cavaleiro e usa chicote ou rebenque. Gosta de farra, vive no mundo, é frívolo. Quando o pai Dadarrô lhe entregou a coroa real que era dele, ele a recusou e a entregou a seu irmão Bedigá. Disse que aquela coroa não servia para ele, que não gostava de viver sentado num trono e preferia viver na rua, como diz uma de suas cantigas. Doçu é o dono de um dos três tambores grandes da Casa. É festejado no Dia de Reis, a 6 de janeiro. Uns dizem que ele nasceu no dia de São Jorge, que é também cavaleiro, e que o orixá nagô Ogum seria de sua família. Doçu teve três filhos que são toquéns: Doçupé, que é o nome de um dos filhos do rei daomeano Doçu-Agajá, e na Casa era carregado pela gonjaí Dona Cecília; nochê Decé, que foi carregada por Dona Carmelita; e nochê Acuevi, carregada por Dona Cirene, falecida no Rio de Janeiro em 1981. Doçu foi o senhor de Dona Zulima e de Dona Amélia.

Dona Zulima Nazaré, juntamente com Dona Anéris, era uma das gonjaí consideradas mais competentes. Ela era uma mulata clara, de olhos verdes, natural de Codó, e, até morrer, morou na casa de Sepazim, onde depois morou Dona Manoca. Dona Zulima teve estudos, era da família do escritor Hilton Nazaré, e morreu em 1946 ou 1947. Quem também dançou com o senhor Doçu foi Dona Amélia Vieira Pinto, cujo nome africano privado na Casa era Gongeume. Nasceu em 1903 e dançou aos 12 anos, em janeiro de 1916, na festa de pagamento da última feitoria. Era aparentada com pessoas muito antigas na Casa. Sua avó, Dona Cecília Maria do Nascimento Bandeira, filha de Bedigá, era africana e foi escrava. Seu pai, Gregório José Vieira, era tocador e não queria que Amélia dançasse com vodum, pois considerava isso um sofrimento. Sua tia Maria Quirina era gonjaí, dançava também com Doçu e chefiou a última feitoria de 1914. Dona Amélia teve um irmão que tocava tambor na Casa, José Gregório; uma filha, Maria, que toca ferro; uma filha, Zobeilda, que recebe Arronoviçavá; um neto, Eusébio, que toca o tambor grande; e uma bisneta, Elisabete, que em 1985 recebeu o vodum Doçupé. Dona Amélia trabalhou durante muitos anos como operária em fábrica de tecidos, onde sofreu um acidente na perna, que a prejudicou daí em diante, tendo sido aposentada. Ela chefiou a Casa das Minas desde 1976 até seu falecimento em 1997.

BEDIGÁ — É outro dos filhos de Dadarrô e Naedona. Seu nome privado africano é Sonfon Bedigá Boinsé. É cavaleiro, como Doçu, e também usa chicote ou rebenque. Dizem que ele é mais orgulhoso do que o irmão, mas os dois são muito amigos. Bedigá ficou com a coroa de Dadarrô, que deveria ser de Doçu. É o protetor dos governantes, dos advogados e dos juízes.

Segundo Verger (1952, p. 160), Bepegá (Bedigá?) foi um dos filhos do Rei Tegbessu, que governou Abomey entre 1740 e 1777, e era irmão de Apojevó. Na Casa das Minas, Bedigá vinha em Dona Norberta, Dona Maria Raimunda Lopes e Dona Servana, já falecidas, e veio em Dona Rita Prates, que nasceu em Rosário em 1900, dançou com ele em 1941 e tinha o nome africano privado de Boçu Rundoleme. Sua avó era africana, e dizem que era da mesma nação dos fundadores da Casa, mas foi vendida como escrava para o interior do estado. Dona Rita, falecida em 1989, foi a mãe de Dona Deni, que dançou com Lepon, da família de Dambirá. Dona Deni conta que a avó de Dona Rita possuía uma caixa onde guardava objetos de culto e, antes de morrer, mandou um filho jogá-la fora. Esse filho, tio de Dona Rita, durante o resto de sua vida passou a ficar seis meses cego e seis meses louco. Dona Rita já tinha três filhos quando começou a receber um espírito que à noite saía pelas ruas com ela e dizia que seu nome era Sonfon. Dona Rita foi a vários curadores em Rosário, mas não encontrou solução, e veio para São Luís, onde uma colega levou-a à Casa das Minas. Quando entrou na Casa pela primeira vez, uma outra senhora, que carregava Bedigá, estava na cozinha e disse saber que antes de morrer seu senhor mandaria outra para carregá-lo. Dona Rita contou a Mãe Andresa tudo o que sentia, e Mãe Andresa mandou-a procurar Dona Noêmi Fragoso, chefe de um antigo terreiro de mina no Cutim. Dona Rita lhe obedeceu, e Dona Noêmi lhe deu uma garrafa para banho. Na volta, Dona Rita quebrou a garrafa no trilho do trem e voltou à Casa das Minas. Passou a ficar conversando com Mãe Andresa, que sempre lhe dava banho para tomar. Dona Rita frequentou a Casa por alguns anos e recebeu seu senhor em 1941, alguns anos após a morte de Dona Norberta, gonjaí que também recebia Bedigá. Dona Rita faleceu em 1989.

Os outros voduns filhos de Dadarrô são: nochê Nanim, ou Ananim, filha adotiva, e Apojevó, filho mais novo, que é toquén. Nanim criou Daco, neto de Dadarrô, e também Apojevó, seu filho mais novo, ambos toquéns. Dizem que Nanim é babá de Daco, filho único de Sepazim. Por isso, às vezes Nanim brinca com os toquéns, e há uma cantiga de Daco chamando Nanim para acabar com a brincadeira deles.

Segundo Verger (1952, p. 160), Nanim era filho do Rei Quepenglá (1774-1780) e Apojevó era filho do Rei Tegbessou (1740-1774). Entre as filhas de Apojevó na Casa estava Dona Laurentina, que recebeu em sonho o aviso para a realização da última feitoria de gonjaí. Outra filha de Apojevó foi Dona Luísa, que dançou em 1902 e tinha o nome privado de Ruinçá. Dona Luísa deve ter nascido em 1894; sua mãe era dançante e falava africano. Dona Luísa era prima de Dona Flora, que dançava com Roeju, da família de Dambirá. Ela teve diversos filhos que já morreram e morou muitos anos no interior do estado, em Cedral. Dona Luísa teve um filho, Ribamar, que é tocador desde o tempo de Dona Amância, e uma neta, Fátima, que ajuda em muitas coisas na Casa. Apojevó foi também o vodum de Dona Zila, que era gonjaí, e da mãe de Dona Flora, Dona Arcângela, também gonjaí[23].

Família de Savaluno

Baseado em Herskovits, Costa Eduardo (1948, p. 78) informa que Savaluno é o nome da parte norte do antigo Daomé, o país Mahi, onde surgiu a adoração dos tohossús, os espíritos dos filhos dos reis nascidos anormais, chefiados por Zomadônu. Costa Eduardo informa também que Zomadônu, Agongone, Zacá e Doçu Agajá receberam no Maranhão o nome genérico de Savaluno, nome da terra de onde se diz que eles se originaram.

De acordo com informações das dançantes atuais, Savaluno, ou Savalu, é amigo do povo de Davice e também de Zomadônu. Eles não são jeje. Entre eles, entretanto, as filhas atuais não incluem Zomadônu nem Doçu-Agajá, o que talvez tenha sido um erro de compreensão de Costa Eduardo. Dizem também que o povo de Savaluno foi destituído de seu território e ficou morando com

---

23   Dona Flora, Dona Joana e Dona Luísa morreram entre dezembro de 1985 e março de 1986. Dona Luísa e o escritor Hubert Fichte faleceram no mesmo dia 08/03/1986, aproximadamente na mesma hora.

os jeje. A maioria morreu quando eles perderam o trono e só ficaram quatro, que foram agasalhados por Zomadônu. Eles chegaram no Maranhão depois da Casa fundada, são hóspedes, moram no quarto do corredor da cozinha depois do de Zomadônu e são incluídos na família de Davice.

Veja-se o quadro 2, dos voduns da família de Savaluno conhecidos. Seguem-se informações disponíveis sobre cada um deles e de suas filhas, que ainda são lembradas.

Tôpa — Há na Casa das Minas um cântico dizendo que Tôpa não para e anda só. Dizem que suas filhas costumam desaparecer de casa, indo para outras cidades. Ele tem duas filhas: Teresa, que foi para o Rio de Janeiro e não voltou mais, e Diluzinha, que reside em Belém há muitos anos.

De acordo com Verger (1952, p. 160), Tôpa é o nome de um irmão de Zomadônu, filho do Rei Acabá (1680-1708).

Zacá (Azacá) — É outro dos irmãos da família. Dona Deni informa que ele é o caçador de Davice, usa arco-e-flecha e tem o único cântico que se refere à caça. Entre as filhas de Zacá que são lembradas estão Dona Quintina, uma velha africana, e Dona Alexandrina.

Jotim — É toquém da família, filho de Agongone. Dona Celeste diz que um de seus nomes africanos é Troci-Troci. Segundo Verger (1952, p. 160), Jotim é o nome de um filho de Dadarrô.

Quem ultimamente carregava Jotim era Dona Maria Lisboa, chamada Maria Roxinha, cujo nome africano privado era Gono Cuíbe, que, segundo explicação de Dona Celeste, é uma composição da segunda parte do nome de Agongone e da segunda parte do nome da tobóssi de Dona Anéris, Omacuíbe, que lhe teria dado o nome. Dona Roxinha dançava desde 1950 e também trabalhou como operária na fábrica de tecidos Cânhamo. Faleceu em 2004.

Agongone (De Aguidá) — É o vodum do grupo que se relaciona com os astros. É amigo de Zomadônu. Segundo Costa Eduardo (1948, p. 85), seu nome privado é Savalu-Hoso-Lisé-Ahoso-Hompeze-Tripapa-Duheme. De acordo com Verger (1952, p. 160), Agongone seria o mesmo Agongolo que reinou em Abomey entre 1789 e 1797, e cuja viúva, Agotimé, mãe do futuro Rei Ghezo, foi vendida como escrava pelo Rei Adandozã. Verger lembra que nenhum dos voduns conhecidos na Casa das Minas tem nome posterior ao Rei Agongolo, morto em 1797, o que, segundo ele, confirma a hipótese de que o culto dos voduns da família real de Abomey foi trazido para o Maranhão pela viúva do Rei Agongolo.

Quadro 2: Voduns da família de Savaluno

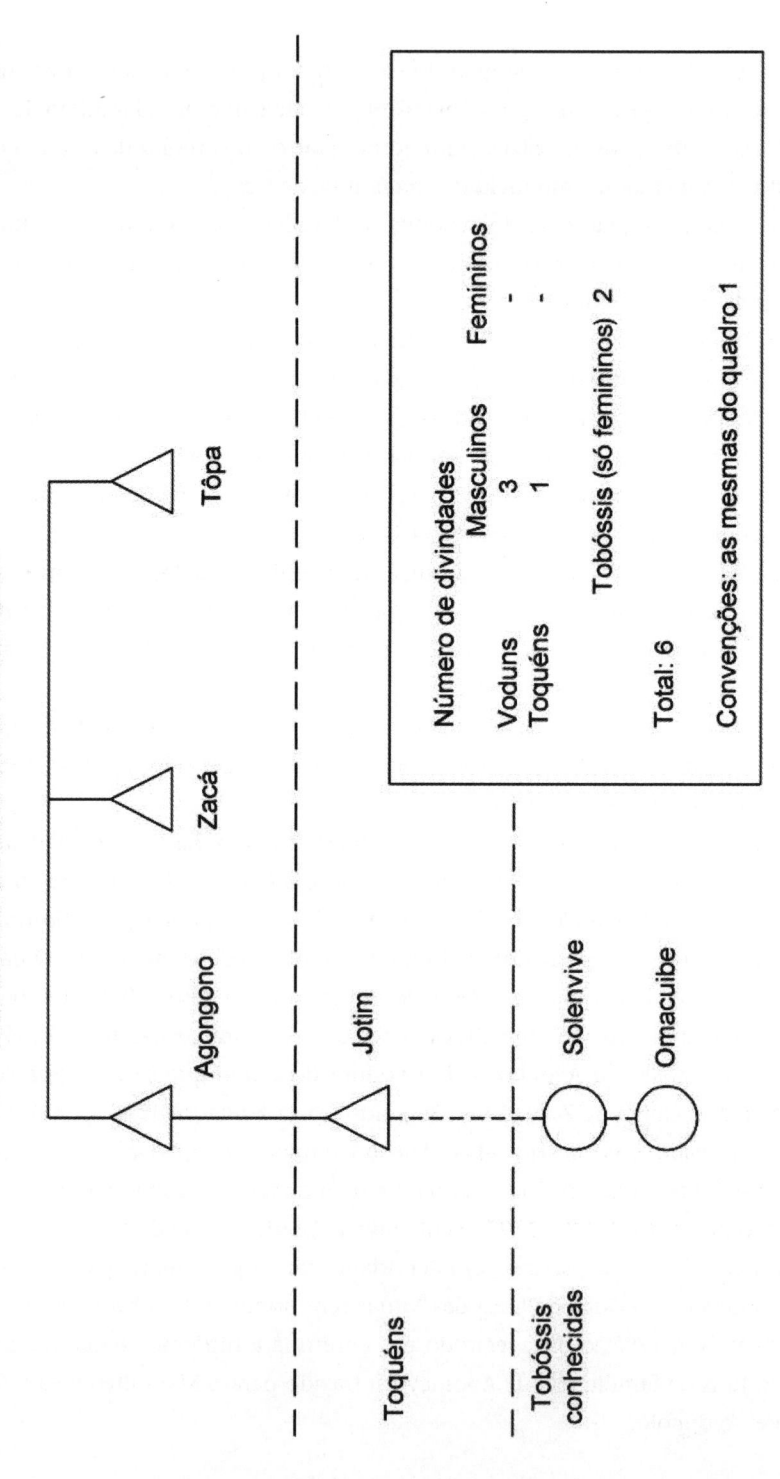

Agongono — Zacá — Tôpa

Jotim

Solenvive — Omacuibe

Toquéns

Tobóssis
conhecidas

Número de divindades

	Masculinos	Femininos
Voduns	3	–
Toquéns	1	–
Tobóssis (só femininos)		2

Total: 6

Convenções: as mesmas do quadro 1

Entre as filhas conhecidas de Agongone estão Dona Adalgisa e Dona Anéris. Dona Anéris, que morreu em 1962, foi a gonjaí escolhida por Mãe Andresa para chefiar uma nova feitoria, que não chegou a ser realizada. Ela era a mãe pequena, ou *izadincoe*. Dizem que Agongone em Dona Anéris tinha uma dança muito bonita.

Família de Dambirá

É o panteão de Odã, liderado por Acóssi Sapatá. Dambirá é o nome do palacete ou dos aposentos dele. É o panteão da terra, constituído dos pobres que são poderosos: são os reis caboclos, que combatem a peste e as doenças. O reinado deles é uma casa de sapê. Dizem que, antigamente, na Casa, o cordão de Dambirá era o maior, com mais de vinte filhas. O pessoal vivia espalhado, e Dadarrô, cuja casa caiu, deu o terreno para construírem atrás algumas casinhas para os filhos de Dambirá. Entre agosto e janeiro, os filhos de Dambirá não podem comer gergelim, pois com ele se fazem serviços de limpeza de doenças da pele. Também não comem arraia, sarnambi e caranguejo. As obrigações para os voduns de Dambirá incluem pombo e catraia. É uma família grande, alguns são mais próximos do reino de Davice, outros se espalharam pelo mundo, e muitos deles ficaram doentes. Eles não têm mãe.

Vejamos os voduns da família de Dambirá conhecidos na Casa das Minas, e algumas de suas filhas que são lembradas (ver quadro 3).

Acóssi (Acóssi Sapatá, Acossapatá ou Odã) — É o curador e cientista, que rege os cientistas e conhece remédios para todas as doenças. Ele não tem pernas e nem os dedos das mãos. Dona Deni diz que, para os que são videntes, Acóssi se apresenta às vezes manchado e outras vezes limpo. A doença dele é coisa do tempo, e às vezes ele aparece normal. Vem sempre para dar instruções, e antes dá um sinal. Aparece deformado de dar medo. Deformado como a doença faz ficar. Ele fez um pacto para mostrar as doenças, pois só se cura uma doença sabendo-se como ela é. Há cânticos explicando que ele ficou doente por estar tratando as pessoas. Ele ficou doente, seus irmãos caíram na farra e não quiseram ajudá-lo. O trono era dele, mas, como é doente, não pôde assumi-lo. Seu irmão Azonce foi quem assumiu o poder e não se preocupou com Acóssi. Há um cântico em que nochê Naé une os irmãos sãos e os doentes, que moram separados. No dia de São Sebastião, todos eles se unem, e suas filhas, em alguns momentos, dançam com os dedos das mãos em garras, como se fossem aleijadas. Ajautó de Aladá, que é nagô, vem ajudar a tomar conta dos filhos de Acóssi.

Quadro 3: Voduns da família de Dambirá

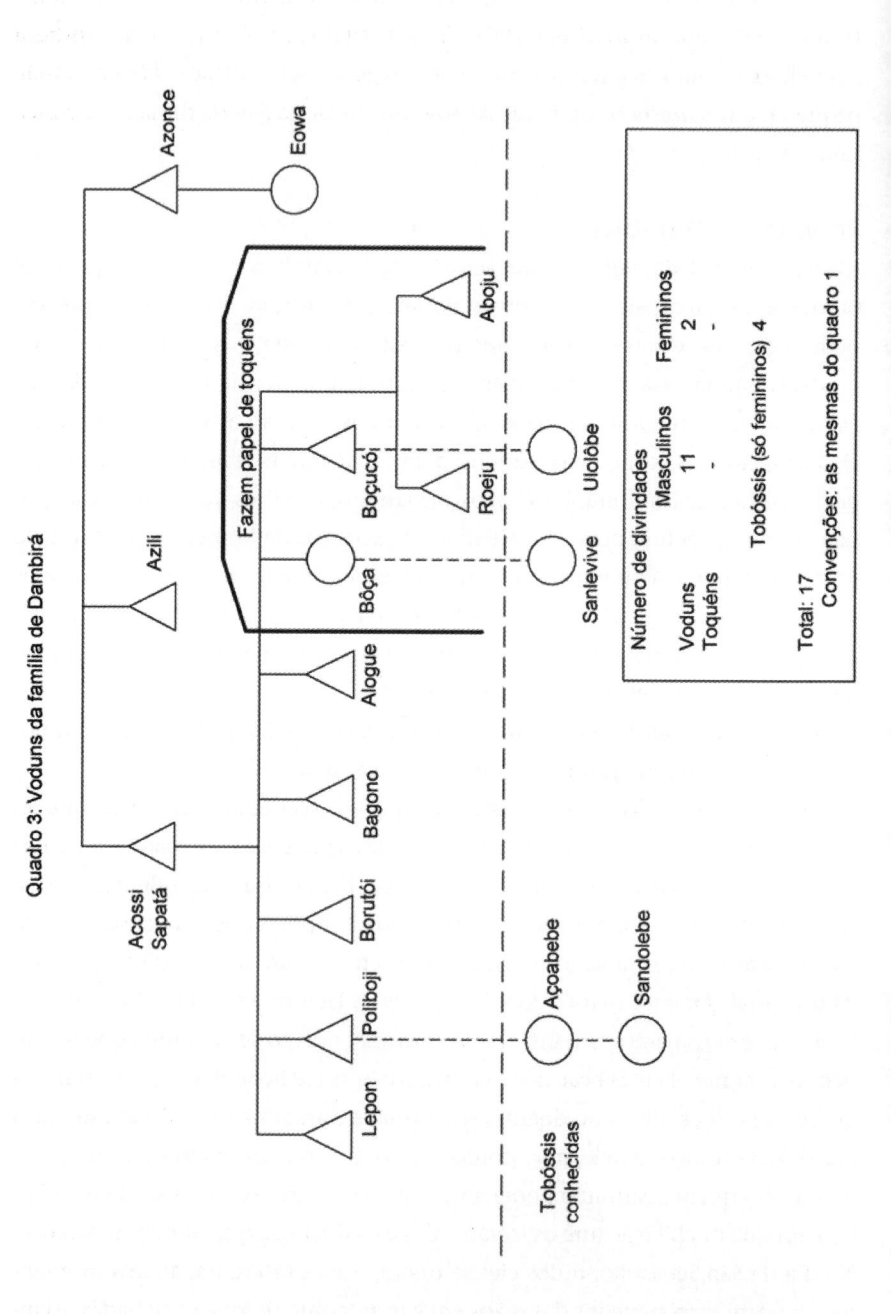

```
                                                          Azonce─────Eowa
                                                            △         ○
                                          Azili
                                           △
           Acossi
           Sapatá                                  ┌──Fazem papel de toquéns──┐
             △                                     │  Bôça        Boçucói     │
   ┌─────┬───┴─┬──────┬──────┐                    │   ○            △   Roeju  │ Aboju
   △     △    △      △      △                    │                    △      │  △
  Lepon Poliboji Borutói Bagono Alogue             │                           │
         ┆                                         └───┬──────────┬────────────┘
         ┆                                             ┆          ┆
         ┆                                          Sanlevive   Ulolóbe
         ┆                                             ○          ○
   Açoabebe ── Sandolebe
      ○           ○
  Tobóssis
  conhecidas
```

Número de divindades	Masculinos	Femininos
Voduns	11	2
Toquéns	-	-
Tobóssis (só femininos)		4

Total: 17

Convenções: as mesmas do quadro 1

Acóssi adora São Lázaro e não baixa na Casa das Minas. Dizem que antigamente ele descia nas velhas africanas e ficava deitado em esteiras. As filhas há muito tempo o despacharam: "cortaram" para ele não vir mais. Atualmente não há mais quem saiba recebê-lo, pois é necessário um preparo especial e as pessoas deviam passar azeite de dendê pelo corpo antes de ele chegar. Na Casa, há um altar para ele no tempo, do lado de fora, no quintal, junto ao pé de pinhão branco, onde são colocadas oferendas. O pé de pinhão foi assentado e, quando morre um, nasce outro. No comé também há o lugar dele, onde são guardados os remédios, junto à imagem de São Lázaro. Na Casa de Nagô ele está assentado no comé. No começo de suas festas, colocam-se água limpa e remédio na planta de Acóssi, e os voduns, quando chegam, vão lá fazer visita e dizer algumas palavras de oferecimento. Há cachorros que entram na Casa e vão diretamente comer as comidas das obrigações de Acóssi, e ninguém os tira, mas não deixam os visitantes de fora se aproximar do local. Acóssi cura com plantas, benze, ensina remédios, e também manda os doentes para os médicos. Ele sabe tudo que se relaciona a doenças: ajuda nas doenças, mas não tem o poder de adiar a morte, que já está fixada.

O abobó de Acóssi leva feijão e milho. Os remédios de Acóssi levam dendê e nele são usados pinhão branco, mastruz e outras plantas, as quais são segredos de Acóssi. No dia 20 de janeiro, dia de sua festa, costuma-se fazer um pagamento de promessa oferecendo uma refeição para cachorros e crianças. Nesse dia também se oferece uma comida de obrigação, com alimentos sólidos e líquidos, que as pessoas recebem de joelhos na Sala Grande, em frente à porta do comé. É uma obrigação para se evitar epidemias e pedir saúde. Quando se recebe esse alimento, deve-se fazer o pedido para a liberação de algum mal. A festa de Acóssi dura três dias e, no último, por volta da meia-noite, os voduns da Casa das Minas costumam ir fazer uma visita à Casa de Nagô.

Acóssi tem dois irmãos que também não vêm: Azile e Azonce.

AZILE (Azila, Azili ou Azilu) — Adora São Roque e é festejado no dia 21 de janeiro.

AZONCE (Azonço, Agonço ou Dambirá-Agonço) — Adora São Sebastião e é festejado no dia 19 de janeiro. É o único irmão que não é doente. Ele é também um velho nagô que fala e vem na Casa de Nagô. Tem muitos filhos que só reconhecem como pai Acóssi. É o rei, pois tomou a coroa do irmão doente. Não quis se comprometer com o povo jeje. Entre suas filhas, é citada a vodum Eowa. Dizem que ela está assentada na Casa de Nagô, como Acóssi. Vai à Casa das Minas de visita, pois foi mandada para lá, mas há muitos anos não vem.

LEPON — É o filho mais velho de Acóssi e, como todos os voduns velhos, usa bengala. Dona Deni diz que ele é um velho muito brincalhão, gosta de festas e ajuda o pai na cura de doenças. Ele tem cantigas que se referem ao Abomey e outras que dizem tudo sobre ele, mas são complicadas, e Dona Deni diz que não as compreende bem. Como os outros filhos de Acóssi, ele diz que não tem mãe. Entre as filhas de Lepon na Casa, as atuais lembram da velha Benedita (do barco de Andresa), de Petrolina, que já morreu, e de sua filha Conceição, que é doente e atualmente não frequenta a Casa. Outra é Dona Deni Prata Jardim, filha de Dona Rita de Bedigá. Seu nome privado africano é Ihapen. Dona Deni nasceu em Rosário, em 1925, e frequenta a Casa desde 1936. Mãe Andresa gostava muito dela e lhe ensinou muitas coisas. Sabe tecer rosários, guias e pulseiras da Casa, e conhece muito bem os cânticos, entoando-os sempre com boa voz. Dançou aos 17 anos, em 1942, um ano após a sua mãe. Casou-se em 1944, teve dois filhos e cedo ficou viúva. Trabalhou durante cerca de vinte anos em fábricas de tecido. Dona Deni criou duas netas, e um de seus filhos toca tambor na Casa. Ela diz que é médium vidente e que tem muitas visões, tanto de voduns de lá quanto de entidades de fora, como a Mãe-d'Água, o Surupira e outros. Durante alguns anos, Dona Deni frequentou o espiritismo e ainda o aceita, mas atualmente diz que não o frequenta. Ela é muito religiosa e devota dos voduns. Conhece bastante a doutrina da Casa e foi quem transmitiu grande parte dos conhecimentos aqui relatados. Dona Deni chefia a Casa das Minas desde 1997.

POLIBOJI — É outro dos voduns velhos da família, que dizem ser também muito brincalhão e alegre. Adora Santo Antônio. Costa Eduardo (1948, p. 5) indica diversos de seus nomes africanos privados na Casa, a saber: Dada, Misu, Cohoe, Jeco, Da, Mede, Metonji, Lacaba, Lubé, Adonov, Vipenhon, Sadono, Abrogevi, Bói, Hanhi, Hae, Hanchi.

Fora da Casa das Minas, alguns confundem tói Poliboji com Légua Bogi Buá, que é tido como vodum cambinda, amigo da Casa, que era de Codó e vinha de visita. Alguns também o confundem com Legba, a que nos referiremos adiante, o que também não é aceito lá. É um dos voduns que tiveram maior número de filhos na Casa, e dizem que vinha em quatro ou cinco delas ao mesmo tempo. Foi o vodum de Mãe Andresa, de Dona Filomena, de Dona Felicidade, de Dona Laura, e atualmente vem em Dona Zuleide, que reside fora de São Luís. Poliboji em Mãe Andresa, ou em Dona Filomena, costumava vir batizar crianças na Igreja. Dona Filomena foi das últimas gonjaí que sobreviveram, tendo morrido em 1972. Dona Laura mudou-se para Manaus nas primeiras décadas do século XX. Dona Felicidade Nunes Pereira, mãe do etnógrafo Manuel Nunes Pereira, foi gonjaí e residia em Belém. É muito mencionada pelo filho em seu trabalho sobre a Casa. Outra filha de Poliboji, Dona Zuleide Figueira de Amorim, é paraense e vive no Rio de Janeiro. Antes da morte de Dona Manoca, Dona Zuleide teve problemas de saúde e, em terrreiros do Rio de Janeiro, mandaram-na procurar a Casa das Minas em São Luís. Ela veio, recebeu seu vodum e começou a ser preparada como filha-de-santo. Dona Celeste, que nessa época vivia lá, ajudou-a em algumas coisas. Dona Zuleide é bastante citada por Nunes Pereira na segunda edição de sua obra sobre a Casa. Ao tempo de Dona Amância, Dona Zuleide abriu um terreiro em Jacarepaguá, no Rio de Janeiro, tentando criar uma filial da Casa das Minas e reunir as filhas da Casa que residiam lá. Queria inclusive levar o tocador de tambor Maneco, que morreu e não chegou a ir. Dizem que ela possui um terreiro grande, com alguns objetos de culto da Casa das Minas, e que sabe cantar muitos cânticos.

BORUTÓI (Borotói ou Abototói) — É outro dos filhos de Acóssi. É velho e usa bengala. Uma de suas filhas foi Andrezinha, gonjaí do barco de Mãe Andresa. Atualmente sua filha é Dona Edwirges, que dança com ele desde metade dos anos 1960 e já esteve doente mental, reside em São Luís e não frequenta muito a Casa.

Outros filhos de Acóssi são:

BAGONO (Bogone ou Bagolo) — foi o vodum de Dona Davina, mãe do tocador Benedito. Dona Celeste nos disse que Bagono se transforma em sapo.

ALOGUE — É outro vodum da família. Dona Deni diz que ele é todo aleijado, mas não aleija a pessoa que está com ele. Dizem que Alogue e Aboju são quase índios e seriam filhos de Azonce. Nunes Pereira (1979, p. 75) afirma que Alogue é da família de Queviçoçô, o que não coincide com as informações de que dispomos. Quem dança com ele atualmente é Dona Maria Severina, que dançou na época de Dona Manoca, em meados dos anos de 1960.

Os quatro voduns mais novos da família, que fazem o papel de toquens, são Bôça, Boçucó e os gêmeos Roeju e Aboju.

BÔÇA (Boçalabé) — É mocinha, alegre, brincalhona e anda sempre com o irmão Boçucó. Ela também dança na Casa de Nagô. Há um cântico em que Bôça procura o irmão Boçucó e pergunta se ele não está com Liçá, com quem costuma andar. Bôça tem como dançante Dona Alba, de São Luís, e Dona Rita, do interior. Anteriormente teve como filhas a gonjaí Dona Chiquinha e a vodunsi-he Dona Amância, cujo nome africano era Boçurroncôli, e que chefiou a Casa após a morte das últimas gonjaís.

Boçucó — Esconde-se num termiteiro[24] e se transforma numa serpente. As palavras do início de um cântico de Bôça e Boçucó dizem: "Baiquim cho eu Odan...". Há outro cântico dizendo que Bôça se perdeu na rua, pois os seus irmãos foram para uma festa e a abandonaram. Ajautó a encontrou e a levou para a Casa. Este cântico começa com as palavras: "A huntó eté Amelindo...". Boçucó é protegido de Bôça e ambos sempre andam juntos. Na Casa ele tem um quarto ao lado do de Poliboji, à direita, no quintal. Teve como filha a gonjaí Virgilina, do barco de Mãe Andresa. Veio em Dona Basílica de Oliveira, irmã de Dona Enedina e de Dona Marcolina, que residiu no Rio de Janeiro por muitos anos.

Aboju (Abeju) — Foi o vodum de duas irmãs gêmeas, Dona Fausta e Dona Mundica, que morreram no Sul.

Roeju (Rueju ou Arroeju) — Teve como dançante, na Casa, Dona Flora, cuja mãe, Dona Arcângela de Apojevó, foi gonjaí, teve muitos parentes na Casa e morou muito tempo no interior. Dona Flora era de Codó, descendia dos jeje que fundaram a Casa, dançou aos 13 anos (em 1914) e morreu em 1985, com mais de 80 anos de idade e mais de 70 de dançante.

Família de Quevioçô e Ajautó de Aladânu

Na Casa das Minas, a família de Quevioçô é nagô e é constituída pelos voduns dos astros, do céu e das águas, que controlam as chuvas, os raios, os trovões, e combatem as ventanias e tempestades.

A maioria dos voduns dessa família é muda, ou *mindubim*, e não fala na Casa das Minas para não revelar os segredos dos nagôs. A família é grande, mas só a mãe e alguns irmãos foram para a Casa das Minas. O nome do pai deles não pode ser dito. Eles são hóspedes e Zomadônu deu o lugar a eles. Averequete e Abé são os mais novos, que representam os mais velhos. São os únicos que falam e fazem o papel de toquéns. Os outros só se comunicam por sinais. Eles vieram desde o tempo da fundação, pois todos os terreiros de mina têm que ter as quatro partes, como dizem, cada uma com a sua missão: a da água, a do ar e dos astros, a do fogo e a da terra. Como os voduns são mudos, dizem que as vodunsis dessa família não podem receber tobóssis e não podem ser gonjaí, pois têm outro preparo.

As cantigas de Quevioçô são diferentes, e muitas são cantadas com as voduns dançando em roda, no sentido oposto ao dos ponteiros do relógio. Nas

---
24 Cupinzeiro.

festas, geralmente são de Quevioçô as últimas filhas a receberem voduns e também as últimas a se retirarem da varanda de dança. A parte da Casa destinada a eles são os dois quartos à esquerda do corredor de entrada, o primeiro de Badé e o segundo de tói Liçá.

Vejamos os voduns da família de Quevioçô na Casa das Minas e algumas de suas filhas (ver quadro 4).

NANÃ (Nanambiocô, Nanã Burucu, Nanã Borocô ou Nanã Borotói) — Desce na linha de Quevioçô, mas não é dessa linha. É do lado de Davice, mas auxilia Quevioçô. Ela é nagô e não vem na Casa das Minas, mas é adorada. É a mais velha e a que trouxe os outros nagôs. Ela só vinha nas velhas africanas.

No Sábado de Aleluia, quando há a descida dos voduns, faz-se a matança de um galo vermelho, que chamam de cocorôco, para Nanã. Todos os banhos são do lado de Nanã e ficam no seu assentamento. Os sonhos também são do lado de Nanã. Toda festa tem uma oferenda para Nanã. Quando se enchem os jarros do comé, a primeira água é para ela, que é a mãe de todos e, como Santa Bárbara, tem que ser reverenciada. Também se faz festa para Nanã junto com Sobô. Nanã ficou do lado de Naité.

Euclides nos disse que Nanã é a mesma Afru-Fru, a terra molhada de lama. Nunes Pereira (1979, p. 34) indica Afru-Fru como vodum mulher velha, ao lado de Nanambiocô e outras, mas as filhas atuais desconhecem esse nome e dizem que talvez seja o segundo nome de alguma outra divindade. Euclides disse também que, em língua tapa, o nome de Nanã é Vó Missã, e também que Nanã é a mesma Mavu-Liçá dos jeje.

Dona Deni disse que Dona Filomena contava que, ao tempo de Mãe Luísa, uma mulher que ela conheceu tinha em casa o assentamento de Nanã. Quando morreu, derrubaram a casa e acharam o assentamento. Chamaram Mãe Luísa, que o cobriu e o levou para a Casa das Minas. Logo depois disso, todos os descendentes dessa pessoa foram desaparecendo.

NAITÉ (Anaité ou Deguesina) — A Lua. Corresponde à Naé do lado de Quevioçô, e dizem que, por isso, as filhas de Quevioçô também podem ter tobóssi. Quando se faz festa para Sant'Ana, sempre se oferece um prato para Anaité. É mulher velha, nagô e trouxe as outras. Uns dizem que ela é irmã de Sobô.

VÓ MISSÃ — É a velha, a que decide tudo entre os nagôs, e corresponde também à Naé dos jejes. É irmã de Sobô e adora Sant'Ana. Só vem com os nagôs. Na Casa de Nagô tinha gente que a recebia e vinha com ela de visita à Casa das Minas.

Quadro 4: Voduns da família de Queviocô

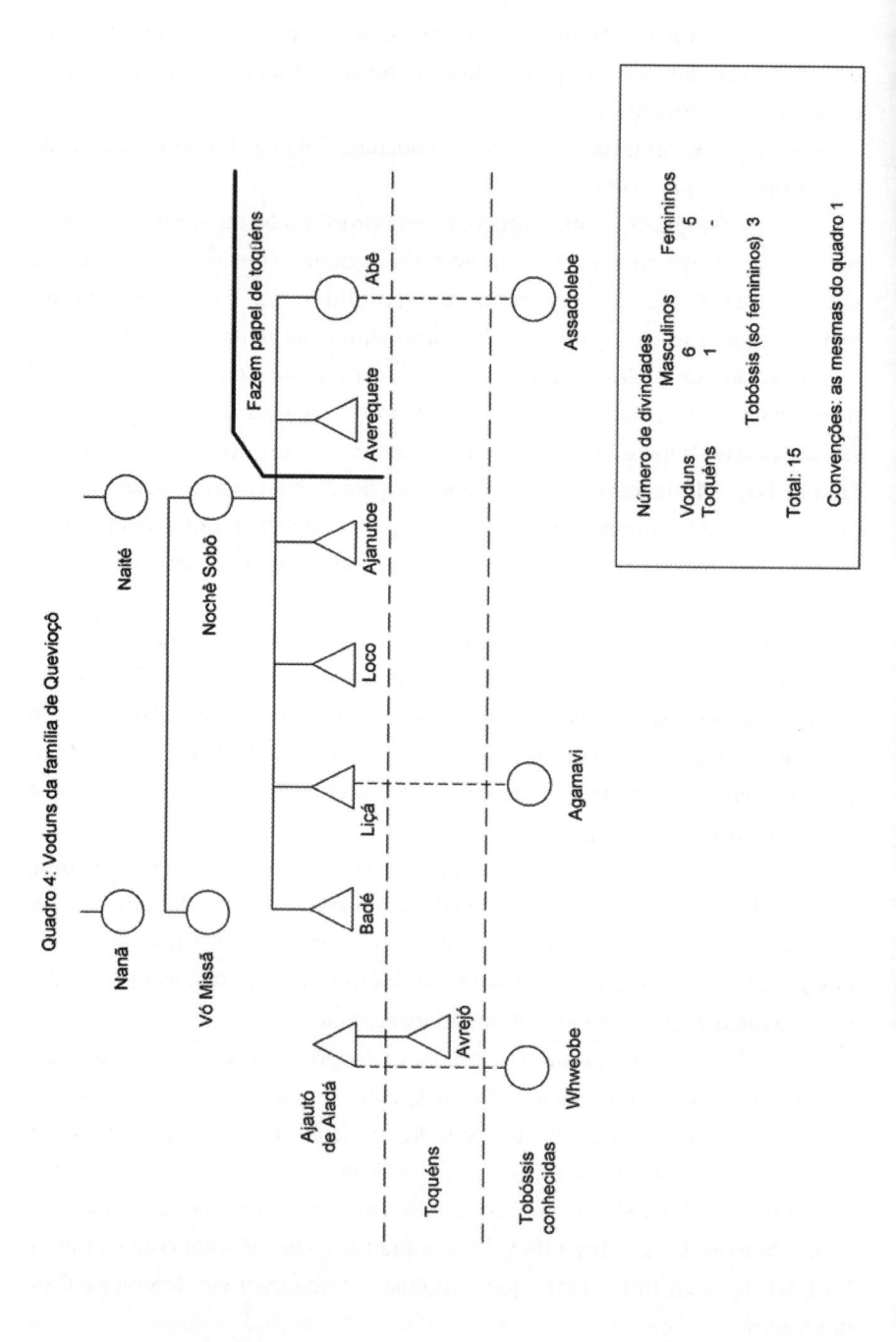

Nanã — Vó Missã
Naité — Noché Sobó

Ajautó de Aladá — Avrejó — Badé — Liçã — Loco — Ajanutoe — Averequete — Abê

Fazem papel de toquéns

Toquéns

Tobóssis conhecidas: Whweobe — — — Agamavi — — — — — Assadolebe

Número de divindades
Voduns   Masculinos Femininos
              6   5
Toquéns   1   -
              Tobóssis (só femininos) 3

Total: 15

Convenções: as mesmas do quadro 1

Sergio Ferretti

120

Nochê Sobô (Sobô Babádi) — É considerada a mãe de todos os voduns de Quevioçô. É um guia-astro, representa o raio e adora Santa Bárbara. É comemorada no dia 4 de dezembro, data de uma das mais importantes festas do tambor de mina do Maranhão.

Segundo Herskovits (1967, II, p. 151), entre os seguidores de Quevioçô, Mavu é chamada Sobô, o maior de todos os deuses no Daomé. Como informa Costa Eduardo (1948, p. 94), no Maranhão, em toda parte Santa Bárbara é chefe dos terreiros de mina.

Na Casa das Minas afirma-se que a festa de Sobô é uma bênção para a Casa. Pede-se pelo público em geral, pela nação e por todos. Tem-se que pedir proteção para a cidade onde se encontra a Casa, pois sem isso a Casa não estaria protegida. Na Casa das Minas, em cima da porta do comé, há sempre um cromo retratando Santa Bárbara.

Dona Deni disse que às vezes o povo confunde Sobô com Iansã — que no Maranhão é quase desconhecida —, mas ambas são diferentes, pois Sobô vive com os jeje e foi ela quem instruiu Badé. Dizem que Sobô sempre tem filhas na Casa. Uma delas, Dona Efigênia, uma vez foi castigada por estar comendo num caldeirão, o que é proibido para os filhos de lá. Ela ficou com o caldeirão preso na cabeça e foi da fonte do Apicum, onde estava lavando roupa, até a Casa, carregando Sobô e batendo com a cabeça nas paredes. Precisaram chamar crianças inocentes que ajudassem a cantar, pedindo perdão a nochê Sobô.

O tocador Benedito era afilhado de Sobô e, quando criança, foi doado a Borutói. Dona Neusa Pinheiro, cujo nome privado africano era Socimeton, era dançante da Casa, mas brigou com o tocador Raul, foi para a Casa de Nagô e não voltou mais. Ficou paralítica e morreu lá.

Badé Quevioçô — Também chamado Neném Quevioçô, representa o trovão e é encantado na pedra de raio. Ele é briguento, mas obedece a Sobô. Equivale a Xangô entre os nagôs e é o dono da Casa de Nagô.

Nunes Pereira informa que Badé "em língua nagô é chamado Xangô, em língua mina é Quevioçô, em tapa é Vonucon, e em agrono é Abaçucó" (1979, p. 34). Na Casa das Minas, ele é mudo e fala por sinais, que são interpretados pelas vodunsis, por Averequete ou por Abê. Quando chega na Casa, comunica-se batendo palmas. Há uma dança que representa uma peleja de Badé com tói Liçá. É uma luta de espadas, e Badé dança pulando numa perna só e levantando um dos braços. Dizem que antigamente havia espadas na Casa que eram usadas nessa dança, mas agora não mais, pois Liçá não tem vindo. Sobô vai apartar a briga entre um irmão manso e outro teimoso. Liçá é muito vadio e sai pelo mundo. Só quer cantar em nagô. Por isso, Badé briga com ele, mas ambos são amigos e depois se abraçam. Badé não fuma e não gosta que fumem perto dele. Em algumas festas, usa uma faixa branca com laço e guizos na cintura, e às vezes um lenço, que são suas insígnias. Dona Deni diz que a missão de Badé é das mais pesadas, pois, se ele não estiver ao nosso lado, cada vez que vier um raio, é capaz de destruir tudo. Quando há muitos relâmpagos, os da Casa chamam por Badé. Ele abre todos os outros terreiros de mina e vai a todos eles.

Entre os filhos de Badé, na Casa, havia Dona Maria da Graça, que fazia festas muito bonitas para ele nos dias de São Pedro e de Santa Bárbara. Outro filho de Badé foi Nunes Pereira. Dona Joana Miranda, nascida em 1905, dançou com Badé desde 1917 até falecer, em 1986. Sua mãe, Dona Torquata da Conceição, era filha de Nagono Toçá, e nasceu em Codó. Sua avó era africana e foi escrava na fazenda do desembargador Muniz Califórnia. Dona Joana teve diversos parentes na Casa, como Dona Teresa e Dona Zulima. Ela casou-se em 1926, foi para o Sul em 1954 e voltou em 1960. Foi criada na Casa das Minas e dizia que era aparentada com Mãe Hosana. Uma filha sua dançava mina no terreiro de Dona Maximiliana, mas hoje é doente mental.

Liçá — É vodum dos astros e representa o Sol. É vadio, anda muito e carrega os irmãos para onde vai. É amigo de Boçucó. Dançava com uma espada de metal e usava um lenço na cabeça. Não se une com Badé, mas são amigos. Quando tói Liçá chega, canta várias cantigas em nagô e Badé briga com ele. Sobô vem apartar e briga.

Badé e Liçá são os donos dos dois quartos à esquerda da entrada da Casa. Entre suas filhas estavam Dona Zenaide e Dona Almerinda. Nunes Pereira (1979, p. 24) refere-se à Dona Almerinda como sua madrinha. Dona Joana disse que Dona Almerinda morreu uns seis anos depois que Joana dançou — portanto, em 1923.

Loco — Representa o vento e a tempestade. Vem para acalmar as grandes tempestades. É chamado para evitar os ventos fortes.

Ajanutói — É surdo-mudo e não gosta de crianças. Alguns dizem que ele é irmão de Ajautó.

Os dois mais jovens da família de Quevioçô Averequete e Abé são os que fazem o papel de toquenos e são os únicos que falam.

Abê — Também é a vodum dos astros e da água do mar, que se encantou numa pescada. A comida de Abê é toda feita em separado, pois é sem sal e, por isso, não é misturada com as outras na cozinha. Ela é servida em pratos pequenos. Abê é festejada a 30 de junho, dia de São Marçal. Nas festas de pagamento, Abê vinha na frente, carregando uma bandeira azul bordada com as ondas do mar e com peixinhos brancos aplicados. Ela estava representando Sobô, que é muda. Ultimamente, quem carregava Abê era Dona Justina, natural de Cururupu, que dançou desde 1945, morou no interior, viveu na Casa e trabalhava como lavadeira até pouco antes de falecer, em 1998. Dizem que Abê corresponde à Iemanjá dos nagôs.

AVEREQUETE (Verequete) — Seu nome privado é Adunoble. É como um cometa, uma estrela caída nas águas do mar. É protegido de Abê, e na Casa é tido como um rapazinho, como um pajem que vem na frente chamando os outros voduns. Em outros terreiros, como no de Euclides ou na Casa de Nagô, ele é um senhor. Verequete adora São Benedito e, no Maranhão, dizem que ele gosta de tambor de crioula (Ferretti, 1979, p. 94-105).

Costa Eduardo (1948, p. 94) informa também que Verequete é chefe dos terreiros de mina do Maranhão. Nunes Pereira (1979, p. 34) afirma que essa divindade dá a si mesma o título de tói Averequete Vonucon Gau Poçué do Nuquijá.

Quem o carregou anteriormente na Casa foi Dona Ida Alves Barradas, gonjaí, tia de Nunes Pereira (1979, p. 78-80). Atualmente, Averequete vem em Dona Maria Celeste Santos, cujo nome privado é Bariseton. Dona Celeste nasceu em São Luís, em 1924 e frequenta a Casa das Minas desde cerca de 1945, pois residia perto da Fonte do Bispo, ali bem próximo. Trabalhou numa fábrica de tecidos do mesmo bairro, junto com outras dançantes da Casa, e era amiga e contraparente de Dona Neusa Pinheiro, filha de nochê Sobô. Dona Celeste dançou na Casa das Minas em junho de 1950 e, meses após a morte de Mãe Andresa, foi para o Sul, onde esteve até 1967, morando no Rio de Janeiro e trabalhando como doméstica, costureira ou cabeleireira. Nesse período, fez algumas viagens ao Maranhão, em cumprimento de suas obrigações com a Casa. Com Dona Filomena, uma amiga maranhense no Rio, visitou diversos terreiros, como o de Joãozinho da Gomeia, o de Timotinho, o de Seu Djalma e outros. É devota do Divino Espírito Santo e, quando jovem, tocava caixa nas festas do Divino. Há muitos anos é ela quem organiza a Festa do Divino da Casa, dando continuidade a um antigo costume. Dona Teresa, sua avó paterna, dançava com Averequete no terreiro de Dona Severa e teve outros parentes que dançavam mina. Sua mãe era de Rosário. Após a morte de Dona Amância, Dona Celeste colaborou na direção da Casa com Dona Amélia e com Dona Deni, encarregando-se da direção administrativa.

Ajautó de Aladá (Aladânu) e seu filho Avrejô, ou Afrejó, são amigos da Casa, moram com o pessoal de Quevioçô e tomam conta dos filhos de Dambirá.

Ajautó — É hóspede, velho e usa bengala. Fala e ajuda Acóssi, que é doente. É o protetor dos advogados. É nagô e rei. Há um cântico narrando o encontro de Ajautó com Bôça, que estava perdida na rua.

Quem carregava Ajautó era Dona Rosa, que já dançou com idade madura, depois de morar lá um tempo, na época de Mãe Andresa. Morreu muito idosa, antes de 1980. Depois, quem dançou com ele foi Dona Beatriz, que ficou surda e faleceu em 2000.

Avrejó — É toquém.

Ausência de Legba

Além dos voduns acima citados, devemos nos referir ainda a uma entidade importante nos cultos afro-brasileiros, que assume as funções de *trickster* ou trapaceiro. Trata-se de Legba (Legbara ou Elegbara), cujo culto é muito difundido no Daomé.

Conforme foi observado com certa estranheza por pesquisadores como Correia Lopes (1947, p. 82), Costa Eduardo (1948, p. 79), Nunes Pereira (1979, p. 188), Bastide (1978, p. 216), Pereira Barreto (1977, p. 64-71,) e outros, não existe na Casa das Minas um culto organizado para Legba.

As filhas dizem que Legba significa guerra e confusão e que Zomadônu não o quis lá, pois as fundadoras já vieram da África sacrificadas. Por isso, Legba não vem à Casa das Minas e não é o mensageiro dos voduns. Dizem que os mensageiros da Casa são os toquéns. Quem abre as portas é Zomadônu e quem abre o culto são os toquéns, chefiados por Nagono Toçá. Dona Deni diz que Legba toma todas as formas, de anjo, de cachorro, de porco, de gato etc. Ele não tem chifres e foi criado como um anjo. É um anjo mau. Deus lhe deu poderes para administrar o Universo. Ele se envaideceu e se considerou melhor do que Deus. Quem o adora "não vai a lugar nenhum". Ele tem a aparência de uma pessoa boa e nobre, mas não é. Na Casa das Minas seu culto é proibido, pois Legba equivale a Satanás.

Foi por causa de Legba que as africanas foram vendidas como animais. Cascudo (1962, II, p. 421) informa que o rei de Daomé, Adandozã, em 1804, em correspondência a Dom João de Portugal, afirmava que Legba era o seu grande deus. Se, de fato, membros da família real de Abomey foram vendidos como escravos por Adandozã (Verger, 1952), e se alguns desses membros fundaram a

Casa das Minas, compreende-se que fosse proibido na Casa o culto de Legba, que era um grande deus para o Rei Adandozã.

Dona Deni afirma também que Legba não é da família de Acóssi e não tem nenhuma afinidade com Poliboji nem com Légua Boji Buá, como dizem alguns. Costa Eduardo (1948, p. 58) afirma, por exemplo, que, em Codó, Legba é chamado de Légua Boji. Dona Deni também não concorda com Nunes Pereira (1979, p. 174), quando este afirma que, em 1969, Legba se manifestou na Casa das Minas, em Dona Filomena. Disse ela que lá, quando alguém faz alguma coisa má ou errada, pergunta-se se essa pessoa está com Legba. Mas isto é apenas um modo de falar, e Dona Deni acha que Nunes Pereira deve ter confundido as coisas. Uma senhora idosa, que se diz filha de antigo tocador da Casa já falecido, informou que, até os anos de 1920, Legba vinha na Casa das Minas. Nessa época, fizeram um serviço com Legba contra pessoa conhecida na cidade, e houve muitas reclamações. A partir daí proibiram a vinda dele na Casa.

Legba é bastante conhecido em terreiros de tambor de mina do Maranhão — especialmente em Codó —, embora oficialmente não seja cultuado na Casa das Minas. Há, entretanto, algumas atitudes rituais relacionadas com Legba. Conseguimos saber que é costume colocar água para ele na porta da Casa, cedo, antes do início das cerimônias. É o despacho, que é feito com água do comé. Assim, ele bebe água, mas fora da Casa, e não recebe oferenda de alimentos. Soubemos também que, nos dias de festa, antes de se iniciarem os toques, canta-se na varanda um cântico para Legba se afastar. É como um esconjuro, para que ele não se manifeste. Parece-nos que há mais de um cântico com essa finalidade, mas as filhas não gostam de revelá-los e evitam respostas sobre esse assunto. Um desses cânticos começa com as palavras "Ero cagibe boldo crleme...". Ouvimos dizer também que, quando se bate para Dambirá, que é do tempo, se cantam cantigas de Legba, o tempo.

Considerações sobre a mitologia da Casa das Minas
Métraux constata que, no Haiti,

> não subsiste quase nada da mitologia africana sobre os deuses [...] a custo se obtém dos sacerdotes explicações confusas e contraditórias a respeito das relações de parentesco entre as divindades e algumas anedotas sobre seus amores [...] A mitologia se interessa menos pela vida pessoal dos espíritos do que por suas relações com os fiéis... (1968, p. 80-81)

A respeito da Casa das Minas, constatamos praticamente quase o mesmo, pois lá também se conhece atualmente muito pouco sobre a história das divindades. Sabem-se os seus nomes, cânticos que lhes são dedicados, atitudes rituais para com elas, algumas de suas características e poucos episódios anedóticos sobre suas vidas. As filhas conhecem com razoável precisão características gerais dos grupos a que pertencem e as relações de parentesco existentes entre os voduns. Os voduns estão intimamente associados a seus filhos, cujas histórias, características pessoais e eventuais castigos e punições sofridas são comentados. Quando se começa a falar de um vodum, imediatamente a seguir passa-se a falar de alguém que o carregava. Muitas filhas que já morreram há tempos são lembradas exclusivamente pelo nome e pelo vodum a que pertenciam. A respeito de diversos voduns, além das características de seu grupo, muitas vezes as pessoas da Casa das Minas lembram-se apenas do nome de alguma filha que o carregava.

Excluindo-se Avievodum, o Deus Superior, e Legba, o Demônio, e incluindo-se as tobóssis lembradas, as filhas atuais conservam na memória os nomes de mais de seis dezenas de divindades, distribuídos como a tabela abaixo ilustra.

TABELA 4
Número de divindades conhecidas na Casa das Minas

Categorias	Famílias	Davice	Savaluno	Dambirá	Quevioçô/ Aladá	Totais
Voduns	Masculinos	7	3	11	6	27
	Femininos	4	—	2	5	11
Toquéns	Masculinos	7	1	—	1	9
	Femininos	2	—	—	—	2
Tobóssis	Femininas	7	2	4	3	16
	Totais	27	6	17	15	65

Esse número nos parece alto, tendo em vista que a grande maioria dessas divindades não é conhecida nos outros terreiros de tambor de mina. Sobre a questão do gênero dos voduns cultuados na Casa das Minas, por essa tabela constatamos que a maioria deles é do sexo masculino, num total de 27 (17 voduns e 9 toquéns), ao passo que os voduns femininos são em número de 13 (11 voduns e 2 toquéns). Assim, o número de voduns cultuados do sexo feminino é apenas a metade do de voduns do sexo masculino, embora as tobóssis (em número de 16 ainda lembradas) sejam sempre do sexo feminino. Verificamos, portanto, a inversão de que as vodunsis, sempre mulheres, recebem na maioria das vezes voduns que são do sexo masculino.

As filhas conhecem também muitos cânticos, cujo sentido nem sempre é totalmente compreensível. Esses cânticos transmitem informações sobre os voduns e revelam alguns de seus nomes privados. Muitos voduns possuem diversos nomes que não costumam ser revelados pelas filhas. Evita-se pronunciar por qualquer motivo o nome mais comum das divindades. Lévi-Strauss (1976, p. 200-207) considera os nomes próprios modalidades complexas de sistemas de classificação, que são como códigos, meios de fixar significação. Afirma que o repertório dos nomes próprios costuma ser propriedade de alguns clãs e faz analogias entre a proibição de pronunciar certos nomes próprios e proibições alimentares.

Em muitos aspectos, a mitologia da Casa também está bastante influenciada pelas doutrinas da Igreja Católica e por princípios do espiritismo. Histórias de santos católicos e passagens bíblicas são conhecidas e comentadas pelas filhas, o que é compreensível quando há uma sociedade envolvente dominantemente católica. Diz-se, por exemplo, que Averequete adora São Benedito, mas se conhece mais a vida de São Benedito do que a de Averequete. Mesmo assim, as frequentadoras da Casa continuam devotas tanto de São Benedito quanto de Averequete. Ambos são importantes, mas Averequete encontra-se mais próximo, pois se comunica diretamente com elas quando em transe.

Considerando, aqui, mitos como contos sagrados relativos à divindade, constatamos que, na Casa das Minas, é preservado muito maior número de rituais do que de mitos[25]. Se os mitos são histórias que se contam, e se os ritos

---

25 A própria mitologia dos voduns do Daomé foi menos estudada pelos pesquisadores, voltados tradicionalmente mais à mitologia iorubana. Este fato ocorreu tanto na África quanto no Brasil, e talvez um pouco menos em Cuba. No Brasil, fato semelhante ocorre com a mitologia das entidades do candomblé de Angola, como tem sido amplamente comentado por Yeda Pessoa de Castro

são dramas que se representam, preservam-se mais facilmente as ações desempenhadas nos ritos do que as histórias que lhes são correspondentes[26]. Constatamos também que se conhece menos ainda a própria história do grupo do que os mitos sobre os voduns, e que fases da história da Casa vão também sendo mitificadas como o tempo das fundadoras, a época da Mãe Andresa, os feitos ou os erros de algumas filhas etc.

Para as filhas, é importante conhecer a faixa de idade e a posição de cada vodum no grupo a que pertence, uma vez que elas ocupam posição específica no culto de acordo com a entidade protetora de cada uma. O próprio espaço físico da Casa também é dividido com base nas divisões entre os voduns. No dizer de Malinowski (1975, p. 120), a mitologia representa um mapa legal da comunidade, e é um elemento fundamental de organização do grupo e de interação social. Embora fragmentária, a mitologia também permite, como constata aquele autor (Malinowski, 1975, p. 130), reconstituições históricas, pois, a partir da preservação dos nomes das divindades cultuadas, pode-se induzir a existência de ligações entre a Casa das Minas e a família real de Abomey. Como Métraux (1968, p. 24-25) constatou em relação a aspectos do culto dos voduns no Haiti, a Casa deve ter sido fundada por membros da família real iniciados no culto a certas divindades, tendo assim se conservado, na América, rituais que talvez tenham desaparecido ou perdido a importância na terra de origem.

A preservação do nome das divindades é outro aspecto importante na mitologia da Casa das Minas. Identifica-se o vodum que vem em uma pessoa como sendo jeje e pertencente à Casa, porque ele mesmo dá o seu nome e o grupo o reconhece como tal. Assim, conhecer o nome é algo essencial. Os nomes das divindades são numerosos, pois cada uma possui vários nomes e alguns são secretos. Parece-nos, assim, que o nome tem o poder de representar a essência dos voduns. Não é tão importante que haja algumas incoerências ou que se conheça pouco suas histórias, desde que seus nomes sejam conhecidos e que eles sejam adequadamente cultuados.

Além disso, a ausência de estátuas e o fato de que as funções atribuídas a Legba são substituídas pelos que fazem o papel dos toquéns contribuíram para que se desenvolvesse na Casa das Minas um certo clima de ascetismo místico

---

em vários trabalhos, e foi veementemente testemunhado por Esmeraldo Emetério de Santana (1984, p. 35-47), em 1981, no CEAO/UFBA.

26 A esse respeito vejam-se os comentários sobre significados dos gestos nas danças como forma de transmissão de mensagens em Cossard, 1970, p. 117-118.

"protestante", revelado, por exemplo, na preservação rigorosa da pureza dos costumes e mesmo numa certa imaterialidade das divindades.

Em relação a Legba, não podemos concordar aqui com a afirmação de Lapassade e Luz (1973) sobre a realidade das religiões afro-brasileiras fora do Centro-Sul do país, como, por exemplo, a consideração do caráter liberatório de Exu. Verificamos na Casa das Minas que Legba, equivalente a Exu, está associado à guerra e à repressão, e não é absolutamente um elemento liberatório[27].

Vimos que, na Casa das Minas, os toquéns gêmeos Toçá e Tocé são comemorados no dia de Cosme e Damião. Neste dia, eles brincam como crianças, num comportamento ritual semelhante ao dos erês dos candomblés nagôs. Mas os toquéns não têm sempre comportamento infantil e se manifestam sobretudo como jovens. As filhas da Casa que recebem toquéns, recebem sempre o mesmo vodum, e seu estado de transe não tem as características do transe infantil temporário dos erês dos cultos nagôs, como pensava inicialmente Bastide (1973, p. 319). Estamos mais de acordo com Bastide (1978, p. 218) ao achar que os toquéns desempenham o papel equivalente ao de Exu e de Ogum nas seitas iorubanas. Os toquéns, como já notara Bastide (1978, p. 218), pertencem à família dos antepassados reais divinizados, a família de Davice. Há, entretanto, voduns mais novos que fazem o papel de toquéns também nos grupos

---

27 Em *O segredo da macumba*, Lapassade e Luz (1972) propõem uma leitura dos cultos afro-brasileiros a partir de Marx e de Freud, criticando, entre outros aspectos, a valorização do candomblé em detrimento da macumba por estudiosos anteriores. Consideram que, na macumba, o culto dos antepassados transformou-se num culto a heróis negros e caboclos brasileiros, e que Exu representa os heróis das lutas de libertação dos escravos no Brasil. Afirmam que o ritual da quimbanda exprime o desejo de libertação do negro favelado e que, na macumba, os Exus, como seres demoníacos, contestam a estrutura tradicional da sociedade, que é respeitada pelos orixás da umbanda e do candomblé, a serviço da ordem escravagista colonial.

Os autores fazem estas e outras afirmações provocadoras de debates, posicionando-se a favor da quimbanda, que identificam como uma contracultura, ocupando uma posição avançada na luta de classes, com características que consideram liberatórias, inovadoras e proféticas. Julgamos interessante e concordamos com muitas ideias apresentadas, como crítica à supervalorização do candomblé em detrimento da macumba feita por muitos. Consideramos, entretanto, que diversas afirmações talvez sejam mais adequadas à situação da umbanda e da macumba do Rio de Janeiro ou do Centro-Sul do país, a que os autores mais se referem. Estamos de acordo com Ortiz (1978, p. 135), que critica Lapassade por querer ver a macumba como um movimento de contracultura, pois ela não tem força revolucionária, sendo apenas rejeitada e marginalizada pela sociedade dominante. A nosso ver, a quimbanda pode ser considerada como um ritual de rebelião, no sentido exposto por Gluckman (1974), permitindo uma inversão de comportamentos e adotando ritualmente normas condenadas pela sociedade, como o alcoolismo, o uso de palavras e gestos obscenos etc., não questionando, entretanto, a sociedade e possuindo, assim, sobretudo uma eficácia terapêutica ou simbólica. (Ferretti, S., 1980, p. 14)

de Savaluno e de Aladá, como verificamos. Nas famílias de Dambirá e de Quevioçô, como notou Costa Eduardo (1948, p. 79), segue-se na Casa o costume daomeano de que, em cada família, as divindades mais jovens são consideradas como *trickster*, como vodum perdido, protegido de suas diabruras por uma irmã indulgente, como Averequete, protegido por Abê, e Boçucó, por Bôça.

Os 11 toquéns da Casa das Minas talvez possam também ser identificados como o grupo dos 11 tohossús, ou filhos anormais divinizados de reis de Abomey que, segundo Herskovits (1967, I, p. 229-231), ensinaram as cerimônias e cânticos aos ancestrais e revelaram os deuses do céu, da terra, das águas e do trovão. Como verificamos, por exemplo, em Verger (1952, p. 160), Dossupé era tohossú do Rei Agadjá e, na Casa das Minas, Doçupé é o toquém filho de Doçu Agajá. Não temos, entretanto, a relação dos nomes de todos os 11 tohossus reais para poder constatar essa hipótese.

Considera-se na Casa que as tobóssis são espíritos mais elevados do que os voduns, embora não sejam mais importantes do que eles. As tobóssis permitiam maior afinidade e uma ligação mais direta com o corpo das vodunsis. Elas tinham atribuições específicas importantes no culto. Foram elas que deram os dois nomes africanos de Mãe Andresa (Pereira, 1979, p. 27): o de Roiançama, na feitoria, e o de Rotopameraçuleme, quando se tornou chefe. Ser gonjaí e receber tobóssi significava atingir um nível hierárquico especialmente importante. Os ritos de recebimento das tobóssis constituíam elemento fundamental na religião da Casa das Minas, e seu desaparecimento provocou uma perda essencial. Mas, embora tenham desaparecido na Casa das Minas, na Casa de Nagô e em alguns terreiros antigos, as meninas ou princesas, que se assemelham às tobóssis da Casa das Minas, continuam a existir atualmente em outros tambores de mina do Maranhão.

O CICLO DE FESTAS

Na Casa das Minas, a maioria das cerimônias consiste em festas de homenagem aos voduns, realizadas nos dias de santos católicos importantes.

Costuma-se dizer que o dia de festa é "dia de toque", significando que, nesse dia, os tambores são tocados, acompanhados por cânticos e danças das divindades, e também que é uma "brincadeira", um divertimento, com comidas e bebidas.

De fato, as festas constituem momentos de comunicação dos membros do grupo de culto entre si, e também das pessoas amigas, frequentadoras da Casa, com as entidades cultuadas.

Normalmente, é nesses dias que os voduns se comunicam com os fiéis, às vezes em demoradas conversas. Os devotos solicitam proteção, fazem e pagam promessas. Durante intervalos entre as danças, os voduns visitam seus filhos, cantam, dançam, aconselham, ensinam remédios, cumprindo sua missão, estando assim mais próximos dos problemas humanos do que um distante Deus Superior ou do que os santos católicos.

Na Casa das Minas, as festas constituem rituais cíclicos que interrompem a rotina diária com a realização de numerosos atos e gestos simbólicos que dramatizam situações, proporcionando a oportunidade de representação de papéis valorizados pelo grupo, com as dançantes recebendo as divindades através do transe.

Um momento fundamental é a dança dos voduns ao som dos tambores. As filhas dizem que os voduns ficam muito contentes enquanto dançam. Dona Deni diz que a missão deles fica mais leve nas festas. Na Casa das Minas, diferentemente de muitas outras casas de culto afro-brasileiro, só os voduns é que entram na roda de dança. As filhas-de-santo só se paramentam e dançam quando estão em estado de transe, incorporadas com as divindades. Algumas vezes, em dias de festa não há toque, por motivos diversos, como a ausência de tocadores ou por luto pela morte de alguma vodunsi, o que ocorre com certa frequência. Nesses dias, os voduns vêm e passam a maior parte do tempo sentados na Sala Grande, cantando ou conversando entre si ou com algum devoto.

As festas possuem uma parte pública, acessível aos visitantes, e uma parte secreta ou privada, de que participam umas poucas pessoas. A parte pública é ocupada pelas danças e consultas aos voduns, e se inicia geralmente pelas vinte horas, com uma ladainha, incluindo alguma distribuição de alimentos, e se encerrando por volta da meia-noite. A parte privada consiste na matança de animais propiciatórios, no preparo de alimentos e na invocação e despedida das divindades. Na Casa das Minas, essa parte privada subdivide-se em quatro etapas: Zandró, Narrunó, Jônu e Nadopé. As vodunsis não costumam e não gostam de fazer referências a essas etapas não públicas das cerimônias.

Partes secretas das festas

Zandró, invocação

É o começo de uma festa grande, prevenindo e chamando os voduns.

Só se faz Zandró quando a festa dura no mínimo três dias e costuma ter matança. É realizado à tarde, na véspera do primeiro dia, após o preparo de um prato de abobó, que é oferecido com cânticos acompanhados pelos instrumentos de ferro e cabaças. Na Casa das Minas, só os iniciados participam do Zandró. As filhas sentam-se em esteiras no chão, agrupadas por ordem da família de voduns a que pertencem, e a cerimônia dura cerca de meia hora, enquanto se cantam cânticos apropriados.

Costa Eduardo (1948, p. 90) diz que, na Casa das Minas, o Zandró é uma cerimônia para se invocar a possessão. As festas se iniciam, portanto, com a chegada dos voduns que vêm iniciar o Zandró, chamando os companheiros. O vodum que irá fazer o sacrifício começa os cânticos chamando os outros. No Zandró se faz a limpeza das pessoas e dos animais que irão entrar na matança. Uma filha-de-santo fica cantando no comé, e as outras dão a resposta na Sala Grande, ficando aberta a porta entre ambas. Os cânticos são para chamar os voduns e para explicar as coisas que se quer dizer. Foi-nos dito também que se faz um jogo de Zandró em nome de uma pessoa que deseja saber qual é o seu santo protetor. O vodum que chegar primeiro indica o lado do santo a que a pessoa pertence.

Em síntese, o Zandró consiste na invocação dos voduns, sendo precedido pelo preparo de abobó para lhes ser oferecido. Assim, os voduns vêm para as festas chamados por meio de cânticos e de um alimento especial. Toda festa, portanto, tem que ter comida.

Narrunó, matança

Segundo o pessoal da Casa, *narrunó* significa matança, em jeje. É a matança ritual de animais oferecidos em sacrifício às divindades (Eduardo, 1948, p. 72). Geralmente é realizada na madrugada do dia da festa, também no comé, com a participação de alguns iniciados. Inicia-se com cânticos para Zomadônu e, em seguida, para os toquéns que chamam os mais velhos. A matança de bicho de quatro patas, o bode ou chibarro, é rara e não tem sido feita ultimamente. Era realizada pelo tocador-chefe, ou huntó.

As antigas diziam a Dona Deni que elas sacrificavam animais no lugar de pessoas humanas: "Trocamos o nosso sangue pelo dos animais sacrificados". Pai Euclides lembrou que a matança de animais, comum em várias religiões da Antiguidade, subsiste atualmente quase que só nas religiões africanas.

Na Casa das Minas não se fazem sacrifícios em todas as festas, mas só nas de obrigação, em que participa maior número de filhas, como nos dias de Santa Bárbara, Natal, São Sebastião e alguns outros. As filhas dizem que lá os sacrifícios só são feitos por obrigação para com os voduns, e não por dever das pessoas, pois as obrigações das pessoas são os banhos.

Diz-se que, antigamente, só as gonjaí é que participavam dos sacrifícios. Hoje são as mais velhas, ajudadas por auxiliares de confiança. É preciso conhecer os cânticos e saber preparar as folhas próprias. O chibarro era sacrificado com um instrumento especial. Os animais não são mortos a faca, que não se usa no comé.

No comé da Casa das Minas também não se separa a cabeça do corpo do animal. Os animais são sacrificados aos poucos, sendo virados em certos lugares. Colocam-se folhas de cajazeira no chão e a matança é realizada no pêndome (altar) de Naé. Segue-se uma espécie de dança dos voduns com o animal sacrificado. Após o oferecimento do sangue dos animais, a carne é cozida e preparam-se alimentos que, depois de frios, devem ficar algumas horas expostos no comé, para serem posteriormente distribuídos aos participantes do culto. As cabeças dos animais sacrificados, como em outros terreiros, ficam guardadas por certo tempo, num alguidar próprio, no comé, até o dia da limpeza anual, quando são despachadas.

Nunes Pereira (1979, p. 154-156) apresenta outra descrição da matança na Casa das Minas. Como se trata de cerimônia secreta, em que participam só os iniciados e da qual se fazem poucas e discretas referências, sua reconstituição dificilmente será idêntica.

Jônu ou Jôlu, agradecimento

É uma repetição ritual de algumas cerimônias secretas, após o dia da festa.

Dona Celeste costuma dizer que, na Casa das Minas, tudo deve ser feito duas vezes. Quando entra uma filha, pouco depois costuma entrar outra e, quando morre uma, costuma também morrer outra. Assim, as matanças feitas nas festas devem ser repetidas pouco depois. Elas dizem que o Jônu é da lei e se repete tudo o que teve na festa, mas só se faz quando esta dura três dias. O Jônu, ou Jôlu, é realizado entre dois e sete dias depois, sem o acompanhamento de tambores. Dele só participam os iniciados e, embora nele não venham os voduns, fazem-se as mesmas matanças em agradecimento. Quando se mata chibarro no Natal, deve-se matar outro no Jônu, pois tudo o que tem na festa deve ter no Jônu.

Algumas vezes, quando não se faz matança, o Jônu é realizado com a oferenda de peixe, que deve ter sido comprado na praia, por ser mais fresco. Mas só serve se for peixe de couro, sem escamas, como jurupiranga (cangatã) ou bagre branco, que depois se come assado com agralá, preparado com farinha seca e dendê. O Jônu é para que se façam pedidos e agradecimentos. Dizem que é a dedicação da festa, é o assentamento, e para se levantar tem-se que repetir tudo, com as filhas e os tocadores.

Nadopé, despedida

O encerramento das festas é chamado Nadopé, Anadopé ou Nadojé; é o arremate, para que cada vodum siga sua viagem. É também privado, dele só participando os iniciados e alguns assíssis ou companheiros. Todas as festas que têm vodum durante três dias têm Jônu e Nadopé, agradecimento e despedida, para depois se poder começar outra.

O Nadopé é feito alguns dias depois do Jônu. Nesse caso, só se pode sair no outro dia. De manhã, tira-se tudo para limpar e guardar. Antes comem-se ritualmente as sobras das oferendas e todas as vasilhas são lavadas. Os participantes repetem frases em jeje e recebem, da vodunsi que dirige o ritual, "bolos" de palmatória nas mãos, seguidos de uma exortação. Na saída, os participantes tomam, ao pé da cajazeira, um banho de limpeza ou purificação.

Nunes Pereira (1979, p. 155-156) descreve um Nadopé na Casa das Minas, indicando os nomes de algumas plantas que entram nos banhos de limpeza.

As festas grandes

Atualmente, na Casa das Minas, a expressão "festa grande" parece estar incluída na categoria de eventos míticos, ocorridos num tempo remoto, especialmente na época de Mãe Andresa, há mais de quarenta anos. Fala-se que, até os anos de 1950, lá sempre se realizavam muitas festas grandes, com vários dias de toque e matanças de muitos animais. Em diversos terreiros de tambor de mina do Maranhão, segue-se a tradição de que as festas mais importantes, ou de obrigação, devem durar três dias, com toques de tambor e vinda de divindades. É também costume nos terreiros realizarem-se, uma ou duas vezes ao ano, festas grandes, que são verdadeiros festivais, com sete, nove, 13 ou mais dias de toque e recebimento de entidades.

Da mesma forma, festas de santos da Igreja Católica, em São Luís e em outras cidades antigas, eram ou continuam a ser realizadas por irmandades religiosas durante um tríduo, uma semana, uma novena ou uma trezena.

Após o Concílio Vaticano II, entre 1962 e 1966, devido a modificações nas tradições litúrgicas, com a retirada de imagens de santos dos altares e o desestímulo a procissões e festas religiosas populares, essas práticas do catolicismo popular perderam sua intensidade, mas são relembradas com saudosismo pelos devotos tradicionais e continuam sendo parcialmente realizadas por iniciativa particular, e também em casas de cultos afro-brasileiros. Em geral, os participantes dos terreiros de tambor de mina se consideram católicos, frequentam a igreja e preservam a religiosidade popular tradicional, conservando oratórios e altares com imagens de vários santos — chamados de "vultos" —, como também cromos ou gravuras, antigos ou modernos, reproduzindo figuras de santos ou cenas religiosas, ou rezando ladainhas, práticas religiosas difundidas, no passado, pela hierarquia católica.

Nos terreiros de mina do Maranhão, até hoje, normalmente, as principais festas são comemoradas na véspera, no dia do santo e no dia seguinte. A comemoração da véspera e do dia do santo é preceito litúrgico tradicional do catolicismo. O dia seguinte, no Maranhão, é também chamado dia de lava-pratos. Nos terreiros, os grandes festejos anuais englobam duas ou três festas, que são comemoradas em dias próximos. Na Casa das Minas, antigamente, isto ocorria no meio do ano, entre São João e São Pedro, e, no fim do ano, entre Natal e Dia de Reis. Nessas festas grandes, de acordo com a tradição, cada filha devia levar um casal de criação (aves), pois devem ser oferecidos, no pêndome, alimentos a todos os voduns. Dona Celeste lembra que chegavam a matar de oitenta a cem galinhas, a metade no dia da matança e as restantes no Jônu, com a presença de umas cinquenta filhas-de-santo. Como havia muitos animais, a matança devia começar muito cedo, pelas quatro horas da manhã, para que, pelas 11 horas, a comida já estivesse toda preparada e posta para esfriar, no parapeito do corredor, entre a varanda e a cozinha. Pelas 14 horas, os pratos eram levados para o comé, onde deviam ficar até a tardinha, sendo retirados pela boca da noite.

Nos dias de festa grande, havia voduns que chegavam às quatro da manhã e às vezes ficavam em suas filhas até às duas da madrugada do dia seguinte, demorando assim cerca de 24 horas ou mais. Isso sacrificava muito as vodunsis, pois, como foi dito, em estado de transe com os voduns, elas não comem, não bebem, não dormem e não satisfazem necessidades fisiológicas. Mãe Andresa não permitia que um vodum passasse mais de 24 horas com uma filha.

Festa grande de pagamento em janeiro de 1985. Dona Joana com Badé, Dona Deni com Lepon, Dona Rita com Bedigá, Dona Amélia com Doçú e Dona Zobeilda com Arronoviçavá — foto de Sergio Ferretti.

Quando havia festas grandes, com vários dias de toque, sobretudo no fim do ano, realizavam o pagamento, que era de dois tipos: o pagamento das gonjaí e o dos tocadores. A festa grande de pagamento das gonjaís era realizada uma única vez, um ano após a feitoria das tobóssis. As que tinham acabado de serem feitas gonjaí e que recebiam sua tobóssi organizavam uma festa em agradecimento às outras gonjaí que as haviam preparado, oferecendo sacrifícios de animais a todos os voduns (Eduardo, 1948, p. 73). A última festa grande de pagamento das gonjaí na Casa das Minas foi realizada em dezembro/janeiro de 1915/1916, como era lembrado por Dona Amélia, que tinha então 12 anos e aí recebeu seu senhor pela primeira vez.

A festa grande de pagamento dos tocadores era realizada a 1º de janeiro, dia de Zomadônu, em meio às festas de fim e início de ano. Essa festa se iniciava com os toques para nochê Naé, nos dias 24, 25 e 26 de dezembro, continuava com os toques para Zomadônu a 31 de dezembro, 1º e 2 de janeiro, e prosseguia com os toques para Doçu, a 5, 6 e 7 de janeiro. O pagamento dos tocadores era feito de tempos em tempos, mais ou menos a cada quatro anos. Era realizado à tardinha, no quintal da casa (Eduardo, 1953, p. 119-124). Durante o tambor de pagamento, faz-se distribuição de presentes aos tocadores de tambor, de cabaça e de ferro. Trata-se de um ritual em agradecimento aos tocadores por sua colaboração indispensável ao culto. Havia uma dança especial, com os voduns em fila, precedidos por uma vodum mulher, como Abé, que carrega um estandarte azul, bordado com as ondas do mar e com peixinhos brancos, e se canta um cântico especial (Costa Eduardo, 1948, p. 97). Os presentes distribuídos aos tocadores são bebidas, roupas, tecido, calçados, dinheiro etc., e são dados pelos voduns mais velhos e pelos toquéns.

Atualmente, em outros terreiros de mina, como na Casa de Nagô ou na Casa de Fanti-Ashanti, realiza-se periodicamente, no início do ano, a festa de pagamento, que aí é chamada de Mucambo. Faz-se um pagamento ritual de presentes aos tocadores, acompanhado por um cântico próprio em português, e também se distribuem moedas aos assistentes, dizendo que elas trazem felicidade.

Costuma-se também chamar de festa grande uma com duração de três dias, que começa a ser menos comum, já que algumas são realizadas durante apenas um dia. Após a morte de Dona Anéris, em 1962, não têm sido mais realizadas festas de pagamento de tocadores, e no momento quase não há tocadores preparados. Certas vezes tem-se mesmo dificuldade até em conseguir tocadores[28].

Calendário das festas, aniversário dos voduns, festas de obrigação

Atualmente são realizadas cerca de dez festas por ano na Casa das Minas. Algumas duram apenas um dia, como as de aniversário de voduns. As de obrigação duram três dias, e a do Divino ocorre durante uns cinco dias, intercalados em duas semanas, entre maio e junho. As de aniversário dos voduns são organizadas por dançantes em homenagem ao seu vodum protetor, no dia de um santo católico que este vodum cultua ou adora, como se diz. Geralmente só são organizadas quando o vodum tem filha dançante na Casa e esta tem con-

Entrada dos voduns no pátio na festa grande de pagamento dos tocadores em 1985, vendo-se na frente Dona Justina com Abê carregando a bandeira — foto de Sergio Ferretti.

---

28 Entre dezembro de 1984 e janeiro de 1985, foi realizada na Casa das Minas uma chamada meia festa grande de pagamento dos tocadores. Durou vinte dias, com o oferecimento de mais de vinte casais de aves. (Ferretti, S., 1995, p. 189-199)

dições financeiras de organizá-la. Todas coincidem, portanto, com dias santos da Igreja Católica, e se diz que tal vodum tem devoção a determinado santo.

Dizem que antigamente as festas de mina eram só de negros. Dona Deni acha que, até a Abolição da Escravatura, na Casa das Minas só se faziam festas em segredo, devido às perseguições que ainda são lembradas.

As festas de obrigação são algumas especiais, que não podem deixar de ser feitas e em que os voduns vêm durante três dias. Nesses dias, os voduns podem chegar a qualquer hora. Se por alguma razão não houver toque, vêm alguns voduns e fazem as obrigações.

Na Casa das Minas, as festas de obrigação são as seguintes:

> 4 DE DEZEMBRO — a festa de Santa Bárbara[29], quando tem início o ciclo de festas do fim do ano e se toca para nochê Sobô[30];
>
> 25 DE DEZEMBRO — a festa em honra a nochê Naé, chamada de Sinhá Velha, que rege a Casa e é a mais velha dos voduns;
>
> 6 DE JANEIRO — Dia de Reis, festa para tói Doçu;

Dança dos voduns em 1985: Dona Rita com toi Bedigá, fazendo vênia diante dos tambores — foto de Sergio Ferretti.

---

29 Costa Eduardo (1948, p. 94) afirma que, no Maranhão, Santa Bárbara é considerada chefe dos terreiros de mina.
30 Como se vê, o início do ano litúrgico no tambor de mina coincide com o tempo do Advento na Igreja Católica.

19, 20 e 21 de janeiro — a festa de Acóssi, quando se comemora São Sebastião;
antes do Carnaval — a Torração;
Quarta-Feira de Cinzas — o Arrambã, ou bancada, em que se oferecem frutos e alimentos para que haja fartura de tudo, e os voduns são despachados;
Sábado de Aleluia — a festa da "arriada da carga", que é das vodunsis-he, e quando se oferece um galo a Nanã;
24 de junho — pelo São João, a festa das gonjaí.

As comidas oferecidas aos voduns, especialmente o abobó, são chamadas comidas de obrigação.

Para se chamar os voduns, é preciso preparar o abobó, antes de se iniciar o Zandró. As filhas dizem que os voduns não comem, mas oferecem comida a eles. É a obrigação. Eles dão a bênção e depois a comida é distribuída aos devotos e amigos, pois dizem que lá não se faz obrigação para botar fora.

A matança de animais também é chamada obrigação, e só ocorre quando há toque de tambores. Nas festas sem toque não se faz matança.

Chamam-se ainda de obrigação os compromissos especiais de uma pessoa para com o seu vodum protetor. As filhas-de-santo que residem em outras cidades têm que vir vez por outra à Casa para cumprir suas obrigações.

Dona Deni diz que uma das obrigações da Casa é acender todos os dias uma vela no comé, à hora da Ave-Maria, e que as demais são realizadas nos dias marcados pelos voduns. Um tocador de outra casa nos disse que tocar tambor é uma obrigação para ele, mas é também uma brincadeira. As festas de terreiro são, pois, uma obrigação realizada por devoção e promessa, ao mesmo tempo que uma brincadeira em compensação ao seu caráter penoso de obrigação.

Sobre o calendário da Casa das Minas, vejam-se a tabela 5 e também Barreto, 1977, p. 72.

Observa-se que atualmente não têm sido feitas as festas de Zomadônu e de pagamento dos tocadores. A principal explicação dada é que, no momento, Zomadônu não tem filha dançante, desde a morte da última que o carregava, por volta de 1962. No entanto, a festa de Cosme e Damião, a 27 de setembro, para Toçá e Tocé, filhos gêmeos de Zomadônu, não deixa de ser feita, embora suas últimas filhas, Dona Leocádia e Dona Medúsia, já tenham morrido há tempos. Dona Celeste explica que não se pode deixar de fazer festa para as crianças, nos terreiros, e não se pode deixar de homenagear os filhos do dono da Casa. Mas o fato é que atualmente não se tem condições de organizar festa grande, como se fazia há mais de vinte anos, pois é muito trabalhosa, tendo-se que oferecer alimentos nos pêndomes de todos os voduns.

TABELA 5
Calendário das festas da Casa das Minas

Mês	Dias	Nome da festa	Correspondente	Motivo
Dez	(3), 4, (5)	Nochê Sobô	Santa Bárbara	Abertura do ano litúrgico
	(24), 25, (26)	Nochê Naé	Natal	Presépio, Sinhá Velha
	(31) x	Toquéns	—	Aniversário
Jan	1, (2) x	Zomadônu	Ano Novo	Pagamento
	(5), 6, (7)	Doçu	Reis	Aniversário
	19	Davice	—	Palhinhas
	20, 21	Tói Acossi	São Sebastião, São Lázaro, São Roque	Jantar dos cachorros
Fev	Móvel	Torração	Semana de Carnaval	Preparo de oferendas
	Móvel	Arrambã	Quarta-Feira de Cinzas	Levantamento da carga
Mar	Quaresma	—	—	—
Abr	Móvel	Nanã	Sábado de Aleluia	Arriada da carga
Mai	Móvel	Ciclo da Festa do Divino; Nochê Sepazim	1º ou 2º domingo de Páscoa	Abertura da tribuna

Mês	Dias	Nome da festa	Correspondente	Motivo
			3º ou 4º domingo de Páscoa	Buscamento do mastro
			4ª feira véspera da Ascensão	Levantamento do mastro
			Domingo do meio	Visita dos Impérios
			Domingo Pentecostes	Dia da Festa do Divino
			2ª feira Pentecostes	Derrubada do mastro
			3ª feira Pentecostes	Carimbó, encerramento
Jun	(11), 12, (13) x	Poliboji	Santo Antônio	Aniversário
	(23), 24, (25)	Nochê Naé	São João	Festa das gonjaí
	(28), 29, (30)	Badé	São Pedro, São Marçal	Aniversário
Jul	Móvel	Tambor de choro	-	Despacho de defunto
Ago	2º domingo	Averequete	São Benedito	Aniversário
Set	27	Toçá, Tocé	Santos Cosme e Damião	Festa das crianças
Out	-	-	-	-
Nov	-	-	-	-

Fonte: Informações das atuais filhas-de-santo.
Convenções: — época sem festas; x não tem sido realizada; ( ) nem sempre se comemora.

FESTAS ANTIGAS DESAPARECIDAS

Afirma-se que, antigamente, eram realizadas diversas outras festas na Casa das Minas, como a 13 de junho, dia de Santo Antônio, para tói Poliboji, carregado por Mãe Andresa. Santo Antônio, nas religiões afro-brasileiras, é às vezes sincretizado com o Demônio, pois, segundo a hagiologia católica, Santo Antônio teve inúmeras visões do Demônio, como aparece, por exemplo, nas pinturas flamengas de Hierônimus Bosch. No Maranhão, já vimos referências também ao sincretismo de Poliboji com o Demônio, o que pode ser explicável em vista da adoração de Santo Antônio por Poliboji. Na Casa das Minas, entretanto, Poliboji não é identificado com o Demônio, como se afirma sempre.

Atualmente, lá não se faz festa nem a 8 nem a 13 de dezembro, dias de Nossa Senhora da Conceição e de Santa Luzia, que são muito comemoradas em diversos terreiros.

Muitas festas e aniversários de voduns têm sido comemorados durante apenas um dia, o que é menos dispendioso, como a 6 de janeiro, para Doçu, ou no segundo domingo de agosto, para Averequete, e também a 27 de setembro, para os gêmeos Toçá e Tocé. Os voduns que não têm filhas na Casa também não têm sido comemorados, devido às despesas com essas comemorações e ao número reduzido de dançantes.

Festas das tobóssis

Também desaparecidas, as festas das tobóssis são ainda lembradas com saudades na Casa. Celebravam-se entre Natal e Reis, durante o carnaval e em junho, entre o São João e o São Pedro. As tobóssis vinham, pois, nas épocas de festas grandes. Elas chegavam, recebiam visitas e presentes, distribuíam comidas e tinham algumas danças próprias. A última vez em que as tobóssis vieram foi antes da morte de Dona Manoca, em 1967. Desde então, as últimas três ou quatro gonjaí restantes não fizeram mais festas, por serem em número muito reduzido.

Na época de carnaval, quando vinham as tobóssis, as filhas tinham que permanecer na Casa por cerca de 15 dias. Começavam a preparar as comidas na semana anterior ao carnaval e só eram liberadas no domingo seguinte, depois de terem feito a limpeza do quarto dos santos. Essa limpeza era feita pelas vodunsis-gonjaí, que usavam saias longas, camisão, rosário e dalsa. As tobóssis chegavam na noite de domingo para a segunda-feira de carnaval e ficavam até a Quarta-Feira de Cinzas. Dormiam e sentavam-se em esteiras que forravam o chão. Acordavam pelas quatro da manhã, tomavam café, banhavam-se pelas nove horas e às dez dançavam na varanda. Se os voduns nunca comem, as tobóssis comiam e repartiam comida entre os visitantes e amigos, sentadas nas esteiras na Sala Grande. Dizem que elas pediam presentes, que chamavam de *guê*, e dinheiro, chamado *aguê*. As visitas prometiam-lhes presentes e bonecas, que traziam na festa seguinte.

Elas gostavam de brincar com pó e confete, mas não participavam do tambor de entrudo no domingo, quando os voduns jogavam água nas pessoas. Dizem que elas tinham medo e se escondiam de mascarados que por acaso entrassem em casa no carnaval. As tobóssis, portanto, não se caracterizavam pela oposição do comportamento entre a pureza e a sujeira, e são lembradas como crianças bem-comportadas, como princesas ou sinhazinhas.

Como se pode constatar pela figura nº 14 do livro de Nunes Pereira (1979, p. 279), as tobóssis vestiam roupas especiais, diferentes das usadas pelos voduns. Usavam saias coloridas e cobriam o dorso nu com panos da costa de listas coloridas. Sobre os ombros, usavam uma manta bordada em malha de miçangas coloridas e, no antebraço, dalsa de búzios, miçangas ou coral. Usavam diversos rosários, pulseiras, colares, bolsinhas etc. Num ombro prendiam um lenço que tiravam para os voduns pisarem quando vinham visitá-las na segunda-feira de carnaval. Na cabeça usavam uma espécie de rodilha feita com um lenço amarrado nas pontas, dando a impressão de que carregavam uma pequena trouxa semelhante às que as vodunsis-he usam na Quarta-Feira de Cinzas após o Arrambã, quando, no comé, tiram a "carga" dos tabuleiros e a colocam em lenços, amarrando as pontas. As tobóssis não carregavam carga na cabeça, mas apenas um lenço grande enrolado como uma moqueca, e iam assim para o quintal, dançando perto da cajazeira sagrada, cantando cantigas simples e esquisitas. Na terça-feira de carnaval, as meninas dançavam à tarde na Sala Grande e, na Quarta-Feira de Cinzas, faziam a dança do acarajé, em torno do pé de ginja, que possui um rodapé de cimento e o assentamento delas. O acarajé era feito na varanda, e as meninas dançavam e iam-no distribuindo em folhas de pé de cuinha.

Durante os dias do carnaval, eram as tobóssis que entravam no comé para tomar conta das frutas do Arrambã ou vigiar a carga. Hoje, quem toma conta são os toquéns, tirando as frutas que apodrecem. As frutas do Arrambã significam, segundo dizem, uma mesa posta para trazer fartura. A carga são muitas coisas reunidas, como as frutas e outras ofertas do Arrambã.

As tobóssis tinham fala e comportamento infantil. Gostavam de brincar com brinquedos que recebiam de presente. Cada boneca tinha nome. Dona Deni lembra que a sinhazinha de Mãe Andresa tinha um casal de bonecos chamados Mano e Rosalina. Elas brincavam no chão com panelinhas de barro e com aparelhos de chá e café de louça e porcelana. Cada menina tinha uma cozinheira para fazer as coisas dela. Elas comiam de tudo, principalmente comidas bem-feitas e doces que os amigos levavam. Segundo Costa Eduardo,

> este estado especial de possessão pode ser comparado com o que é observado na Bahia ou em Porto Espanha, em Trinidad, onde a possessão por uma divindade é seguida por uma disposição infantil engraçada chamada Erê na Bahia, Were em Porto Espanha, antes que a iniciada retorne novamente ao seu próprio estado. No Maranhão, entretanto, a forma de possessão pelas tobóssis, experimentada somente na casa daomeana, precede, antes do que se sucede, ao estado de possessão por uma divindade adulta, e em nenhum lugar, nas casas de culto de São Luís, há uma forma de possessão engraçada ou de semi-possessão observada entre a possessão plena e o comportamento usual. (1948, p. 96)

Para Pai Euclides, as tobóssis pertencem aos fons do Daomé, são entidades de origem daomeana, de grande importância, e só existem no Maranhão. Ele diz que a possessão pelas tobóssis é uma brincadeira em homenagem ao anjo da guarda de cada um. Para ele, as tobóssis correspondem ao estado de erê do candomblé, mas são só mulheres, enquanto os erês são masculinos ou femininos. Os toquéns corresponderiam aos erês masculinos, pois fazem a abertura, dão recados, conversam, fazem tudo o que o erê faz. As tobóssis da Casa de Euclides falam português claro, são mocinhas e seguram bonecas. Outros terreiros do Maranhão que possuem tobóssis costumam chamá-las de princesas.

Também no Maranhão, as tobóssis não dizem palavras obscenas, não têm a "conduta de sujamento" analisado por Trindade Serra (1981, p. 148-166) e não procedem como elementos de desordem, como os erês e os ibejis dos candomblés. Outra diferença entre as tobóssis e os erês é que cada tobóssi, na Casa das Minas, só vinha em uma pessoa. Quando essa pessoa morria, a missão daquela tobóssi terminava.

As tobóssis constituem, portanto, um tipo especial de estado de transe, com ritos específicos que existiram na Casa das Minas até meados dos anos de 1960 e que, com adaptações, ainda existe em alguns terreiros maranhenses.

Na Casa das Minas, cada tobóssi só vinha poucas vezes por ano, e as filhas podiam permanecer em estado de transe com elas por muito mais tempo do que com os voduns.

As vodunsis dizem que as tobóssis tinham mais afinidade com o corpo e, por sua pureza, davam às vodunsis-gonjaí a capacidade de fazer outras gonjaí. Dizem também que elas são mais elevadas que os próprios voduns, pois toda criança é pura. As tobóssis simbolizam, a nosso ver, a importância que é atribuída às crianças no culto. No terreiro, a festa de Cosme e Damião, dedicada às crianças, não pode deixar de ser feita mesmo que os voduns devotos destes santos não estejam vindo em nenhuma filha, como atualmente na Casa das Minas. Além disso, na Festa do Divino, que é a maior cerimônia realizada anualmente na Casa, também se dedica atenção especial a um grupo de crianças que representa todas as outras. Ressaltando certo "puritanismo" da Casa das Minas, as tobóssis simbolizam a pureza infantil, constituindo um estado especial que capacita as filhas-de-santo a serem mães-de-santo ou voduns-gonjaí. A geração de novas mães-de-santo depende da vontade dos voduns que elegem algumas mulheres como filhas-de-santo, e da pureza sacralizada pelas tobóssis.

Savô e Rumaco

São outras cerimônias que não têm sido mais realizadas na Casa das Minas. Dona Deni diz que, ao tempo de Mãe Andresa, essas cerimônias eram feitas regularmente pelos tocadores, em segredo, com o oferecimento de pombos para tói Acóssi, depois de limpos e de rezados pelas vodunsis.

Nunes Pereira (1979, p. 31) refere-se ao Savô, sacrifício realizado por motivos especiais, como a ocorrência de epidemias. Noutra passagem (1979, p. 149 ss.), também se refere a outras cerimônias desaparecidas.

Dona Deni lembra de uma obrigação especial de limpeza da Casa, o Rumaco, realizada pelo mês de agosto, quando começava a mudar o tempo. Dele participavam só as vodunsis da família de Dambirá, num mínimo de cinco, incluindo as gonjaí.

Mãe Andresa descrevia o Rumaco com detalhes, para que as mais novas aprendessem, ensinando os cânticos e passos. A cerimônia durava só um dia e as comidas eram as da festa de tói Acóssi. O Rumaco não foi mais feito desde o tempo de Mãe Hosana. Dona Amância resolveu fazer um, em inícios dos anos de 1970, mas Dona Deni acha que ela não o fez corretamente.

O declínio quanto à realização de festas é constatado com nostalgia em frequentes conversas, quando se discute se a Casa vai acabar ou não. Parece-nos que a situação econômica dos membros não seria a causa mais importante disso. Alguns justificam tal declínio em função do egoísmo dos mais velhos em não transmitir os segredos do culto, ou mesmo por perseguições policiais ocorridas em períodos anteriores.

A Casa das Minas, apesar de perdas importantes, tem conseguido manter características básicas de sua estrutura ritual. É difícil prever, entretanto, se essa estrutura poderá ser ainda mantida sem alterações maiores, após a passagem da atual geração das suas filhas.

Presépio e queimação das palhinhas

No Maranhão, a época do Natal, em diversas residências particulares, em igrejas, em praças e nos terreiros de mina, é assinalada pela montagem de um presépio.

Na Casa das Minas, o presépio é armado na varanda de danças ou guma, atrás do lugar onde se sentam os tocadores de tambor. Fica exposto da véspera do Natal até meados de janeiro.

Uma particularidade observada nessa Casa e em outros terreiros, como a Casa de Nagô, a de Euclides, além de casas de antigas filhas-de-santo — e que não é claramente explicada —, é a existência de duas imagens do Menino Jesus nos presépios[31]. Indagadas, as pessoas respondem que sempre foi assim, que a Casa possui duas imagens que são de duas filhas, e que não querem deixar de as expor. Chegamos a ver, na Casa das Minas, um outro presépio também com duas imagens. A explicação que nos pareceu mais lógica é que Zomadônu tem dois filhos, Toçá e Tocé, pelo que se diz que lá tudo costuma acontecer em dobro. As outras casas talvez adotem esse costume seguindo a mesma tradição. À meia-noite do dia 31 de dezembro, as duas imagens são colocadas de pé e ganham roupa nova.

No dia de se desmanchar o presépio, é feita a festa de queimação das palhinhas, também realizada em terreiros de mina e em casas de família de São Luís.

Em 1982, a queimação das palhinhas na Casa das Minas foi feita na véspera da festa de São Sebastião, a 19 de janeiro. A ladainha foi cantada na varanda de

---

31 Na Casa das Minas, uma das imagens é ligeiramente maior que a outra.

danças, diante do presépio, e acompanhada por um conjunto de quatro ou cinco músicos que tocam em quase todas as festas. Acenderam velas no presépio, que foi também incensado, vieram alguns voduns e, ao fim da ladainha, queimaram as palhinhas, ou folhas de murta e unha-de-gato que o enfeitavam. Os voduns foram retirando as imagens e as entregaram a um casal que as recebeu sobre uma toalha branca. Este haveria de ser o casal de padrinhos do presépio no ano seguinte, e contribuiria para pagar as despesas com fogos, músicos, doces etc[32]. Depois foram oferecidos aos presentes doces e refrigerantes. A mesa estava enfeitada com um bolo grande em armação de isopor, representando uma igreja, oferecido pela madrinha desse ano. Durante a queimação, os músicos tocaram música apropriada, acompanhada pelos presentes, com os seguintes versos:

> *E vamos queimando as nossas palhinhas (bis)*
> *Com cravos e rosas queimamos a lapinha*
> *As nossas palhinhas estão se queimando (bis)*
> *E as pastorinhas ficam todas chorando (bis)*
> *As nossas palhinhas estão se queimando (bis)*
> *E as pastorinhas ficaram chorando (bis)*
> *E vamos queimando as flores e rosas (bis)*
> *A humilde lapinha está se queimando (bis)*
> *E vamos queimando as flores e rosas (bis)*
> *Tão linda lapinha, até para o ano.*
> *Adeus, meu Menino, adeus, meu Amor, (bis)*
> *Até para o ano, se nós vivo for.*

FESTA DE SÃO SEBASTIÃO PARA ACÓSSI. O JANTAR DOS CACHORROS

Esta festa costuma durar três dias na Casa das Minas, sendo feita a 19, 20 e 21 de janeiro. As obrigações para a família de Acóssi são feitas no quintal, todas as vezes, junto ao pé de pinhão branco. Levam água, dendê e alimentos, oferecidos para se evitar perburbações na Casa. Lá se diz que as obrigações de Acóssi, depois de iniciadas, não podem ser interrompidas. Geralmente se oferece um casal de catraios e um casal de pombos. Só as filhas da família de Dambirá é que podem

---

32 Os voduns também escolhem aqueles que, entre eles, será o padrinho do presépio no ano seguinte.

fazer essas obrigações. Na falta delas, as de Quevioçô ou de Ajautó podem ajudar. As filhas da Davice não podem nem ir lá. No começo de toda festa, colocam-se água limpa e remédios para Acóssi. Na sua festa, colocam-se mais coisas; os cachorros costumam ir comer as obrigações e ninguém os afasta. Na Casa das Minas, Acóssi não está assentado no comé, mas no pé de pinhão. Os alimentos oferecidos em sua obrigação incluem batata-doce, mamão, inhame e gergelim.

Vamos descrever a festa a que assistimos em 1982. Nesse ano não houve matança, pois uma das filhas mais velhas da Casa, Dona Marcolina, encontrava-se muito doente desde o início de dezembro e esperava-se sua morte a qualquer momento, o que, de fato, ocorreu durante o carnaval, a 22 de fevereiro. Antes da festa, foram tomadas providências, como o contrato dos músicos para a ladainha, a compra de alimentos e doces, de gengibre etc., e sua preparação.

Dia 19 de janeiro

Chegamos pelas 19:30h. As filhas estavam quase todas já banhadas, acabando de se arrumar para receber seus voduns. Havia poucas pessoas de fora. Antes da ladainha, algumas filhas foram recebendo voduns e entrando no comé para as saudações com cânticos e batidas de palmas, ouvidas da varanda onde estávamos conversando[33]. Na varanda em frente ao presépio, foi tocada e cantada a ladainha, enquanto se soltavam foguetes no quintal. Diversas filhas acompanharam a ladainha, tendo nas mãos a toalha para ser usada quando recebessem seus voduns. Ao término, quase todas já os haviam recebido, como se observava pelo uso da toalha branca rendada presa na cintura ou sobre os seios e que, no início, se usa sobre uma roupa clara comum. Logo a seguir iniciou-se a ladainha dos voduns, com cânticos próprios em jeje, enquanto os presentes foram sendo convidados para se servir, à mesa, em pratos de papel com doces e um meio copo de refrigerante. Ao término da ladainha dos voduns, cantou-se o "Dada Machiô", pedindo-se para tocar, começando os tambores a ser batidos. Nessa festa, os tocadores foram Eusébio, neto de Dona Amélia, no tambor grande; Ribamar, filho de Dona Luísa, no do meio; e Ribamar, filho de Dona Deni, no tambor pequeno. O ferro e as cabaças pequenas, com contas, geralmente são tocados por senhoras e moças, ou por vodunsis antes de receberem seus voduns. Dona

---

33 Bater palma ajoelhando-se diante dos assentamentos é um cumprimento feito por cada vodum que chega para saudar os demais diante dos assentamentos no comé. O número e ritmo das batidas varia segundo o vodum saudado. Ao chegar, cada vodum costuma também ir cantar no comé.

Celeste disse que antigamente, por exigência das mais velhas, as mocinhas que tocavam cabaças tinham de usar vestidos compridos, e hoje ninguém mais se submete a esses costumes, que não são obrigatórios.

Fomos informados, depois, que o primeiro dia da festa de Acóssi ainda era para Davice, devido ao presépio. Perto das 22 horas, as visitas quase todas se retiraram. Muitas foram para a Casa de Nagô, onde ia começar a ladainha, como se percebia pelos fogos que se ouviam de lá, pois diversas pessoas são amigas das duas casas. Foi ainda oferecido um copo de mingau de milho branco aos presentes. Saímos pelas 23 horas. Depois de terminado o tambor, foi desmanchado o resto do presépio e os voduns levaram as figuras para guardar, escolhendo então qual deles seria responsável pelo próximo presépio. Soubemos que os voduns ficaram ainda sentados na Sala Grande, conversando e recebendo visitas durante umas duas horas, e depois se retiraram por ordem de família.

Dona Maria com Alôgue e Dona Deni com Lepon, sentadas em esteiras na Sala Grande servindo a obrigação de Acóssi na festa de São Sebastião, a 19 de janeiro de 1982 — foto de Sergio Ferretti.

Dia 20 de janeiro
É a festa de São Lázaro, para Acóssi Sapatá. Permanecemos na Casa das Minas das quatro da tarde à meia-noite. Ao chegar, notamos que o piso de terra da varanda de danças estava todo molhado, dizia-se que para evitar o levantamento de poeira. Na cozinha, estavam acabando de preparar a comida para os cachorros. As filhas se preparavam para a festa, algumas indo tomar banho. O primeiro vodum a chegar começou a cantar, no quarto de Poliboji, "Odan Dambirá Lepon acovilé". Saiu sério, cantando alto, e foi para o comé cantar e bater palmas diante dos assentamentos dos outros voduns, para saudá-los. Lepon continuou cantando, lá dentro, e foram chegando outros voduns. Dona Beatriz recebeu seu senhor Ajautô de Aladá, Dona Maria recebeu Alôgue, Dona Basílica recebeu Boçucó e Dona Luísa, tói Apojevó. Depois de algum tempo, saíram todos do comé e foram para os respectivos quartos trocar de roupa.

Dona Deni com Lepon e Dona Maria com Alôgue no pátio da Casa na festa de Acóssi, em janeiro de 1994 — foto de Sergio Ferretti.

As outras filhas, que ainda não haviam recebido seus voduns, começaram a arrumar, no chão da varanda, a mesa para servir a comida dos cachorros[34]. Quatro esteiras de meaçaba foram cobertas por toalhas brancas bordadas. Na cabeceira, colocou-se uma pequena imagem de São Lázaro e uma vela. Os voduns da família de Dambirá, que haviam chegado, saíram do quarto paramentados com saia de cetim vermelho e lenço da mesma cor no ombro, toalha na cintura ou sob o seio, e blusa de tecido branco rendado. Usavam rosários, joias e demais enfeites. Dirigiram-se ao pé de pinhão branco no fundo do quintal. Uma das filhas disse às pessoas na varanda que deveriam permanecer onde estavam. Os voduns ficaram no quintal cerca de uns 15 minutos. Suas vestimentas de cor vermelha e branca destacavam-se contra o verde da vegetação. Os outros dois voduns, já paramentados também com vestimentas da mesma cor, sentaram-se no banco dos tocadores, em frente à toalha sobre o chão, onde iriam servir a comida dos cachorros.

Antes do anoitecer, a refeição foi servida para sete cachorros e sete crianças. Dona Celeste disse que o número de cachorros tem que ser sempre ímpar: sete, nove ou 13. Cada cachorro comia ao lado de uma criança e era segurado por um adulto. Os cachorros deviam estar previamente limpos e usavam um laço de fita vermelha no pescoço. Nos pratos havia macarrão, arroz, galinha e farofa. Serviram ainda água e goiabada, de sobremesa. Alguns cachorros estavam assustados e outros brigaram. A refeição foi comida em menos de 15 minutos. Ao fim, os voduns cantaram um cântico, e depois outro, após a sobremesa. Uma das filhas da Casa chamou duas pessoas que estavam pagando promessa, oferecendo o jantar, para apanharem um prato já servido em cada cabeceira, por cachorro e por criança, e levarem para a cozinha, dizendo que isso também fazia parte da promessa. Os voduns cantaram outro cântico e saíram para a Sala Grande, onde, entre as seis e meia e sete e meia da noite, foi servida a todos os presentes a comida de obrigação de Acóssi.

Na Sala Grande, sobre uma esteira de meaçaba, sentaram-se dois voduns da família de Dambirá, de costas para a porta do comé. À sua frente havia cinco pratos com comidas sólidas e seis pratos ou cuias com líquidos[35]: aluá de milho,

---

[34] Câmara Cascudo (1962, p. 421) informa que o banquete dos cachorros é realizado do Ceará ao Maranhão, em homenagem a São Lázaro ou São Roque, identificados no candomblé da Bahia com Omulu, orixá das bexigas. São Lázaro e São Roque são invocados para livrar de feridas e de doenças da pele. Temos também conhecimento da realização dessa festa em Goiás.

[35] Os alimentos líquidos são principalmente aluá e furá. O aluá é uma bebida refrigerante preparada com água, que se deixa fermentar com farinha de arroz, de milho torrado ou com casca de abacaxi. Acrescentam-se pedaços de raiz de gengibre ralada, adoça-se com açúcar, rapadura ou

mel e gengibre, numa cuia grande pintada de preto; aluá de vinagre e mel, numa cuia grande não pintada; água, numa cuia grande não pintada; furá de arroz, numa cuia grande pintada de preto; furá de milho, numa cuia grande não pintada; dendê num prato, provado molhando-se no azeite a ponta de um dedo.

Todos os presentes foram então sendo servidos, seguindo-se uma ordem estabelecida: os tocadores, as filhas-de-santo por antiguidade na casa, os demais visitantes e, por fim, as crianças. Cada pessoa, depois de tirar os sapatos no corredor, entrava na sala, se ajoelhava e se servia dos alimentos em ordem também estabelecida, orientada pelos voduns. Com uma pequena cuia, ia se servindo primeiro dos líquidos.

Após os líquidos, cada um recebeu uma cuia de louça contendo os alimentos sólidos servidos por um dos voduns, a saber: banana cortada em rodelas,

Voduns sentados na guma antes do banquete dos cachorros em 1982: Dona Beatriz com Ajautó, Dona Maria com Alôgue, Dona Basílica com Boçucó e Dona Luísa com Apojevó — foto de Sergio Ferretti.

---

mel, e pode-se acrescentar limão ou vinagre de cana ou de uva branca (Cacciatore, 1977). O furá é preparado com uma papa de fubá de arroz ou de milho com água, que se deixa engrossar de reserva e se põe para fermentar. Essa papa é desmanchada antes do consumo, diluída em leite de coco ralado, com um pouco de açúcar, podendo-se também acrescentar suco de maracujá. O furá e o aluá são colocados no comé, para fermentar, de três a sete dias.

mamão cortado em pedaços, pedaço de batata-doce cozida, abobó de feijão branco e milho e acarajé, devendo-se comer tudo com as mãos. As filhas da Casa dizem que a comida de obrigação de Acóssi é para dar saúde. Os que têm fé, quando comem, devem fazer um pedido para serem liberados de qualquer mal que os atribule. É para evitar epidemias e para pedir vida e saúde.

Enquanto serviam a obrigação, uma senhora da assistência começou a chorar como se estivesse entrando em transe. Ela foi sentada numa cadeira e cercada pelas filhas da Casa. Chamaram Lepon, que lhe passou um remédio na testa. Depois da comida de obrigação, os presentes foram sendo convidados para o jantar, servindo-se os mesmos tipos de alimentos que foram dados aos cachorros e às crianças.

Por volta das nove da noite, começou a dança dos voduns. Costa Eduardo informa que "a ordem com que são cantados os cânticos varia de acordo com a divindade que está sendo celebrada" (1948, p. 87). Como todos os cânticos são em jeje, a assistência e as pessoas menos familiarizadas ao culto não conseguem distinguir a divindade a que se refere cada cântico. Prestando-se bastante atenção, podem-se, entretanto, perceber um nome principal e nomes secundários que são ditos em algumas letras. Gravando-se todos os cânticos de uma festa e conversando-se depois sobre eles com uma dançante, pôde-se reconstituir sua ordem.

Inicialmente cantou-se o "Ero Cagige boldo crleme", pequeno cântico de abertura que não se dança, uma espécie de esconjuro para afastar Legba, cuja pronúncia não é muito clara e que as vodunsis não costumam esclarecer. A seguir cantou-se para Zomadônu, e depois para os toquéns. Dona Enedina, que estava sentada tocando cabaça, recebeu seu vodum toqueno, Jogoroboçu. Cantou-se depois para os voduns mais velhos da família de Davice, como nochê Naé, nochê Sepazim e outros. Seguiram-se cânticos para a família de Savaluno. Por volta das 22 horas, chegaram os músicos da orquestra contratada para acompanhar a ladainha que normalmente precede a dança. Como eles só chegaram depois dos primeiros toques, houve um intervalo para se cantar a ladainha.

No altar da Sala Grande havia imagens de santos católicos, destacando-se, entre outros, São Sebastião, São Roque e São Lázaro. A ladainha foi em latim, seguida de cânticos religiosos relativos aos santos. A sala ficou cheia de pessoas que acompanhavam a ladainha, principalmente mulheres. Algumas ficaram conversando na varanda. Ao fim, os músicos guardaram seus instrumentos, retiraram-se e diversos visitantes também foram embora. Os voduns presentes aproximaram-se do altar e cantaram a ladainha dos voduns, composta de uns seis a sete cânticos em jeje, de louvor a Deus e aos santos católicos, chamando os voduns, referindo-se aos das diferentes famílias e mandando os tocadores recomeçarem os toques. Com o cântico: "Dada Machio e a Clrima é", Doçu chamou todos para a guma ou varanda de danças, onde tiveram continuidade o toque e as danças.

Cantou-se a seguir para a família de Quevioçô. As filhas-de-santo presentes já haviam recebido seus voduns. Havia 14 voduns dançando, o que é bastante para a Casa das Minas, cujo número atual de vodunsis é reduzido, e poucas vezes comparecem mais de dez a uma festa. As últimas a dançarem foram Dona Justina com Abé, Dona Zobeilda com Arronoviçavá e Dona Celeste com Averequete. Na Casa das Minas, diferentemente de outros terreiros como a Casa de Nagô, só os voduns é que podem dançar, e as filhas nunca dançam se não estiverem em transe com seu vodum. Cantou-se o cântico que simboliza a peleja de Liçá com Badé, em que este dança numa perna só, com o braço levantado como se estivesse lutando com espadas. Cantou-se para Sobô, que veio apartar a briga dos irmãos, e voltou-se a cantar para os voduns de Savaluno, com referência a Agongone e Tôpa.

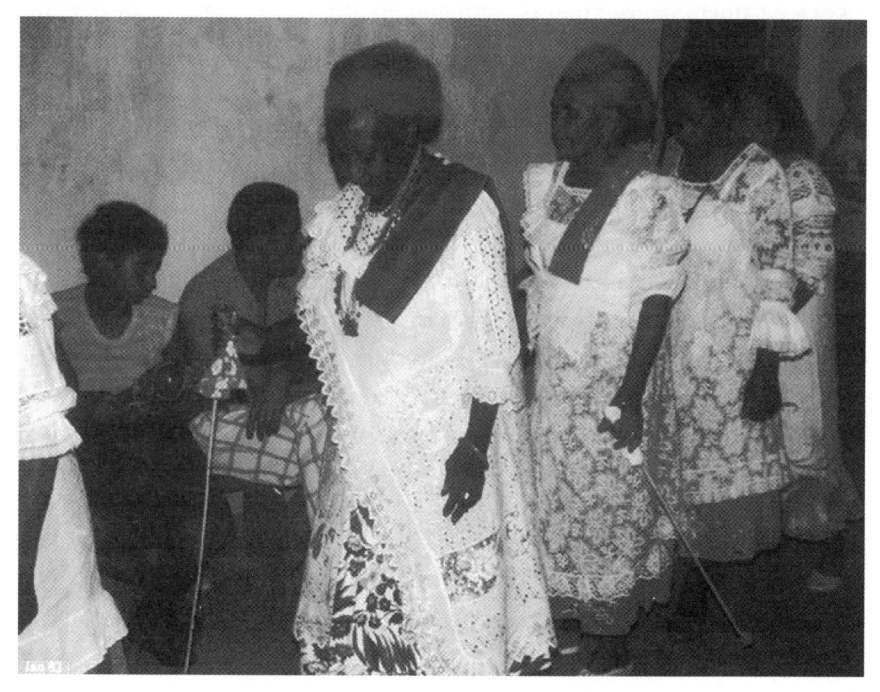

Voduns dançando na guma em 1985: Dona Amélia com Doçú, Dona Rita com Bedigá e Dona Deni com Lepon — foto de Sergio Ferretti.

Começaram depois os cânticos para o povo de Odã, fazendo referências aos voduns da família de Dambirá. Num dos cânticos, Bôça procura Boçucó, que se transforma em serpente e se esconde num cupinzeiro. Cantou-se a seguir para Arronoviçavá, vodum cambinda. Dizem que as batidas dele são diferentes e seus cânticos são em caxias, com algumas palavras em português arcaico[36]. Seguiram-se novamente cânticos para Zacá e Tôpa, da família de Savaluno, vários para nochê Naé, e voltou-se a cantar para os voduns de Quevioçô. Iniciaram depois os cânticos de despedida, os voduns dançando curvados e com um lenço à testa. Estes cânticos continuaram por cerca de uns 15 minutos. Os voduns saíram e tornaram a voltar da varanda, para enfim se retirarem.

A ordem dos cânticos na festa é, portanto, variada. Na despedida também há uma série de cânticos específicos, com coreografia muito interessante, que não é simples descrever. Por fim os voduns se retiram cantando "É para vodum ido acundere viobo". É o cântico de despedida dos jejes, que inclui os nomes de diversos voduns. Após a dança, os voduns foram todos para a Sala Grande, onde ficaram sentados em cadeiras e ainda cantaram alguns cânticos semelhantes aos da ladainha dos voduns, permanecendo por mais uma ou duas horas antes de se retirarem.

Dia 21 de janeiro

A festa nesse dia teve início depois das 21:30h, e não se cantou ladainha. As dançantes estavam com roupas comuns, como no início do dia 19. Logo aos primeiros acordes, algumas filhas foram recebendo seus voduns. Inicialmente, vieram os toquéns. As filhas permaneciam sentadas no banco, tocando cabaça e, à medida que recebiam seu vodum, colocavam a toalha e entravam na roda de dança. Após as 22 horas, já havia uns dez voduns dançando. Os últimos a chegar foram Averequete, Ajautó, Badé e Jotim. Nessa noite, a casa estava quase vazia e havia poucas pessoas de fora. Quando se canta para uma família de voduns, os deste grupo vão para a frente e ficam dançando perto dos tambores. Perto de meia-noite houve um intervalo, e os voduns saíram da varanda, espalhando-se pelos diversos cômodos da casa. Os tocadores foram para a porta da rua e os últimos visitantes também saíram para a Casa de Nagô, onde a festa parecia muito animada. Os voduns foram se paramentar, colocando roupas brancas compridas

---

[36] Nessa festa, no dia 20 ou 21, é também costume homenagear algumas entidades que não são jeje, como Deinha, Boçu Jara, Boçu von Dereji e Bôça Memeia, considerados voduns cambindas.

de dança, preparando-se para fazer a visita anual à Casa de Nagô. Depois de cerca de meia hora, os voduns saíram com a toalha da cintura às costas. Alguns ficaram tomando conta da casa: Abê, Alôgue e Ajautó. Os tocadores e algumas pessoas amigas desceram o quarteirão do Beco das Minas, acompanhando os voduns até a Casa de Nagô. Chegando lá, pararam à porta e cantaram um cântico de saudação. Duas das dançantes mais antigas, com seus orixás, vieram recebê-los. Um derramou um pouco d'água na soleira da porta. Depois os voduns entraram e cumprimentaram os que vieram recebê-los. Todos foram entrando para a sala do meio, entre a sala do altar e a varanda de danças. O toque na Casa de Nagô estava animado e havia muitos visitantes assistindo à festa. Os que estavam dançando abriram um caminho e os da Casa das Minas entraram cantando e dançando com os da Casa de Nagô. Nos intervalos, cada vodum abraçava todos os outros da Casa de Nagô, e continuaram dançando durante mais de meia hora. Alguns tentavam cantar um cântico de despedida, mas os outros não deixavam, querendo que a visita se prolongasse. Por fim, Averequete conseguiu entoar o cântico de despedida dos jeje, "É para vodum ido. Acundere viobo", e todos eles foram saindo aos poucos para a sala do meio, acompanhados pelos nagôs. Houve então um intervalo nos cânticos e danças. Os da Casa de Nagô abraçavam os da Casa das Minas e lhes colocavam talco e perfumes. Após cerca de 15 minutos,

Visita dos voduns à Casa de Nagô em 21 de janeiro de 1999: Dona Roxinha com Jotim, Dona Deni com Lepon e Dona Lúcia com Lego Xapanã — foto de Sergio Ferretti.

entraram para visitar uma dançante doente num dos quartos dos fundos e permaneceram lá dentro por mais outros 15 minutos. A visita durou, ao todo, cerca de duas horas. Pouco depois, pelas duas da madrugada, os voduns saíram, sendo levados até a porta por alguns da Casa e acompanhados por outros de lá até a Casa das Minas. Jotim, o senhor de Dona Roxinha, só chegou durante a visita: ela na ida levava a toalha no braço.

Ao regressarem, foram recebidos na porta por Abê, que derramou um pouco de água na soleira para eles passarem. Todos foram para a varanda de danças e deram início aos cânticos de arremate do toque, que demoraram ainda cerca de meia hora. Os voduns saíram e voltaram, ficando os de Quevioçô. Depois, estes saíram, chamados pelos de Dambirá, que se retiraram de costas. Saíram em seguida os de Davice, todos cantando e dançando. Doçu saiu por último, agradecendo aos tocadores.

Terminado o toque, os tocadores colocaram os tambores de pé em seu lugar, no canto oposto da varanda. Os voduns seguiram para a Sala Grande e lá permaneceram sentados, conversando entre si e com algumas pessoas, lembrando festas antigas e comentando a situação atual da Casa.

No sábado, 23 de janeiro, ainda houve o Jônu, pelas 17 horas, tendo sido preparado um prato com peixe. O Nadopé foi feito no domingo pela manhã. Dona Deni comentou depois que, na festa de Acóssi daquele ano, foi feita a metade do que se fazia antigamente.

Dona Celeste nos explicou alguns aspectos do simbolismo dessa festa: quanto ao número de cachorros a que se oferece o banquete, lembrou que tói Acóssi possui sete filhos adultos — Lepon, Poliboji, Borutói, Bagono, Alôgue, Bôça e Boçucó —, sendo nove o número total de seus filhos, incluindo-se os dois gêmeos menores, Roeju e Aboju. Toda a família de Dambirá possui 13 voduns, contando-se entre eles os três irmãos, Acóssi, Azile, Azonce, e sua filha Eowa. Por essa razão, o jantar deve ser oferecido a sete, nove ou 13 cachorros. A festa é realizada no dia de São Sebastião, pois tói Azonce, o único irmão sadio da família e que é rei, adora São Sebastião, protetor do Rei Dom Sebastião. Dos outros dois irmãos, que são doentes, Azile adora São Roque, e Acóssi adora São Lázaro. O culto a São Sebastião é largamente difundido em todo o Brasil. Nos terreiros de mina do Maranhão, é associado ao culto de Dom Sebastião, que, segundo a crença generalizada, irá ressuscitar, como São Lázaro. Na Casa das Minas, a comida de obrigação de Acóssi é para evitar epidemias e para se pedir vida e saúde. Dona Deni informou que antigamente, ao tempo de Mãe

Andresa, logo após a festa de São Sebastião, algumas pessoas vinham com seu caboclo visitar a Casa das Minas e Mãe Andresa os recebia, já tendo previamente uma garrafa de cachaça reservada para os caboclos dos visitantes.

Torração, tambor de entrudo, Arrambã

Na Quarta-Feira de Cinzas se diz que os voduns "levantam a carga", isto é, são despachados, pois normalmente não costumam vir no período da Quaresma, em que não se organizam festas. Lepon nos disse em conversa, uma vez, que nesse período são lembrados os sofrimentos de Cristo na terra, e eles não vêm porque não gostam dessas coisas dos humanos. Ficam descansando, para só regressarem no sábado de Aleluia, na festa da descida dos voduns ou de "arriada da carga".

Na semana anterior ao carnaval, as filhas permanecem toda a semana preparando alimentos rituais. Essa preparação recebe o nome de Torração, pois, entre os vários alimentos, torra-se o coco da praia, chamado coco manso, e o coco babaçu. Prepara-se também grande quantidade de pipocas, por um processo que não leva gordura: coloca-se areia dentro de um caldeirão de ferro, posto ao fogo. O milho é espocado com o calor da areia, sendo retirado aos poucos e guardado em latas grandes fechadas. Peneira-se a areia, para o milho ser novamente utilizado. Os caroços de milho que não foram abertos são socados num pilão. A farinha resultante é também peneirada. A parte mais fina destina-se ao preparo do azogri, levando açúcar. A parte mais grossa, misturada com gengibre, é colocada na água para fermentar e preparar o aluá de milho. Encomenda-se também grande quantidade de frutas, destinadas ao Arrambã.

Em cada dia da semana que precede o carnaval, os alimentos são preparados pelos componentes de uma família de voduns. Assim, por exemplo, a terça e a Quarta-Feira estão a cargo das filhas de Davice. As demais apenas as ajudam. A quinta pertence às de Quevioçô, ajudadas pelas demais. A sexta fica para as de Dambirá. Antigamente, estas últimas eram muitas e trabalhavam toda a semana numa cozinha especial, ao lado do quarto de Poliboji.

Durante a Torração, algumas filhas ficam na varanda de dança e outras, na cozinha. Em geral elas reclamam que, hoje em dia, as mais novas não querem ajudar e que o serviço é muito pesado. Dizem que bater pilão era serviço de gente nova ou de homem, mas, como não tem quem bata, elas mesmas é que o fazem, ou contratam homens para fazê-lo. Lembram que seria mais rápido fazer pipoca numa pipoqueira e passar as coisas no liquidificador, mas tudo tem que ser feito como os donos da Casa começaram e que, enquanto a Casa existir, vai ter que continuar sendo assim. Quem estiver usando alguma peça de roupa de cor preta não pode ajudar nesses serviços, como em qualquer outro feito na Casa, como, por exemplo, tocar cabaça. Quando se está preparando comida de santo, quem estiver com roupa escura não deve nem permanecer na cozinha.

As frutas encomendadas devem chegar no sábado de carnaval. Usam-se as que se encontram na época, como cajá, anajá, bacuri, banana roxa ou são-tomé, cupuaçu, pitomba, macaúba, manga etc. No domingo de carnaval, pela manhã, todas as frutas e comidas são guardadas no comé. Antigamente, só as tobóssis é que entravam lá durante o carnaval, para tomar conta das frutas e para retirar as que se estragassem. Hoje, quem toma conta são os toquéns: colocam as coisas sobre uma mesa grande e só retiram na hora do Arrambã.

No domingo de carnaval, ou no anterior, chamado domingo da bula, entre as 10 e as 14 horas, tinha lugar o tambor de entrudo, com cânticos próprios em jeje, vindo os voduns para brincar, jogando água, perfume e talco nas pessoas, e molhando todo mundo. As tobóssis não gostavam do entrudo e só chegavam

Voduns sentados na gruma fazendo a distribuição de frutas no Arrambã em 1984 — foto de Sergio Ferretti.

na noite de domingo. Na segunda-feira, alguns voduns vinham visitá-las. O último tambor de entrudo foi realizado em 1975 ou 1976, ainda em vida de Dona Amância. Dona Deni lembra que, no entrudo, vinham principalmente os toquéns e dançavam com roupas comuns.

O Arrambã é realizado na Quarta-Feira de Cinzas à tarde. Os voduns vêm cedo, vestem-se de roupas brancas e, pelas 16 horas, sentam-se nos bancos da varanda, começando a cantar. Os primeiros cânticos são próprios dessa cerimônia, e os demais são para voduns das famílias de Davice, de Quevioçô e de Dambirá, mas não são acompanhados por tambor. Por volta das 18:30h, quando começa a escurecer, param de cantar e vão para a Sala Grande e para o comé, buscar as frutas. Vão trazendo cestas e grandes bandejas de madeira, cheias de pratos e tigelas de louça, com muitos frutos variados, misturados com pipoca, farinha de azogri e coco torrado. Cada bandeja é trazida por dois ou mais voduns e, juntamente com as cestas, é colocada no chão da varanda. Os bancos da varanda e o espaço em volta são ocupados por grande número de pessoas amigas, visitantes e curiosos. A casa fica cheia de gente, com mais de umas cem pessoas circulando. Cada um leva sacolas, pedaços de papel ou plásticos, entregando-os aos voduns

Vodunsis com seus voduns sentados no banco da guma antes da distribuição de frutas do Arrambã em 1984. Dona Joana com Badé, Dona Justina com Abê, Dona Celeste com Averequete e Dona Maria com Alôgue — foto de Sergio Ferretti.

para encherem de frutas, pipocas e azogri, que todos comem alegremente ali mesmo. Algumas frutas são levadas para casa. No Arrambã de 1982 lembro-me de ter recebido um abricó, duas laranjas, dois sapotis, um cacho de pitomba, uma carambola, duas bananas, quatro ou cinco anajás, bacabas, pipocas com caroços de feijão torrado, pedaços de coco cozido e torrado e farinha de azogri.

As vodunsis dizem que o Arrambã é uma festa de obrigação para que haja fartura de tudo durante todo o ano. Dona Deni disse que as frutas do Arrambã representam uma mesa posta e um pedido de bênção sobre os alimentos. É um pedido e, se a pessoa tem fé, pode ter fartura de tudo: de comida e de frutas. Dona Deni disse também que Dona Manoca resolveu substituir as frutas do Arrambã por flores, e pouco depois morreu. Para ela essa festa significa muita coisa reunida.

Disseram-nos que antigamente, na Casa de Nagô, as coisas do Arrambã eram vendidas. Aí também se distribuem doces no Arrambã. Na Casa das Minas, os doces e bebidas são distribuídos entre as vodunsis e amigos, na quinta-feira pela manhã.

Os voduns ainda permanecem na Quarta-Feira até a meia-noite, quando suspendem a carga. Então colocam frutas num lenço, para as vodunsis comerem depois — é a carga, que é uma obrigação. Um cântico próprio representa

Dona Zobeilda com Arronoviçavá e Dona Amélia com Doçú distribuindo frutas no Arrambã na Quarta-Feira de Cinzas, em fevereiro de 1985 — foto de Sergio Ferretti.

a subida deles. Os voduns homens levam a carga amarrada numa vara às costas, e os voduns mulheres carregam as trouxas na cabeça. Aí eles sobem e só voltam no Sábado de Aleluia. Durante a Quaresma, eles só vêm se for muito necessário. A festa de Sábado de Aleluia é a festa de descida dos voduns ou de arriada da carga.

Na quinta-feira pela manhã, pelas nove ou dez horas, as vodunsis fazem a lavagem ritual das louças do Arrambã, na varanda. Vestidas de branco, já sem os voduns, elas distribuem as frutas que sobraram, diversas bebidas (o aluá, a gengibirra, o licor de jenipapo), doces, pedaços de fumo cortado. Toda a louça é colocada no chão da varanda, para ser lavada em bacias. Isto feito, elas depois emborcam a louça branca para secar numa mesa: terrinas, tigelas, pratos e bules. Nesta cerimônia de quinta-feira pela manhã, participam poucas pessoas amigas, mais ligadas à Casa e ao culto, convidadas à véspera. O Arrambã assemelha-se ao lorogum dos candomblés, descrito por Binon Cossard (1970, p. 145-146) e comentado por Bastide (1978, p. 93-94).

O TAMBOR DE CHORO E O LUTO DA LEI

O Zelim, tambor de choro

Quando morre uma pessoa que tenha sido dançante ou tocador na Casa das Minas, como nos outros terreiros, realiza-se a cerimônia denominada tambor de choro, também chamada Zelim ou Zeli, entre os jeje. Quando o falecimento ocorre em certas épocas do ano, como na Quaresma ou durante o período de realização de alguma festa, ou quando a pessoa morta residia em outra cidade e só posteriormente se toma conhecimento, o tambor é realizado alguns meses depois e denomina-se Sirrum ou tambor de choro de corpo ausente (Costa Eduardo, 1948, p. 120). Dona Celeste nos disse, entretanto, que o Sirrum é o tambor de choro em rito angolano. Quando o corpo está presente, é colocado para ser velado no quarto fúnebre, que fica atrás do comé e onde normalmente ninguém costuma dormir. Aquela parte da casa é conhecida também como hospital, e só vão para lá os doentes que estão muito mal. Se o morto, entretanto, carregasse vodum da família de Queviçoõ, seria velado na parte da casa pertencente a Queviçoõ. Quando o morto está presente, o tambor de choro é tocado na parte da varanda que fica próxima ao quarto fúnebre, após o lugar onde ficam os tocadores nas festas. Quando o corpo está ausente, o tambor de choro é realizado na varanda de danças, à esquerda de quem entra, onde normalmente ficam guardados os tambores. Quando o morto foi vodunsi-gonjaí ou tocador-chefe, tocam-se os três tambores. Para os demais, tocam-se apenas dois. Quando morre uma filha-de-santo da Casa, o corpo vai vestido com a roupa de dançante sob uma mortalha, levando a toalha dobrada ao lado. Uma vodunsi idosa, comentando a morte de outra, disse ter vontade de que, quando morrer, seu corpo vá para a varanda, pois aí o toque é mais bonito e o morto vai mais satisfeito. Este seu grande desejo é, em geral, o mesmo de todas as outras filhas da Casa, mas ela acha que não será atendida, pois, quando se morre em época de festa ou na Quaresma, não é possível haver esse toque imediatamente. A própria Mãe Andresa morreu na Quaresma e só depois se fez seu tambor de choro.

Na Casa, dizem que o tambor de choro não é feito para o vodum da pessoa que morreu, pois este não se aproxima do corpo do morto. Em geral, ele vem somente até dias ou meses antes da morte. Considera-se que o tambor de choro é para despachar o espírito do morto, para que ele tome consciência de que já morreu. As palavras ditas são para que ele entenda que já morreu e não volte mais, ou, segundo definição de Van Gennep (1978, p. 126), para agregar o morto ao mundo dos mortos. Os voduns não participam e, se por acaso vier algum, ele se levanta e sai do recinto, pois não gosta de morte. Inicialmente, cantam-se as cantigas de morte, que são sempre as mesmas e que não devem ser gravadas nem repetidas fora dali. Costa Eduardo (1948, p. 120) indica o cântico que inicia com as palavras "Okojá ohaé madayó", que diz ser em língua fon, como próprio desta ocasião. As filhas dizem que há espíritos que ficam revoltados ao saber que morreram. Elas também dizem que na Casa das Minas não baixam espíritos de mortos, pois os guias não consentem. Os mortos só se comunicam com os vivos por meio de sonhos ou de aparições, frequentemente narrados na Casa.

O tambor de choro, como vimos, é sempre realizado fora da Quaresma e fora das épocas das festas grandes. Muitas vezes ele ocorre no mês de julho, em geral num dia de domingo, para que todos possam comparecer. Fazem um almoço e convidam os demais para que se comece cedo. Neste almoço, ou no dia da morte, não se come carne. O toque dura aproximadamente três horas e se inicia pelas 14 horas, pois segue um certo ritmo e não pode ser interrompido. Num mesmo dia toca-se tambor de choro no máximo para duas pessoas, um pela manhã, para o que morreu primeiro, e o outro à tarde.

Durante o tambor de choro, colocam-se no chão dois cofos — cestos de fibras de palmeira — novos. Sobre um deles, coloca-se um pouco de areia com uma bacia em cima. Sobre o outro, coloca-se um pote novo de barro. Em torno da bacia e do pote, colocam-se bancos baixos de madeira onde se sentam as filhas-de-santo. Num banco próximo, sentam-se os tocadores, diante da parelha de tambores. Na bacia, coloca-se água; ao lado, uma ou duas garrafas com cachaça e vinho, e, mais perto, um monte de pequenas varas de goiabeira. No peitoril da varanda e próximo a algumas portas, colocam-se alguidares com banhos de limpeza, preparados com folhas de ervas, entre as quais as da cajazeira, para que se lavem mãos, braços e pernas. Sobre uma pequena mesa ao lado há uma toalha preta, um castiçal com vela e um prato, onde os presentes colocam moedas, e uma cadeira em que se senta um parente próximo do morto.

Todas as filhas, vestidas de branco, sentam-se nos bancos em volta da bacia e iniciam a cerimônia cantando cânticos. Todos os presentes devem ter trazido moedas que, em punhados, vão sendo colocadas dentro do prato e da bacia. Cada filha segura duas varetas de goiabeira e bate com elas nas bordas da bacia, acompanhando os cânticos. Dentro da bacia há água, areia, amansi,

Parte da cerimônia do tambor de choro em julho de 1986 — foto de Sergio Ferretti.

cachaça e uma meia cabaça. Cada vez que o líquido da bacia respinga nas filhas, uma delas deve colocar um pouco de areia do cofo dentro da bacia. Uma das filhas fica segurando e batendo com as varas na cabaça que está dentro da bacia. A filha mais velha, que dirige a cerimônia, segura um pé de sandália do morto e bate com ele as bordas do pote ao lado da bacia, durante todo o ritual. De tempo em tempo, as filhas mais velhas seguram as duas garrafas de cachaça e de vinho e as balançam no ar como se elas estivessem dançando em cima da bacia, derramando um pouco do líquido lá dentro. A cerimônia prossegue com vários cânticos que se sucedem durante mais de duas horas. Às vezes, há um intervalo de uma meia hora em que se serve um café, se descansa um pouco e se conversa. Depois recomeçam os cânticos, e os gestos durante cerca de uma hora. O encerramento é feito antes de anoitecer. Todos se levantam e os assistentes devem permanecer de pé sem se retirar. Quebra-se a cabaça dentro da bacia e quebra-se também o pote. As filhas seguram a bacia com o que ela contém e mais os fragmentos do pote, e se dirigem com este material para o fundo do quintal. Então pedem que ninguém saia do lugar em que está. Todo o material é jogado numa escavação no fundo do quintal, o mortuário, onde é feito o despacho da varanda. Em outro momento, à noite, com a casa fechada, os tocadores devem fazer o despacho do restante das coisas do morto, em lugar que não revelam. É coisa de huntó, ou tocador, é proibido falar onde levaram, e, quando voltam, também não se pergunta nada a eles. Os que estiveram presentes ao tambor de choro, antes de se retirarem, devem lavar as mãos e os braços no amansi que estava num alguidar, no peitoril da varanda. Há também momentos apropriados para os presentes se retirarem.

Na Casa das Minas deve haver sempre um pé de goiabeira para se retirar as varetas, quando necessário. O pote, a cuia e os cofos usados devem ser novos e comprados especialmente para esse fim.

Indagadas sobre o significado dos materiais usados, as filhas responderam que a bebida simboliza o sangue; a cuia, a cabeça do morto; o pote e o chinelo, o seu corpo; e a água, tudo. Após a morte, reza-se a missa de sétimo dia, que pode ser antes ou depois do tambor de choro. Depois da missa, é oferecido, na Casa, um café com uma comida especial, o cariru de quiabo com bola de arroz, e, depois dessa comida, costuma-se fazer uma visita ao túmulo. Cerca de 15 dias após o tambor de choro, costuma haver um tambor de alegria.

O luto na lei

Há um minucioso ritual de luto na Casa das Minas. As vodunsis afirmam que os voduns não se misturam com os mortos: quem toma conta dos mortos são elas, e os voduns só vêm depois da casa limpa. Eles vêm para visitar o doente que está mal e, quando este morre, não vêm mais. Quando alguém está morrendo, acende-se vela e fazem-se orações por sua alma. Durante o luto, as filhas da Casa evitam usar qualquer coisa de cor preta — roupa, sandália ou conta —, que, para elas, significa o que é negativo e mau. Caso contrário, têm que se limpar. Quando morre alguém na Casa, só se entra no quarto dos santos depois de uma limpeza. Como em épocas de festas não se pode trazer o morto para a casa, designa-se alguém para ir fazer-lhe o despacho. Mas, invariavelmente, essa pessoa tem que se limpar ao reassumir suas funções na Casa.

O luto na lei (naiavê) pode ser de três a seis meses, ou de um ano.

O luto de um ano dá-se quando morre uma pessoa importante, e os que o fazem são os que têm o mesmo vodum do morto. Quando Mãe Andresa morreu, outras filhas de seu vodum, como Dona Filomena, usaram luto de um ano. Uma dançante também costuma usar luto de ano quando morre sua mãe, seu pai ou seu esposo. Quando Dona Anéris morreu, Dona Roxa colocou luto por um ano, pois seu vodum, Jotim, é filho do vodum de Dona Anéris. Quando morreu Dona Filomena, a última gonjaí mãe da casa, todas as filhas puseram luto na lei.

O luto de seis meses é praticado pelas filhas-de-santo da mesma família de vodum que o da morta. Na morte de Mãe Andresa, as filhas de Dambirá usaram luto por seis meses. Este não é obrigatório, e só se usa quando morre alguém importante na Casa.

O luto de três meses é posto pelas outras filhas.

A pessoa de luto não deve pegar no rosário e, depois do luto, seu rosário tem que ser lavado e passa por uma limpeza, um asseio. As dançantes que estão de luto na lei têm que pintar o corpo, pois a pessoa de luto está suja, está sem santo, e o seu vodum só vem em caso muito especial. Pinta-se o corpo com um preparo especial que se coloca e se retira no mesmo dia. É uma massa própria, feita de tabatinga, com as cores branco, rosa e preto, uns torrões que se molham e que já estão lá na casa guardados. As dançantes pintam bolas e cruzes em diversas partes do corpo: rosto, braços, ombros, pés, pernas, costas. Depois, passam algumas horas na Sala Grande, esperando. Mas isso, só no luto grande da lei, pela morte de pessoa importante no culto, ou de esposo, pai ou mãe.

Depois do luto de um ano, cada pessoa tem que oferecer um galo amarelo como obrigação a seu vodum. Como afirma Van Gennep (1978, p. 127), "o luto, na realidade, é um estado de margem para os sobreviventes, no qual entram mediante ritos de separação e do qual saem por ritos de reintegração na sociedade geral (ritos de suspensão do luto...)".

O CICLO DA FESTA DO DIVINO

Aspectos do simbolismo e antecedentes da festa

A Festa do Divino constitui um ciclo ritual específico realizado anualmente na Casa das Minas e em muitos outros locais do Maranhão. Na vizinha cidade de Alcântara, a Festa do Divino é feita com uma pompa especial, e tem sido objeto de alguns estudos.

Podemos subdividir esse ritual em seis etapas: a abertura da tribuna, o buscamento e levantamento do mastro, que são fases preparatórias, e, ainda, o dia da festa, a derrubada do mastro e o encerramento.

Trata-se de um ritual popular de devoção ao Divino Espírito Santo, relacionado com o dogma católico da Santíssima Trindade e com o episódio da Ascensão de Jesus Cristo e sua manifestação aos apóstolos, no Pentecostes. De acordo com o calendário litúrgico da Igreja, a Ascensão ocorre quarenta dias após o domingo da Páscoa, caindo, portanto, sempre numa quinta-feira. Dez dias após a Ascensão é o domingo de Pentecostes.

Na Casa das Minas, o levantamento do mastro é feito na Quarta-Feira véspera da Ascensão. No domingo de Pentecostes, comemora-se a Festa do Divino, simbolizado por uma pomba, conforme a tradição do Novo Testamento, pois, sob essa forma, teria o Espírito Santo aparecido no batismo de Jesus. A pomba e o mastro estão entre os principais elementos simbólicos da festa.

De acordo com Câmara Cascudo (1962, p. 469), "os mastros votivos são reminiscências dos cultos agrários, homenagem propiciatória às forças vivas da fecundação das sementes". Pai Euclides uma vez comparou o mastro com o pelourinho, o símbolo da sujeição, onde se amarravam e chicoteavam escravos. Dona Celeste nos disse que considera o mastro como símbolo da árvore onde pousou a Pomba do Divino no Dilúvio, e diz também que o mastro simboliza a cruz: "Na história do Dilúvio, a lenda diz que uma pomba sentou num pé de árvore e as águas foram baixando. Foi a Pomba do Divino. Assim, o mastro simboliza onde pousou a pomba". Disse ela também que, na Casa das Minas, quando a festa cai no mês de maio, o mastro se chama Manuel da Vera Cruz, e, quando cai em junho, é batizado com o nome de João da Vera Cruz, que aparece pintado no tronco, na vertical. Por simbolizar também a cruz, o mastro não se faz de qualquer madeira, mas deve ser madeira leve e resistente.

Câmara Cascudo (1962, p. 281) informa que a Festa do Divino foi estabelecida em Portugal, no século XIV, pela Rainha Dona Isabel, tendo depois se propagado pelo Brasil. Citando Claude d'Abbeville, lembra aquele autor que os índios do Maranhão tinham uma tradição *supersticiosa*, recomendada pelos seus pajés para afastar os maus ares, "de fincar à entrada de suas aldeias um madeiro alto, com um pedaço de pau atravessado por cima; aí pendura[va]m quantidade de pequenos escudos feitos de folhas de palmeira..." (p. 469).

Assim, a Festa do Divino dá continuidade a costumes tradicionais já encontrados por Claude d'Abbeville no Maranhão em 1612, reforçados posteriormente por tradições católicas difundidas pelos colonizadores portugueses.

Roger Bastide (1973, p. 321-333) faz comparações entre o poste central dos candomblés tradicionais, a árvore sagrada, o pau-de-sebo do folclore, a cruz de Jesus e outros elementos. Também nos foi dito que o mastro, além de simbolizar o Divino, representa a autoridade do dono da Casa que organiza a festa, representa os fundadores da Casa, chama a atenção para a Casa que está em festa etc. Nos dias de buscamento, no levantamento e na derrubada do mastro, os homens que o carregam costumam fazer alusões e brincadeiras relacionadas com o caráter fálico da peça. Há, portanto, inúmeras explicações que podem ser apresentadas para o significado simbólico deste, como de outros elementos das festas. Entre essas, podemos considerar o mastro como um dos símbolos do grupo comunitário que se reúne para organizar a festa.

Na Casa das Minas, a Festa do Divino é preparada com grande antecedência e praticamente continua desde a festa do ano anterior, com a indicação dos sucessores, a escolha dos mordomos e acordos entre os próximos a serem escolhidos.

A cada ano, em meados de janeiro, quando se encerra o ciclo de Natal, pela época da festa de São Sebastião, Dona Celeste costuma marcar a missa — geralmente na Igreja do Carmo — para o dia da festa da Ascensão e para a Festa do Divino, no domingo de Pentecostes, reservando o horário daquelas missas para a festa da Casa. Desde janeiro, encomenda as cartas-convite com indicação dos dias, solicitando uma "prenda" ou uma "joia" como colaboração. A coleta de donativos através de cartas-convite é também utilizada em outras festas na Casa das Minas, e é muito comum em outros terreiros, tendo praticamente substituído o que corresponderia à Folia do Divino (Cascudo, 1969, p. 321), que percorria ruas e povoados com esse mesmo objetivo. No Maranhão, ainda hoje esse cortejo percorre povoados do município de Alcântara coletando donativos (Santos, 1980, p. 21). Essa prática também é encontrada em subúrbios de São Luís, com duas ou três pessoas recolhendo esmolas para festas, como a de Cosme e Damião.

Também, desde o início de cada ano, Dona Celeste entra em contato com os festeiros para combinar detalhes relacionados com as cores das vestimentas das crianças nos Impérios, os enfeites, o bolo etc. Os cargos do Império são ocupados por seis crianças, sendo três de cada sexo. Os pais de uma criança que desejam vê-la imperador do Divino, devem começar três anos antes a prepará-lo como mordomo-mor, e no ano seguinte como mordomo régio, para no terceiro ano vir a ser coroado imperador ou imperatriz. Seus pais são os festeiros e assumem os maiores encargos, cada um se esmerando por organizar festa mais brilhante do que a anterior. Há pessoas, com muitos filhos, que são festeiras várias vezes.

A Festa do Divino é tradição antiga na Casa das Minas. Nunes Pereira (1979, p. 52-53, 193-195) e Costa Eduardo (1948, p. 54-7) lhe fazem referências. Dona Celeste lembra que, antes, Dona Manoca era a responsável pela festa e a organizou até 1962. Depois, a festa foi declinando e só se fazia uma mesa e um almoço. O material da festa foi desaparecendo e levaram até as caixas. Dona Celeste, que estava viajando, regressou em 1967, pediu caixas emprestadas e, em 1968, organizou-a novamente. Quando jovem, Dona Celeste gostava muito de ver e de ajudar a organizar a Festa do Divino. Desde menina, saía em cortejo, segurando a bandeira. Depois aprendeu a tocar caixa. Daí, passou a frequentar a Casa das Minas, a partir de 1945, onde assistia principalmente às festas de Santa Bárbara e do Divino. Quando esteve no Rio de Janeiro, ela assistiu à Festa do Divino em diversos lugares: na Igreja do Espírito Santo, na Tijuca, em Bonsucesso, em Piedade, organizada por marchantes, tendo chegado a colaborar na organização de algumas.

Na Casa das Minas, a Festa do Divino é uma devoção de nochê Sepazim, que representa a imperatriz, sendo a festa organizada em sua homenagem, pois ela adora o Divino Espírito Santo e o pessoal de Davice tem muita devoção ao Divino.

Por ocasião dos festejos, é comum a vinda de alguns voduns, como Sepazim, Daco, Doçu, Bedigá e outros, no buscamento, no levantamento, no dia da festa e no encerramento. Eles usam toalha, mas não dançam. Antigamente, num dos dias da festa tinha tambor e toque, com dança de voduns. A cada dois anos, um vodum é escolhido para festeiro. Em 1981 e 1982, o dono da festa foi Jotim, carregado por Dona Roxa. Em 1982, o imperador foi neto do marido dela. Em 1983, o dono previsto foi Averequete, e a imperatriz, uma menina criada por Dona Celeste. O ciclo da festa se estende desde a abertura da tribuna, depois da Páscoa, em março ou abril, até o encerramento, em fins de maio ou início de junho, variando conforme a data da Páscoa no calendário litúrgico católico.

Na Casa das Minas, como em outros terreiros, a época da Festa do Divino é quando se fazem algumas reformas e, geralmente, uma pintura de limpeza em

Festa do Divino em 1952 (?), com mastro, imperatriz, caixeiras, algumas vodunsis e pessoas amigas: Diquinha, filha do tocador Maneco Pitomba, Dona Celeste, Dona Vita, Mundica, Dona Maria Pinheiro com Lourdinha ao colo, Concita (afilhada de Maneco), Belinha, que depois foi gantó, mãe Neusa de nochê Sobô, Dona Anéris de Agongono, Doninha de tói Avrejó, mãe Manoca (comadre Romana), de tói Daco, Maria Rochinha e Dona Bibi, mãe da imperatriz ao centro.

algumas partes da casa. Em 1982, conseguiu-se que o governo do estado, através da Empresa Maranhense de Turismo, mandasse substituir o madeiramento e as telhas de uma boa parte da Casa, e substituísse algumas paredes antigas de taipa no corredor da cozinha. Estas reformas foram feitas após o carnaval e, antes da Festa do Divino, fez-se uma caiação na pintura de quase toda a casa. Após a festa, Dona Celeste ainda mandou acabar de fazer uma calçada lateral e reparos no muro.

Em outros terreiros, também é comum fazerem consertos na casa, à época de uma festa grande que atrai muitos visitantes, como a Festa do Divino. É nessa época que, em geral, são substituídas as bandeirinhas de papel ou plástico que enfeitam a varanda de danças, e que depois permanecem durante um ano, até a nova festa. Em 1982, Dona Celeste mandou substituir a armação superior do altar onde se colocam imagens católicas na Sala Grande. Ela mandou fazer uma armação nova de cedro polido em estilo gótico, mas disse que pretende futuramente ampliá-la, acrescentando uma capela a cada lado.

A abertura das tribunas

É feita num domingo após o Sábado de Aleluia. Na Sala Grande, ao lado do altar, onde se armam os tronos para se sentarem as crianças que vão representar os imperadores e mordomos, colocam-se alguns símbolos do Divino. Durante a festa, diante do Império, sentam-se as caixeiras para saudá-lo. As caixeiras são mulheres idosas que tocam tambores (ou caixas) para saudar o Império e o mastro, e constituem elementos fundamentais da festa.

As caixas do Divino são tambores de madeira, tocados por duas varetas. Assemelham-se a tambores usados em desfiles militares e produzem som cadenciado, típico do período da Festa do Divino. São revestidas de couro nas duas extremidades, com armação de metal e amarradas com cordas que servem para afiná-las. São pintadas com cores vivas, em azul, vermelho ou verde, e com símbolos do Divino — a coroa ou a pomba — presos por cordas que servem para pendurá-las ao pescoço nos desfiles e danças. As caixas, antes de usadas, são batizadas por padrinhos que custeiam sua aquisição. O batismo das caixas costuma ser feito no levantamento do mastro, usando-se velas, toalha e uma bebida, cada caixa recebendo um nome.

As caixeiras costumam ser em número de três ou múltiplos de três. Na festa, cada uma é acompanhada por uma menina levando uma bandeira. A menina a auxilia ou substitui como aprendiz e, em alguns lugares, executa uma dança junto com a caixeira. As caixeiras e porta-bandeiras às vezes usam roupas do mesmo tecido e enfeitam o cabelo com uma espécie de jasmim grande, a flor-de-estrela, muito perfumada, que floresce nessa época do ano. Elas entoam cânticos em louvor ao Divino, repetidos em coro pelas demais.

No dia da abertura da tribuna, reúnem-se as crianças que representam o Império, as bandeiras e seus pais, juntamente com as caixeiras e com o pessoal da casa encarregado da festa. Faz-se uma saudação ao Divino, com toques de caixas, e os responsáveis combinam detalhes da organização.

Buscamento do mastro

Na Casa das Minas, é feito numa tarde de domingo, duas ou três semanas antes da Ascensão. Em 1982, fez-se no dia 9 de maio, pelas 17 horas.

O mastro é um pedaço de árvore reta, medindo de cinco a sete metros de comprimento. Geralmente é dado por pessoa amiga, residente no interior ou em sítio fora da cidade, sendo oferecido em agradecimento ou como colaboração. O mastro é previamente cortado, desgalhado e transportado para uma residência próxima. No dia e hora marcados, reúnem-se as caixeiras, o Império, as bandeiras com os símbolos da festa, parentes, amigos e um grupo de rapazes para o buscamento do mastro, quando ele é trazido processionalmente para a Casa da festa. Cerca de 15 a vinte homens carregam o mastro nos ombros. Soltam-se fogos durante o cortejo, as caixeiras vêm cantando, tocando caixas e muita gente acompanha ou assiste à cerimônia. Meninos pequenos brincam e sobem no mastro que está sendo carregado. Os homens fazem brincadeiras como se fossem deixá-lo cair, dizem palavras obscenas, bebem cachaça, soltam fogos, e as pessoas correm à janela para ver o cortejo.

Chegado à Casa das Minas, o mastro entra pela porta do segundo prédio, sendo levado até o quintal e depositado sobre bancos, no pátio. Os homens bebem mais alguns goles e tiram a camisa, para mostrar, com orgulho, as marcas do mastro nos ombros. As caixeiras retomam seus cânticos de reverência, dançam ao redor do mastro e vão para a Sala Grande cantar diante do altar, seguindo em cortejo as crianças que levam símbolos do Divino. Na passagem, devotos beijam a pomba. Na sala, canta-se de pé diante do altar. Depois, as caixeiras sentam-se em bancos e continuam tocando e cantando. Alguns cânticos são mais conhecidos e outros são ampliados com versos tirados de improviso. É comum passar em frente da casa uma procissão com fiéis e músicos seguindo uma imagem, numa festa de outro grupo. A procissão estaciona e soltam-se fogos. Então, todos vêm à janela, viram a imagem da pomba de frente para a casa, levam-na à janela, assim como a bandeira, para uma saudação. Quando a procissão continua, as caixeiras voltam para seus lugares, retomando os cânticos e o rufar das caixas. Antes de saírem, em pequenos grupos, os participantes são servidos de um copo de vinho, batida ou refresco.

Levantamento do mastro

Depois do buscamento, espera-se um pouco que o mastro seque. Esse, então, é descascado e pintado em duas cores: branco e vermelho, ou azul. Nesse período faz-se a pintura anual e a limpeza da casa, retirando-se das paredes os quadros de santos, substituindo-se velhos materiais da construção, fios elétricos etc. Bandeiras de papel ou de plástico são recortadas para enfeitar o mastro e a varanda de danças. As mulheres catam uma saca de sessenta quilos de arroz e os homens trabalham de pedreiro ou pintor. Vários levam filhos, sobrinhos, netos e amigos para ajudar.

O mastro permanece no pátio interno, deitado sobre os três bancos onde foi pintado, podendo-se ler seu nome escrito em vertical: Manuel ou João da Vera Cruz. Lá é colocado o mastaréu, pequeno mastro suplementar giratório, encimado por uma bandeira vermelha ou azul, pintada com a coroa e a pomba do Divino. No mastaréu é fixado um bolo de tapioca redondo, que deve permanecer no alto.

Quarta-Feira, véspera da Ascensão, é o dia do batismo e do levantamento do mastro. À tarde, chegam as caixeiras que vão tocar Alvorada na Sala Grande[37]. A festa se inicia pelas oito ou nove da noite, em meio a muitos visitantes e ao pipocar de fogos. Às vezes é precedida pelo batismo de novas caixas, diante do altar, as quais recebem nomes como, por exemplo, Saudade ou Recordação.

Nessa noite há sempre muita gente na casa, conversando animadamente. Os músicos também ficam por lá, afinando seus instrumentos na varanda. Espera-se a chegada de todos os padrinhos, o que sempre atrasa o início. Na hora do batismo, forma-se o cortejo, com a bandeira grande na frente, as crianças com os símbolos da festa — o cetro, a salva, a pomba —, seguidas pelos padrinhos carregando o mastaréu, pelas caixeiras e por pessoas da casa. Uma das filhas vai à frente com pequeno fogareiro de incenso. Outra filha leva duas

---

[37] Alvorada é como se chama esse toque, mesmo acontecendo não apenas ao amanhecer, mas também ao meio-dia e ao anoitecer.

garrafas de bebidas, ladeada por um homem com um copo de água e um ramo de folhas. Os padrinhos seguram uma toalha rendada sobre o mastro. Algumas pessoas carregam velas acesas. Soltam-se fogos, com vivas aos padrinhos e ao mastro. Durante o batismo, o cortejo dá algumas voltas em torno do mastro, ainda deitado. Derrama-se uma garrafa de vinho e outra de aguardente ao longo do tronco e joga-se nele a água do copo com um ramo de folhas. Depois, o cortejo coloca-se de lado e o mastro vai sendo erguido por um grupo de homens servidos de escada e cordas, sendo colocado no buraco que já estava aberto. Quando ele está sendo erguido, as caixeiras rufam as caixas, os músicos tocam uma valsa, soltam-se fogos e as pessoas batem palmas e gritam vivas. Enquanto se firma o mastro no chão, distribui-se cachaça entre os homens que ajudaram a levantá-lo. Também se jogam pedaços de bolo de tapioca sobre as

Batizado do mastro na Festa do Divino em 1997 — foto de Sergio Ferretti.

pessoas, e as crianças atiram-se ao chão com grande algazarra. Colocam-se algumas velas acesas ao pé do mastro e amarram-se as bandeiras em galhos de árvore por perto. Guirlandas de flores e bandeiras de plástico ou papel colorido pendem da sua extremidade superior. Os padrinhos e as crianças do Império são levados a um dos quartos para serem servidos de doces e refrigerantes. As caixeiras cantam e dançam ao redor do mastro, e há muita animação entre todos os que se espalham pela Casa. Ao terminar, ouvem-se os fogos chamando para o levantamento na Casa de Nagô, e muitas pessoas dirigem-se para lá, onde se realiza ritual mais ou menos semelhante. Na Casa das Minas, os presentes vão para a Sala Grande, onde, diante do altar, é cantada a ladainha, com acompanhamento dos músicos e assistência dos visitantes. Após a ladainha, as caixeiras continuam cantando. Todos vão sendo convidados a tomar um copo de mingau de milho e a comer doces com refrigerante, servidos numa mesa da varanda. Depois, as caixeiras vão também se servir, e todos se despedem, lembrando que, na manhã seguinte, quinta-feira da Ascensão, deverão ir, pelas seis e meia ou sete horas, assistir à missa nas igrejas do Carmo, de São Pantaleão ou da Sé, que são as mais próximas e mais frequentadas pelo pessoal da Casa. Muitos dizem que vão por devoção ou por promessa. As crianças do Império, as caixeiras e dançantes assistem à missa que foi combinada e voltam para a Casa das Minas, onde é servido o café.

O domingo que se segue à Ascensão é chamado de domingo do meio, e há toque de caixas diante do altar e do mastro. Na Casa, os preparativos continuam cada vez mais intensos, pois é chegada a semana que antecede a festa. Nessa semana, são organizadas uma ou mais visitas aos Impérios.

Combina-se ir à casa dos pais de um dos imperadores e dos mordomos que se cotizam para dividir entre si as despesas, com o oferecimento de refrigerantes, doces e bebidas. A visita é feita com as crianças levando os símbolos do Império do Divino, acompanhadas pelas caixeiras, com os seus toques, e por pessoas amigas.

Domingo de Pentecostes, dia da Festa do Divino

Desde o sábado que antecede a festa, há grande movimentação na Casa. Muitas pessoas amigas vão ajudar nos últimos preparativos, fazendo comidas e doces e arrumando a casa. Na varanda, são armadas uma ou mais mesas grandes, com bolo e enfeites. Os enfeites das mesas constituem uma das surpresas, e Dona Celeste os planeja e prepara desde o início do ano, com isopor, papel, tecido, bonecos, lâmpadas etc. Deve ficar sempre algum adulto vigiando para que nenhuma criança desarrume os enfeites. A mesa permanece armada desde a noite de sábado até a manhã de terça-feira. Muitas pessoas vão visitar a Casa, para ver a mesa e tirar retratos. Na varanda, arruma-se também uma outra mesa para servir às crianças do Império e depois aos visitantes. Na sala de visitas, ao lado do altar, arma-se o trono ou tribuna, coberto de tecidos bordados, com lâmpadas e diversos enfeites. Forram-se cadeiras para tronos, penduram-se cortinas e guirlandas de flores nas paredes. Colocam-se tapetes no chão, dando pompa e destaque ao trono do Império.

No domingo, ao amanhecer, as caixeiras estão lá para o toque de alvorada junto ao mastro. Depois todos vão para a missa, que é rezada às oito horas, na Igreja do Carmo ou em outra. A missa dominical é cantada, a igreja fica muito enfeitada com flores, a assistência é numerosa. As crianças assistem à celebração nos primeiros bancos, enfeitadas com vestes de nobreza. As meninas usam vestidos compridos, luvas, sapatos coloridos e enfeites no cabelo. Os meninos usam terno, luvas, sapatos e meias novas. Todos se enfeitam com joias, faixas, medalhas. O imperador e a imperatriz usam coroa na cabeça e capas de veludo bordadas. As coroas, o cetro, a pomba e as bandeiras, algumas

Pátio interno da Casa com o mastro do Divino em 1998 — foto de Sergio Ferretti.

vezes, são benzidos pelo padre, ao término da missa. As caixeiras, em algumas festas, costumam deixar as caixas encostadas à porta principal, do lado de fora, provavelmente devido à proibição, em certas épocas, de entrarem tocando caixas na igreja. Ao término, as crianças se retiram em cortejo e são tiradas numerosas fotos.

O cortejo é acompanhado pelas caixeiras, pelos parentes das crianças, por pessoas da casa e amigos. Uma banda de música dos alunos da Escola Técnica Federal, algumas vezes, também acompanha o cortejo, revezando-se em toques com as caixeiras. O percurso da igreja à Casa das Minas é seguido a pé, durante mais de meia hora, pelas ruas da cidade, então desertas na manhã de domingo, e despertadas pelo espocar de fogos e pelo som das músicas.

Ao chegar à Casa, lá estão 12 pobres, sentados num banco comprido, colocado desde cedo ao lado da porta. Avisados com antecedência, são os 12 que chegaram primeiro, e somente eles são atendidos com esmolas e presentes, dados pelos imperadores. Eles recebem envelopes com algum dinheiro e mantimentos diversos, embrulhados em papel colorido, trazidos em grandes bandejas. Ao distribuir esses donativos, Dona Celeste avisa que, no próximo ano, deverão vir outras pessoas[38].

Ao entrar em casa, o cortejo dirige-se ao mastro, onde faz várias evoluções, com as caixeiras tocando, cantando, dançando. Após a saudação, as crianças dirigem-se ao trono, sendo saudadas pelas caixeiras, e depois vão para a mesa da varanda, onde é servido um chocolate com bolo. Muitos ficam para o almoço e o jantar. As crianças passam o dia muito compenetradas, vestidas como imperadores ou mordomos. Há sempre muita animação no domingo e na segunda-feira. Às vezes colocam-se mesas pelo quintal para se comer e beber[39].

Ao entardecer, colocam-se cadeiras próximas ao mastro. Depois disso, o Império dirige-se em cortejo para o trono, enquanto é preparada a mesa de seu jantar, que é um grande acontecimento. As crianças, acompanhadas pelas caixeiras, sentam-se diante de uma mesa, preparada com cuidado nos mínimos detalhes: toalha rendada, guardanapos, vários pratos e talheres, copos, cálices,

---

[38] Antigamente, os presentes aos pobres eram distribuídos na segunda-feira, enviando-se ao leprosário, então localizado ao lado do Cemitério do Gavião, carroças com mantimentos que sobravam da festa, além de doces e comidas.

[39] Em 1982, houve uma radiola tocando músicas bem alto, quase o tempo todo, e vários casais dançando e bebendo, o que contribuiu para aumentar a animação, pois havia festa para diversos tipos de pessoas: crianças, jovens e os mais velhos.

castiçais com velas acesas e diversas iguarias finas. As crianças são servidas por várias pessoas e as mães as ajudam diante dos pratos. Enquanto comem, são acompanhadas pela orquestra que veio para a ladainha, a tocar valsas e músicas antigas. O jantar é acompanhado com interesse e atenção. Depois, as crianças voltam para o trono e os demais vão sendo aos poucos convidados para comer, servidos num dos quartos do corredor da cozinha. Muitos convidados e amigos colaboraram com alguma ajuda para a festa: todos devem ser servidos. Há, ainda, a ladainha com acompanhamento dos músicos. As crianças já dão aparência de cansadas. No quintal, muita gente continua sentada às mesas, conversando e bebendo até tarde. A radiola fica tocando até a madrugada.

Derrubada do mastro e encerramento da festa

Em Alcântara, na Casa de Nagô e em alguns outros lugares onde se realiza a Festa do Divino no Maranhão, na segunda feira de Pentecostes ocorre a cerimônia do "roubo dos Impérios", que algumas vezes não tem sido feita na Casa das Minas, pois Dona Celeste acha que provoca muita confusão. Pela manhã bem cedo, pessoas da Casa saem pela vizinhança distribuindo, em casas de amigos, símbolos do Império: caixas, manto, coroa, pomba, bandeiras, a salva, o cetro etc. Depois, as caixeiras, as crianças e os acompanhantes vão de casa em casa cantar, recolhendo o "roubo". Cada casa onde foram deixados os objetos deve

Império do Divino saudando o mastro em 1998 — foto de Sergio Ferretti.

dar uma prenda, como refrigerantes, doces, bebidas etc. Passa-se quase todo o dia nesse ritual. Os que frequentam a Casa das Minas gostam de comentar como antigamente a festa era muito mais movimentada. Lembram que havia serviço de bar com mesas espalhadas por todo o quintal e coisas acontecidas ao tempo de Mãe Andresa.

Na segunda-feira à noite também se serve o jantar do Império, mas o acompanhamento de música é feito apenas pelas caixeiras. Os convidados também são servidos. Depois, o Império vai para a sala do trono e sai, pelas 21 horas, para o derrubamento do mastro. Algumas vezes, como em 1982, o Império da Casa de Nagô vai visitar o da Casa das Minas. Diz-se que vai buscar a "santa coroa". Noutros anos, o da Casa das Minas é que vai à Casa de Nagô. Quando chegam, os dois Impérios se confraternizam e desfilam juntos em cortejo por toda a casa, indo até o mastro, acompanhados pelas caixeiras, que fazem evoluções à sua frente e depois os acompanham até a porta da rua.

Em seguida, começa a derrubada do mastro. Todos vão para o pátio. As caixeiras e o Império ficam de um lado. O mastro já está previamente solto e é puxado pelos homens. Ao ser derrubado, as filhas da Casa, junto com o Império e as caixeiras, vão com uma machadinha dar uma machadada simbólica, como se o estivessem cortando. Depois retira-se do mastro o mastaréu, a bandeira e a pomba, que são entregues aos padrinhos do próximo ano. Todos seguem para a Sala Grande, onde é cantada a ladainha com acompanhamento da orquestra. O lugar onde foi plantado o mastro fica marcado com um toco até o ano seguinte.

Há ainda a cerimônia de "entrega das posses do Império". O imperador e a imperatriz vão aos poucos sendo despojados de seus símbolos imperiais, que são passados às crianças que os sucederão: a coroa, o manto, as faixas etc. As crianças choram bastante, mas são acalmadas quando os símbolos lhes são restituídos, e elas vão ainda, com toda pompa, para a varanda, tomar um chocolate e cortar o bolo. A entrega das posses é demorada, pois as caixeiras cantam para saudar os futuros imperadores e para o fechamento da tribuna, colocando as caixas no chão. Ainda há muita gente pela Casa esperando receber um pedaço grande de bolo e levar enfeites da mesa para casa. Algumas vezes, o bolo só é distribuído no outro dia.

No dia seguinte, terça-feira, pela tarde, as pessoas que trabalharam na festa se reencontram para fazer comentários. Cortam o bolo e separam inúmeros pedaços que são enviados a pessoas amigas. Depois repartem, entre as caixeiras e as pessoas amigas, a carne de porco salgada e as vísceras, que sempre sobram. As de casa lavam e guardam a louça que foi utilizada. Nesse último dia, chamado de lava-pratos, todos estão cansados e ficam lembrando os trabalhos e as alegrias da festa.

Há ainda o serra-mastro e o carimbó de velha. Distribuem-se entre os presentes as últimas bebidas que sobraram e faz-se uma brincadeira serrando-se o mastro. Cada pessoa da Casa deve serrar um pouco e se rebolar até o chão enquanto os outros cantam e batem palmas ao som de um carimbó. O pessoal diz que nesse dia só tem "festa de preto", pois todos estão à vontade, com roupas de casa, e não há visitantes de fora. Em alguns lugares, como na Casa de Nagô, o mastro é serrado em vários pedaços, que são distribuídos entre as pessoas. Na Casa das Minas, antigamente, guardava-se a madeira do mastro para a fogueira da festa de São João. Atualmente, os dois pedaços do mastro partido ao meio são colocados no chão para ajudar a segurar o canteiro em volta da cajazeira. Dizem que no sábado seguinte havia ainda um tambor de mina, não mais feito nos dias correntes. Outros lembram que, no domingo seguinte, havia um almoço para se "arrancar o toco" do mastro, o que esticava mais um pouco o encerramento da festa.

A Festa do Divino é um ritual de religiosidade popular, comum, mas não exclusivo, de terreiros de mina, pois é realizado igualmente em outros ambientes. É uma tradição do catolicismo popular e, ao mesmo tempo, uma festa que faz parte do ritual dos terreiros, embora com características diferentes das outras festas, pois não tem toque de tambor e a ela comparece muita gente que não vem às outras festas. Na Casa das Minas, como também nos outros terreiros, certas divindades ou voduns costumam vir assistir a alguns momentos, como o buscamento, o levantamento ou a derrubada do mastro. Por outro lado, é realizada como devoção a uma divindade, constituindo obrigação da Casa.

Observamos que existe um minucioso ritual na Festa do Divino, com inúmeros detalhes para cada coisa. "Tudo é codificado ao extremo." Essa frase de Binon Cossard (1970, p. 111) se aplica muito particularmente à Festa do Divino. Na Casa das Minas, esse "ritualismo barroco" de certa forma contrasta com a sobriedade "quase protestante" típica de outros aspectos do comportamento do grupo.

Pode-se também considerar a Festa do Divino na Casa das Minas como um ritual de iniciação, em que ela se abre para receber grande número de frequentadores que não participam de outras festas, pessoas de diversas camadas sociais, que colaboram e entram em contato com a Casa e que poderão voltar em outras oportunidades. Vimos pessoas dizerem que não frequentam terreiros, mas gostam de assistir à Festa do Divino e à missa dessa e de outras festas do terreiro. É uma festa menos "africanizada", sem toques de tambores, e em que o transe, se ocorre, quase não é percebido. Nela costumam comparecer alguns negros da classe média que mantêm maiores contatos com a sociedade dos brancos. Alguns talvez sejam descendentes de membros já falecidos do grupo, e participam dessa festa mantendo antigos laços com a Casa.

Além de "abrir a casa" à sociedade envolvente, a Festa do Divino é também uma abertura — e uma iniciação — à Casa para crianças de vários meios, filhas de amigos ou aparentadas com os membros do grupo. Por ocasião da festa, as crianças recebem um tratamento especial e provavelmente guardarão boa recordação da festa e da Casa. As pessoas da Casa fazem questão de convidar a todos para a festa e insistem na presença de crianças. Na Festa do Divino, há uma distinção toda especial às poucas crianças do Império. Algumas, na faixa de cinco a dez anos, usam vestes especiais e recebem tratamento também especial, refletindo de forma inversa, aspectos da sociedade envolvente, onde a maioria não tem privilégio. Os adultos dão, assim, prestígio e destaque a crianças que, na vida social, são desprovidas de poder e *status*. Na linguagem de Turner (1974, p. 201-245), esse elemento da Festa do Divino pode ser considerado como um ritual cíclico de inversão de *status*, que refaz a ordem social numa sociedade de estruturas estáveis.

A devoção ao Divino é muito nítida entre algumas pessoas que acompanham a festa e que, a toda oportunidade, contam fatos relacionados com essa fé, tais como: "o Espírito Santo é o primeiro Deus" e é "muito milagroso", ele pode "levar" as pessoas, como, por exemplo, se uma caixeira erra quando entoa certos cânticos, pode morrer antes da próxima festa. Por isso, elas devem prestar muita atenção e entoar os cânticos com toda seriedade. Algumas pessoas contam de sua devoção por sempre assistirem às festas do Divino de que têm conhecimento. Uma contou que, tendo uma criança doente, em conversa com a "santa c'roa" oferecera a criança ao Divino, dizendo que se ela não tivesse cura, ele poderia levá-la. Vários acontecimentos são interpretados como um aviso. Assim foi o caso de um menino imperador, cujo pai morreu naquele ano, havendo a criança, por antecipação, chorado em demasia na hora da entrega das posses do Império.

A Festa do Divino representa uma oportunidade de exercer e demonstrar a capacidade de organização popular, pela coordenação precisa de grande número de pessoas e atividades.

Elementos do ritual

Cânticos, danças, instrumentos

Os cânticos, às vezes denominados toadas, cantigas, doutrinas ou pontos, constituem aspecto de grande importância ritual no tambor de mina, mas de difícil análise, pela necessidade de conhecimentos de Etnomusicologia e de Linguística.

Na Casa das Minas, os cânticos são em língua jeje, intercalados algumas vezes por uma ou outra palavra em português. Dona Celeste afirma que eles explicam tudo e, quando são compreendidos, é porque já se compreende toda a lei ou doutrina da Casa.

Há uma grande quantidade de cânticos diferentes, talvez aproximadamente em número de mil. Para cada obrigação há um grupo de cânticos próprios, que dão o significado daquela cerimônia. Há os de Zandró, de Jônu, para os tocadores, para os voduns dos vários grupos e para cada um deles. Há cânticos de apresentação ou de chegada, em que o vodum se apresenta dizendo algo sobre si, de onde vem, o que faz. Há os de despedida, que se referem às viagens e dizem os nomes de vários deles. Há cânticos para afastar Legba, para pedir perdão, para pedir a Loco que acalme as tempestades. Há cânticos de matança, referindo-se a sangue, e que não podem ser cantados fora de lá ou na Quaresma. Há os que são pesados e se referem à morte, e também não podem ser cantados a qualquer momento. Há cânticos pedindo a presença de nochê Naé, que são especiais e só se cantam no dia dela. Há os de chegada do dono da Casa, pedindo para trazerem os seus símbolos. Há o dos toquéns, que se divertem com os outros, os de arremate ou encerramento dos toques etc. É necessário, portanto, conhecer o significado dos cânticos para se conhecer a prática da religião. Os mais antigos e interessados no culto, embora não sabendo traduzir todas as palavras, conhecem seu significado e para que(m) se destinam.

Os cânticos da Casa das Minas são transmitidos eminentemente por comunicação oral, e a sua transcrição não é fácil. Pessoas que frequentam a Casa dizem que antigamente as mais velhas cantavam pelo nariz, para não serem entendidas pelos de fora. Muitos que os ouviam, sem os conhecerem, pensavam que eram espíritos dos mortos que estavam cantando. Dona Deni diz que lá sempre se canta em voz alta e que é preciso prestar atenção e procurar decifrar os cânticos, pois muitos dizem os nomes dos voduns. Ela se lembra de que, quando nova, passou por lá um pesquisador de fora que anotava tudo o que se cantava, depois corrigia com uma das gonjaí que sabia traduzir. Supomos ter sido Octávio da Costa Eduardo ou Edmundo Correia Lopes. Com efeito, Lopes (1947, p. 78-82), transcrito por Nunes Pereira (1979, p. 215-21), informa que em 1937 passou mais de vinte dias trabalhando na Casa das Minas, das 18 às 24 horas, na coleta de cânticos, dos quais possuía mais de uma centena e já havia publicado umas duas dezenas. Diz recear que a Casa nunca venha a ter o estudo que merece e considera imperativa a coleta daquele vasto patrimônio musical, coreográfico, folclórico, psicológico e histórico, do mais puro dos terreiros jeje do Brasil. Informa também que Mãe Andresa declarava não lhe ter confiado tudo o que sabia. Solicitando que lhe revelasse o que pudesse, ela às vezes informava que o significado de alguns textos não tinha sido deixado pelos antigos.

Não é fácil anotar os cânticos, pois, durante as cerimônias, seu som não é muito audível e o ruído dos instrumentos prejudica as gravações. Fora das cerimônias, nem sempre as filhas permitirem que sejam feitas anotações. Às vezes se perguntam se determinado vodum vai querer que elas ditem seus cânticos, pois os cânticos são deles e não delas. Geralmente, cada uma evita cantar as toadas de seu respectivo vodum. Muitas não podem ser cantadas fora dos momentos adequados e outras não podem ser gravadas quando cantadas[40].

---

40 Em 1977, um casal de etnomusicólogos coletou cânticos na Casa, fazendo uma gravação especial. Foram os pesquisadores José Jorge de Carvalho e Rita Laura Segato, que trabalharam no Instituto Interamericano de Etnomusicologia y Folclore, de Caracas, e coletaram material no Maranhão, em convênio com o Centro Nacional de Referência Cultural de Brasília e o Instituto Joaquim Nabuco de Pesquisas Sociais de Recife. Na Casa das Minas eles realizaram uma gravação especial. Deixaram na Secretaria de Cultura uma cópia desse material, constando de três fitas cassetes com 66 cânticos. Nunes Pereira (1979, p. 226-40) apresenta a transcrição de 55 cânticos da Casa, indicando em notas seus respectivos significados e informando que os recolheu de três informantes

Essa dificuldade é grande, além do mais, porque a mesma palavra é pronunciada de diferentes maneiras cada vez que é cantada, ou quando cantada por outras pessoas. É comum o pessoal da Casa incluir um *a* antes de muitas palavras, como, por exemplo, os nomes de divindades: Verequete ou Averequete, Jotim ou Ajotim. Há dúvidas a respeito da grafia mais adequada ou sobre a junção de sílabas em palavras, uma vez que a língua é pouco conhecida e os dicionários ou gramáticas publicadas não nos são acessíveis[41]. Há diversas pronúncias dúbias, como por exemplo: *viderá* ou *vicerá*; *cerecê, celecê* ou *erecê*; *delegá, delevá* ou *deleuá*; *erocagidê* ou *erodangibé*; *ressau* ou *ruessá*; *jobelô* ou *jeverô*; *ajansobê* ou *é bom sabô* etc. As filhas da Casa dizem que alguns cânticos, como os da família do Quevioçô, são em língua nagô e parecidos com os da Casa de Nagô, com algumas diferenças. Há também cânticos que elas dizem ser em língua cambinda, que chamam também de caxias, e que, informam, eram muito conhecidos do pessoal da cidade de Codó, no interior do estado. São os cânticos para Arronoviçavá, o irmão cambinda de Naedona, nos quais aparecem com frequência as palavras *deinha* e *indeia*. O pessoal da Casa diz que os cambindas chamavam o terreiro dos jeje de *indeia*.

---

filiadas à Casa das Minas residentes no Rio de Janeiro. As vodunsis residentes aqui dizem que os cânticos do livro de Nunes Pereira têm o sentido trocado e muitos estão escritos erradamente. No primeiro semestre de 1982, Dona Celeste e Dona Deni gravaram um lado de uma fita cassete com 27 cânticos da Casa das Minas, de que possuímos cópia. Outra foi por nós remetida ao pesquisador Hubert Fichte. Possuímos no momento a transcrição de mais de uma centena de cânticos da Casa com seus respectivos significados, inclusive alguns cantados exclusivamente em tambor de choro, e que anotamos. No momento, entretanto, não julgamos oportuno apresentá-los, devido sobretudo às inúmeras dificuldades de sua transcrição adequada.

41 Possuímos cópia, conseguida no Real Gabinete Português de Leitura, do Rio de Janeiro, do trabalho citado por Nunes Pereira (1979, p. 271), *Obra nova de língua geral de mina*, de Antônio da Costa Peixoto, original de 1941, publicado por Luís Silveira em 1946 e com comentário de Edmundo Correia Lopes. Trata-se de um vocabulário com tradução em português, coletado entre escravos de Minas Gerais, no século XVIII, e que Lopes informa ser da língua eve, particularmente gu, na qual se cantam os cânticos da Casa das Minas, que recebem a "denominação de jeje, recordação de um dos ramos étnicos constitutivos da nação daomé — os dyedyé" (1945, p. 48). Informa adiante (idem, p. 50) que prevalece na Casa das Minas o fon. Lopes (idem, p. 56) cita Dietrich Westermann, *A Study of the Ewe Language*, em tradução de A. L. Bichiford Smith, M. A., Oxford University Press, Londres, 1930. Possuímos referência da obra de Westermann em edição de 1965, bem como dos dicionários: Segurola, RPB, *Dictionnaire Fon-Français*, Cotonou, *Procure de L'Archidiocèse*, 1963 e Boudin, *Dictionnaire Français-Fon*, Porto Novo, *Centre Catechiste*, 1967, citados por Costa Lima (1977). Infelizmente, entretanto, não obtivemos ainda acesso a este material e não conhecemos outros provavelmente existentes. Segundo observação da linguista baiana Yeda Pessoa de Castro (*In*: Nunes Pereira, 1979, p. 67) e de outros, a língua da Casa das Minas parece tratar-se do ewe-fon do grupo Kwa. Yeda Pessoa de Castro (2002) publicou importante estudo sobre a língua mina jeje no Brasil, onde analisa, entre outras, as denominações mina e jeje, transcreve e comenta longamente o *Vocabulário* de Antônio Costa Peixoto (do séc. XVIII), fazendo relações com vocábulos usados no Maranhão.

Consideramos, entretanto, de importância fundamental que os cânticos, invocações e histórias da Casa das Minas sejam convenientemente coletados, gravados, transcritos e traduzidos por pessoal capacitado, para sua melhor preservação e conhecimento[42]. É preciso com urgência preservar esse patrimônio que vai se perdendo com o passar das gerações, como já previa Edmundo Correia Lopes (1947, p. 79) há meio século.

Elbein dos Santos (1976, p. 13), considerando a importância da oralidade na transmissão de conhecimentos nos candomblés nagôs, salienta que a palavra "converte-se em um instrumento condutor de um poder de ação e de realização" porque mobiliza e, enquanto som, junta-se ao dos instrumentos, aos gestos e movimentos corporais, que são "invocadores formidáveis de entidades sobrenaturais" (1947, p. 79) e constituem uma sabedoria iniciática. São suas palavras, ainda:

> A transcrição e a tradução de textos nagôs [...] deveriam não só revelar alguns textos antigos defensivamente preservados na Diáspora (alguns dos quais já desaparecidos na África), não só produzir novo testemunho da riqueza simbólica da poesia africana, mas também, e principalmente, permitir aos participantes dos cultos Nagôs alcançar mais profunda e completa compreensão da religião e de sua herança africana. (1976, p. 52)

Os cânticos na Casa das Minas são em língua jeje, língua litúrgica do grupo, por isso secreta, acessível só aos iniciados. De alguma forma, pode essa língua ser comparada com o latim, na liturgia romana, que até hoje também é preservada no cântico das ladainhas que precedem as festas dos voduns na Casa das Minas.

Além de terem valor intrínseco por serem em jeje, e por serem quase mágicos, os cânticos caracterizam a especificidade de um grupo mina jeje, reforçando assim a identidade étnica e religiosa da comunidade. Eles são apreendidos por iniciação gradual junto aos mais velhos, e só os iniciados conhecem e sabem seu significado.

John Blacking (1981, p. 35-62) considera a música um subsistema cultural com significado político positivo, e afirma que algumas músicas podem tornar-se símbolo de identidade de grupo. "Considero", diz ele, "que a música de igrejas

---

42 Tal tarefa talvez possa vir a ser realizada com a colaboração de estudantes bolsistas do continente africano que conheçam o idioma. O linguista e antropólogo beninense radicado no Brasil Hippolyte Sogbossi Brice (1999; 2004) tem realizado pesquisas em que analisa aspectos linguísticos da Casa das Minas.

que estudei expressa e realça uma consciência coletiva negra que os membros não são capazes de expressar em palavras" (Blacking, 1981, p. 7). Para esse autor, na linguagem musical, como na arquitetura, a repetição pode ser positivamente construtiva, e o ato de cantar em grupo requer constantemente tomada de decisão criativa. É ainda de Blacking a afirmação de que "em sociedades africanas tradicionais o desempenho musical é a principal característica do culto e o culto é a ação coletiva mais importante na vida do povo" (Blacking, 1981, p. 52).

No tambor de mina, os cânticos caracterizam-se pela emissão de um motivo por um(a) solista e sua repetição salmódica em coro pelos demais, acompanhados dos instrumentos. Alguns se revezam entoando os cânticos, que são repetidos pelo grupo. A estrutura musical permite, assim, a participação coletiva do grupo, e o destaque dos indivíduos e dos cânticos constitui uma das originalidades da Casa, pois a grande maioria deles não é conhecida em outros terreiros.

Antes do início dos toques, canta-se geralmente uma ladainha, que costuma ser acompanhada por orquestra com instrumentos de sopro e corda, para isso contratada. A ladainha é cantada em latim e seguida por cânticos devocionais em louvor ao santo festejado. A ladainha católica continua com a ladainha dos voduns, constituída de cerca de uma dezena de cânticos por eles entoados em jeje, de pé diante do altar católico. Tais cânticos, acompanhados de movimen-

Voduns diante do altar: Dona Justina com Abé, Dona Deni com Lepon e Dona Enedina com Jogoroboçú, em janeiro de 1994 — foto de Sergio Ferretti.

tos dos braços e da parte superior do corpo, são em louvor a Deus e aos santos da Igreja. Enquanto são entoados, continua-se invocando os voduns, mandando preparar os tocadores. Os voduns saúdam-se uns aos outros e, finalmente, Doçu chama todos os companheiros para irem dançar na guma, ou varanda, para onde todos se dirigem cantando e dançando, já ao som dos tambores.

Na varanda de danças, a ordem dos cânticos varia de acordo com a divindade que está sendo celebrada. De acordo com Dona Celeste, na festa de Santa Bárbara de 1981, a ordem dos cânticos foi a seguinte:

1º: para os donos da Casa, os voduns de Davice: Zomadônu, Dadarrô, Naé e outros;

2º: para os toquéns: Bôçá de Dambirá, Verequete de Quevioçô, Jotim de Savaluno e os outros toquéns de Davice;

3º: para os de Quevioçô, inclusive Sobô, que adora Santa Bárbara;

4º: para os de Savaluno;

5º: para os de Dambirá, que são sempre os últimos;

6º: novamente, para os de Davice;

7º: depois, o arremate para terminar a festa.

Antes do início da cerimônia, já se cantou um esconjuro — escolhido dentre um grupo de cânticos de limpeza da Casa —, para afastar Legba. Costa Eduardo (1948, p. 87) informa que, em todas as ocasiões, o primeiro cântico entoado é o que chama todas as divindades e começa com as palavras "Adajibe Boldo Daeme".

Costa Eduardo (1948, p. 89) descreve com detalhes o ritual de saída dos voduns da Casa das Minas: eles se colocam em duas filas paralelas, uma com os toquéns e os voduns de Davice e de Dambirá, e outra com os voduns da família do Quevioçô. O primeiro grupo sai e retorna para buscar os outros, e os mais velhos se retiram por último, agradecendo aos tocadores e despedindo-se da assistência.

Juntamente com as palavras dos cânticos, as danças e os gestos são de grande importância. Alguns cânticos, como também a dança, são em ritmo lento, outros, corridos, e outros, pulados. Às vezes, esses três ritmos se sucedem num mesmo cântico. Há inúmeros gestos de grande importância ritual. No início da despedida, há toadas que são cantadas com todos de pé, inclusive os tocadores e a assistência. Os voduns colocam então um lenço na testa para dizer que estão indo, depois esfregam as mãos para baixo dançando curvados em roda, enquanto um vodum feminino faz gestos como se estivesse recolhendo na toalha as coisas que trouxe para irem embora. Na saída, os toquéns vão arrastando os pés para demonstrar que não querem ir.

Cada grupo de voduns tem ritmos e danças diferentes. Os toquéns dançam como se estivessem brincando, correndo de um lado para outro, dando voltas pela varanda e chamando os mais velhos. Os voduns da família de Davice, que são nobres, cantam e dançam de forma mais solene. Quando cantam para os de Quevioçô, que representam os raios e as tempestades, os voduns dançam em roda e com grande agitação. Os voduns que estão sendo saudados dançam sempre na frente, bem próximos aos tambores. As danças de Dambirá são também em roda ou em vai-e-vem, embora mais lentas. A cada dois ou três toques para um vodum, a forma da dança muda um pouco de estilo. Há danças em que os voduns formam duas filas paralelas, outras em que se arrumam uns atrás dos outros de frente para os tambores, outras em que dançam em roda, no sentido inverso ao dos ponteiros do relógio etc. Os passos também variam, ora arrastando-se os pés para a frente e para trás, ou de um lado para outro, ou puladinho etc. Durante os intervalos entre as danças, os voduns conversam e brincam entre si e com pessoas da assistência. Corrigem-se uns aos outros, ensinam os músicos a tocar ou reclamam dos tocadores por algum erro. Tudo com grande informalidade. Mulheres idosas ou muito gordas, carregando seus

Voduns com lenço na testa no ritual de despedida ao término de um toque em agosto de 1985 — foto de Sergio Ferretti.

voduns, às vezes dançam e pulam como crianças, com grande vitalidade, dinamismo e alegria. Como bem o expressa Binon Cossard:

> *Para descrever as danças de cada orixá em todos os detalhes, seria preciso empreender um verdadeiro estudo das diferentes coreografias. Isto necessitaria uma competência que não possuímos e que não é o objetivo de nosso trabalho. Digamos somente que os temas coreográficos próprios a cada orixá são idênticos no ritual ketou e no ritual angola, mas são reinterpretados num estilo diferente. Como vimos, cada cântico se acompanha de uma verdadeira mímica, em que o movimento serve de linguagem, pois o orixá, falando pouco aos fiéis, praticamente não tem relações orais com os espectadores. Assim, é somente pelo gesto que se transmite a mensagem. Nisto nada depende do acaso ou do improviso. A coreografia obedece a um esquema preciso, imutável, que se repete e que deve se repetir de maneira idêntica no curso das festas. Ela destina-se a reviver um episódio que ilustra a vida da divindade em suas origens. Grande número destas lendas já desapareceu, mas os fiéis não são sensíveis a isto, pois percebem ainda muito nitidamente o significado da mímica e, para eles, os gestos permanecem carregados de sentido.* (1970, p. 117-118)

Dona Deni afirma que onde existe manifestação de vodum, tem que ter dança, pois é uma brincadeira que distrai e torna o fardo mais leve, fazendo os voduns se comunicarem melhor. Todos os voduns gostam de dança, mas, se não houver dança, eles vêm fazer as obrigações. Se não houver toque e dança, não pode haver matança de animais. Dona Deni afirma que na dança se perde o medo do transe e, através dela, os voduns cumprem sua missão. Dona Amélia disse que antigamente na Casa só se dançava descalço, como no comé até hoje se entra sempre descalço. Durante as festas de voduns na Casa das Minas, só estes dançam. As que não receberam santo ficam sentadas junto aos instrumentos ou fazendo alguma coisa pela casa. As filhas que gostam podem dançar no carnaval ou em outras festas. Durante a festa do Divino, às vezes se organiza festa dançante na Casa, e no serramento do mastro se dança carimbó de velha.

Os instrumentos dos toques de vodum na Casa das Minas são três tambores, quatro ou cinco cabaças e um ferro. Como indica Costa Eduardo (1948, p. 87), os instrumentos recebem nomes africanos. Os tambores são chamados de *hum*, o grande; *humpli*, o pequeno; e *gumpli*, o do meio. Os tocadores chamam-se *huntó*, chefiados pelo *huntó-chefe*, que toca o tambor grande. O ferro é chamado *gã* e sua tocadora, *gantó*. Antigamente era a gantó quem iniciava os cânticos. As pequenas cabaças recobertas com uma rede de contas coloridas denominam-se *chequerê* e são tocadas por senhoras, mocinhas ou pelas vodunsis antes de receberem o santo.

Os três tambores são de madeira, feitos com troncos de árvore ocos internamente e afunilados. A extremidade maior é revestida de couro amarrado com cravelhas ou cabecinhas e correia, e a outra extremidade possui base torneada. São afinados com torniquete e martelo, e não vão ao fogo. São tocados com a mão e com pequenas varetas de goiabeira com nó ou curvatura na extremidade, chamados *aguidavi*. O tambor pequeno é tocado com dois aguidavis; o do meio, com a mão e com o aguidavi, e o grande também. O aguidavi ora bate no couro, ora na lateral do tambor grande. Os tocadores tocam sentados, tendo os tambores menores entre as pernas, e o grande inclinado lateralmente com um apoio de metal.

O gã é uma campânula de ferro tocada também com aguidavi. Ferro e cabaças são tocados sempre por mulheres, que sacodem as últimas ao ritmo dos tambores e cânticos. Os tambores normalmente são tocados por homens. Há algumas mulheres da Casa que sabem tocá-los, assim como alguns voduns, por exemplo Doçu, que é tocador e muitas vezes substitui, ensina ou corrige os tocadores.

Tambores e outros instrumentos dos terreiros costumam ser batizados e recebem nomes, às vezes pintados na sua lateral.

Tocadores com Dona Amélia tocando ferro, Euzébio no tambor grande, José no do meio e Ribamar no pequeno, em dezembro de 1984 — foto de Sergio Ferretti.

Periodicamente, os tambores costumam ser limpos.[43]

Nunes Pereira (1979, p. 35) informa que os tambores da Casa das Minas têm nomes dos voduns e possuem suas iniciais pintadas, correspondendo ZBD a Zomadônu, DZD a Doçu, GP a Dadarrô, NMN a Naé. Atualmente, as letras desapareceram devido às pinturas, pois eles são pintados de cor verde e têm o pé em branco. O pessoal diz que os três tambores grandes de lá são de Zomadônu e de Doçu. O terceiro é de Arronoviçavá e se usa nos toques mortuários do tambor de choro de tocadores ou de gonjaí. Não são mais lembrados os nomes dos donos dos tambores pequenos. Dona Deni disse que os tambores são para chamar os voduns, e quando se canta para um lado, geralmente chega algum daquele lado. Mas os voduns vêm se quiser, e podem vir sem tambores, pois quem tem poder é o vodum, e não o tambor.

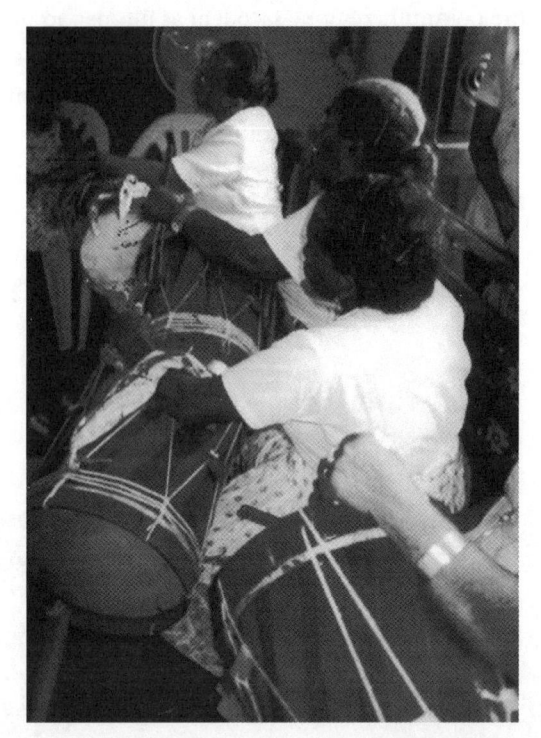

Caixeiras sentadas na Sala Grande tocando caixas em 1999 — foto de Sergio Ferretti.

---

43. Assim aconteceu, conforme já lembramos, com o tambor grande de Zomadônu, que passou cinco anos no Museu, cedido por Dona Amância. Devolvido em 1980, fizeram-lhe o recebimento com amansi de limpeza, levaram-no ao comé, teve toque, cantaram e desceram os voduns.

Os tocadores devem ser preparados como as vodunsis. Aprendem a tocar o tambor pequeno e depois os outros. Após certo tempo, eles são preparados, recebem um rosário de seu vodum, ficam lá uns dias, recebem banhos e remédios. Eles têm condições de receber santo, mas lá os homens não dançam. São proibidos de tocar em outras casas, para não misturar ritmos, e, nas festas, têm que observar resguardos, como as dançantes. É preciso que tenham boa "ouça", como se diz, e que prestem muita atenção para ouvir os cânticos. Eles olham os pés dos voduns para não perderem o ritmo. Dizem que o ferro puxa o tambor grande, este puxa o segundo e, se o segundo não der o sinal próprio, prejudica o toque do grande. Os tocadores são homenageados periodicamente com uma festa de pagamento, no início do ano.

Vestes rituais

Tratando dos trajes da preta mina e da crioula do Maranhão, assim como os da mulata paraense, João Afonso do Nascimento[44] (1976, p. 215-223) traz descrição minuciosa e ilustrações interessantes. A respeito da negra mina, diz:

> *Chegados ao Maranhão, se aí já não for habitual cruzar nas ruas com a "preta mina", pelo menos haverá quem se recorde de a ter visto, há menos de cinquenta anos, pomposamente adereçada nos dias das grandes festas. A "preta mina" veste camisa e saia; camisa decotada, de mangas curtas, toda guarnecida de belíssima renda de almofada, quando não é de labirinto, ou de "cacundê"; saia de finíssimo e alvíssimo linho, tendo na beira largo folho, também de renda, como de renda é o lencinho que ela cuidadosamente segura na mão direita [...] na cabeça um par de pentes e um par de "travessas" de tartaruga chapeados de ouro cinzelado; nas orelhas enormes brincos de ouro, obra do Porto; a começar do pescoço até ao decote da cami-*

---

44 João Afonso do Nascimento nasceu em 1855 em São Luís e faleceu em Belém em 1924. Foi jornalista atuante em São Luís na segunda metade do século XIX, escrevendo, fazendo desenhos, caricaturas e crônicas de costumes. Escreveu *Três séculos de modas*, em comemoração ao tricentenário da fundação de Belém, em 1916, e apresenta informações sobre diversos trajes, inclusive os regionais. A primeira edição dessa obra foi publicada em 1923, mas os desenhos da preta mina e da crioula do Maranhão trazem a data de 1916, com a informação: "cópia do natural em 1880". Estes trajes deviam ser comuns na época em que o autor viveu no Maranhão, entre 1860 e 1880, e em alguns aspectos ainda são encontrados entre as dançantes de tambor de mina, decorrido mais de um século.

sa, não se vê a pele do colo, oculta sob uma sucessão de enfiadas de contas de ouro em grossos bagos, a última das quais tem dependurado, no centro, um grande crucifixo de ouro maciço [...] E com toda esta ostentação de estofos finos, rendas caras e adornos de ouro, a "preta mina" vai descalça.

Adiante, vem a descrição da descendente da preta mina, a crioula do Maranhão, alforriada na pia ou livre de nascimento, que, no traje peculiar, "calça chinelinhas de pelica branca, ou de polimento, em que mal introduz os dedos do pé sem meia, apoiando-lhe o meio da sola sobre o salto, o que lhe comunica um andar 'gingado' e cadenciado".

A respeito de indumentária, outra informação correlata é transmitida pelo historiador João Ribeiro do Amaral (1923, p. 112-113): no ano de 1819 chegou ao Maranhão, como colaborador na equipe do coronel engenheiro Antônio Bernardino Pereira do Lago, o primeiro-tenente do Real Corpo de Engenheiros, Joaquim Cândido Guilhobel[45], que colaborou na elaboração de estudos sobre geografia e população do Maranhão em fins do período colonial. Guilhobel era "insigne desenhista" e dele

> *dizem que desenhou ou pintou os usos e costumes do povo desta capital, tais como os pretos ganhadores (como se chamavam então), carregando pipas, com os braços entrelaçados por cima das cangas; mulatas de saias e camisas de labirintos e rendas, com o colo coberto de contas e cordões de ouro como baboleta de ourives, um enorme pente de tartaruga, revestido de tala d'ouro, parecendo uma torre semicircular, e mais dois pentes menores denominados atracadores, colocados nas fontes com talas também de ouro, e, apesar de tanta riqueza e luxo, descalças e com os dedos dos pés esborrachados; senhoras, conduzidas na taboca por pretos maltrapilhos etc.*

---

45 A propósito de Guilhobel, Vieira Filho (1969, p. 9) informa que ele "foi o nosso Debret. Os magníficos desenhos que deixou, durante muito tempo julgados perdidos, foram descobertos e adquiridos pelo embaixador Caio de Melo Franco, em Bristol, integrando um álbum que pertencera ao historiador Robert Southey".
O pesquisador paulista Carlos Eugênio Marcondes de Moura, quando leu esta monografia, entre outras observações, nos informou (em correspondência de 18.1.84) que o álbum de desenhos de Guilhobel fora publicado a cores no Rio e que a Seção de Obras Raras da Biblioteca Municipal de São Paulo possuía exemplar. Informou também que o colecionador José Mindlin possui exemplar dessa coleção de gravuras de Guilhobel referentes ao Maranhão. Estas gravuras, incluindo as duas negras em trajes e adereços de passeio, aparecem na segunda edição de *O cativeiro* de Dunshee de Abranches (1992), elaborada por Jomar Moraes. Em 1993, a Academia Maranhense de Letras editou quatro postais com as aquarelas de Guilhobel referentes à vida dos escravos em São Luís nos anos de 1820.

O historiador Ribeiro do Amaral publicou essas informações no mesmo ano da publicação do trabalho de João Afonso, acima citado, mas sua referência é mais antiga. Constatamos, assim, por tais informações, que ao longo do século XIX, durante a época da fundação da Casa das Minas, no Maranhão, era comum as pretas minas usarem, em dias de festas, traje branco rendado, com mangas largas e grande número de joias, contrastando com o costume de andarem descalças ou calçando uma sandália até a metade da sola do pé.

Em relação às joias mencionadas por João Afonso e por Ribeiro do Amaral, o Museu Histórico e Artístico do Maranhão, órgão da Secretaria de Cultura do estado, possui, em sua coleção de joias femininas, três exemplares dos grandes pentes em tartaruga, tartaruga e ouro, e ouro e prata, que eram usados pelas pretas minas do Maranhão no século XIX. Se atualmente já não se usam mais todas essas joias, permanece, entretanto, o hábito retratado por aqueles autores de as pretas minas, nos dias de festas de culto, usarem roupas brancas rendadas e bordadas, com grande número de colares e joias de ouro ou de fantasia, e de calçarem meia sandália de pelica ou mesmo ficarem descalças.

Na Casa das Minas, as filhas usam vestes especiais quando recebem as divindades, tal como ocorre nos cultos afro-brasileiros, mas elas só usam essas vestes quando estão em estado de transe, depois de receberem as divindades, diferentemente de outros terreiros, inclusive da Casa de Nagô.

Nos dias de festa, quando os voduns chegam, dirigem-se ao comé, para saudar os assentamentos com palmas e cânticos. Depois, cada vodum vai para a parte da Casa que pertence à sua família e escolhe as roupas que quer usar, saindo já vestido. As filhas contam que às vezes preparam roupas novas para uma festa, mas eles usam as antigas e emprestam as novas para outras filhas. Essas vestes rituais não são muito variadas e não incluem pano na cabeça ou torço, como na Bahia e em outras partes.

Nas vestes especiais, destaca-se uma saia comprida de cetim. Em geral, para cada festa, todas usam a saia da mesma cor, que varia com a divindade que se comemora. As principais cores são branco, vermelho, azul e estampado. Usam também uma sandália de pelica, que costuma ser da cor da saia, e geralmente é menor que o pé. As filhas lembram que antigamente os voduns só dançavam descalços, como acontece até hoje em muitos terreiros. Dizem ainda que, ao tempo de Mãe Andresa, eles consentiram em dançar calçados, para não prejudicar a saúde das filhas mais idosas, devido à frieza do piso de terra batida na varanda de danças.

As filhas da Casa usam blusa ou camisão branco, com mangas largas franzidas no cotovelo, rendadas e bordadas com bonitos motivos, repetidos na manga, no decote, e também aplicados na toalha do mesmo tecido, que usam sobre a saia. As filhas em casa sempre usam essa toalha quando recebem os voduns, mesmo que não estejam usando toda a vestimenta. Às vezes, quando sentem que vão receber o vodum, já ficam segurando a toalha no braço. Dizem que a toalha distingue o vodum da vodunsi, mas nunca a usam na rua, quando por acaso um vodum tiver que sair.

A vestimenta ritual apresenta pequenas diferenças de detalhes, quase não percebidas pelos que estão pouco familiarizados com o culto. Essas diferenças relacionam-se com o sexo e a idade dos voduns. Quando o vodum é jovem, a toalha é usada na cintura e, quando é velho, é presa abaixo dos braços, sobre os seios. A maneira de se prender a toalha à cintura é diferente conforme o sexo. Se o vodum é homem, é dobrada e metida na faixa da cintura e, se é mulher, é amarrada com um nó. Usam também um lenço colorido da cor da saia, preso ao ombro, se o vodum for velho, e na cintura, se for jovem. Também costumam usar na mão um pequeno lenço bordado, para enxugar o suor, e um leque ou ventarola de papel, para se abanar contra o calor. Se o vodum é homem, usa o cabelo penteado para trás e, se é mulher, cobrindo as orelhas. Voduns idosos, como Zomadônu, Zaca, Agongone, Ajautó, Lepon e outros, carregam uma bengala "como símbolo de sua idade e de seu *status*" (Costa Eduardo, 1948, p. 89). Alguns que são cavaleiros, como Doçu ou Bedigá, usam um rebenque ou pequeno chicote com cabeça de cavalo em metal ou madeira no cabo. Em terreiros do interior, é comum usarem a cabeça amarrada com lenço, ou então um boné ou chapéu próprio. Esses adereços, como a bengala, a toalha, as sandálias, o rosário, o pano de ombro — que dizem ser o chapéu —, recebem nomes especiais em língua jeje e, em alguns cânticos, Zomadônu pede que lhe sejam entregues. Em cerimônias como o tambor de choro, ou no início de algumas festas, as filhas da Casa das Minas usam um vestido branco simples, sem nenhum enfeite.

Algumas pessoas se referem a estas roupas dos voduns como farda, uniforme ou fantasia (Costa Eduardo, 1948, p. 63). As vestimentas e adereços costumam ficar guardados nos quartos que pertencem a cada grupo de voduns, em grandes baús de madeira, onde também se guardam louças dos voduns. As filhas costumam possuir várias roupas, lavando-as e engomando-as antes de cada festa. Se por acaso, numa festa, uma pessoa novata receber vodum, as outras emprestam-lhe a vestimenta, até que ela prepare as que vai usar.

Badé, em algumas festas, usa na cintura uma faixa com guizos e também um lenço vermelho. Algumas filhas dizem que antigamente a Casa guardava umas espadas, usadas na dança em que Badé e Liçá simulam uma luta ritual com essa arma. Dizem também que havia bandeiras ou estandartes usados em algumas danças, como a que era levada por Abê no tambor de pagamento dos tocadores. De modo geral, não há muitos acessórios simbólicos para cada divindade, como no candomblé, e a vestimenta ritual, no mais das vezes, é simples.

Os voduns, quando dançam, gostam de usar talco e perfume, que é uma das características do tambor de mina. Usam também joias, brincos, argolas, rosetas, colares, pulseiras, braceletes, anéis, broches, medalhões de ouro ou bijuterias de fantasia. Parece que as filhas gostam de se enfeitar usando, de cada vez, todos os enfeites que possuem. As mais idosas costumam usar joias antigas pouco comuns. Os voduns se caracterizam ainda por usarem longos rosários de contas coloridas, pendurados ao pescoço e pendendo até abaixo da cintura, em cores que variam de um para outro. Às vezes, usam mais de um desses rosários, em que penduram cruzes, medalhas, figas, búzios e outros enfeites.

As filhas da Casa e pessoas amigas usam uma guia, espécie de rosário de tamanho menor, que pode ser usado sempre e, em geral, ocultamente, portanto não como distintivo, mas como forma de proteção contra várias coisas.

Cada filha que dança na Casa recebe um rosário com as marcas ou símbolos de seu vodum. O rosário é do vodum e não da pessoa e, por isso, não é despachado quando a pessoa morre, ficando guardado na Casa para ser usado por outra filha que recebe o mesmo vodum. Os rosários só são usados nos dias de festa e são colocados no pescoço logo que o vodum chega ou um pouco antes. Não se costuma deixar qualquer pessoa segurar ou tocar no rosário ou na guia de outra.

Os rosários e guias de cada vodum têm contas de cores e tamanhos variados. Algumas são redondas, em ouro. As contas maiores, usadas na nuca, chamam-se cabo-verde ou cangoteiras. Entre as outras contas maiores, ou *marcas*, há diversas fiadas de contas menores ou miçangas formando *pernas*, que são os fios de miçangas entre as marcas. As filhas mais velhas usam rosário com seis pernas, outras usam com quatro pernas. A cor predominante nas miçangas ou contas menores dos rosários da Casa das Minas é a marrom, chamada *gongeva* ou *hongeva*, que as filhas dizem ser a marca da nação jeje. Há cores ou marcas da Casa, que são o verde e o amarelo, que antigamente eram em contas de ouro, ainda usadas por alguns. Há também as marcas das famílias de voduns. Os rosários do povo de Davice têm pernas marrons, sem mistura de cores. Os de outras famílias têm mistura de cores nas pernas. Os de Dambirá têm contas vermelhas, transparentes e azul-escuras; os de Quevioçô têm contas brancas e azul-vivo. O coral e as contas brancas e marrons são de nochê Naé. O verde é de Bedigá. Há também contas rajadas e mariscadas, algumas chamadas de *envilacã*.

Em geral, os rosários do pessoal da Casa das Minas têm contas pequenas, com cores escuras e sóbrias. Muitos são feitos com contas antigas, não mais encontradas no comércio, e que dizem ter sido importadas. As filhas não gostam de conversar sobre as cores das contas de cada vodum, que elas distinguem e conhecem. Atualmente, os rosários são feitos e consertados por Dona Deni, que aprendeu desde mocinha com Mãe Andresa. Depois de prontos, eles são banhados em *amansi*, para receber força, e passam alguns dias no comé, sendo entregues ao seu portador no dia de uma festa. Periodicamente, devem ser purificados com a lavagem de contas, pois considera-se que há muitas impurezas em toda parte.

Uma pulseira, de búzios, coral ou contas, chamada dalsa, dada pelas tobóssis às vodunsis, depois que estas têm alguns anos de dançantes, é às vezes usada por elas no braço, perto do cotovelo.

As tobóssis usavam uma manta de miçangas, com várias fileiras em malhas de cores diversas, com uns trinta centímetros de largura. Era usada nos dias de festa, pendurada no pescoço e abrindo em leque sobre os ombros, formando uma rede com desenhos variados. As mantas têm miçangas de diversas cores, formando desenhos como as malhas de uma rede, com bonito efeito[46]. No pescoço, as tobóssis usavam um colar curto de miçangas de várias cores, chamado cocre, dos quais Dona Deni nos mostrou alguns.

Na Casa das Minas e, quase sempre, nos tambores de mina de São Luís, não se usa pano na cabeça, como nos candomblés da Bahia, em que eles são de vários tipos. Na Casa das Minas, as dançantes usam apenas penteados conforme o sexo de seu vodum. As tobóssis usavam um lenço no alto da cabeça, formando uma pequena trouxa, como se pode ver na figura 14 da obra de Nunes Pereira (1979).

---

46 Dona Amância doou uma dessas mantas ao Museu Histórico e Artístico do Maranhão, em 1974, e ainda existe uma ou outra na Casa.

Alimentos rituais

Como em todos os terreiros afro-brasileiros, na Casa das Minas se oferecem sacrifícios rituais de animais em louvor às divindades, conforme já mencionamos. Nesses sacrifícios, matam-se principalmente aves, com que se preparam alimentos oferecidos como obrigação aos voduns. Tais alimentos são colocados por algumas horas no comé, para serem purificados, e depois são distribuídos aos membros do grupo.

Em outros terreiros, especialmente os de candomblé, é comum deixarem estragar e jogar fora muita comida, como prova de que foram aceitos pelas divindades. Por isso, sempre são feitos em grande quantidade. Na Casa das Minas, as filhas dizem que lá os santos não comem, só recebem os alimentos e os purificam, e, embora sempre, lá, também se faça bastante comida, todos os alimentos rituais são feitos para serem servidos pelos membros do grupo, e não são jogados fora.

As filhas lembram que, antigamente, ao tempo de Mãe Andresa, havia na Casa cozinheiras para servir aos voduns. Eram pessoas ligadas ao culto, que tinham essa função e não dançavam nem entravam em transe. A mãe de Dona Anéris foi cozinheira ao tempo da velha Mãe Luísa, e houve várias outras. Atualmente, quem cozinha são as filhas-de-santo, ajudadas às vezes por poucas pessoas. Antigamente, dizem que havia nas festas até três cozinhas, sendo uma delas do lado de Dambirá e outra para a comida das tobóssis. Hoje, na Torração para o Arrambã, fazem tudo na cozinha grande, em dias diferentes para cada família de voduns, pois eles já não são tão numerosos e as filhas são poucas. O último quarto próximo à cozinha servia de despensa, e sempre estava cheio com muitas coisas, mas passou a ser ocupado por uma das filhas que morou lá. Dona Celeste construiu uma despensa atrás da cozinha, para a época das festas, pois é muito cansativo ter que ir apanhar as coisas que ficam guardadas longe, em outra parte da casa.

As comidas de santo são preparadas por métodos tradicionais. Cozinha-se em caldeirões de ferro ou alumínio, colocados sobre três grandes pedras no chão, chamadas *tacuruba*, ou trempe, entre as quais se coloca lenha. O chão da cozinha tem que ser de terra batida. Não se usa fogão a gás, liquidificador ou outros aparelhos modernos. Muitos ingredientes são socados em pilão de madeira ou de pedra.

Nunes Pereira (1979, p. 41-42), assim como Pereira Barreto (1977, p. 78-80), cita os principais alimentos utilizados na Casa das Minas e os ingredientes de sua composição. Os pratos mais comuns nas festas são abobó, acaçá, agralá, amió, cariru e acarajé. Há outros, como nununfo, usado com amió; sussume, feito com carne de bode e cozido em folhas de bananeira; ressau, feito com sangue de bode, semelhante ao sarrabulho, ou saparatel, preparado pelos tocadores quando há matança de chibarro em que eles participam, geralmente pelas festas de fim de ano.

Pombo e galinha-d'angola (guiné, também chamada catraia) só se come na festa de Acóssi, no dia 20 de janeiro. Nas comidas de obrigação, come-se peixe com agralá. No fim das festas, come-se peixe sem escamas. Dona Celeste disse que não se faz matança para Evovodum, o Deus Superior, mas há uma vasilha separada para ele, do lado de Davice, onde colocam um pouco de tudo o que oferecem.

Na Casa das Minas diz-se que não se faz comida para um santo só, mas que fazem logo diversos pratos para todos os voduns. Dizem que cariru é a comida da nação jeje. O pessoal de Acóssi não pode comer nada que leve gergelim. Oferecem pombo e catraia para os voduns da família de Dambirá; galo, galinha e chibarro, para os de Davice, e, para os de Queviocô, peixe sem escama, galinha e pombo. Nas festas do pessoal de Davice não se come peixe, só galinha.

Nos dias de toque de tambor, algumas vezes, oferece-se aos participantes um jantar antes do toque. Em diversas festas, após a ladainha se oferece uma mesa com bolo, doces e refrigerantes, que são servidos aos visitantes. Mais tarde, nos intervalos dos toques, também costumam oferecer um copo de mingau de milho branco, feito no leite de coco. Estes alimentos também são servidos em outros terreiros. Algumas vezes, é costume oferecerem uma xícara de café ou de chocolate com biscoitos. As bebidas mais utilizadas no culto são refrescos fermentados, como o aluá e o furá. Em algumas festas, fazem-se licores e gengibirra (bebida fermentada feita com gengibre e açúcar). Uma das características da Casa das Minas, segundo Dona Celeste, é que sempre há muita comida nas festas, sempre se faz um jantar para os tocadores e visitantes, e faz-se questão de que todos comam alguma coisa. A comida é também uma forma de unir as pessoas ao culto, pois, segundo Lévi-Strauss (1975, p. 94), as coisas "boas para comer" são também "boas para pensar".

Há uma série de tabus alimentares observados tanto pelo pessoal da Casa das Minas como de outros terreiros. Lá não se come carneiro, caranguejo, sarnambi, jaboti. Os de Queviocô não comem peixe pirapema. Só se come pombo na temporada de obrigação de São Sebastião, e é proibido criá-los na Casa.

Não comem gergelim entre setembro e abril, época de doenças de pele. Não comem arraia, cação, pacamão; e só comem peixe-serra e bandejada no fim da safra. Em dia de tambor de choro, não comem carne. As filhas contam diversos casos de dançantes que comeram alguns desses alimentos e foram punidas pelos voduns. Dona Basílica não acreditava muito nessas proibições, resolveu comer caranguejo e ficou quase cega. Dona Fernanda, de Naiadona, gostava de comer arraia, mas ficava com o corpo cheio de chagas; Mãe Andresa lhe dava remédios e banhos para melhorar. Dona Joana comeu sarnambi, teve uma febre igual a sarampo e ficou com a pele cheia de marcas semelhantes às do sarnambi.

Há diversas proibições rituais relacionadas com o culto. Nos períodos das festas, as filhas e os tocadores têm que se abster de relações sexuais. Uma mulher menstruada não pode participar das festas nem recebe seu vodum. Existem outras proibições, muitas relacionadas com a alimentação, constituindo verdadeira etiqueta ritual. Assim, por exemplo, as comidas de obrigação só se comem com as mãos; não se pode comer em panelas que vão ao fogo, e não se põe à mesa, para servir, a panela que vai ao fogo. Não se pode comer com a mesa descoberta: deve haver sempre um pano ou toalha debaixo do prato. Não se come com o prato na mão, mas à mesa. Não se passa com água — agô — por trás de uma pessoa, e, quando se faz isso, tem-se que pedir licença. Não se passa por baixo de uma escada ou por baixo de rede, pois as filhas-de-santo puseram remédio na cabeça, e rede é lugar onde se deita e se tem vida sexual.

As filhas lembram diversos casos de dançantes que foram castigadas por não cumprirem estas ou outras obrigações. Dona Carmelita, que bebia muito e desrespeitava várias obrigações, foi castigada uma vez quando carregava seu vodum, batendo com um banco na cabeça várias vezes com muita força. Dona Efigênia ficou com um caldeirão preso na cabeça, por gostar de comer no caldeirão, o que é proibido. Lembram de outras, como Dona Neusa e Dona Amância, que foram castigadas por gostarem muito de bebidas. Quando uma filha está sendo castigada pelo seu vodum, as outras lhe pedem perdão junto com crianças inocentes, repetindo com elas o cântico de pedir perdão: "Abiéé! Abiéé! Para vodum sereni sua dua!"

A água utilizada em vários rituais é um elemento importante no culto. É guardada no comé e utilizada para beber, para banhos ou remédios. Nunes Pereira (1979, p. 29-30) refere-se à água do comé da Casa das Minas: diz que antigamente era apanhada na Fonte do Apicum e depois passou a se usar água das torneiras. As filhas da Casa lembram esse fato e dizem que a Fonte do Apicum foi preparada com remédio pelas velhas pretas mina ao tempo da fundação da Casa, por isso nunca secou[47].

Deve-se levar a água para o comé pela madrugada, após o primeiro canto do galo. Entre uma festa e outra, algumas filhas combinam de se reunir na Casa uma noite. Para isso, apanham água entre uma e quatro horas da manhã. Não "enchem água" na noite de quinta para sexta-feira, nem na de sábado para domingo. No comé há duas latas para isso e um tonel próprio, que deixam enchendo. Várias filhas vão ajudar, e as mais idosas carregam meias latas. No comé, a água é guardada em grandes jarras. Dona Celeste diz que a "enchente" das jarras é como a festa das águas de Oxalá nos candomblés da Bahia. Há várias jarras ou potes, algumas bojudas e grandes, com mais de um metro de altura, e outras pequenas. Há três que são mais antigas, tendo as orelhas bordadas com flores em alto-relevo: são as de Quevioçô, Bedigá e Zomadônu. As outras são imitações das antigas que foram se quebrando e, com os mesmos modelos, feitas ainda ao tempo de Mãe Andresa. As jarras são arrumadas por famílias de voduns. Os potes menores, em volta dos grandes, são dos toquéns. Averequete tem uma bilha de pescoço grande. Dentro do comé, além dos potes, colocam-se também pratos de louça ou barro, travessas de louça e cuias, para comidas, remédios e banhos.

Toda vez que uma filha da Casa chega da rua com vodum, antes de entrar, limpa-se a soleira da porta com água do comé. Nunes Pereira (1979, p. 29) lembra que, quando as pessoas entravam no comé, Mãe Andresa dizia ritualmente: "Entra, como entrei, bebe, como bebi, sai, como saí". Afirma ainda que as mães de antigamente diziam: "Eu quero beber água; minha garganta está em tuas mãos". Estas frases ainda são ditas pelas vodunsis que estão introduzindo outra no comé. Dizem que é uma advertência para só se entrar lá dentro puro e só fazer o que as outras fazem.

---

47 A Fonte do Apicum localiza-se ao fim do chamado Caminho da Boiada, quase no cruzamento com a avenida Kennedy, ou Guaxenduba, próximo à Praça da Bíblia, num terreno murado junto à última casa da rua, à esquerda de quem desce. Atualmente, é muito utilizada por lavadores de carros. Está localizada a menos de um quilômetro da Casa das Minas. O pessoal da Casa lembra que, antes da abertura da avenida Kennedy, que cortou a Quinta do Barão, ou chácara do Colégio Maristas, havia no local várias fontes onde as mulheres costumavam ir lavar roupa. As outras foram fechadas, mas a Fonte do Apicum, que tem muita água, permaneceu funcionando. A água é muito pura, o poço está sempre cheio, transbordando, e com o sol forte vê-se seu fundo límpido. Dizem que esta fonte nunca seca.

Pedras de assentamento

O quintal da Casa das Minas chama-se *gume*, palavra jeje que significa terreiro e se assemelha a *guma*, a varanda de danças, ou *comé*, o quarto dos santos. Em várias partes da Casa, como no quintal e no comé, há assentamentos, trazidos da África e colocados ritualmente em algum lugar por seus fundadores (Nunes Pereira, 1979, p. 38). As filhas dizem que, por causa dos assentamentos, Mãe Andresa não deixava criarem bichos no quintal. Os assentamentos são também chamados fundamentos, porque assinalam o lugar onde moram as divindades, onde reside sua força mágica (Cacciatore, 1977)[48]. Dona Deni diz que a força de chegada do vodum é primeiro no assentamento, depois é que a filha recebe o reflexo, pois, senão, ela cairia com essa força. Em muitas casas, diz ela ainda,

> o transe é muito violento, por falta de assentamento adequado. Os assentamentos são preparados com pedras vivas. Hoje não se sabe fazer outro terreiro como o dos jeje, pois é preciso ter competência para se saber como apanhar as pedras. Tem que se saber como tirar a pedra do fundo, como trazê-la e afastar toda impureza para ter valor, do contrário a pedra não serve e pode estar morta ou ser apenas um braço, uma perna e não o corpo inteiro. É preciso saber se o corpo está inteiro e quem é o dono dela. Para se fazer isso, tem-se que estar purificado e se concentrar muito. Se falhar, a pessoa morre. A pedra viva nasce da força da natureza e atrai o vodum. Se estiver pura, é uma coisa dele. Não precisa ser uma pedra grande. Todo vodum tem a sua pedra e ele é que manda o médium buscá-la. Tem que se esperar a hora, como tudo da vida. Quando se tem competência, o vodum manda. É serviço de vodunsi-gonjaí. As africanas eram gonjaís e vieram preparadas para assentar o terreiro. A pedra é como um ímã que tem a força do vodum. A sujeira principal é a maldade. Tem gente que chega na pedra de assentamento, se concentra no mal e pede para matar. Tem gente que faz isso, assim as coisas de assentamento não podem andar nas mãos de todo

---

48 Monique Augras (1995, p. 137-149) apresenta interessantes reflexões sobre o assento dos deuses. Citando Yeda Castro (1983) e Maupoil (1941), lembra que, no campo das religiões afro-brasileiras, a curiosa palavra *assento* não é lusitana. Provém do étimo fon, que designa uma espécie de altar portátil ligado ao culto dos antepassados e à divinação. Castro (1983, p. 81-106) menciona a existência de "semelhanças casuais, mais notáveis, entre o sistema linguístico do português de uma parte, e, de outra parte, das línguas africanas que o mestiçaram" (1983, p. 97-98). Lembra adiante (1983, p. 100) a transferência da palavra *assento* (fon), "lugar onde se assenta ou coloca o *assém*, objetos consagrados a uma divindade...".

mundo. Na Casa das Minas não se vê nada e não se sabe como foi feito. Não se deixou nada para se ver. O que está guardado no fundo não é para se mostrar. O que os fundadores fizeram não deixaram ensinado para ninguém desmanchar.

Afirma-se que as últimas africanas da Casa cobriam os assentamentos do comé mandando enterrá-los em torno das paredes do quarto, num degrau de cimento, com as jarras e louças em cima. Elas os cobriam com medo de perseguição, de invasões na Casa: se o comé fosse violado, nada deles se acharia[49]. No comé só entram as dançantes e os tocadores que tenham mais de quatro ou cinco anos de preparo e que tenham sido limpos, inclusive para executarem serviços de pintura e eletricidade. Na Casa, nenhuma dançante tem uma pedra ou pote para si, só os voduns é que têm potes e pedras. Esta constitui uma das características estruturais que diferenciam o modelo do tambor de mina do Maranhão do candomblé da Bahia, mais difundido no Brasil.

Em conversa com as vodunsis, fizemos uma reconstituição da disposição dos assentamentos no comé da Casa das Minas, a partir da esquerda de quem entra: Nanã, Doçu, Acóssi, Quevioçô, Dambirá, Savaluno, Zomadônu, toquéns, Ajautó, Bedigá, todos os demais, Naé e as tobóssis.

Alguns assentamentos estão no comé e outros, espalhados pela casa, na varanda, na cozinha, no quintal e em outras partes. Em cada assentamento do quintal, os fundadores plantaram árvores como pés de cajá, ginja, pinhão branco (de Acóssi) e outras.

Dona Rita nos disse que houve gente, na Casa, que queria acabar com o terreiro e foi à Bahia aprender a fechá-lo com um homem que havia fechado outro terreiro jeje de lá. Mas quem fechou o de lá não podia ensinar a fechar o daqui: não há ninguém que saiba onde estão enterrados todos os fundamentos. Dona Dudu, chefe da Casa de Nagô, que dançou desde 1916, disse-nos que, antes de ela dançar, a Casa de Nagô tinha sido vendida pelos filhos e netos da fundadora, Dona Josefa. Quem a comprou, entretanto, não conseguiu morar lá, pois a casa era assombrada, devido aos assentamentos. A Irmandade resolveu então se associar e comprou-a novamente, porém não compraram mais o prédio ao lado, que também fazia parte da Casa de Nagô.

---

49 Quem fez esse serviço foi o pai de Dona Amélia, ao tempo de Mãe Hosana, antes da última feitoria, no início da década de 1910, quando se refizeram algumas paredes da casa.

Banhos e plantas

Antes e depois de festas e de outras cerimônias, o pessoal da Casa das Minas usa banhos de limpeza feitos com ervas e com água guardada nas jarras do comé. Antes das festas, o banho é de purificação, e, depois, é feito para se voltar com o espírito preparado. Os banhos ficam numa bacia no pêndome, ou altar de Nanã, e são usados pelas dançantes e tocadores, sendo também distribuídos entre alguns amigos, que os recebem em pequenas garrafas para passar no corpo.

Há banhos para matança, com os quais se lavam os pés dos bichos que vão ser mortos: são um tipo de *amansi*. O amansi (Nunes Pereira, 1979, p. 31) ou amaci (Cacciatore, 1977) é uma água para se purificar, em que se maceram folhas de cajá — chamadas, na Casa, aconcone — e folhas de estoraque — aquíci ou quíci, em jeje —, e que também leva água do comé, um pouco de sal e outros elementos. Lá sempre se prepara o amansi para as festas e com ele se limpam os pés dos bichos que serão sacrificados, os objetos sagrados, os colares rituais, a cabeça das iniciadas etc. Há também o amansi de feitoria, o de limpeza, o de defunto etc. Em cada festa entram ervas diferentes. O de Acóssi leva mastruz e, em outras festas, usam-se outras plantas. O amansi para banho é feito em qualquer dia. É preparado no comé, próximo ao dia da festa. Não é toda dançante que o prepara. Não há cantigas especiais para fazê-lo. O de Sábado de Aleluia é preparado em grande quantidade para todos.

As filhas e os tocadores têm o costume de usar banhos na cabeça e nos braços, principalmente junto ao altar de Nossa Senhora da Piedade, que fica na Sala Grande, ao lado da porta do comé. No Sábado de Aleluia, pessoas da Casa e amigos recebem vidros com o "banho da felicidade", para usarem em casa. As filhas lembram que, antigamente, havia dois tonéis com água preparada para os banhos de todos da Casa e amigos, nas festas principais.

Cada filha, depois de uns cinco anos de dançante, recebe uma garrafa contendo ervas e álcool, que usa quando sente necessidade, passando nos braços, na cabeça e no rosto. As vodunsis têm que se limpar antes de virem para a Casa das Minas e, por isso, têm sempre em casa a garrafa de banho. Dona Celeste nos disse que sua garrafa tinha mais de vinte anos, pois a primeira se quebrou. Disse que nela sempre coloca álcool, e as principais ervas que contém são as seguintes: fava de baunilha, rosa-todo-ano, cachopa de jardineira, rosa verde, patchuli. Os outros elementos não lembrou. De outra vez, Dona Celeste falou que na garrafa de banho usam: cravo-todo-ano, pendão de jardineira, rosa verde, flor de pau-d'arco branco, patchuli, fava de baunilha e outro elemento que não lembrava. Dizem que algumas garrafas costumam ter sete elementos, outras 11, mas, em geral, elas nunca se lembram de todos de uma vez. Dona Celeste disse que o banho de Natal leva, entre outras, as seguintes plantas: casca sagrada, pau-de-rosa, alecrim, patchuli, cravo-da-índia, pau-d'angola e outras de que não lembrava. Em outra oportunidade, lembrou que o banho de Natal leva também manjerona e estoraque. Nunes Pereira (1979, p. 166-167) indica a composição do banho de Natal da Casa das Minas, a saber: estoraque, oriza, pinhão-roxo, pinhão-branco, manjerona, trevo, alfavaca, alfavaca-do-campo (também dita de galinha), erva-santa — chamada japana —, tipi ou tipuana, pau-d'angola. Indica também o "banho da casa", ou *jipió*, com casca de mandioca e jipió, para pessoas que se encontram em dificuldades de vida.

Hubert Fichte informou que, em conversa, Dona Deni lhe indicou o nome de 11 plantas que são usadas no banho para a feitoria das filhas da Casa das Minas, a saber: cabi (*wasca* peruana)[50], oriza, cajá, vindica, estoraque, canada-índia, manga, bordão-de-velho, catinga-de-mulata, alecrim e pau-d'angola. Fichte (1985) diz que o número 11 é um número sagrado para os daomeanos.

Além dos *banhos* de festas, dos *banhos* de garrafa, há também *garrafadas* de remédios[51]. O pessoal da Casa das Minas, como, em geral, os membros dos cultos afro-brasileiros, conhece, utiliza e recomenda vários tipos de garrafadas, para numerosas doenças, preparadas com álcool ou cachaça, ervas e outros produtos deixados em infusão por algum tempo, que são passados no corpo ou bebidas.

---

50 Berg (1991,p. 494) informa que: "Fichte (1985), vindo de viagem pela Amazônia Ocidental, alto Amazonas, provavelmente desconhecia a sutil diferença entre 'cabi' e 'caapi', chegando até a incluir 'mariri' como cabi em sua lista de plantas receitadas na Casa, a 'chacrona' ou 'rainha' (*Psychotria viridis* Ruiz e Pav., Rubiaceae) que é usada junto com o 'caapi' — *Banisteriopsis caapi* (Spruce ex Griseb.) Morton —, no alto Amazonas, principalmente pelos xamãs peruanos e brasileiros e pelos adeptos do Santo Daime. Estas duas espécies com certeza não são utilizadas ou prescritas na Casa das Minas e dificilmente no Maranhão, antes da difusão da 'seita do verde'. O que existe na Amazônia Oriental (PA, AP), principalmente por meio de pajés, curandeiros, pais e mães-de-santo, é o emprego do 'cabi' ou 'cabi preto' (*Cabi paraensis*) para tratar doenças de fundo espiritual ou que suspeitam adquiridas por feitiçaria. O contato intensivo com pessoas de cultos afins, frequentadores e mães de terreiro do Pará e Amapá, além de viagens a estes locais (para compras, segundo uma informante) e a necessidade de aprender uma planta mágica para combater influências da sociedade envolvente, teria favorecido esta assimilação."
51 As garrafadas de remédios são elementos da terapêutica popular bastante conhecida pelos folcloristas. Camargo (1975) caracteriza a garrafada como "constituída por uma combinação de plantas medicinais, produtos animais e minerais, tendo como veículo a aguardente ou o vinho. As receitas são recomendadas por 'guias' de centros espíritas ou de cultos afro-brasileiros..." (p. 5).

Nos dias de festa, é comum pessoas da Casa e amigos fazerem consultas aos voduns a respeito de doenças ou outros problemas. As filhas conhecem e ensinam remédios caseiros e garrafadas, e também podem fazer consultas aos voduns. Nesse caso, leva-se uma vela com o nome e endereço da pessoa. As filhas que são videntes fazem consultas aos voduns por meio dessa vela. A filha acende a vela no comé, concentra-se e pede para ver o que é. À luz da vela, o vodum costuma revelar a doença e o tratamento que se lhe pode dar. Outras interpretam vidências e sonhos. Algumas costumam jogar cartas de baralho, mas nem todas têm confiança nesse jogo. Os voduns da família de Dambirá costumam receitar remédios de ervas para beber, banhar ou passar no corpo, conforme o tipo de doença. Os da família de Quevioçô dão passes ou vibrações, que anulam as más influências, passando as mãos próximo ao corpo da pessoa (Cacciatore, 1977). Também rezam ou benzem com folhas ou com o rosário. Os voduns de Davice fazem benzimentos e rezas.

Um dos remédios usados pelos voduns é o óleo de dendê, que se deixa no pé de pinhão-branco de Acóssi por uns dias, para purificar, e se usa passando na testa. Também é muito usado o bálsamo-santo ou bálsamo-do-Peru, de diversas formas, como, por exemplo, com um pouco de azougue (mercúrio) e outros elementos, para se evitar "encosto" ou feitiço.

Nunes Pereira (1979, p. 47), referindo-se a plantas utilizadas em banhos e remédios na Casa das Minas, afirma que "lá não se cuida de feitiçaria, isto é, da prática de malefícios ou do preparo de filtros, amuletos etc.". Observa ele, também, que "somente a prática dos seus deveres, das suas obrigações, pode tornar um fiel digno da proteção dos voduns e dos benefícios materiais e espirituais que distribuem". Tais afirmações ilustram, de modo geral, a opinião oficial que se tem na Casa das Minas acerca do uso de plantas, remédios, consultas etc. A esse respeito, Dona Deni nos disse:

> Hoje tem gente que quer fazer despacho todo dia, podendo fazer coisas erradas e trazer complicações para a própria pessoa. Os voduns não vivem à nossa disposição, não são nossos empregados e não vêm fazer o que a gente quer. Eles podem ajudar a afastar alguma perseguição, mas não fazem despachos. Também não se pode dar qualquer tipo de banho para toda pessoa. Depende do caso.

Em São Luís, a Casa das Minas não é conhecida como um local em que se vai procurar cura e remédios. Lá, em geral, se criticam outros terreiros e pessoas que ganham dinheiro e fazem comércio com banhos, plantas e despachos. Dona Amância, como já referimos, antes de morrer, fez acusações a algumas pessoas de estarem querendo transformar a Casa das Minas em casa de umbanda, preparando e vendendo garrafadas. Esse assunto é, portanto, muito polêmico, relacionando-se com objetivos práticos e imediatos, que alguns consideram uma forma de magia. Também se relaciona com consultas e curas, mediante a utilização de elementos naturais e sobrenaturais, por outros considerados charlatanismo, e que foi um dos motivos alegados para muitas perseguições, no passado.

Na Casa das Minas, há um clima geral de muita discrição sobre esse assunto. Na prática, quando uma pessoa da Casa é consultada por pessoas que trazem outras com problemas, encaminha-as para uma ou outra filha da Casa que tenha maior conhecimento de plantas medicinais. Recomendam-se banhos de ervas para cortar o mal que a pessoa tenha ou para afastar Legba, ou Exu. Se o cliente é médium e se não tiver divindade da Casa das Minas, sugere-se que seja levado para outros terreiros. Se tiver divindade da Casa das Minas, é preciso reconhecer seu vodum, por vários processos, mas, em geral, dizem que o próprio vodum se identifica e os outros o reconhecem. Antigamente, mandavam-se as pessoas de fora para terreiros já desaparecidos, como o de Maximiana, no bairro do João Paulo, o de Vó Severa, no Apeadouro, o de Anastácia da Turquia, no Outeiro da Cruz, o de Noêmia Fragoso, no Cutim, o de Mãe Pia do Egito, no Itaqui, o de Maria Cristina do Justino, no Bacanga etc. Hoje são mandados para alguns outros terreiros atuais, pois quase todos os antigos já desapareceram.

As filhas da Casa das Minas têm todas uma forma de ganhar a vida, pelo menos uma aposentadoria de salário mínimo. Algumas têm mais posses, em virtude do trabalho, mas, em geral, pertencem à classe média baixa. Elas costumam pedir, com discrição, ajuda a diversas pessoas amigas, para as principais festas e para a manutenção do culto e da Casa.

Na Casa há também pessoa que joga cartas para adivinhar o futuro, serviço que é pago, "pois do contrário não tem efeito". Essa pessoa diz que aprendeu a jogar na Casa mesmo, com as mais velhas, embora nem todas acreditem ou aceitem. Essa pessoa também prepara banhos e remédios com ervas, que exigem despesas para a aquisição dos ingredientes. Tais despesas são custeadas pelos interessados, que deixam sempre algum presente ou "agrado". Em outros terreiros, isso costuma acontecer e há sempre algumas pessoas que se dedicam mais a essas atividades e recebem alguma recompensa material. Fala-se que Mãe Andresa também exercia tais atividades, e assim ganhava muitos presentes e ajudas para a Casa. Andresa conhecia plantas e preparava remédios e banhos para pessoas amigas. Naturalmente, Mãe Andresa não ensinava estas coisas a qualquer um. Diz-se que ela não era de falar muito, pois "a alma da coisa está no segredo". Ela benzia e dava remédio aos que lhe pediam, mas não contava a todo mundo.

Na Casa, dizem que as plantas são segredos de Acóssi. Em geral, o pessoal de santo, como as filhas da Casa das Minas, não gosta de falar muito sobre plantas e remédios. É um dos segredos do culto, que não costuma ser revelado com facilidade a qualquer pessoa. Não são todas as filhas que conhecem e que preparam banhos e remédios. As que os conhecem não conversam muito sobre o assunto.

O pessoal de Dambirá, como Andresa e Filomena, é que costuma cuidar de remédios e plantas. Quando Mãe Andresa ficou doente, não havia mais quem tratasse das plantas. O mato cresceu e Dona Manoca mandou cortá-lo, para evitar moscas e cobras. Com isso, muitas plantas se perderam. Sempre mandavam vir algumas de Belém ou de Manaus, como o patchuli e o junco, cujas raízes usam em banhos de garrafa. Atualmente muitas plantas têm que ser compradas no mercado, pois não se as tem mais. O quintal, entretanto, é grande, ainda possui plantas importantes e árvores relacionadas com o culto. Dizem que as plantas e árvores de lá foram "curadas" e, por isso, não dão mudas, ou seja, as de lá não nascem em outro lugar.

Entre as árvores da Casa das Minas, a mais importante é a cajazeira sagrada. Dizem que, antes da cajazeira, os fundadores plantaram uma gameleira, que durou uns cinco anos, mas que não se adaptou ao clima e ao lugar. A gameleira, a árvore de Loco, durou pouco (embora se vejam algumas no Maranhão). O fruto da cajazeira é chamado popularmente taperebá, como o indicam o Dicionário Aurélio (Ferreira, 1975) e Nunes Pereira (1979, p. 57-58), informando, esse autor, ainda, ser chamado *munguengues*[52] em Angola e no Congo. O nome das folhas da cajazeira em jeje é *aconcone*, que se assemelha a — e que Nunes Pereira (1979, p. 31) confunde com — o nome do vodum Agongone, da família

---

52 O termo *munguengue*, indicado por Nunes Pereira (1979, p. 58), pelo qual diz ser conhecido a cajazeira no Congo e em Angola, é semelhante ao termo *munguengue* (Ferreira, 1975), denominação do tambor pequeno, ou *pererenga*, usado na dança do tambor de crioula e que tem ainda outros nomes, como *quirerê* (Vieira Filho, 1977, p. 21), *merengue* (Ferretti, 1979, p. 92) ou *mangongo* (Ferreira, 1975).

de Savaluno. Diz-se que a cajazeira é de Naé, é a firmeza da Casa e tem obrigações de todos os voduns, a começar por Zomadônu. Não se pode subir nela, não se lhe tira a casca, não se lhe cortam os galhos, comem-se apenas os seus frutos que caem e, se algum pombo pousar nela, é sinal de agouro. Quando há muitas ervas prejudicando a árvore, são tiradas com uma escada. Suas folhas são extraídas para diversos usos, batendo-se na árvore com uma vara. Antes, é preciso pedir licença, e quem faz é a vodunsi que vai preparar o *amansi*. Não se botam suas folhas no fogo.

Dona Manoca, pouco antes de morrer, combinou com Dona Leocádia e mandou cortar uns galhos da cajazeira que estavam batendo no telhado. Dona Leocádia estava muito velha e concordou. Dizem que Dona Manoca falou com o tocador Maneco, mas esse não quis cortá-los. Ela então chamou outra pessoa amiga para fazer o trabalho e não deu certo. O que cortou morreu em oito dias, e Dona Manoca morreu antes dos galhos brotarem. Ao ver a árvore cortada, um senhor espírita, amigo da Casa, disse: "Onde se viu um corpo sem cabeça?" Fala-se que Dona Manoca não consultou os voduns para mandar cortar os galhos, e pessoas que não são da religião não podiam opinar. O homem que foi cortar, quando cortou um galho, desceu e disse a Dona Leocádia, que estava sentada, olhando, que viu uma criança saindo de lá, um menino. Dona Leocádia disse para ele ficar calado e não dizer nada (ver Nunes Pereira, 1979, p. 186).

Embaixo do pé de cajazeira só se deve colocar terra como num canteiro, para que as raízes não fiquem de fora. Não se deve colocar cacos de potes quebrados. Dona Deni disse que sempre os tira quando os encontra por lá. Antigamente, as tobóssis colocavam seus brinquedos ali, perto do pé de cuinhas, em cujas folhas distribuíam o acarajé, na Quarta-Feira de Cinzas. Não se deixa ninguém chegar perto da árvore. Antigamente, ali embaixo havia dois grandes búzios, que mediam quase meio metro cada um. As crianças gostavam de ir lá ouvir o barulho do mar, e as velhas brigavam. Numa época em que moravam lá apenas umas poucas pessoas, os dois búzios sumiram, levados por alguém. No fundo do quintal, nasceu outro pé de cajazeira, próximo à cerca. Dizem que se a cajazeira grande morrer, tem-se que plantar outra. Não pode ser qualquer árvore, tem que ser árvore grande, que tenha bastantes folhas, dê sombra e seja medicinal.

Outra planta importante é o pé de pinhão-branco que foi assentado para Acóssi. Quando morre um, nasce sempre outro no lugar, e lá há um rodapé de cimento onde colocam água, remédios e obrigações para Acóssi. Um dia o pé caiu. Dona Deni sonhou que estava havendo alguma coisa errada e viu em sonho um velho que vinha lhe avisar. Foi para lá e achou o pé quase se acabando, mas conseguiu salvá-lo.

Dizem que os pés de ginja foram trazidos da África. São também chamados pitanga africana e têm fruta vermelha, parecida com acerola, cereja ou groselha, servindo para preparar doce e bebida. Um dos pés é das tobóssis e o outro, dos toquéns. Há ainda no quintal pés de carambola, pitanga, manga, goiaba — de onde, como lembramos, tiram varetas, os aguidavis, para tocar os tambores e para tocar na bacia durante o tambor de choro. Há outras plantas como babaçu, mamoeiro, coco-da-praia, mangueira etc.

Dona Deni disse que havia um pé de cabi e outro de bordão-de-velho, próximos à cozinha. Dona Davina, de Bagono, mãe do tocador Benedito (ambos já falecidos), cuidava de um pé de cabi.

Cajazeira sagrada de nochê Naé, 1983 — foto de Sergio Ferretti.

O estoraque, ou benjoeiro, também é de uso comum na Casa. É um arbusto ornamental de origem asiática de que se extrai resina aromática empregada em farmácia. O estoraque é usado, entre outros, no banho de Natal e no *amansi* de limpeza dos bichos que vão ser sacrificados.

Da mesma forma, o bálsamo santo, que é uma espécie de óleo que se passa na testa para acalmar o nervosismo e para outros fins[53]. Usam também pó de chifre de bode, para vários fins, e muitos outros remédios caseiros.

Na Casa das Minas, durante as festas de voduns, não há o costume de ingestão de bebidas alcoólicas. A embriaguez, os vícios de excesso de bebidas, de fumo de diamba (maconha) e outros são condenados pelos voduns (Pereira, 1979, p. 47). Algumas vodunsis, entretanto, gostam de beber em outras ocasiões. Dizem que Dona Amância começou a beber desde muito nova. Esse vício, contra as normas da religião, fez com que ela perdesse a proteção dos voduns. Dona Flora, já muito idosa, várias vezes deixava de participar das festas por causa de bebidas. As filhas da Casa dizem que evitam bebidas alcoólicas horas antes de receber o vodum. Durante o transe, não se bebe nem se come nada.

Na Casa, como indica Nunes Pereira (1979, p. 145-146), alguns voduns gostam de fumar. Fumam em cachimbos de barro com cabo (taquari) longo. Nas festas, é comum ver alguns voduns sentados, conversando e fumando na sala grande. Mãe Andresa gostava muito de fumar e há um retrato dela, muito conhecido, sentada fumando num cachimbo com cabo longo. Há voduns que fumam, e outros, como Badé, que não gostam disso. Há voduns que deixam de fumar por proibição médica da filha que o carrega, como Averequete em Dona Celeste. Jogoroboçu, em Dona Enedina, gosta de fumar, como alguns outros. Fumam na Quarta-Feira de Cinzas, na hora de despacharem a carga, na despedida dos voduns. Na quinta-feira, quando se distribuem, entre as filhas e

---

53 Soubemos que pessoas de cor negra, algumas ligadas a grupos de culto afro-brasileiros, utilizam determinadas plantas e medicamentos tradicionais, especialmente durante a gestação, com o objetivo de clarear a cor da pele de seus descendentes. Por solicitação do Instituto Italiano de Etnomedicina da Universidade de Pádua, fizemos indagações entre alguns membros de grupos de tambor de mina em São Luís a esse respeito. Na Casa das Minas não obtivemos nenhuma resposta, mas em outros locais ficamos sabendo que são utilizados com esta finalidade, entre outros, os seguintes elementos: sumo de folhas de batata-doce, usado para clarear manchas da pele e a cor de pessoas escuras; leite de janaúba, vendido em garrafadas, em ervateiros, nos mercados da cidade: é tomado como purgante e, em doses menores, por gestantes, para clarear a pele dos filhos; leite de magnésia de Phillips, medicamento tradicional, tomado em pequenas doses durante a gestação, para que os filhos nasçam com a pele mais clara, e laxante Lefor, medicamento tradicional também, vendido em algumas farmácias e considerado mais eficiente que o anterior.

alguns amigos, coisas que restaram do Arrambã — como frutas, doces e licor —, também se distribui um pouco de fumo de rolo, que tem, como se vê, diversas utilizações rituais.

TRATAMENTO DE ALGUMAS DOENÇAS E DA LOUCURA

Conforme já foi visto, na Casa das Minas, como em outras casas de culto afro-brasileiras, costuma-se aplicar a medicina tradicional no tratamento de diversas doenças. Embora criticada pela medicina científica que "se representa como detendo o monopólio do saber médico" (Loyola, 1979, p. 227), em muitos casos, principalmente entre populações de baixa renda, essa medicina tradicional é "uma alternativa possível às longas filas do INPS e às receitas inacessíveis de médicos oficiais" (Loyola, 1979, p. 228).

Algumas doenças são atribuídas a perseguições, feitiçaria, inveja etc. Crianças pequenas são consideradas suscetíveis a doenças provocadas pelo "mau-olhado", tratado com rezas e benzimentos. Há pessoas que sofrem de doenças de pele, outras que perdem a voz ou a visão, ou que sofrem outros infortúnios temporários ou permanentes, atribuídos a punições sobrenaturais, e são curadas por tratamentos tradicionais e religiosos.

Muitos, acometidos de acidente vascular cerebral (AVC), comumente chamado congestão ou derrame cerebral, procuram terreiros de tambor de mina. O AVC é doença comum entre homens e mulheres, de idade variada, acarretando a paralisia de um lado do corpo. Pessoas que são filhas-de-santo contam que no passado foram acometidas por esse mal, tendo ficado paralíticas por cerca de um ano ou mais tempo, e que se curaram tratando-se nos terreiros. Inúmeros tipos de tratamento são referidos. Um dos medicamentos tradicionais mais utilizados para combater esse mal é a chamada Aguardente Alemã com Jalapa, fabricada em laboratórios tradicionais do Sul ou do Nordeste[54]. No início da enfermidade é indicado como purgante, ingerindo-se todo o vidro de uma só vez, e depois, durante o tratamento, é tomado diariamente em colheres pequenas, uma vez ao dia, diluído em chá. É também utilizado em garrafadas para fricção ou massagem. Uma dessas garrafadas contém álcool, uma colher pequena

---

54 Por exemplo, a Aguardente Alemã (Tintura Jalapa Composta), fabricada pelo Laboratório Madrevita de Fortaleza, é vendida em farmácias de São Luís, em frascos com 30 ml, ao preço equivalente a cerca de meio dólar, em maio de 1982.

de Aguardente Alemã, cinco flores de cravo-de-defunto amarelo, uma porção de erva-santa e um pedaço de cânfora. Deixa-se alguns dias em infusão e, depois, passa-se na parte "esquecida" do corpo, sobretudo na abertura da "moleira", na nuca e perto dos ouvidos, para que penetre no cérebro. O remédio deve ser usado à noite, e a pessoa que recebe o tratamento tem que se resguardar do frio e da água. Para a cura da mesma doença, ensinam-se também diversos outros meios tradicionais, como, por exemplo, beber diariamente uma colher de sopa de salmoura de carne, receber massagem com cinzas etc.

Dona Enedina com Jogoroboçú sentada fumando cachimbo, em janeiro de 1993 — foto de Sergio Ferretti.

Conhecemos uma senhora que era dançante na Casa das Minas e que se mudou para a Casa de Nagô. Depois de uns dez anos foi acometida de AVC, tendo ficado paralítica. Menos de dois anos após o acidente, submetida a diversos tratamentos tradicionais na Casa, recuperou grande parte dos movimentos.

Nos anos de 1981 e 1982, assistimos a alguns casos de pessoas submetidas a tratamentos em terreiros e que obtiveram melhorias significativas. Pessoas ligadas a terreiros de culto e, em geral, de camadas populares, costumam dizer que essa doença é mais bem tratada com remédios caseiros do que com a medicina científica, que não conhece tratamento eficaz para o mal. Parece-nos que seria de grande interesse científico uma pesquisa interdisciplinar, contando com a colaboração de antropólogos, médicos especialistas na área, enfermeiras, farmacêuticos etc., que pudesse acompanhar por algum tempo casos de tratamentos alternativos da medicina tradicional realizada em terreiros, casos de tratamento exclusivo da medicina científica e casos da combinação dos dois tipos de tratamento e, se possível, casos de gravidade semelhante em várias faixas de idade, para se verificar a eficiência de cada tratamento. Tal pesquisa, entretanto, não pode ser realizada facilmente, uma vez que o pessoal da área médica, especialmente em determinadas regiões do Brasil, demonstra inúmeros preconceitos contra o tratamento da medicina alternativa[55].

Outro tipo de doença, também comum entre pessoas que procuram os terreiros, são as doenças mentais e a loucura, em suas diversas formas. Entre os frequentadores habituais dos terreiros, alguns indivíduos sofrem das faculdades mentais e podem ser identificados com relativa facilidade. Alguns são frequentadores antigos e assíduos, comparecendo espontaneamente e, em geral, sendo aceitos com naturalidade pelo grupo, participando da maioria das festas. Outros são levados por parentes. Esse tipo de doença é também interpretada, com frequência, nos terreiros, como uma punição sobrenatural para a pessoa ou para seus familiares. Diversos filhos-de-santo dizem ter sofrido, em algumas fases da vida, certo tipo de doença mental, embora isto não seja absolutamente uma regra.

Na Casa das Minas, contam-se casos de pessoas que sofrem de perda das faculdades mentais por causas julgadas sobrenaturais. Dona Medúsia, gonjaí de Toçá, que ficou cega, tinha uma irmã, Almerinda Canela, que dançava na Casa

---

55 Constatando a grande incidência de "derrame cerebral" em pessoas ligadas a terreiros, Mundicarmo Ferretti (comunicação pessoal) tem se questionado sobre a hipótese da existência de inter-relações entre esta doença de origem cardíaca e a faculdade de se entrar em transe mediúnico, em função das alterações cardíacas que o estado de transe muitas vezes costuma acarretar.

com Ajautói, e já faleceu. Dona Almerinda se casou, e o marido, protestante, não queria que ninguém da família pertencesse à mina. Ela deixou de frequentar a Casa, teve um casal de filhos que ficaram loucos, e dizem que ela estragou a vida deles. Um, seu Jair, até com cerca de sessenta anos, frequentava muito a Casa. Dona Joana, dançante da Casa, teve uma filha, Benedita, que ficou louca. Benedita recebeu encantado, quando ainda menina, e Dona Joana, que conhecia remédios, conseguiu suspender a influência por algum tempo. Depois, Benedita passou a dançar no terreiro de Dona Maximiana. Pessoas da Casa das Minas disseram que ela tinha um vodum de lá e que a levassem à Casa, mas ela não foi. Benedita morou em São Paulo com a mãe, trabalhou em vários lugares, e era sadia. Casou-se com um homem que era "crente" e que não aceitava a esposa participar da mina. Desde 1962, ficou louca. Com vários tratamentos, ficou mais calma, vivendo em casa. Sua mãe dizia que os próprios médicos atribuíam a doença dela aos "invisíveis".

Contam-se vários outros casos de pessoas ligadas à Casa das Minas que são ou foram loucas. Dona Mariazinha, que morreu logo após Dona Amância, frequentou outros terreiros antes de ir para a Casa das Minas, e ficou louca. Lá, fizeram remédios para evitar a loucura dela. Dona Rita de Boçá, que dançou após a morte de Dona Amância, também andou em outros terreiros e ficou doente. Dona Conceição de Lepon morou algum tempo na Casa e continua ligada a pessoas de lá, mas quase não a frequenta e é meio louca. Dona Edwirges de Borutói, que também não frequenta muito a Casa, às vezes fica "doente da cabeça".

Algumas vezes, fala-se de pessoas que fizeram algo para não receber entidades sobrenaturais. O pessoal de santo geralmente evita fazer maiores comentários sobre o assunto, mas, às vezes, discretamente, falam de alguns casos de pessoas que "cortaram" o santo e não o recebem mais.

Dona Celeste nos contou que antigamente era costume que crianças de até sete anos recebessem voduns na Casa das Minas, como ocorreu com Dona Amância, Dona Marcolina e outras. Muitas vezes o Juizado de Menores não permitia que as crianças dançassem nas festas e elas tinham que permanecer sentadas. Com isso, os pais pediam para que se fizessem remédios que suspendessem a vinda dos voduns por algum tempo. Assim, até hoje, pessoas descendentes de antigas filhas da Casa dizem que as mais velhas fizeram remédios desde crianças para que elas não recebessem, e também porque a mina é uma coisa muito séria e é preferível não participar do que não segui-la à risca.

Na Casa, dizem que algumas pessoas com voduns mina jeje procuram curadores de outras casas para cortar ou afastar seu vodum, mas não conseguem, ficam doentes e são muito criticadas por isso. Contam-se também casos mais raros de pessoas que tiveram o santo cortado na própria Casa, principalmente por serem homens, pois lá não se aceita que homens dancem. As mais velhas lembram-se de um ou dois tocadores que recebiam vodum, mas não dançavam. Um foi tio Basílio, que morreu por volta de 1920. Dizem que teria havido outro na época da fundação, quando a Casa ainda funcionava em outro local. Fala-se que, depois, não houve outros homens que recebessem vodum na Casa, mas essa afirmação é discutível. Tivemos algumas referências a outros homens que recebiam vodum na Casa das Minas, mas não dançavam e eram tocadores. Em outros terreiros de São Luís, há sempre alguns homens que recebem divindades e dançam, embora em número muito menor do que as mulheres. Na Casa das Minas, entretanto, como na Casa de Nagô e em alguns terreiros de mina dirigidos por mulheres em São Luís, não se aceita que homens dancem e recebam voduns. Contam-se também casos de homens que receberam vodum e não foram aceitos na Casa.

Não se explica muito claramente por que os homens não são aceitos para receberem divindades nestas casas mais antigas, a não ser pela tradição. Umas acham que se os homens dançassem poderiam facilmente se desentender e brigar com os tocadores. Outras acham que homens dançando junto com as mulheres não seria bem-visto, ou que eles pareceriam mulheres. Nunes Pereira (1979, p. 119) diz que, no passado, é possível que alguns homens tivessem dançado na Casa, mas hoje eles só exercem a função de tocadores.

Antropólogos, médicos e outros cientistas têm se interessado pelo estudo de aspectos mágico-religiosos no tratamento de diversas enfermidades, especialmente de doenças mentais. Lévi-Strauss, em 1949, já fazia paralelismos entre a teoria psicanalítica e a teoria xamanística (1958, p. 206-226), constatando, por exemplo, que ambos utilizam a técnica denominada pela psicanálise de ab-reação, cuja eficácia simbólica consiste em induzir uma reorganização estrutural (Lévi-Strauss, p. 222-223). Luc de Heusch (1971, p. 226-244), refletindo sobre a medicina mágico-religiosa, considera a possessão e o xamanismo técnicas corporais de aproximação do sagrado, que implicam em mudanças de personalidade. Afirma esse autor que a possessão é uma

> *técnica que inverte radicalmente as concepções fundamentais da psicanálise, pois aceita o mal e o canaliza para novos fins [...] a cura é uma*

> *adaptação à própria desordem, transformando a doença (que é por definição ausência de comunicação) em estrutura de comunicação. A possessão autêntica é a linguagem dos deuses...* (p. 236-237).

Como vimos acima, é comum nos terreiros de tambor de mina atribuir-se a doença mental e a loucura ao castigo ou à punição das divindades, devido aos atos de uma pessoa ou de seus antepassados; ao não cumprimento de obrigações religiosas; a não se ter sido preparado ou iniciado adequadamente; a tentativas de interromper o recebimento do santo etc. Nessa perspectiva, como afirma Luc de Heusch, a loucura é interpretada também como uma ausência de comunicação com o sobrenatural, pois o transe e a possessão são formas de comunicação da divindade com os fiéis.

No Brasil e em muitos outros países, psiquiatras, psicanalistas e outros profissionais de saúde têm se interessado em conhecer e analisar formas de terapia mágico-religiosas adotadas pelas chamadas religiões de possessão. O psiquiatra inglês W. Sargant relata seu posicionamento e as viagens de estudo sobre o transe, que realizou em diversos países. Informa ele (Sargant, 1975, p. 180) que visitou locais de culto na Nigéria e no Daomé, em companhia de Pierre Verger, cujos escritos despertaram-lhe "o interesse inicial em examinar as semelhanças que parecem existir entre os métodos africanos de cura e adoração religiosa com expulsão de espíritos, e alguns dos métodos mais modernos de curas psiquiátricas...". Sargant coloca-se na perspectiva da Psiquiatria Transcultural que procura analisar as relações entre distúrbios mentais e o ambiente cultural. Ele estuda diversas formas de tratamento mágico-religioso, fazendo comparações entre a ab-reação e o colapso emocional, pelo viés da psiquiatria e da psicanálise, e a possessão. Para esse autor, "o método antigo de curar os possuídos afastando as entidades indesejáveis que os invadiram segue a mesma espécie de modelo dos nossos tratamentos das neuroses de guerra pela ab-reação com drogas" (Sargant, 1975, p. 64).

Rubim de Pinho, professor de Psiquiatria da Universidade Federal da Bahia, realizou pesquisas e publicou artigos sobre Psiquiatria Transcultural, em que estuda a possessão por espíritos como forma de terapia, bem como a atuação de curandeiros, pajés e outros agentes populares de práticas terapêuticas não médicas.

No Rio de Janeiro, o psiquiatra David Akstein há vários anos estuda transes rituais de origem afro-brasileira como forma de terapia e "criou uma técnica de psicoterapia grupal, não-verbal, baseada nos transes cinéticos rituais, descartados, porém, de seus elementos místicos e religiosos" (Richeport, [s.d.], p. 6).

Para ele, entre outros meios, o equilíbrio biopsicossocial dos adeptos de seitas espíritas brasileiras pode ser obtido através de transes rituais, passes, obrigações ou oferendas, banhos, despachos etc. Concorda ele que, no tratamento de psiconeuroses, o curandeiro tradicional, frequentemente, é mais eficaz do que a psicoterapia médica (Akstein, 1978)[56].

TRANSE RELIGIOSO, MEDIUNIDADE E VIDÊNCIA

Pesquisadores costumam distinguir o estado de transe da possessão. Lewis (1977, p. 50-52) denomina transe o estado de dissociação mental, que pode variar muito e está sujeito a diferentes controles culturais e a diversas interpretações. A possessão é uma invasão do indivíduo por um espírito, ou uma das interpretações do transe, e às vezes é visto como uma doença.

Os estudiosos costumam também fazer distinção entre possessão e xamanismo. Heusch (1971, p. 228-230) lembra que o xamanismo é característico de populações mongólicas e ameríndias, e os cultos de possessão caracterizam o mundo negro da África e da América: ambos são técnicas corporais semelhantes ou comparáveis e fenômeno mais social do que psiquiátrico. Acrescenta esse autor que o xamã é um curador mágico, cuja alma abandona temporariamente o corpo para procurar a alma perdida do doente ou para retirar-lhe o mal que foi introduzido no corpo. O xamanismo parece-lhe "uma elevação do homem aos deuses, uma técnica e uma metafísica ascensional; a possessão, por outro lado, é uma descida dos deuses e uma encarnação" (1971, p. 228-230).

---

56 Existe uma tendência comum de se ver os grupos religiosos afro-brasileiros como uma espécie de "psicanálise de pobre", o que é discutível e reducionista. Há pessoas que discutem se a psicanálise não seria uma espécie de religião da classe média endinheirada. A respeito, Augras (1995, p. 67-78), em instigante artigo sobre psicanalistas e pais-de-santo, afirma com propriedade: "No Brasil temos isso bem patente, no caso da folclorização das religiões de origem negra. Virando folclore, essas religiões puderam ser consumidas pela indústria turística. Este exemplo ilustra perfeitamente o mecanismo pelo qual uma religião periférica acaba sendo literalmente engolida pelo sistema dominante. Ora, podemos observar algo parecido na entrevista dos psicanalistas. De acordo com suas colocações, temos de um lado as religiões oficiais que jogam para escanteio os cultos reduzidos a magia, folclore etc. Do lado oposto, a psicanálise, convicta de estar concorrendo com as religiões oficiais, também despreza e até ridiculariza as religiões periféricas, mas não deixa de marginalizar as terapias alternativas, que trata como 'pequenas empresas independentes', usando exatamente a mesma estratégia aplicada pela religião aos concorrentes menores. Em ambos os casos, trata-se de segurar esquemas de poder. Isso para não falar de reserva de mercado. Tal como aconteceu com Lévi-Strauss, a busca de diferenças acaba desembocando em perturbadoras semelhanças" (1995, p. 75).

O xamanismo pode ser exemplificado nas sessões de cura ou pajelança, de origem ameríndia, comuns em muitos terreiros de tambor de mina do Maranhão, e nas quais apenas o líder do grupo entra em estado de transe. O culto de tambor de mina inclui-se entre as chamadas religiões de possessão, ou religiões iniciáticas, em que o transe religioso constitui um dos elementos fundamentais, e o papel desempenhado pelo indivíduo durante o estado de transe é aprendido por iniciação (Heusch, p. 236). As religiões de possessão, ou iniciáticas, são também denominadas religiões extáticas (Heusch, p. 227).

Na Casa das Minas, como informa Costa Eduardo (1948, p. 95), "a possessão é reprimida e parece induzida por padrões bem definidos, e frequentemente é difícil dizer se uma pessoa experimenta ou não o estado de possessão, a não ser pela toalha branca amarrada em torno da pessoa que recebeu a divindade". Também, durante os toques, enquanto aguardam a possessão, "as iniciadas sentam-se no banco, ao lado das tocadoras de cabaça, cantando cânticos. Para trazer o espírito à sua cabeça, as iniciadas gentilmente esfregam uma mão na outra" (Costa Eduardo, 1948, p. 95).

De fato, na Casa das Minas, como em geral no tambor de mina do Maranhão, o transe apresenta características pouco espetaculares, comparando-se com o que às vezes ocorre em outros rituais afro-brasileiros. Talvez, por isso, não tenha despertado a atenção de muitos estudiosos. Durante as cerimônias, quase não se percebe quem entrou em transe, a não ser por pequenos gestos e pelo uso da toalha branca, que é o principal destaque da divindade. A vodunsi sofre mudança de personalidade, de forma quase imperceptível externamente, e, em geral, exterioriza vivacidade no falar. Mas, embora seja um fenômeno social experimentado por várias pessoas, o transe é também uma experiência muito individual.

Dona Deni nos informou que, quando o vodum vem pela primeira vez, a pessoa não sabe. Nas outras vezes, fica um pouco apreensiva e nervosa, mas o vodum vem num momento de distração. Nas primeiras vezes, Dona Deni lembra que sentiu dor de cabeça, medo, como se estivesse com taquicardia e como se fosse morrer. No início, o corpo não está acostumado, depois vai se acostumando e o vodum vai se adaptando ao corpo. Ela diz que, na Casa das Minas, o transe é tranquilo e que, em outras casas, é violento, por falta de assentamento adequado. Para ela, deve-se evitar comer qualquer coisa umas três horas antes da festa, pois o vodum paralisa a digestão. Dormindo, a pessoa sonha, mas, com o vodum, não, embora algumas vezes fique como se estivesse sonhando. O transe nunca ocorre de uma vez: a pessoa vai sentindo a aproximação e, minutos antes, sente um sinal; mas a manifestação vem rápida. O espírito nunca abandona o corpo durante o transe. O vodum domina o espírito, mas o espírito nunca pode se afastar do corpo, e só se afasta dele quando a pessoa morre ou quando está dormindo, mas aí permanece com alguma comunicação.

Na Casa das Minas, há pessoas que dançam desde os sete ou oito anos de idade, e a iniciação da gonjaí era feita no mínimo aos 15 anos. Dona Deni foi para lá aos 11 e dançou com 17 anos. Ela informa que, depois do transe, a pessoa fica normal, só as novatas não. Os voduns vão embora aos grupos, no fim da festa. Às vezes, quando desperta, ela já está sem as roupas de dançante, que estão guardadas, e só sabe que dançou porque está suada e algumas vezes sente um vazio no estômago, por ter passado várias horas sem comer. Por isso, o pessoal da Casa das Minas deixa sempre na cozinha o prato das vodunsis, para quando elas acordarem. Depois, aos poucos, vem um cansaço, como se se tivesse trabalhado muito. Ainda para Dona Deni, o transe é como uma anestesia, e a pessoa não se lembra do que aconteceu. Quando o vodum passa muitas horas, depois do transe a vodunsi fica meio lerda e precisa dormir um pouco para se reanimar. Depois de muitas horas em transe, as mais velhas diziam que pareciam ter nascido de novo ou que se sentiam como se estivessem chegando de uma longa viagem. Dona Deni diz que, quando recebe seu senhor, sente-se como se estivesse dormindo, ou como se fosse uma sonâmbula que andasse dormindo. Depois do transe, só se lembra do que ocorreu se o vodum quiser, e aí a lembrança é como um sonho. Dormindo, às vezes a pessoa sonha, outras vezes não. No transe também, às vezes a pessoa lembra, outras não, pois o vodum não quer. Diz ela, também, que é necessário preparar o corpo para receber o vodum. Tem que tomar banho de limpeza em casa, fazer preces, concentrar-se, fazer confissão dos erros. Ela já sai de casa preparada e, quando chega à Casa das Minas, se concentra, procura esquecer todo o mal e reza o Pai-Nosso.

Pai Euclides nos disse uma vez que os cânticos são muito importantes, mas as plantas usadas durante a iniciação é que trazem o transe. Soubemos que, durante a iniciação, usam-se plantas que têm efeitos entorpecentes fortes, como a jurema ou dormideira, a papoula e a salsa-da-praia.

Segundo Dona Deni, uma médium já nasce do berço com este dom. Nasce com um guia — correspondente ao anjo da guarda na religião católica —, e o corpo pertence aos dois. Antes de nascer, fizeram um pacto, pois o guia precisa daquele corpo. Assim, o espírito já vem prevenido e tem consciência, mas a pessoa não. Todos têm seu guia, mas nem todos são médiuns: só os que entram em transe e recebem o guia. A religião é um caminho e os encantados também têm a sua religião. No mundo há muitos caminhos, todos levam a Deus, mas cada um segue o seu. O médium é uma área aberta e tem que dar caminho para o guia ou para o que não presta. Por isso, quanto mais ele orar, melhor.

Nunes Pereira (1979, p. 50-53) informa que a gente da Casa das Minas às vezes frequenta o espiritismo, embora não identifique os voduns com espíritos, como também não os identifica com os santos católicos, com "caboclos" e com "bichos do fundo", mas exclusivamente com a teogonia africana.

Constatamos que, de modo geral, as pessoas da Casa das Minas aceitam muitos elementos do espiritismo, como a doutrina da reencarnação. Dona Deni nos disse que frequentou o espiritismo durante certo tempo, o que pudemos constatar por algumas de suas ideias. Ela diz que, após a morte, alguns se reencarnam, mas nem todos, pois uns se purificam. Diz que não sabe se os antigos da Casa pensavam assim. Acredita ela que, atualmente, todas as pessoas são espécies reencarnadas, sendo difícil uma pessoa "primária", não reencarnada, mas não sabe se a reencarnação é sempre neste planeta ou em outros. Diz que no céu só há lugar para os espíritos que são santos. Inferno ela acha que é exagero, pois lá só há lugar para Satanás, e o espírito procura se purificar até se reencarnar. Se for bárbaro, tem que vagar como espírito mau. No outro mundo, quem manda é só Deus, e os guias têm que deixar o espírito vagar por causa da Lei de Deus.

É ainda Dona Deni quem sustenta que, na Casa das Minas, o culto é aos voduns e não aos espíritos dos mortos. Estes não baixam lá, pois os guias não consentem, mas vão doutriná-los. Os que morreram na Casa também não voltam, pois lá os mortos só se comunicam com os vivos por sonho ou por visão. Os voduns não gostam de contato com os mortos. Ela diz que Mãe Andresa e Dona Filomena acreditavam na reencarnação e achavam que devia haver espíritas para lidar com os desencarnados. Elas eram amigas de um chefe espírita famoso, o falecido Waldemiro Reis. Informa, entretanto, que Mãe Andresa não gostava que o pessoal da Casa frequentasse o espiritismo, embora algumas o fizessem por imprudência ou curiosidade. Quando se vai a um centro espírita, diz ela, tem-se depois que tomar banho de limpeza. Na Casa das Minas é o tambor de choro que tem a finalidade de informar ao espírito que a pessoa morreu.

Não há como negar, assim, que há muito contato entre a Casa das Minas e o espiritismo, preocupado, este, em formular uma doutrina erudita, parcialmente assimilada por membros de outros grupos religiosos. No entanto, a aceitação de ideias do espiritismo, entre os participantes do tambor de mina, varia com as pessoas. Ouvimos alguém dizer que não acredita na reencarnação, pois no Juízo Final haveria muitas pessoas e poucas almas. Na Casa das Minas, consideram-se os voduns como provenientes da África. Eles são também chamados de invisíveis ou encantados, e o ambiente em que se refugiam é chamado de encantaria. Encantados são também, lá, os voduns dos outros terreiros de mina, dos terreiros da mata, ou de caboclos, chamados beta. Dizem ainda que, quando um vodum se manifesta numa pessoa, os principais processos para reconhecê-lo são o cântico e certos gestos, e que o jogo só é feito quando há dúvidas.

A vidência é um dos aspectos da mediunidade, mas nem todos a possuem. Esse é assunto sobre o qual Dona Deni fala bastante: o médium vidente vê todos os voduns que estão na Casa das Minas, até os que não baixam por não terem filhas. Alguns médiuns não veem, mas sentem sinais e abalos. Para ser chefe e administrar a Casa, é preciso ser médium vidente. A vidência é um dom natural e muitas crianças veem seres sobrenaturais sem o saber. "É um dom adquirido desde o nascimento e que a pessoa desenvolve aceitando o que vê. O vidente vê muito, mas deve falar pouco, para não ficar perturbado e não passar por louco." Para Dona Deni, ninguém gosta de ser vidente, pois há coisas que não se tem vontade de ver. Na Casa das Minas, diz ela, muitas foram, e outras são, videntes, como Mãe Anéris, Dona Leocádia, Dona Filomena e Mãe Andresa, que falava pouco sobre isso. Há tocadores videntes. O vidente não precisa do jogo, e às vezes Legba muda o jogo dos búzios. A vidência não tem ritos nem obrigações especiais. Na Casa, a maioria dos filhos do lado de Dambirá são videntes, mas nas outras famílias também há videntes. Esse dom às vezes diminui nas pessoas com o passar dos anos.

Dona Deni lembra, ainda, que, no começo, ficava apavorada, mas Mãe Andresa dizia: "Nasceu com isso, vai ficar assim". E lhe dava banhos e remédios, com o que "o nervoso" foi passando. Andresa tinha muita paciência e, quando Dona Deni dançou, já não tinha mais medo do transe e da vidência. A vidência é perigosa, pois ataca os nervos. É preciso que a pessoa tenha auto-controle e se domine. Há voduns menos civilizados, que aparecem para amedrontar, e alguns videntes ficam doentes, tendo que ir para o hospital. Dona Deni, quando tem visões, procura decifrá-las. Dona Filomena sabia explicar tudo o que se via e ajudava Dona Deni nesse mister. Por algum tempo, Dona Deni frequentou sessões espíritas, para ver se deixava de ter vidência. Dona Andresa a reprimia, dizendo que nas sessões havia espíritos de mortos que podiam lhe fazer mal. A vidência, como o transe, não tem hora, pois do contrário daria medo.

Dona Deni conta que tinha visões desde criança. Ela e seus irmãos viam o vodum de sua mãe, tói Bedigá, "assim de punho", bem de perto, e ele é um homem claro. Depois passou a ver seu senhor, Lepon, que é um homem escuro, pobre e velho, e ela o vê mesmo fora da Casa das Minas. Diz que na sua família muitos são videntes, como sua mãe e seu filho mais velho. Ela lembra de ter visto desde pequena a Mãe-d'Água, com um cabelo preto enorme como uma nuvem. Em Rosário, interior do Maranhão, também via Surupira, que é uma sombra pequena e protege a caça. Houve épocas em que ia a outros terreiros e via a Pomba gira e o Exu Caveira. Dona Deni ficou um período sem ir à Casa das Minas e diz que, nesse tempo, sua vidência aumentou muito. Uma vez, ela viu um polvo e lutou com ele, que queria arrastá-la. Na sua casa, havia uma corrente de espíritos que atormentavam a ela e a seus filhos. Às vezes ela vê também algumas das figuras antigas da Casa, já falecidas. Uma vez, viu uma senhora de saia estampada e camisão branco e, em conversa com Dona Amélia, identificou-a como sendo Mãe Hosana, que estava aborrecida com Dona Amância, por esta ter ido morar na parte da casa que ela adquirira. Ela sonha muito com Mãe Andresa, que lhe explica coisas da Casa. Ela costuma acender vela no comé, para pedir aos voduns que mostrem a solução ou a resposta para algum problema, e vê a resposta à luz da vela. O vodum revela uma doença e o tratamento que deve ser dado. Às vezes, a resposta não vem logo e ela deixa de pensar no assunto. Depois de algum tempo, outra pessoa da Casa dá uma informação a respeito e que precisa ser percebida. A vidência deve ser desenvolvida com a ajuda de uma mãe-de-santo, pois as filhas que não têm experiência não a podem compreender.

Pelos padrões alternativos de conduta que possibilita, atualmente o estado de transe tem sido considerado por estudiosos como uma forma de terapia para doenças mentais, embora suas primeiras interpretações o identificassem com comportamentos normais e patológicos. Nina Rodrigues (1935, p. 109) considerava a possessão de santo como estado de sonambulismo, com desdobramento e substituição da personalidade, que podia ser provocada por hipnotismo, e relata experiências neste sentido efetuadas em seu consultório

(Rodrigues, 1935, p. 119-122). Baseado em ideias de Osterreich, Arthur Ramos (1951, p. 214-245) considera o transe um fenômeno muito complexo, ligado a vários estados mórbidos. Edson Carneiro (1936, p. 146) compara o estado de santo ao êxtase religioso. Herskovits (1969, p. 89-90) analisa a possessão entre negros da África e da América, considerando-a um estado psicológico com deslocamento de personalidade. Esse autor não concorda que a caracterizem em termos patológicos, devido à sua semelhança superficial com o transe histérico ou com manifestações anormais neuróticas ou psicopáticas. Diz, antes, que o transe não pode ser encarado como manifestação anormal ou psicopatológica, por ser conduta modelada culturalmente, induzida por aprendizagem e por disciplina.

Após este posicionamento de Herskovits, divulgado sobretudo a partir de 1947, o transe passou a ser encarado como fenômeno normal. Inspirado nesta perspectiva, Roger Bastide (1973, p. 293-323) afirma que o transe é o núcleo das religiões afro-brasileiras e considera-o um rito controlado, com modelos mitológicos — um fenômeno normal, porque social —, e procura identificar nele a pressão da sociedade sobre o indivíduo. Em outra obra (1978, p. 199-234), Bastide analisa a estrutura do êxtase no transe, considerando-a semelhante à estrutura do mito que lhe serve de modelo, enfatizando seu caráter teatral. Nesses capítulos, Bastide faz também longa análise do transe das tobóssis na Casa das Minas, que considera semelhante ao estado de erê dos candomblés.

Diversos pesquisadores têm realizado estudos importantes sobre aspectos do transe religioso. Lewis (1977), procurando elaborar uma sociologia do êxtase religioso pelo estudo do transe e da possessão, indica técnicas ou estímulos capazes de induzir o transe, tais como ingestão de bebidas alcoólicas, sugestão hipnótica, aumento do ritmo respiratório, inalação de fumaça ou de vapores, música e dança, ingestão de drogas, mortificações e privações etc. (Lewis, 1977, p. 41). Oportunamente, afirma Lewis que "a tarefa do antropólogo é descobrir em que acreditam as pessoas e relacionar operacionalmente suas crenças e outros aspectos de sua cultura e sociedade. Ele não tem a capacidade e nem a autoridade de se pronunciar sobre a 'verdade' absoluta das manifestações extáticas em diferentes culturas" (Lewis, 1977, p. 29).

O mesmo Lewis (1977, p. 32-34) subdivide os cultos de possessão em dois grupos: a possessão periférica por espíritos amorais, provenientes de povos vizinhos e hostis, que atacam sobretudo mulheres e homossexuais, e a possessão central por espíritos ancestrais e divindades autônomas, atingindo homens que competem pelo poder na sociedade. Considera ele que os cultos de possessão periférica, dos quais participam sobretudo os pouco privilegiados, constituem uma espécie de protesto marginal ou rebelião ritualizada, expressão de insubordinações canalizadas que não representam uma catarse completamente satisfatória das frustrações e ressentimentos reprimidos. Embora julguemos interessante a sua interpretação do transe enquanto rebelião ritual — inspirada em Gluckman (1974) —, não podemos incluir a religião do grupo que estamos estudando em nenhuma destas duas categorias, distinção que consideramos um tanto apressada e inadequada à nossa realidade. Tendo analisado o transe em inúmeras sociedades, muito pouco, entretanto, refere-se Lewis aos cultos afro-americanos, e, incompreensivelmente, não se refere ao Brasil, país que possui bibliografia tão ampla sobre o tema.

Outra análise é apresentada por Michtom (1975), que estuda o transe no espiritismo, empregando o conceito de ressíntese do *mazeway* de Anthony Wallace, tendo realizado estudos de caso numa rede social que se estende de Nova York a Porto Rico. Michtom dedica interessantes capítulos à análise da organização, crença e práticas do espiritismo, e aos principais processos de treinamento para se tornar médium, através dos estágios de dissonância, reinterpretação e ressíntese, nas perspectivas psicológica, cultural e social. A autora (1975, p. 317-339) considera o transe um elemento significativo do sistema cultural e um mecanismo adaptativo para se enfrentar a tensão emocional, o choque e o medo. Afirma ela que esse fenômeno pode ser interpretado sobrenaturalmente e, segundo outros, funciona como uma espécie de psicodrama, ou como um recurso ritualizado para definir objetivos a serem atingidos na criação de nova identidade pessoal e social.

Em outra perspectiva, Heusch (1971, p. 245-248) insiste no caráter sociológico da possessão e critica o Funcionalismo, que se contenta em descrever a religião como instrumento de controle social. Afirma esse autor que as religiões iniciáticas constituem uma utopia racional para enfrentar a doença orgânica e mental, considerada fruto de uma agressão sobrenatural.

O estudo de alguns rituais da Casa das Minas nos conduziu, desde uma descrição detalhada de diversos tipos de festas e cerimônias públicas, até a narração de aspectos da experiência individual do transe e da vidência mediúnica, passando por componentes como as vestes, a alimentação, as bebidas, as doenças, os remédios etc. Destacamos o valor de elementos naturais, como a água, as pedras, as plantas e os animais no culto, paralelamente à importância das cores, dos gestos, das danças, dos cânticos, da oralidade em geral etc.

Vimos uma série de ritos cuja descrição é complexa, por serem demorados, minuciosos e repetitivos, que não chegam a ser muito espetaculares, mas que contrastam com uma certa sobriedade da cosmogonia e da mitologia de referência. Constatamos que os ritos religiosos de grupos populares são constituídos, em geral, por uma série de gestos e ações dramáticas repetitivas, que visam a inculcar e reforçar valores do grupo, dentro dos ritmos característicos de uma manifestação religiosa. Na Casa das Minas, os ritos são como que expressivos em si, embora os mitos que os expliquem já não sejam bem conhecidos pela maioria. Concordamos com Turner (1972, p. 300-310), que considera os rituais como drama social que desenvolve, nos membros do grupo, sentimentos de segurança, estabilidade, purificação e proteção contra o mal.

IRMANDADE E VIDA COMUNITÁRIA

MODELOS DE ORGANIZAÇÃO

Os grupos de culto afro-brasileiros que têm sido estudados desde fins do século XIX tomaram, provavelmente, como modelos de organização instituições aqui existentes, como irmandades católicas, a Maçonaria e estruturas africanas semelhantes.

No Maranhão, merecendo apenas breves referências de alguns autores, as irmandades religiosas ainda não receberam, infelizmente, estudo adequado. Aqui havia inúmeras irmandades religiosas, algumas das quais atuantes até os anos de 1950, sobretudo durante as procissões da Quaresma. Aos poucos, foram desaparecendo, restando atualmente umas duas ou três. Entre elas, destaca-se a irmandade de São Benedito, que anualmente organiza uma das maiores procissões de São Luís. Desde fins da década de 1940, essa irmandade foi transferida da Igreja de Santo Antônio para a de Nossa Senhora do Rosário. César Marques (1970, p. 558-559) informa que a escritura de doação do terreno para a construção da capela de Nossa Senhora do Rosário, de São Luís, foi assinada pelos padres do Convento do Carmo em 1717, em favor "dos pretinhos irmãos da Virgem Nossa Senhora do Rosário", e que, na época, o rei dessa confraria era o preto Luís João da Fonseca. Meireles (1977, p. 181) refere também que "em 1745 se iniciou, pela respectiva irmandade, a construção da Igreja de Nossa Senhora da Conceição dos Mulatos, que era num largo à rua Grande", sendo concluída em 1762. Conduru Pacheco (1969, p. 473) indica que a Irmandade da Conceição foi dissolvida pelo bispo do Maranhão em 1904, após recurso ao Supremo Tribunal.

Também no Maranhão, os chamados cultos clandestinos (Hoornaert, 1977, p. 395) africanos provavelmente foram protegidos à sombra das irmandades católicas. A maioria das festas dos terreiros de tambor de mina é realizada nos dias de santos católicos que recebem a devoção dos voduns.

Na Casa das Minas, a festa de Averequete, que adora São Benedito, é no dia da procissão desse santo, a qual, atualmente, se realiza no segundo domingo de agosto. Após a procissão, reza-se na Casa, em latim, uma ladainha em louvor ao santo, forma pela qual começa a parte pública das festas. Quando as pessoas estão se retirando, ao término da ladainha, ainda diante do altar católico, os voduns, incorporados nas filhas-de-santo, iniciam em jeje as cantigas da ladainha dos voduns, pedindo proteção a Deus e aos santos católicos, convidando para a dança de tambor, que logo se inicia. Os voduns então se abraçam, cumprimentam os presentes e se retiram, dirigindo-se à varanda onde realizam as danças ao som dos tambores. A esse respeito, informa Nunes Pereira (1979, p. 33-53) que "receosos de perseguições e castigos da parte dos senhores, os escravos mantinham oratórios com santos católicos e a eles se dirigiam em língua africana engrolada e em latim...". Além disso, "os negros [que] entravam para as associações e irmandades católicas em pouco tempo iam absorvendo a direção, o mando e as vantagens que daí resultavam".

Quanto à Maçonaria, parece-nos provável que, pelo menos em alguns aspectos exteriores, os chamados cultos afro-brasileiros também tenham se inspirado nos modelos de organização dessa ordem secreta, embora não seja fácil a identificação de vínculos eventualmente existentes de um lado para outro.

Referindo-se aos segredos do culto e à sua organização, Dona Amância nos disse certa vez que considerava a Casa das Minas uma maçonaria de negros. É provável que, entre os comerciantes ricos que eram amigos e protetores da Casa no passado, alguns fossem maçons. Dona Dudu, da Casa de Nagô, nos disse uma vez, com muito orgulho, que trabalhou certo tempo como lavadeira na casa de uma importante família de maçons de São Luís. Transmitindo relato de Mãe Andresa, Nunes Pereira informa que

> *por ocasião do falecimento de um maçon, quando o cortejo fúnebre se dirigia para o Cemitério Municipal, sito numa praça à esquerda das últimas casas da rua de São Pantaleão, era obrigatório estacá-lo diante da porta central da Casa das Minas. Então, lá dentro se movimentavam as filhas e filhos dos voduns, tendo à frente a velha Nochê, e, por todo o bairro, ressoavam os toques dos tambores-de-choro...* (1979, p. 199)

Dona Deni, que, a partir de 1936, residiu alguns anos na Casa, lembra que antigamente os enterros dos maçons paravam lá na porta, embora não saiba se eles frequentavam a Casa. Nunes Pereira (1979, p. 29) informa que no comé da Casa das Minas existe, nitidamente traçada no chão, a figura geométrica de um triângulo isósceles, dentro do qual se apoiam algumas jarras com o fundo um pouco enterrado, destacando-se a de Zomadônu. Esse mesmo pesquisador acrescenta que a figura do triângulo foi retirada do comé, e aventa a hipótese de que as linhas geométricas desse triângulo são o símbolo da Maçonaria. Para ele, a retirada do triângulo

> patenteia uma violação, ou pior, um possível rompimento com os liames que os negros escravos mantinham com os membros da Maçonaria maranhense de então, empenhada em livrá-los daquele regime antidemocrático e desmoralizante, como todas as formas de restrição ou de privação total de liberdade humana. (1979, p. 199)

Quando a Casa das Minas surgiu no Maranhão, sendo grande a influência de irmandades religiosas católicas e da Maçonaria, é bem possível que os seus fundadores tenham conseguido algum tipo de apoio de membros dessas instituições, visto que de algum modo se inter-relacionavam, no anseio por maiores liberdades.

Sociedades secretas africanas e quilombos de negros fugidos, no Brasil, seriam também outras instituições que terão servido como elementos de referência e como modelo para o surgimento e a organização de grupos de culto afro-brasileiros. No entanto, encontramos escassas informações bibliográficas sobre sociedades secretas africanas, que teriam tido ligações com revoltas de escravos na Bahia de inícios do século XIX.

Nina Rodrigues (1977, p. 46) refere-se à existência, em inícios do século XIX, de "uma poderosa sociedade secreta, Obgoni ou Ohogbo, verdadeiras instituições maçônicas que governavam os povos iorubanos". Ramos (1971, p. 54) também se refere a essa sociedade como tendo contribuído na preparação das revoltas dos nagôs na Bahia.

Bastide (1971, p. 148) informa que a sindicância que se seguiu à revolta dos nagôs em 1809, na Bahia, "devia revelar a existência de uma sociedade secreta desses escravos, Obgoni ou Ahogbo". Para esse pesquisador, as Ogboni "são sociedades secretas africanas que [...] foram reconstituídas no Brasil pelos descendentes dos africanos". Apoiado em Bascom, o mesmo Bastide menciona o caráter político secundário dessas sociedades encarregadas de perseguir criminosos, as quais teriam a natureza de confrarias de culto da terra-mãe, mais antigo do que o culto dos orixás. São ainda de Bastide algumas informações bibliográficas sobre essas sociedades secretas da África.

Bascom (1969, p. 35-37) indica que na Nigéria, em 1937, a Ogboni funcionava como uma corte de justiça, da qual participavam descendentes de antigos chefes da cidade, constituindo-se num dos mais altos tribunais de Ifé. Essa sociedade também realizava rituais de adoração ao Deus da Terra. Seus membros, todos homens, entravam na casa Ogboni como filhos do segredo.

Herskovits (1967, II, p. 192-194) considera que a sociedade secreta Yehwe, descrita no Togo por Spieth em 1911, possui detalhes de organização e práticas idênticas às dos grupos de culto daomeanos dedicados à adoração do Deus do Trovão. Essas práticas seriam uma difusão dos padrões daomeanos do culto de adoração dos deuses de Quevioçô, com todo seu complexo de iniciação, hierarquia sacerdotal e linguagem secreta. Herskovits (1969, I, p. 243), ainda, considera que, em certo sentido, "as associações dos que adoram determinadas divindades podem ser chamadas de sociedades secretas, pois seus membros têm em comum certos conhecimentos, que são proibidos aos não iniciados". O mesmo Herskovits lembra a dificuldade em se conseguir depoimentos sobre as sociedades secretas africanas, das quais não localizamos referências mais esclarecedoras na bibliografia disponível.

Clóvis Moura (1981, p. 61) lamenta que essas sociedades secretas, que participaram de insurreição urbana na Bahia, no século passado, não tenham sido ainda suficientemente estudadas.

Vivaldo da Costa Lima (1976, p. 71) lembra que "o processo 'aculturativo' entre os nagôs e jejes se deve ter acentuado na Bahia, pelo começo do século XIX, com a participação de líderes religiosos das duas culturas em movimentos de resistência anti-escravagista. Os candomblés eram, no começo do século passado, centros de reunião dos nagôs..."

Clóvis Moura (1977, p. 158-202) inclui candomblés, quilombos e irmandades religiosas entre os grupos de resistência cultural que refletem o espírito associativo do negro no período da escravidão[57]. Essas associações seriam pólos

---

57 No Maranhão, embora até hoje não tenham sido adequadamente estudados, os quilombos foram numerosos, especialmente nos séculos XVIII e XIX. Esses agrupamentos negros são referidos apenas em breves passagens de escritos históricos, como, por exemplo, num discurso pronunciado por Fran Paxeco em 1917 sobre Celso Magalhães, fazendo referência à revolta de escravos em Viana em 1867, e a outros quilombos (In: Luz, 1957, p. 239). A Revolta da Balaiada, ocorrida entre 1836 e 1841, igualmente ainda pouco estudada, destacou-se pela eficiente organização militar (Moura, 1981, p. 51), nela participando grande número de escravos, que chegaram a do-

de resistência à marginalização, correspondendo a necessidades do negro de se organizar numa sociedade hostil.

A Casa das Minas, afirma Nunes Pereira, foi, "desde as suas origens, [...] casa para reunião social, política e religiosa" (1979, p. 24). Os nomes africanos das filhas-de-santo da Casa, lembra ele ainda (1979, p. 28), poderiam estar relacionados com uma sociedade secreta de estrutura matrilinear como as da África.

Rituais iniciáticos

De modo geral, há uma grande discrição a respeito dos rituais de iniciação, um dos segredos importantes do culto. Esses rituais, assim como os cânticos, as fórmulas ditas em certas circunstâncias, a combinação de plantas para banhos e remédios, as informações a respeito de Legba e alguns outros assuntos, constituem segredos importantes, sobre os quais o pessoal dos terreiros de tambor de mina evita conversar. Em geral, as pessoas dizem não saber ou indicam apenas algumas informações vagas, desenvolvendo uma série de mecanismos de negação de respostas, provavelmente como estratégia de preservação do grupo.

Conforme já mencionamos, essa estratégia talvez tenha, em parte, levado o grupo à perda de certos conhecimentos, que deixaram de ser transmitidos pelas mais velhas às mais novas. Por alguns da época atual, pode também ser considerado um comportamento um tanto obscurantista. Algumas filhas da Casa recriminam o egoísmo das mais velhas em não lhes terem transmitido certos segredos, como constata Pereira Barreto (1977, p. 75).

Na verdade, há que levar-se em conta que o conhecimento religioso, como outras formas de conhecimento, é iniciático, sendo aprendido aos poucos com a convivência, de acordo com os ritmos da religião.

Na Casa das Minas havia, tradicionalmente, dois processos rituais de iniciação das filhas-de-santo. De começo, elas se submetiam ao primeiro grau, tornando-se vodunsis-he, o que, segundo algumas filhas, era semelhante à iniciação a que se submetiam os tocadores. Posteriormente, num segundo processo, certas filhas eram escolhidas para se tornar vodunsis-gonjaí, ou filhas feitas completas,

---

minar Caxias, então a segunda cidade do Maranhão. Evidentemente, não é fácil a localização de referências a respeito de relações entre terreiros de tambor de mina e quilombos ou revoltas de escravos, como a Balaiada.

que podiam ser mães-de-santo, e recebiam uma entidade feminina infantil, ou tobóssi. Esse segundo ritual de iniciação, já o dissemos, não foi mais realizado na Casa desde 1914, e as últimas gonjaí faleceram na década de 1970.

Algumas filhas dizem que as atuais não são feitas e não têm preparo, considerando que a iniciação, ou feitoria, era apenas a das gonjaís, e que não há iniciação para as vodunsis-he.

Dona Deni diz que, depois de receber seu vodum pela primeira vez, elas passam alguns dias em observação, entre oito a 15 dias, pois algumas têm problemas por terem frequentado outros terreiros. De fato, as que foram escolhidas por um vodum da Casa e o recebem são submetidas, depois do primeiro transe, a um ritual de iniciação. Quando o vodum chega pela primeira vez em uma pessoa, deve se identificar diante dos outros, e, depois que se retira, a filha vai ser iniciada. Dona Deni disse que foi Mãe Andresa, com seu senhor Poliboji, quem disse a ela o nome de seu senhor Lepon, irmão mais velho de Poliboji. Geralmente, os voduns escolhem as filhas em dia de festa. Depois se identificam e, se não forem da Casa, vão embora como chegaram.

Após o primeiro transe, a filha deve passar uns oito dias na Casa, ou mais. Toma banhos especiais feitos com várias plantas, preparados pelas outras. Recebe remédios para os olhos, para os ouvidos e para a língua, a fim de não falar demais, como dizem na Casa. Nesses dias ela deve permanecer isolada, em repouso, na Sala Grande ou nos quartos pertencentes à família de seu vodum. Dona Deni disse que a novata precisa se manter isolada, sem preocupações, enfiando contas nos rosários e aprendendo coisas sobre os voduns. Os banhos são distribuídos em cuias, à tarde, na Sala Grande, e levados para serem tomados no banheiro. Há banhos crus e cozidos, também diferentes de acordo com a família do vodum[58], preparados com água do comé. Também passam remédios com dendê na cabeça. Elas têm que se limpar, cortar as unhas e um pouco do cabelo. Dona Celeste nos disse que o sangue das pessoas não pinga na iniciação, pois os jeje não raspam e não cortam ninguém.

A feitoria das gonjaí é descrita em alguns de seus aspectos por Costa Eduardo (1948, p. 72-73) e repetida por Pereira Barreto (1977, p. 76). Antigamente havia matança de animais que eram oferecidos a todos os voduns. As candidatas deviam permanecer reclusas por oito dias, ao término dos quais recebiam sua

---

58 Nesses banhos de iniciação entram, entre outras plantas: cravo-todo-ano, pendão-de-jardineira, rosa verde, flor de pau-d'arco branco, patchuli e fava de baunilha.

tobóssi, que ficava vindo por nove dias, ensinada pelas tobóssis das gonjaís mais velhas. No segundo dia, as tobóssis anunciavam seu nome. Após um ano, havia uma cerimônia de pagamento das gonjaís mais velhas, com oferecimento de sacrifícios novamente a todos os voduns. Fala-se também que as filhas que iriam se submeter à iniciação necessitavam estar em perfeito estado de saúde e não podiam ter nenhum ferimento no corpo.

As filhas falam que as tobóssis, quando vinham pela primeira vez, eram bravas e tímidas, e ninguém as compreendia, só a mãe pequena. Durante o período de feitoria das tobóssis, a casa ficava só com as vodunsis. Qualquer pessoa que chegasse era despachada da porta e, se alguém fosse procurado, dizia-se que havia viajado. Dizem que na cidade há sempre muito barulho e que a feitoria deveria ser na mata[59], pois sempre vêm voduns que não estão acostumados.

A feitoria das gonjaí exigia grande concentração. As vodunsis ficavam como crianças recebendo instruções da mãe, esquecendo-se de tudo lá fora. Dona Deni diz que a iniciação era perigosa, pois as filhas passavam dias como se estivessem desacordadas e tomavam muitos remédios. A chefe tinha que ser gonjaí competente, para botar a mão na cabeça das outras, e tinha que saber fazer tudo no tempo certo.

A fixação das meninas é mais difícil e mais profunda, pois elas têm mais coisas e fazem uma ligação mais direta do que os voduns. As primeiras conversas com as tobóssis também eram difíceis. O nome das tobóssis nunca havia aparecido antes e era dado por elas mesmas[60].

Elementos da vida comunitária

Entrada no grupo

Há diferentes maneiras de se pertencer às divindades da Casa das Minas. Costa Eduardo (1948, p. 71) indica algumas: crianças, filhas de dançantes, tocadores

---

59 Como, até hoje, é parcialmente feita nos bosques sagrados, em diversos países da África Ocidental, especialmente na região do Golfo do Benim.
60 Fomos informados que as seguintes plantas entram no banho de feitoria das tobóssis: cabi, oriza, cajá, vindica, estoraque, cana-da-índia, manga, bordão-de-velho, catinga-de-mulata, alecrim e pau-d'angola.

ou associados ao culto podem ser dadas ao vodum de um de seus pais ou a outro que eles escolham; uma pessoa adulta pode filiar-se ao grupo de culto, frequentando a Casa e escolhendo um vodum como protetor depois de algum tempo, ou sendo escolhido por um vodum que lhe aparece num sonho, ou que indique essa escolha por outro meio; mulheres, ligadas ou não à Casa e ao grupo, podem ser escolhidas por um vodum para se tornarem filhas-de-santo, recebendo-o em estado de transe.

Dona Deni lembra que antigamente, ao tempo de Mãe Andresa, havia também, na Casa das Minas, uma espécie de batismo das crianças do grupo. Depois da quarentena de resguardo, a mãe levava a criança, de dois ou três meses, a uma festa. Os voduns faziam uma roda na varanda, cantavam e jogavam a criança de mão em mão. Depois, um deles segurava a criança e a devolvia à mãe. Nunes Pereira (1979, p. 82) conta que, quando tinha menos de quatro anos, sua mãe o consagrou a seu vodum Poliboji, que no momento estava sendo carregado por Dona Filomena. Tempos depois, ao encontrar-se novamente com Poliboji em Dona Filomena, sua mãe pediu licença para dá-lo a Badé. Dona Celeste nos contou que, quando a mãe dela estava grávida para ela nascer, uma amiga paraense, que frequentava o terreiro da Turquia e carregava o senhor Bahia, ajudou-a em várias coisas. Sua mãe, então, ofereceu-a, ainda no ventre, a esse encantado. Depois de algum tempo, esta senhora faleceu. A avó de Dona Celeste frequentava o terreiro de Vó Severa, no Cavaco, e carregava Averequete. Vendo-a quando ainda criança, esse encantado benzeu-a e pediu-a à mãe. Mais tarde, em 1945, com cerca de vinte anos, Dona Celeste passou a frequentar a Casa das Minas, e em 1950 dançou lá com tói Averequete. O falecido tocador Benedito, que era filho da dançante Dona Davina de Bagono e do tocador Lúcio de Poliboji, e neto, por parte de pai, de Dona Norberta de Bedigá, foi doado pela mãe a Borutói e era afilhado de Sobô, que o tinha batizado na igreja.

Há também, especialmente nos últimos anos, vários casos de pessoas que entraram para a Casa das Minas procurando tratamento de saúde, como, por exemplo, Dona Mariazinha de Bôça, falecida em 1976, Dona Zuleide de Poliboji, Dona Maria de Alôgue, Dona Edwirges de Borutói e Dona Conceição de Lepon, que em geral possuem voduns da família de Dambirá.

Pessoas que não são da Casa dizem que, antigamente, pertencer ao tambor de mina, e especialmente à Casa das Minas, era uma das formas de se conseguir prestígio entre os negros em São Luís. Atualmente entra menos gente, pois o tambor de mina não dá mais prestígio a ninguém. Os mais jovens no meio em que eram recrutadas as filhas da Casa não querem mais saber disso, pois atualmente, entre os negros, há outras opções de organização social e de lazer.

Constatamos também que pessoas ligadas a antigas dançantes da Casa das Minas e da Casa de Nagô dizem que seus parentes mais velhos não queriam que elas fossem de mina, e fizeram remédios para isso. O fato de não querer que os filhos participem da mina, por ser coisa muito séria e trabalhosa, é um antigo padrão de comportamento no grupo.

Tivemos também referências de casos de "roubo de vodum" na Casa das Minas. Trata-se de uma filha-de-santo que deveria ter determinado vodum de uma família, como, por exemplo, a de Dambirá, mas que foi roubada por outro, geralmente um vodum toquém de outra família, por exemplo, de Davice. Alguns dizem que se trata de uma brincadeira entre os voduns, que não traz nenhum problema, pois eles o resolvem entre si, e se houve roubo foi porque o outro vodum estava precisando daquela filha. Diz-se, nesse caso, que, quando vêm às festas, os dois voduns conversam e brincam, um chamando o outro de ladrão. Outros dizem que o roubo de vodum pode acarretar problemas, principalmente quando ocorre entre voduns de famílias diferentes. Diz-se então que costuma ocorrer uma troca ou um novo roubo em compensação, por exemplo, na próxima geração, com uma filha carnal da primeira sendo roubada do vodum a que deveria pertencer por outro da família a que pertencia sua mãe. Dizem também que o roubo de vodum pode acarretar sérios problemas de ordem psicológica, ou de outra natureza, para a filha-de-santo.

Diversas categorias de membros

Na Casa das Minas encontramos diversas categorias de membros do grupo de culto, num contínuo a partir de um núcleo de fiéis mais fixos, até uma periferia de simpatizantes, clientes e amigos, oriundos da sociedade envolvente.

O núcleo de fiéis mais fixo e íntimo inclui as filhas-de-santo e os tocadores. As filhas-de-santo se subdividem de acordo com as famílias de seus voduns, e se organizam hierarquicamente, das mais antigas iniciadas às mais novas.

Algumas pessoas acham que só os que são filhos e parentes de pessoas antigas da Casa é que podem ser filhas-de-santo ou tocadores. Dona Deni diz que isso é invenção dos que querem fechar muito o grupo, e que filho da Casa é quem quiser ser. Diz ela que, se uma pessoa chegar e disser que quer ser jeje, pode vir a ser. O bom filho é o que quer ser. Mãe Andresa pensava assim e, com ela, a Casa estava sempre cheia. As mais velhas também pensavam assim. Não se sabe se Mãe Andresa tinha algum parente na Casa. Dona Deni diz, ainda, que o vodum, quando quer, é quem traz as pessoas, por isso elas têm que receber bem a todos. O principal é ter responsabilidade. Se Zomadônu escolher uma mulher, ela vai aprender e vai tomar conta das coisas da Casa. Agora a Casa das Minas tem poucas filhas, segundo Dona Deni, porque isso faz parte da época e da geração atual. Hoje já existem muitos tambores de mina no Maranhão, e a coisa foi se subdividindo. Na Igreja Católica também quase não se vê mais ninguém na missa, diz ainda Dona Deni. Os outros terreiros não mandam mais gente com vodum jeje para a Casa das Minas, mas lá elas continuam não recebendo os que não têm vodum jeje. Há muitos terreiros que perturbam e atrapalham. Eles crescem porque há muita facilidade. Onde é sério, é mais difícil. Os voduns dizem que a Casa das Minas não vai acabar só porque agora tem pouca gente. Esse, entretanto, é um dos assuntos mais controvertidos na Casa.

As filhas-de-santo têm que ter o corpo preparado e, muitas vezes, devem ficar longe do marido. Quem gosta de beber, estando bêbado, não pode nem chegar perto das obrigações. Os voduns precisam que a vodunsi esteja com a mente pura, por isso eles não gostam que elas bebam.

Antigamente, a maioria das filhas-de-santo da Casa das Minas trabalhava em fábricas de tecidos de São Luís, que constituíam uma das principais fontes de emprego para pessoas pobres, com pouca instrução. Algumas fábricas ficavam localizadas próximo à Casa das Minas. Havia trabalho para homens e mulheres. Nas fábricas, as que eram diaristas trabalhavam sempre, outras eram tarefeiras e só ganhavam quando tinha trabalho. Dona Celeste lembra o nome de umas 15 vodunsis que trabalhavam nas fábricas Cânhamo, Santa Amélia, São Luís, Fabril e Camboa. Algumas trabalhavam em casa de família, outras vendiam frutas e comidas na rua. Hoje a maioria é aposentada, ou então trabalha como doméstica, ou em pequenos serviços de comércio. Muitas filhas quase não tinham instrução. Dona Deni diz que o pessoal de lá sempre foi pobre e que, em geral, os ricos não gostam de tambor de mina, só agora é que existem uns que estão gostando. Mesmo pobres, no entanto, os membros da Casa tinham o necessário para viver e para as despesas do culto. Assim, lembra Dona Deni, as filhas de lá sempre trabalharam para ganhar a vida e, quando não podiam mais trabalhar por estarem muito velhas, as outras as ajudavam.

É comum encontrarmos nos terreiros algumas filhas muito idosas. Em geral, são tratadas com respeito e carinho, pois dão prestígio à Casa. Algumas recebem aposentadoria ou ajuda de familiares. Outras vivem da caridade da Irmandade. Assim, os terreiros também funcionam como uma espécie de grupo de auxílio e assistência mútua. Há pessoas ligadas ao grupo que residem no interior ou em subúrbios mais distantes, e às vezes vêm passar alguns dias lá, quando precisam resolver problemas na cidade.

Dona Deni diz que sempre houve pessoas mais ricas, amigas, que procuram a Casa para pedir favores, que têm devoção aos voduns por benefícios conseguidos e colaboram nas despesas das festas. Dona Celeste diz que às vezes não se pode fazer as festas, pois as despesas são muito elevadas e por não haver filhas suficientes. Diz ela que, em 1981, nas festas menores, gastava-se cerca de dez mil Cruzeiros. Nas festas há despesas com fogos, pagamento de músicos, compra de ingredientes para comidas, doces, bebidas etc. Cada filha colabora com o que pode nessas despesas.

Em algumas festas, elas distribuem cartas-convite solicitando "joias". Em festas como a do Divino, ou a do Presépio, os padrinhos também colaboram. A Festa do Divino é sempre a mais dispendiosa. Dona Celeste calcula que, em 1982, passaram por suas mãos mais de 150 mil Cruzeiros, quando o salário mínimo regional na época era de 14 mil Cruzeiros, e o Dólar custava cerca de 165 Cruzeiros. Muitas pessoas colaboram, e há despesas que não são contabilizadas, como a realização de trabalhos gratuitos e a doação de bens em espécie.

As filhas têm que colaborar também nas despesas gerais da Casa, como luz, água e imposto predial, que são sempre em dobro, pois correspondem a dois prédios.

Os tocadores, em geral, são esposos, filhos ou netos das dançantes. Eles devem aprender a cantar e acompanham os toques olhando os passos dos voduns. Todo tocador tem seu dono, ou vodum, ao qual é dedicado. Os meninos costumam aprender a tocar por volta de 12 a 14 anos, dependendo do ouvido. Devem ter boa "ouça", como dizem. Para tocar numa festa, eles antes não podem se misturar com mulher, e têm que ser limpos, recebendo banhos de limpeza das vodunsis. Quando um tocador e uma vodunsi têm o mesmo vodum, eles são como se fossem da mesma família. Na mitologia do grupo, Doçu é o vodum que é tocador e poeta. É filho de rei, mas é boêmio e não quis a coroa, pois vive no mundo, gosta de farra, é cavaleiro e muito popular. Ele sabe cantar e tocar e ensina aos outros.

São os tocadores que fazem a matança do chibarro e preparam o *ressau*, comida especial com as vísceras do bode, que todos os tocadores e vodunsis têm que comer, acompanhados por um cântico próprio.

Entre os tocadores já falecidos, Gregório José era pedreiro; Maneco, sapateiro, e foi trabalhar na Estrada de Ferro; Raul, vendedor ambulante; Sérvulo trabalhava no Tribunal; Benedito era mecânico de automóvel; Lúcio trabalhava em fábrica. Entre os sete ou oito que tocavam nas festas, as profissões eram de pedreiro, vendedor ambulante, músico, aposentado e trocador de ônibus. Todos os tocadores atuais, e os já falecidos de que temos referência, têm ou tinham diversos parentes na casa.

Como já vimos, são mulheres que tocam o ferro (gantó) e as cinco cabaças revestidas de contas que acompanham os toques. As filhas-de-santo, antes ou depois de receberem vodum, também tocam cabaça ou ferro. Dona Maria Cosme, já falecida, foi tocadora de ferro durante muito tempo. Dona Amância começou a preparar uma afilhada para tocar ferro, mas ela casou-se e mudou para o Sul.

À época de nossa pesquisa, duas ou três filhas de Dona Amélia costumavam tocar ferro. As quatro cabaças geralmente são tocadas por mocinhas ou senhoras, parentes ou amigas das dançantes. Algumas senhoras amigas também tocam cabaças, mas quem toca durante as festas não pode usar peças de roupa preta. Nas festas de pagamento dos tocadores, as tocadoras de ferro e cabaça também recebem presentes.

Além das vodunsis e dos tocadores, há outras categorias de pessoas ligadas ao culto, algumas com títulos africanos, como *vondunsiponcilê* e *assíssi*.

Vodunsiponcilês são mulheres que não recebem vodum e não dançam, mas são serventes ou ajudantes, que cozinham, lavam e servem aos voduns. As filhas atuais lembram que, antigamente, a cozinha dos voduns era uma função muito importante e as filhas-de-santo não precisavam se ocupar com estas atividades, pois havia várias vodunsiponcilês que sabiam fazer as comidas dos voduns e outras coisas necessárias. A mãe de Dona Anéris é ainda lembrada como tendo sido cozinheira dos voduns desde o século XIX. Dona Deni lembra também o nome de várias outras já falecidas, como Mãe Preta, Vó Conceição, Vó Emília, Dona Teodora, Dona Angélica, Dona Marcolina. Elas não eram empregadas, e cada uma tinha seu vodum protetor. As filhas atuais reclamam que não há mais vodunsiponcilês com a obrigação de trabalhar e de ajudar. Antigamente, algumas eram, inclusive, chamadas de escravas dos voduns. Atualmente há algumas poucas pessoas que colaboram em uma ou outra festa, mas sem a pontualidade das antigas, e muitas tarefas têm que ser assumidas pelas próprias filhas-de-santo.

A categoria dos assíssis inclui qualquer pessoa, homem ou mulher, que frequente a Casa e seja amigo. Os assíssis são considerados amigos ou irmãos. As tobóssis entre si se tratavam por assíssi. O papel dos assíssis é contribuir com o que quiserem e puderem. Parece-nos que eles se assemelham aos ogãs, ou protetores, dos candomblés da Bahia. Na Casa das Minas não existe o cargo de ogã e não temos conhecimento de que o tenha existido em terreiros antigos do Maranhão. A esse respeito, entretanto, encontramos a seguinte observação em Bastide (1973, p. 326, n. 6): "O caráter religioso dos ogãs, segundo Luís Saia, seria aliás, muito mais marcante ainda em São Luís do Maranhão, onde todos eles são pretos, iniciados no culto, conhecendo mesmo pormenores que os babalorixás não conhecem, e onde se confundem muitas vezes com a orquestra"[61].

As filhas atuais lembram de alguns antigos comerciantes amigos que, ao tempo de Mãe Andresa, eram devotos de Poliboji, como Mundico Silva, comerciante de São José de Ribamar, Abelardo Ribeiro, dono de engenho no interior, Dr. Rosa Neto, devoto de Acoicinacaba, Dr. Benedito Salazar, Dr. Arlindo e vários outros. Alguns destes eram parentes de antigas pessoas ligadas ao culto e à Casa. Os assíssis costumam receber comida de obrigação ao fim das festas, banhos de limpeza, e pedem às filhas que acendam velas para os voduns em seu nome, no comé. Eles também costumam possuir uma guia, ou pequeno rosário de contas, que usam sob as vestes, e geralmente são devotos ou protegidos de um vodum. Colaboram ajudando, por exemplo, a comprar uma vestimenta nova para a vodunsi que carrega seu vodum protetor, ou dando uma ajuda maior em sua festa. Também ajudam em outras ocasiões e circunstâncias, resolvendo problemas relacionados com a Casa e com pessoas do culto na esfera burocrático-administrativa ou comercial, o

---

61 Achamos curiosa esta nota de Bastide, que não apresenta, entretanto, maior fundamentação. Sabemos (Alvarenga, 1948, p. 11-81) que Luís Saia era o arquiteto-chefe da Missão de Pesquisas Folclóricas do Departamento de Cultura de São Paulo. Por iniciativa de Mário de Andrade, em junho de 1938 ele esteve em São Luís chefiando essa missão juntamente com o músico e maestro Martin Braunwieser, com o técnico de gravação Benedito Pacheco e com o auxiliar Antônio Ladeira. Essa missão realizou gravações de músicas de tambor de mina e de tambor de crioula, no terreiro da Fé em Deus, no bairro do João Paulo, dirigido pela mãe-de-santo Maximiana Silva, transcritas em Alvarenga (1948).

que não deixa de ser uma aliança importante numa sociedade tradicional como a maranhense.

Algumas pessoas fazem referência a uma personagem maranhense antiga e quase lendária, uma ex-escrava, depois rica comerciante, que dizem ter sido amiga da Casa. Trata-se de Catarina Mina. A negra Catarina Mina é brevemente mencionada por alguns cronistas maranhenses. Nascimento (1976, p. 219), ao descrever o traje da preta mina do Maranhão, refere-se a Catarina Mina como "abastada capitalista, negociante de farinha, com armazém à rua do Trapiche, que teve o capricho de casar com cafuz, para quem arranjou uma patente de alferes da Guarda Nacional". Vieira Filho (1971, p. 70-71) informa que "Catarina Mina era uma negra livre que à custa de esforço hercúleo amealhou grosso cabedal negociando farinha numa barraca localizada ao pé da Ladeira da Calçada, canto com a Rua do Trapiche [...] De escrava passou a senhora livre [...] O seu nome completo era Catarina Rosa Ferreira de Jesus...". A Rua da Calçada, hoje denominada Djalma Dutra, que desce da Av. Pedro II em escadaria e termina no Beco da Alfândega, no bairro da Praia Grande, é também conhecida como Beco de Catarina Mina, pois ali se localizava o comércio da ex-escrava. As dançantes lembram que Dona Filomena, falecida com cerca de cem anos em 1972, contava histórias sobre Catarina Mina, a qual teria doado muitas coisas para a Casa, mas não era dançante.

Há também um grupo relativamente numeroso de pessoas que pode ser denominado de associados ou aderentes ao culto. Alguns são parentes de vodunsis e de tocadores atuais ou já falecidos. São devotos dos voduns e constituem a clientela de simpatizantes que pede ajuda e proteção aos voduns e colabora em alguma coisa, quando pode. A maioria é composta por pessoas do mesmo nível socioeconômico das filhas da Casa. Alguns foram doados a um vodum a que têm devoção especial. Comparecem regularmente às festas. Geralmente vão sempre à Festa do Divino e a uma ou outra, durante o ano, principalmente às festas de janeiro e de Quarta-Feira de Cinzas. É sobretudo entre pessoas desse grupo que, por tradição, são escolhidas as novas filhas-de-santo da Casa.

Os músicos que tocam instrumentos de sopro ou de cordas são também pessoas amigas. Eles são os que tocam sempre nas ladainhas da Casa de Nagô e em alguns outros terreiros, tocando também em procissões e em algumas festas da Igreja Católica. São em número de cinco ou seis, e estão sempre lá nas festas, mas sua atividade é remunerada. À época de nossa pesquisa, o chefe do grupo nos informou que tocava nas festas da Casa desde 1930.

Aspectos da organização do grupo

A organização hierárquica tradicional do grupo é baseada na antiguidade, no santo e no conhecimento da doutrina. De acordo com tais critérios é que os voduns indicam a pessoa que seria mãe-de-santo.

A mãe-de-santo precisa ser mansa e saber tratar bem a todos. Dizem que, quando Mãe Andresa foi escolhida como chefe, havia pessoas mais antigas, mas ela foi escolhida pela competência e temperamento. Quando Andresa morreu, deveria ter sido substituída por Dona Anéris, sua auxiliar direta, mas quem passou à chefia foi Dona Leocádia, que pertencia ao mesmo barco de Mãe Andresa e, segundo alguns, era mais antiga no santo do que a própria Andresa. Leocádia não residia na Casa e chefiou o grupo por mais 15 anos.

Esses critérios de competência e antiguidade às vezes criam conflitos na liderança do grupo. Pessoas que têm voduns da família de Quevioçô, cuja maioria é muda, também não podem ser escolhidas como chefe da Casa, mesmo que tenham mais tempo de dançante. Também dizem que as que têm vodum toquém não são escolhidas como chefe, embora Dona Leocádia tivesse vodum toquém e tenha sido chefe.

Com a morte das últimas gonjaís, e não tendo sido preparadas outras para substituí-las, houve uma alteração nessas regras de hierarquia, pois todas as filhas atuais têm o mesmo grau de iniciação. Nenhuma delas tem o título de mãe-de-santo. A chefe ficou sendo uma das vodunsis mais antigas, sendo chamada de zeladora, termo que também é muito utilizado em outros tambores de mina do Maranhão. A primeira delas foi Dona Amância, que foi zeladora durante uns quatro anos, mas teve problemas com o grupo, pois dizem que era muito autoritária. Quando faleceu, foi substituída por Dona Amélia.

A chefia é, portanto, um dos focos latentes de conflitos no grupo. Esse problema foi contornado durante a longa chefia — cerca de quarenta anos — de Mãe Andresa. Depois da morte dela, parece que houve períodos de relativa desintegração do grupo, quando foram perdidos rituais importantes, como a feitoria das gonjaís. Fala-se que algumas das antigas queriam fechar a Casa e não o conseguiram. Atualmente está sendo adotada uma solução conciliatória, com a chefia nas mãos de três filhas, uma de cada família de voduns. Uma das mais velhas iniciadas chefia o culto, Dona Amélia. Outra, com maior tino prático e burocrático, encarrega-se dos aspectos administrativos e materiais, Dona Celeste. Há uma terceira, intermediária entre as duas outras, Dona Deni, que também participa da direção do grupo. Geralmente, as decisões são comunicadas a todos e partilhadas pela maioria das vodunsis.

O autoritarismo dos chefes dos grupos de culto e dos mais velhos é uma das características das religiões afro-brasileiras. Vivaldo da Costa Lima compara a família-de-santo dos candomblés baianos com a antiga família extensa patriarcal brasileira, "acrescida de componentes culturais africanos". Entre seus elementos dominantes, aponta "o sentido da hierarquia, o respeito ao chefe e aos mais velhos; a autoridade absoluta do pai; a subordinação dos irmãos mais moços ao mais velho; solidariedade de parentes; culto de família, de tradições, de nome, de honra". (Costa Lima, 1977, p. 147-9)

Evidentemente, a Casa das Minas, não possuindo atualmente a figura da mãe-de-santo, encontra-se em situação especial que dificulta a análise do tema que acabamos de mencionar. Mas as filhas atuais são unânimes em criticar as mais velhas por não lhes terem transmitido todos os níveis de iniciação. Constata-se até hoje, na Casa das Minas e em outros grupos de tambor, a relutância das mais velhas em ensinar certas práticas às filhas mais novas, já que toda aprendizagem é feita por meio de longa convivência. Já vimos, entretanto, chefe de terreiro ensinando os mais novos a tocar e cantar. Dizem que, na Casa das Minas, as mais velhas também ensinavam às mais novas, mas, em geral, nos grupos de tambor de mina, a relação dos mais velhos com os mais novos é sempre autoritária, e este autoritarismo, parece-nos, é encarado com naturalidade, como um papel a ser desempenhado pelo chefe e pelos mais velhos.

Vivaldo da Costa Lima sintetiza como características principais da família-de-santo "o respeito à autoridade e ao princípio da senioridade e a solidariedade do grupo" (1977, p. 150-151). Essas características são extensivas ao tambor de mina, no qual a autoridade dos mais velhos é incontestada. Sobre esse assunto, afirma Kabengele Munanga em relação aos basanga do Zaire:

> *Também os velhos não revelam senão uma parte de seu segredo (saber social), o que lhes permite assegurar a supremacia: senioridade, e sobretudo gerontocracia, bem qualificam a sociedade africana tradicional. É preciso, porém, que se torne possível revelá-la; que as gerações se sucedam, que a sociedade seja assegurada de sua continuidade. É por isso que os mais idosos e os mais moços são simultaneamente antagonistas e complementares.* (1977, p. 139)

Na Casa das Minas também prevalece o respeito à autoridade e à senioridade nas relações da mãe-de-santo com as filhas, e das mais velhas com as mais novas.

Parece-nos que o grande respeito à chefe da Casa e às mais velhas se reflete no respeito e na devoção ao dono espiritual da Casa, Zomadônu. Embora há muito tempo ele não tenha filha dançante, é sempre comemorado em todas as cerimônias e constantemente referido pelo grupo. De toda forma, constatamos, na Casa das Minas, a simultaneidade de antagonismo e de complementaridade entre os mais velhos e os mais jovens, embora aparentemente transpareça apenas uma submissão passiva.

Normas de etiqueta e nomes privados

Há uma série minuciosa e complexa de regras de etiqueta que é seguida na Casa, revelando grande riqueza cultural sob a aparência superficial de rusticidade, relacionada com a pobreza do ambiente.

A teoria da cultura da pobreza tem sido amplamente criticada no Brasil por diversos estudiosos, especialmente em relação aos aspectos sociais e políticos, sobretudo entre populações faveladas do sul do país, como, entre outros, por Berlinck e Hogan (1978) e por Perlman (1977). Esses e outros trabalhos de pesquisa, com grupos da classe menos favorecida, demonstram a importância e a diversidade de seus elementos simbólicos. Os grupos de culto afro-brasileiros costumam conservar mitologia e rituais complexos, além de regras de etiqueta bastante diversificadas.

Na Casa das Minas, apesar do isolamento em relação à África, conserva-se, junto com a religião e a filosofia de vida, um amplo vocabulário de palavras africanas relacionadas especialmente com elementos do ritual, partes da Casa, formas de tratamento etc., a que temos nos referido várias vezes.

Muitas lembram que, antigamente, as gonjaís falavam entre si em língua jeje. Cada divindade, além do nome africano principal pelo qual é mais conhecida, possui diversos nomes privados mais difíceis de serem guardados. Alguns desses outros nomes aparecem em seus cânticos, mas as vodunsis não costumam identificá-los para os que não pertencem ao grupo. Elas dizem que, às vezes, os voduns dão uma parte ou o primeiro nome, para que os que os conhecem digam o restante. Costa Eduardo (1948, p. 85) informa que o pessoal da Casa das Minas "preserva a tradição de dar nomes privados às suas divindades. Poliboji, por exemplo, recebe diversos nomes, conforme vimos. Agongone é conhecido privadamente como Savalu, Hoso, Lise, Ahoso, Hompse, Tripapa, Duheme. Zomadônu é Babanatô; Doçu é Huntó, Agajá, Maçon; Bedigá é Sonfon e Boinsé; Jotim é Tróci-Tróci; Averequete é Adonoble; Badé é Neném-Quevioçô; Naé é Dindinha, e Toçá é Indé.

As filhas-de-santo também recebem nomes privados, o que nos candomblés da Bahia é chamado *dijina*. Cacciatore (1977) informa que esse nome é revelado pela entidade protetora pessoal após a iniciação e é formado pelo nome conhecido do santo, acrescido de uma qualidade especial deste e, às vezes, o local de origem da divindade. Nunes Pereira (1979, p. 25), lembrando os dois nomes que Mãe Andresa teve na Casa — Roiançama e Rotopameraçuleme —, supõe que o primeiro nome talvez se relacione com o clã a que pertenciam os "contrabandos" que assentaram a Casa das Minas, e que o segundo provavelmente se relaciona com suas funções no culto, no comé, com a direção e organização da Casa.

Dona Deni diz que todas as vodunsis recebem um nome africano diferente, mas que muitas o esquecem. Ela própria esqueceu o seu por algum tempo, mas o ouviu novamente num sonho. Ela diz que o nome africano das vodunsis não é secreto, e que os voduns costumam chamá-las por esse nome na Casa. Antes de ela dançar — lembra, ainda —, um pesquisador, supostamente um estrangeiro que ficou bastante tempo na Casa, assistiu a uma festa grande, anotou todos os cânticos e conversou com as tobóssis. Os voduns deram a ele um nome africano.

Algumas também lembram que Dona Felipa, embora não fosse dançante, recebeu dos voduns o nome de Sandonquê, por ter sido a pessoa que teve mais filhas vodunsis[62]. Sua filha Enedina tem o nome africano de Orobinindeche.

A velha Mãe Luísa, chefe da Casa no fim do século passado, tinha o nome africano de Azuace Sacorebaboi, que aparece pela metade, Azuace, num dos cânticos que fazem referência às fundadoras.

Algumas dizem que o nome africano das vodunsis era dado pelos voduns. Dona Deni confirma esse costume e diz que todas as gonjaí tinham dois nomes, que, todavia, não eram muito conhecidos. Diz ela também que o nome africano é necessário para ser dito no tambor de choro, quando a filha morre.

---

[62] Casada duas vezes — a primeira com um tocador filho de antiga dançante —, Dona Felipa foi mãe de quatro ou seis filhas vodunsis. Foram elas: Dona Marcolina, falecida em 1982; Dona Basílica, falecida em 1992; Dona Enedina, residente no Rio; Caetana de Toçá; e, ainda, Dedé e Maria, das quais não se tem certeza se também foram dançantes na Casa.

Dona Celeste uma vez disse que o seu nome lhe foi dado por Agongone, senhor de Dona Anéris. A mesma Dona Celeste lembra que o nome africano de Dona Roxa, que carrega Jotim, é composto da metade do nome de Agongone e da metade do nome da tobóssi de Dona Anéris, que se chamava Omacuíbe. Assim, o nome africano de Dona Roxa ficou sendo Gono Cuíbe.

Ainda segundo Dona Celeste, o nome africano às vezes era dado pelas tobóssis no dia da festa de dar o nome. Elas se reuniam com os voduns, combinavam e diziam o nome das filhas. Algumas filhas não receberam nome africano, pois as tobóssis não o deram. Dona Deni lembra que as tobóssis diziam o nome africano das filhas do seu lado, quando elas vinham servi-las pela primeira vez, e que o seu nome africano lhe foi dado pela tobóssi de Mãe Anéris. Ela diz que os voduns também dão nomes, mas custam, pois falam sempre em português, enquanto que as tobóssis, como só falavam em africano, davam logo o nome e só chamavam as filhas por esse nome.

O nome africano de Dona Amância, filha de Bôça, era Boçu Roncôli; o de Dona Marcolina, de tói Daco, era Azaniébi[63]. Elas lembram e contam o nome africano de pelo menos sete das atuais dançantes da Casa. É provável que lembrem também de outros, que não costumam comentar.

Dona Rita nos disse que o seu nome africano na Casa lhe foi dado por Dona Zulima. Na época, Dona Zulima costumava dar o nome às filhas que eram do lado de Davice. Dona Anéris dava às que eram do lado de Savaluno, e Mãe Andresa, das que eram de Dambirá e de Quevioçô. Dona Rita achava que elas davam o nome de acordo com os voduns. Disse ela ainda que o nome africano é usado em certos trabalhos da Casa e pediu que não anotássemos o seu, pois aí se considera que o nome africano é um segredo. Disse também que Dona Zulima foi quem deu o nome de batismo da filha de Dona Amélia, Dona Zobeilda. Disse que esse nome, pronunciado por Dona Zulima, Azobeilda, é jeje e o nome de uma tobóssi, mas ela tem também outro nome africano na Casa.

Os vários cargos da hierarquia da Casa, assim como as formas específicas de tratamento, são referidos em jeje, conforme se pode conferir pelo registro constante do glossário que reunimos ao final deste volume.

---

63 Fichte (1989, p. 278) informa que, segundo Dona Enedina, o nome africano de Marcolina era Anobelober. Em fevereiro de 1992, Dona Enedina nos disse que o nome na lei de Marcolina era Beidileibe, e o de sua irmã Basílica era Adonobeje. Talvez tenha havido esquecimento ou troca de nomes, por ser este um tema pouco comentado atualmente na Casa.

Na Casa se obedece a numerosas proibições rituais e normas de etiqueta, algumas relacionadas com tabus alimentares. Uma norma importante é que, quando um vodum está conversando com uma pessoa, ou quando duas pessoas quaisquer estão conversando, outras não devem se aproximar, a não ser que sejam chamadas.

Há diversas formas de cumprimento usadas quando as pessoas ou as divindades se encontram. Uma forma muito usada nos terreiros — e por todo o Maranhão, quando pessoas antigas se encontram — é segurarem reciprocamente a mão direita uma da outra, como num cumprimento comum, beijando cada uma as costas da mão da outra. Quando um vodum cumprimenta uma pessoa, costuma segurar-lhe a mão direita encaixando o polegar no da pessoa e levantando as mãos dadas. Depois se abraçam do lado direito e do lado esquerdo, cada um tocando o ombro no do outro. Uma pessoa devota dos voduns, que não vem à Casa das Minas há muito tempo, cumprimenta-os ajoelhando-se a seus pés e beijando-lhes a mão direita, que é depois levantada acima da cabeça de ambos, especialmente se o vodum se encontra sentado. A seguir se abraçam do lado direito e do lado esquerdo, cada um tocando seu ombro no do outro.

Os voduns, na Casa das Minas, possuem também vários sinais de comunicação e formas de cumprimento. Os mais velhos saúdam os mais novos segurando-lhes a mão direita, batendo um com o ombro direito no do outro e depois se abraçando. A filha saúda o vodum inclinando-se diante dele, batendo duas palmas, e depois ambos se abraçam. Dois voduns velhos se cumprimentam dando as mãos, se inclinando e balançando de um lado. Dois voduns homens, quando se cumprimentam, dão as mãos e as suspendem. Vodum homem com vodum mulher se cumprimentam levantando um dedo e dando as mãos. Os voduns da família de Quevioçô, que na Casa das Minas são quase todos mudos, possuem também vários sinais conhecidos: se beijam a própria mão, estão perguntando pela mãe ou pela esposa da pessoa; se apertam a mão no peito, estão perguntando pelas crianças. Pessoas de fora, amigas da Casa, quando chegam, se ajoelham para cumprimentar os voduns. As vodunsis cumprimentavam a mãe-de-santo batendo palmas aos seus pés, mesmo quando esta estava sem vodum. Cada vodum tem também um certo número de batidas de palmas diante dos assentamentos no comé. As vodunsis, quando entram no comé, ajoelham-se, beijam o chão e os pêndomes (altares) de todos os voduns. Geralmente, cada terreiro de tambor de mina costuma manter alguns tipos de saudações semelhantes a estes, ou algumas variações.

CONFLITOS E SEXUALIDADE

Nos grupos de culto de tambor de mina, as pessoas vivem muito próximas umas das outras, especialmente durante algumas épocas. Há grande convivência e é comum surgirem conflitos, brigas, acusações e divisões.

Na Casa das Minas, em passado recente ou mais distante, são conhecidos vários casos de conflitos e oposições. Há pessoas que deixaram de frequentar a Casa por muitos anos, devido a divergências de opinião com outras mais influentes no grupo. Há pessoas que saíram e foram para outro terreiro, por desentendimentos pessoais. Há casos de acusações de práticas de feitiçaria ou de comercialização de atividades religiosas. Fala-se de pessoas que deixaram de frequentar a Casa por terem sido preteridas em determinadas funções.

Na última feitoria, em 1914, fala-se que uma das filhas tinha tudo pronto para se tornar gonjaí e, como não foi escolhida, passou cerca de quarenta anos sem ir à Casa. Fala-se que, nessa feitoria, escolheram algumas com pouco tempo de dançante, por influências familiares. Fala-se de pessoas que eram consideradas muito autoritárias ou orgulhosas, de umas que não aceitavam outras por problemas pessoais, de pessoas acusadas de assumirem indevidamente posições de comando, de se apropriarem de coisas da Casa indevidamente, de não terem dado maior colaboração ou de não terem assumido maiores responsabilidades no grupo etc.

Em relação a conflitos no candomblé, observa Vivaldo da Costa Lima:

> *O quadro que se tem visto descrito frequentemente nos relatos etnográficos ou nas análises mais ambiciosas de alguns setores é o do candomblé como grupo homogêneo — que sem dúvida o é — e harmônico — o que certamente não acontece. Ou não acontece sempre. A harmonia e o equilíbrio são a finitude mesma de qualquer organização grupal, mas a tensão e o atrito formam a dialética deste equilíbrio. Os irmãos na família, e, portanto, os irmãos na família-de-santo, podem ser rivais e mesmo inimigos. (1977, p. 156)*

O problema do homossexualismo nos terreiros tem sido também comentado em alguns trabalhos, desde os escritos de Ruth Landes, em 1940, que provocaram polêmica (Landes, 1967), até o interessante artigo de Peter Fry (1977). Trata-se evidentemente de tema importante e não muito analisado.

Em depoimento escrito que pretende publicar, conhecido pai-de-santo maranhense declara que em inícios dos anos de 1940, quando era criança, sua mãe, embora o levasse a terreiros, não queria que ele viesse a se tornar filho-de-santo, pois afirmava que os homens envolvidos com o tambor de mina eram efeminados. Assim, esse problema já era percebido no Maranhão há muitos anos. Esse mesmo pai-de-santo diz que ouvia dizer serem "frescos" os pais-de-santo, e conheceu vários no Maranhão que o eram ou o são. Diz também ele que conhece muitas mulheres, nos terreiros de tambor de mina, que são lésbicas, hoje como no passado. Algumas vivem juntas e adotam uma criança para criar. Na Casa das Minas, ele diz, mesmo havendo outras que eram conhecidas como tal, chegou-se a impedir que uma das filhas continuasse lá por essa questão. Fry (1977, p. 106) considera que, especialmente no Norte e Nordeste, "tanto a homossexualidade quanto os cultos de possessão são definidos como 'desviantes' na escala dos valores dominantes", portanto marginais. Daí serem ambos frequentemente associados pela opinião pública.

Algumas filhas da Casa das Minas, entrevistadas sobre esses temas, dizem que o sexo não é sagrado em nenhuma religião, mas que os voduns não são contra o casamento, pois é uma coisa da natureza — os maridos é que não gostam dos voduns. Dizem também que o sexo é impuro e acham que as mulheres são mais impuras, pois contaminam o homem. Uma diz que nunca ouviu falar em lesbianismo na Casa das Minas e que os voduns não querem mudança de sexo. Acha que a dança de homens, lá, traria problemas de dignidade para o homem. Outra considera que os voduns não têm nada contra o sexo e a homossexualidade, pois na hora do transe a pessoa está independente desta vida e ninguém entra nas festas sem estar limpo ou puro. Nas festas, as mulheres têm que se separar dos maridos. Os tocadores que vão tocar também têm que dormir separados de suas mulheres. Assim, as solteiras estão mais disponíveis para os voduns. Houve, no entanto, já o lembramos, mães-de-santo que chefiaram a Casa das Minas e eram casadas, como Dona Leocádia e Mãe Hosana.

Constatamos, portanto, que a homossexualidade masculina e feminina existe nos terreiros de tambor de mina, como em outros ambientes, sendo encarada aí com naturalidade talvez maior do que na sociedade envolvente, até hoje muito arraigada a valores tradicionais dominantes. Mas aí também existem preconceitos e disfarces para não chamar muita atenção.

PARENTESCO DE SANGUE E PARENTESCO NO SANTO

Outro aspecto da vida comunitária nos grupos de culto afro-brasileiro é a problemática do parentesco de sangue e do parentesco no santo. Já nos referimos, em parte, a este tema, ao abordarmos a história e a cosmogonia da Casa das Minas, como também quando comentamos as categorias das filhas-de-santo e dos tocadores.

Inicialmente, devemos destacar que pessoas pertencentes a uma mesma família biológica podem ter vodum de qualquer grupo na Casa. Dona Deni lembra que o vodum depende da mediunidade e não tem nada a ver com o parentesco. Seu vodum é da família de Dambirá, do panteão da Terra, e o vodum de Dona Rita, sua mãe, era da família real de Davice. Assim, na Casa das Minas, o parentesco de santo não se relaciona diretamente com o parentesco biológico, embora haja relações entre ambos.

O parentesco biológico, ou de sangue, refere-se ao grupo familiar em que a pessoa nasce e o parentesco de santo, ou religioso, refere-se ao grupo de culto do qual a pessoa participa, incluindo, por exemplo, na Casa das Minas, o grupo de divindades ao qual a pessoa se filia.

Observe-se que, na Casa das Minas, o parentesco de santo possui dois elementos componentes:

1 — As filhas-de-santo indistintamente consideram-se entre si irmãs-de-santo, como em todo terreiro;

2 — As divindades cultuadas na Casa e seus devotos também se agrupam em famílias, que são as de Davice, Savaluno, Dambirá, Quevioçô e Aladanu.

No parentesco de santo, "não há propriamente consanguinidade nem afinidade, que constituem elementos fundamentais nos estudos de parentesco e que dão origem às duas principais tendências teóricas e sua análise antropológica, a teoria dos grupos de filiação e a teoria da aliança matrimonial". (Ferretti, S., 1980, p. 1)

A família-de-santo baseia-se no modelo da família patriarcal e está reunida por laços de parentesco ritual (Silverstein, 1979, p. 150).

Nos grupos de culto afro-brasileiros, os estudos sobre o parentesco religioso são recentes, inexistindo, praticamente, na bibliografia clássica até a década de 1970. Tais estudos iniciam-se com o trabalho pioneiro de Vivaldo da Costa Lima (1977), apresentado em 1972, e continuam com o de Araújo (1977). Silverstein

(1979) remete à sua tese de doutoramento, não publicada, apresentada em Nova York no mesmo ano. Temos também referência em Woortmann (1978), professor da UnB, à sua tese de doutoramento, apresentada em Harvard, em 1975, e também ainda não publicada, que estuda parentesco ritual em grupo de culto na Bahia. Ao que temos notícia, a bibliografia afro-brasileira sobre o tema se limitava a esses autores, até 1982-1983.

Constatamos que alguns terreiros de tambor de mina de São Luís organizaram-se em torno de um líder do grupo de culto, congregando diversos de seus familiares, juntamente com outras pessoas que muitas vezes também traziam seus parentes. Assim, o local de residência (isto é, o espaço doméstico) e o espaço religioso são o mesmo, e as crianças, desde cedo, se socializam na vida religiosa do grupo. É provável que as casas antigas tenham igualmente surgido dessa forma, reunindo pessoas originárias de uma região da África e que conheciam o mesmo idioma e adoravam divindades comuns, entre as quais incluíam seus ascendentes. Constata-se atualmente que muitas dançantes e tocadores da Casa das Minas são aparentados entre si, descendendo de alguns grupamentos familiares. Embora hoje, como no passado, haja pessoas que não têm ou tiveram parentes na Casa, outros, provavelmente a grande maioria entre dançantes e tocadores, vivos ou já falecidos, possuem e se lembram de parentes de três, quatro ou cinco gerações atuantes na Casa das Minas. Até o momento, conseguimos identificar laços de parentesco por consanguinidade ou filiação, e por afinidade ou casamento, entre 19 grupos familiares, com um total de 103 pessoas ligadas à Casa das Minas, na condição de dançante, tocador, amigo, devoto ou frequentador. Há grupos familiares em que duas a quatro pessoas são lembradas como pertencentes à Casa, outros que têm de seis a dez, e alguns mesmo com 11 a 13 pessoas, em até cinco gerações. Eram comuns os casamentos entre filhas-de-santo e tocadores, unindo diversos grupos, como também se constata o parentesco colateral entre vários primos. Alguns se dizem aparentados sem conseguir identificar exatamente em que grau. Essa identificação parece demonstrar que a grande maioria das pessoas da Casa era aparentada entre si, formando quase um clã[64]. A maioria é natural de São Luís, e grande número é originário das regiões de Codó ou Rosário, no Vale do Itapecuru ou de Cururupu e Guimarães, no litoral norte do Maranhão. Em geral, eles se di-

---

64 Veja-se Anexo 1, sobre laços de parentesco.

zem descendentes de avó ou bisavó africana, que foi escrava, falava mal o português, possuía cicatrizes tribais na face e carregava vodum.

É provável que, aprofundando-se as indagações, se amplie o número de pessoas lembradas, aparentadas entre si e ligadas à Casa das Minas. Dona Rita Prates, que só entrou no grupo na década de 1930, era neta de ex-escrava africana, que também era mina jeje e, segundo dizem, deve ter vindo para o Maranhão no mesmo navio que alguns dos fundadores da Casa. Afirma-se também que, na Casa das Minas, muitos segredos do culto, como por exemplo os relacionados com o conhecimento de plantas e outros, são conservados e transmitidos exclusivamente por pessoas pertencentes a determinados grupos familiares.

Geralmente, nos grupos de culto afro-brasileiros, o parentesco biológico se prolonga no parentesco de santo, que é uma comunidade de vida e de morte. Na Casa das Minas, há muitas pessoas que nasceram nas suas vizinhanças e a frequentam desde crianças. Lá, como em muitos outros terreiros, deve haver sempre festa em que se fazem homenagens especiais a crianças como uma das obrigações. Assim, as crianças crescem em meio a valores do grupo de culto, com o qual convivem desde muito cedo. O grupo também se considera unido por laços que continuam até após a morte, pois cada pessoa, ao morrer, recebe dos demais um tambor de choro, considerado uma obrigação para libertar o espírito do morto. Ele continua sendo lembrado.

Atualmente, inexiste na Casa a figura central de mãe-de-santo e, como vimos, não estão sendo mais realizados os rituais completos de iniciação[65]. Assim, faltam dois elementos fundamentais para a constituição do parentesco religioso no grupo, o que dificulta seu estudo.

Também não existe a cerimônia de entrega de Decá (Lima, 1977, p. 131-145; e Araújo, W. 1977, p. 134-135), pela qual a filha-de-santo adquire o direito de ter sua própria casa de culto, após sete anos de feita. Na Casa das Minas, como em geral no tambor de mina do Maranhão, não existe oficialmente essa tradição de as vodunsis abrirem seu próprio terreiro, embora tenha havido a tentativa, bastante criticada, que já referimos, de Dona Zuleide Amorim, que pretendeu organizar no Rio de Janeiro um terreiro de tambor de mina filiado à Casa das Minas. Não conhecemos outros casos semelhantes. O pessoal afirma que a Casa das Minas sempre foi única, não possuindo filiais, e que os demais

---

65 Constatamos que, depois de cerca de uma dezena de anos exercendo a chefia, a vodunsi que dirige o grupo passa a ser chamada de mãe.

terreiros de tambor de mina do Maranhão se originaram de outros grupos de tradição diferente.

Silverstein (1979, p. 134-169) analisa o significado do poder ritual da mulher nos candomblés baianos, verificando suas relações com a sociedade envolvente. Constata ela que, na Bahia, os candomblés dão poder e distinção à mulher negra e pobre, sendo talvez seu único veículo de entrada na sociedade dominante. Na Casa das Minas, as mulheres também ocupam papel mais importante do que os homens, que lá não podem receber vodum nem dançar. Algumas mulheres, como Mãe Andresa, tiveram inegavelmente razoável grau de poder, distinção e prestígio, como se constata na bibliografia que a ela se refere.

Na Casa, os homens ocupam posições subalternas. Eles tocam tambores e participam, no comé, da matança de animais de quatro pés. Na família biológica das pessoas do grupo, a figura paterna ocupa de modo geral também papel pouco expressivo, e são as mulheres quase sempre que assumem os maiores encargos familiares, como costuma ocorrer com muita frequência nas camadas de baixa renda.

Costa Eduardo (1948, p. 29-45) analisa aspectos da vida familiar dos negros nos meios urbano e rural do Maranhão, constatando, por exemplo, a grande frequência da *amigação*, no lugar do casamento legal, e das uniões múltiplas do homem. Muitas pessoas ligadas ao culto afirmam que a figura do pai ou do marido foram pouco significativas em suas vidas. Conhecemos também o caso de duas antigas mães-de-santo, de outros terreiros da cidade, que eram amigas e comadres, e tinham filhos com o mesmo homem.

Silverstein (1979, p. 159-160) vê o candomblé como cultura de resistência e "como meios alternativos de organizar a produção e reprodução de sistema de valores que criticam ou rejeitam os meios da cultura dominante". Constata essa autora, por outro lado, a tendência da entrada crescente de membros da classe média branca, por ela considerada como tentativa da classe dominante de incorporar elementos da cultura tradicional, com a intervenção de interesses comerciais e a transformação dos cultos em mercadoria folclórica. Sobre o assunto, Vivaldo da Costa Lima (1977, p. 61) considera que a religião afro-brasileira, à época de Nina Rodrigues, era "de africanos"; no tempo de Arthur Ramos e Edson Carneiro passou a ser "de negros"; e hoje é uma "religião popular", sem limites étnicos e sociais bem precisos.

Apesar do sistema incompleto de iniciação, da inexistência atual de mãe-de-santo, da presença de algumas pessoas de cor mais clara entre as filhas-de-santo, dos pedidos de ajuda financeira a setores dirigentes da sociedade, e de um certo interesse intelectual e turístico pelo grupo, constatamos, na Casa das Minas, a existência de um grande esforço de resistência ao desaparecimento, à penetração pela sociedade envolvente, e de sua manutenção como fator de preservação de identidade étnica. Esse esforço, a nosso ver, se manifesta de diversas maneiras, como, por exemplo, no desejo de organizar, sempre que possível, as festas nas épocas previstas, de trazer para as festas novas pessoas convidadas e pessoas com antigas ligações à Casa e ao grupo, de manter e dar continuidade às antigas tradições da Casa etc.

Há também o desejo, manifestado por algumas filhas, de irem à África a fim de reforçar laços da Casa com o grupo étnico de origem e de conseguir recuperar rituais que foram perdidos. Parece-nos ainda que, até hoje, a presença, especialmente entre os tocadores e também entre as vodunsis, de pessoas ligadas ao grupo por laços de parentesco biológico constitui um dos indícios reveladores do empenho manifestado por sua continuidade.

Constatamos também que o tambor de mina, como outras religiões, especialmente as afro-brasileiras, constitui, em grande parte, uma herança familiar, e que a religião da Casa das Minas, embora participada por pessoas pobres, não é uma religião popular, sendo mesmo quase uma religião de elite, uma vez que lá só são aceitos os que têm vodum jeje. A Casa das Minas, a nosso ver, é constituída assim por uma elite quase étnica entre os negros da classe dominada.

O ESPAÇO SAGRADO

Segundo Eliade (1965, p. 21), para o homem religioso, o espaço não é homogêneo, havendo lugares privilegiados, qualitativamente diferentes, por terem sido consagrados e transformados em lugar de comunicação com o sobrenatural, de ligação entre a terra e o céu.

O espaço ocupado pela Casa das Minas é também considerado um lugar sagrado, local de comunicação com o sobrenatural, sendo demarcado e subdividido em espaços especiais. Como já mencionamos, a casa localiza-se à esquina da Rua de São Pantaleão com o Beco das Minas, ocupando o terreno uma área de cerca de cinquenta metros de fundo por trinta de frente. Originariamente constava de três prédios geminados, com frente para a Rua de São Pantaleão, mas o terceiro prédio ruiu e hoje, em seu lugar, se vê, da rua, apenas um muro alto. Do lado do Beco das Minas, até há tempos atrás, a parede da casa continuava por uma cerca irregular de madeira. Há alguns anos, foi construído um muro de tijolos. O piso da calçada foi cimentado em 1982. Devido ao calçamento da rua, sobrou uma nesga irregular de terreno entre a casa e o muro, no lado do Beco das Minas, a qual, na década de 1980, foi sendo aos poucos ocupada, ampliando-se lateralmente o prédio original.

O prédio da esquina possui, na fachada principal, três janelas e uma porta, aproximando-se das características da chamada morada inteira da arquitetura tradicional maranhense, que, em geral, possui uma porta e quatro janelas. É seguido por outro prédio também com uma porta e três janelas e por um terreno murado. O prédio da esquina é chamado pelos membros do grupo de Casa Grande de Zomadônu, o dono da Casa.

Entra-se na Casa atravessando a soleira em pedra de cantaria, já bastante gasta. Pessoas amigas ligadas a outros terreiros, ao entrar ou sair de lá, costumam fazer uma reverência especial à soleira da porta. Inclinam-se, colocando as duas mão na soleira e levando-as à frente, aos lados da cabeça e à nuca. O pessoal da Casa também costuma fazer algumas cerimônias na soleira da porta ou na porta do comé.

Toda vez que uma filha chega de fora com seu vodum, bate palmas ou canta do lado de fora. Outra filha deve vir receber, derramando um pouco de água do comé na soleira, para o vodum entrar.

Quando os voduns saem para fazer visita anual à Casa de Nagô, alguns, que não vão, vêm trazê-los à porta, e, quando aqueles regressam, vêm recebê-los, jogando água do comé na soleira para eles passarem.

Na Festa do Divino, quando o Império chega da missa em que foi coroado, é recebido na porta, com incenso trazido por uma vodunsi. Nessa festa, quando o Império da Casa de Nagô vem visitar o da Casa das Minas, as duas bandeiras reais se tocam sobre a soleira da porta.

Quando há tambor de choro, pela morte de alguém da Casa, as pessoas que assistiram a ele, antes de se retirar, devem lavar as mãos e os braços numa bacia contendo *amansi*.

Ao entrar na casa, as vodunsis geralmente persignam-se em direção ao altar na Sala Grande e, na entrada ou na saída, costumam se benzer dizendo algumas palavras em voz baixa quando passam no corredor de entrada, perto do comé. Em relação à entrada na casa, Van Gennep diz que

> *a porta é o limite entre o mundo estrangeiro e o mundo doméstico, quando se trata de uma habitação comum, entre o mundo profano e o mundo*

sagrado, no caso de um templo. Assim, "atravessar a soleira" significa ingressar em um mundo novo. Tal é o motivo que confere a esse ato grande importância nas cerimônias do casamento, da adoção, da ordenação e dos funerais. (1978, p. 37)

As diversas partes da casa pertencem a determinados grupos de divindades, como vimos, e ainda se subdividem, pertencendo cada cômodo especificamente a alguns voduns. Diz-se que são os lugares para agasalhar os voduns. Nos intervalos das festas, os voduns costumam se vestir e se preparar nestes cômodos, e aí se sentam para descansar, fumar cachimbo e conversar com pessoas. No período de iniciação, as filhas costumam passar algumas horas do dia recolhidas na parte da casa pertencente à família de seu vodum. Entra-se na casa por um corredor (veja-se planta da Casa) que vai dar na varanda de danças. O primeiro cômodo à direita é a Sala Grande, espécie de sala de visitas onde se encontra o altar católico em que são rezadas as ladainhas das festas. A Sala Grande é de Zomadônu e possui portas de comunicação internas para os quartos laterais. Por ela se penetra no comé, pertencente a todos os voduns que lá têm assentamento. Pessoas de fora do grupo de culto são proibidas de penetrar no comé, e só podem entrar as vodunsis que têm mais de cinco anos de dançante. Sua porta está sempre fechada à chave, guardada por uma das filhas.

As duas salas à esquerda do corredor pertencem aos voduns da família de Quevioçô. A primeira é de Badé e a segunda, de tói Liçá. As portas do comé e do quarto de Liçá, que dão para o corredor, permanecem constantemente fechadas.

A varanda de danças, ou guma, é dividida em duas por uma parede alta e separa-se do jardim por muro de cerca de um metro de altura. Ao redor da varanda, apoiados na parede atrás da qual se situa o comé, há sempre longos bancos de madeira sem encosto, onde as pessoas se sentam para assistir às danças dos voduns. À esquerda, no canto formado pelo muro de divisão, há uma velha estante triangular de madeira, sobre a qual se arma o presépio no Natal. Essa estante permanece ali durante todo o ano, sendo coberta por uma toalha durante as festas. À sua frente sentam-se os tocadores de tambor. Na planta da casa apresentada por Nunes Pereira (1979, p. 274), em que esta estante não é indicada, um de seus lados apoia-se exatamente no canto da parede, atrás do qual localiza-se, no comé, o triângulo em que, ainda segundo o autor (1979, p. 29), está assentado o *pêndome*, ou santuário, chamado *pendomi* por Costa Eduardo (1948, p. 68) e que, segundo Dona Deni, é o lugar de assentamento onde são

PLANTA DA CASA DAS MINAS (QUEREBENTÃ DE ZOMADÔNU)

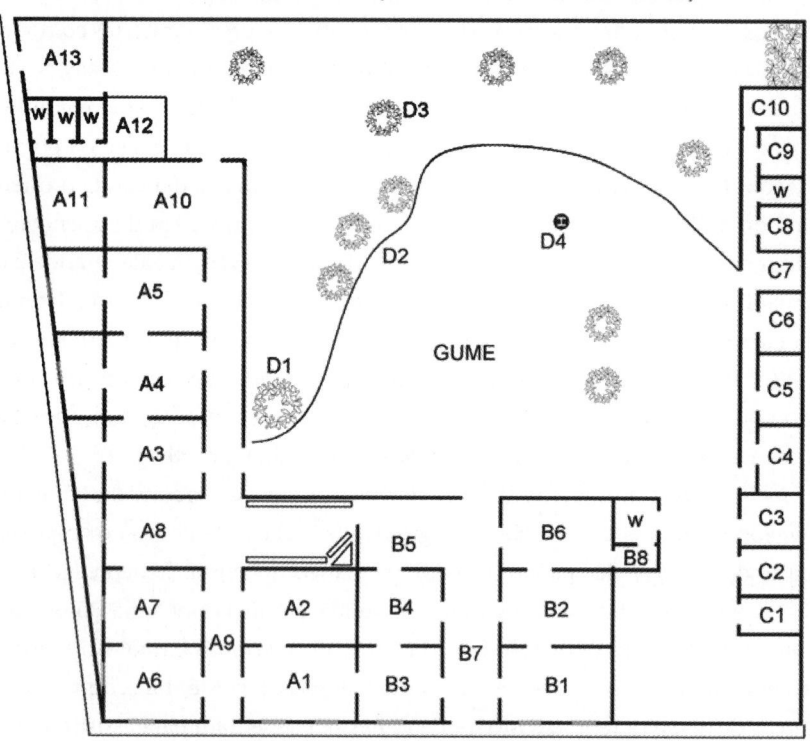

CASA DE ZOMADÔNU CASA DE SEPAZIM CASA DE DADARRÔ
RUA DE SÃO PANTALEÃO Nº 857

A — Casa de Zomadônu
Família de Davice:
A1 Sala Grande — Zomadônu
A2 Comé (peji) — todos os voduns
A3 Quarto de Zomadônu e família
A4 Quarto de Zomadônu
A5 Quarto de Savaluno

Família de Quevioçô:
A6 Quarto de Badé
A7 Quarto de Liçá

Outras dependências:
A8 Varanda (guma)
A9 Corredor
A10 Cozinha
A11 Despensa
A12 Lavanderia
A13 Escolinha Mãe Andresa
W Banheiros

B — Casa de Sepazim
Família de Davice:
B1 Quarto de Sepazim
B2 Quarto de Daco-Donu
B3 Quarto de Doçú e Bedigá
B4 Quarto fúnebre

Outras dependências:
B5 Varanda (continuação)
B6 Cozinha
B7 Corredor
B8 Despensa
W Banheiro

C — Casa de Dadarrô (ruiu)
Família de Dambirá:
C4 Quarto de Boçucó
C5 Quarto de Poliboji
C6 Quarto de Alôgue
C9 Quarto de Bôça
C10 Quarto de Lepon

Outras dependências:
C1, C2, C3 Quarto anexo
C7 Cozinha
C8 Lavanderia
W Banheiro

D — Gume (pátio)
D1 Cajazeira sagrada
D2 Pés de ginja
D3 Pé de pinhão-branco
D4 Local do mastro do Divino

colocadas as pedras e os jarros, lugar por ela denominado de *pédome*. Do lado esquerdo, próximo a uma porta, ficam guardados os tambores, cobertos por uma toalha; perto deles há sempre bancos e uma mesa grande. A varanda, como alguns outros cômodos, é enfeitada com bandeiras de plástico ou papel que costumam ser substituídas anualmente na época da Festa do Divino. É também ornamentada com diversos cromos com imagens de santos católicos e algumas fotos de antigas dançantes da Casa. Em 1982, eram os seguintes os principais quadros retratando santos, distribuídos em várias partes da Casa das Minas:

Na varanda de danças: Santo Antônio; Cristo no Calvário; Nossa Senhora dos Navegantes (?); Nossa Senhora de Nazaré (?); Menino Jesus de Praga; Nossa Senhora de Fátima; Sagrada Família, com as figuras de Nossa Senhora, São José e o Menino Jesus; outras não identificadas; três meninas, representando a Fé, a Esperança e a Caridade; Santa Joana d'Arc; a Santa Ceia; outra Nossa Senhora de Fátima.

Na Sala Grande: Santa Bárbara (sobre a porta do comé); Sagrado Coração de Jesus; Sagrado Coração de Maria; Jesus Cristo; e Iemanjá.

No quarto de Zomadônu: São Cosme e São Damião; e São Jorge.

No quarto de Quevioçô: São Pedro, Santa Bárbara e outros.

Dona Celeste lembra de um bonito cromo antigo, com a representação do Senhor Bom Jesus dos Martírios, que se acabou roído por insetos. No altar da Sala Grande há sempre várias imagens de santos, ditas "em vulto". Diversas são substituídas de acordo com a época de comemoração de suas festas. Entre essas imagens, destacam-se a Pomba do Divino, São Benedito, Santa Bárbara, Nossa Senhora da Conceição, São Lázaro, São Cosme e São Damião, Nossa Senhora de Fátima, e muitas outras. Ao lado da porta do comé, sobre uma pequena mesa, há uma imagem em *biscuit* de Nossa Senhora da Piedade. Em outros quartos da casa, como o de Zomadônu, há pequenos oratórios com imagens. Na Sala Grande, há uma reprodução ampliada de foto antiga de Mãe Andresa e de um casal de crianças vestidas de imperadores na Festa do Divino, e também um pequeno retrato de Dona Amância. Na varanda há uma foto muito antiga, provavelmente da década de 1910 ou de 1920, retratando um grupo de tobóssis paramentadas. Existem também na Casa duas reproduções, de tamanhos diferentes, de antiga gravura representando a Sagrada Família, constituída por uma mão aberta contendo em cima de cada dedo um santo, a saber: no indicador, o Menino Jesus, ladeado por São José e Nossa Senhora, estes ladeados por Sant'Ana e São Joaquim, avós de Jesus. Vimos em Cuba, em 1988, no Museu de

Guanabacoa, na parte referente a religiões afro-cubanas, representação semelhante, esculpida em madeira, e lá denominada de Mão Santa. Fomos informados de que se trata de objeto para afastar o mau-olhado.

A seguir vem o corredor que une a varanda à cozinha. Esta parte da casa é de Zomadônu. O primeiro quarto pertence a Zomadônu e sua família. Há nele pequeno oratório com imagens, alguns outros móveis e uma mesa grande. Nele costumam-se guardar doces e comidas que são servidos nas festas, e alguns convidados são levados até aí para comer. Segue-se outro quarto, também de Zomadônu, e um terceiro da família de Savaluno, hóspede e amigo de Zomadônu.

Na cozinha, há sempre algumas pedras grandes que servem de trempe para os grandes caldeirões onde se prepara a comida. Aí também ficam guardados pilões, caldeirões, panelas etc.

Após a cozinha, segue-se um pequeno banheiro do lado de fora da casa, abrindo-se para uma área coberta, que é a lavanderia. As filhas, em fins de 1982, construíram uma despensa atrás da cozinha, na área lateral, antes do muro que dá para o Beco das Minas. Essa ala foi ampliada por Dona Celeste, com a construção de uma sala de aula onde, desde fins dos anos de 1980, funciona a escolinha Mãe Andresa, que atende a cerca de meia centena de crianças do bairro.

No quintal, ou gume, há várias plantas. A cajazeira, que é a árvore sagrada da Casa, fica próximo ao quarto de Zomadônu; mais adiante há os três pés de ginja das tobóssis e dos toquéns, e ao fundo o pé de pinhão-branco de tói Acóssi. Há aí várias outras árvores frutíferas e diversas plantas ornamentais ou medicinais usadas no preparo de remédios e banhos.

À direita, há uma série de cômodos que foram construídos na parte traseira do terreno, onde ficava a casa de Dadarrô, para a família de Dambirá. À época em que realizamos este estudo, havia três pequenos cômodos e uma cozinha que abriam portas e janelas para o quintal, formando uma espécie de pátio interno. São os quartos de Boçucó, de Poliboji e de Alôgue. Muitos visitantes que conhecem a Costa da Guiné, na África, afirmaram que essa parte da casa, com suas portas e janelas dando para o pátio interno, com muita vegetação, lembrava os ambientes interiores de muitas aldeias africanas tradicionais ou *compounds* da região da Nigéria e Benim (ver Cunha, 1984). Depois foram sendo construídos outros cômodos, como pode ser visto na planta da Casa.

O segundo prédio, que é de nochê Sepazim, assemelha-se à parte dianteira do primeiro, com o qual se comunica internamente. Possui também um corredor de entrada, com dois quartos de cada lado, que vai dar na varanda, que abre para o pátio. O cômodo à direita é uma sala de visitas e pertence a Sepazim. Segue-se uma alcova, de Daco-Donu, marido de Sepazim. O cômodo à esquerda, que se comunica com a Sala Grande, é dos irmãos de Sepazim, Doçu e Bedigá. Segue-se o cômodo contíguo ao comé, o quarto fúnebre, onde fica exposto o corpo das pessoas da Casa que morrem. Ninguém costuma dormir nesse quarto. À direita dos fundos da varanda, foi montada uma pequena cozinha, usada por pessoas da família de Davice. Dona Zulima de tói Doçu morou muito tempo nessa parte da casa, adquirida, segundo consta, por Mãe Hosana no século XIX.

Em diversos quartos há baús, onde se guardam roupas dos voduns, suas louças e outros objetos. Há também armários, mesas, cadeiras, bancos, outros móveis e jarras antigas. Inicialmente, todo o piso da casa era de terra batida. Aos poucos, algumas partes foram sendo cimentadas, ainda ao tempo de Mãe Andresa, tendo sido pedida permissão aos voduns para isto. Primeiro cimentaram o piso da Sala Grande e do corredor de entrada. Os quartos da parte de Queviçô e da casa de Sepazim também são todos cimentados. Um dos últimos foi o de Savaluno, perto da cozinha. Algumas partes, entretanto, tiveram que permanecer com o piso original de terra, como o comé, a varanda e a cozinha. O corredor, que leva à cozinha e era também de terra, foi cimentado na reforma realizada em 1982. Algumas vezes mandam-se colocar carradas de barro no chão, que é batido e molhado para não levantar poeira.

Quando se necessita fazer algum conserto, mudança de fiação elétrica ou pintura no comé, quem faz são os tocadores, que antes devem ter sido limpos para isso. Em 1982, quando conseguiram ajuda do governo para fazer consertos na casa e puderam derrubar e reconstruir as paredes do corredor da varanda à cozinha, o entulho retirado foi todo depositado no piso da varanda e no jardim próximo à cajazeira.

A esse respeito, e referindo-se ao antigo e tradicional terreiro nagô de Recife, conhecido como Sítio do Pai Adão, fundado por Tia Inês em inícios do século XIX, comenta Araújo:

> *segundo os moradores do "Sítio" não é possível derrubar as paredes que o compõem por causa dos "axés" que tia Inês "plantou". Se for preciso derrubar alguma parede do "Sítio", é necessário que todo o pó seja apanhado e misturado na massa que for preparada para levantar novamente a parede. Mesmo assim, segundo nossos informantes: "não valeria a pena derrubar uma parede que recebeu os 'axés' de sua fundadora".* (1977, p. 119)

Costuma-se dizer que a Casa não pode funcionar em outro lugar pois seus fundamentos foram plantados em várias partes. Em épocas de perseguições, como ocorreu em 1938, quando muitos terreiros da cidade foram transferidos, quiseram mudar a Casa das Minas para um sítio. Mãe Andresa disse que não podiam sair de lá, e conseguiu-se, com o interventor Paulo Ramos, autorização para continuar lá. O pessoal também se refere a perseguições anteriores e diz que, devido a esse risco, as últimas africanas, ao tempo de Mãe Hosana, mandaram cobrir os assentamentos do comé, que foram cimentados. Ninguém pode fechar a Casa, pois não se sabe onde ficam todos os assentamentos ,e as fundadoras não deixaram isso ensinado, para ninguém os desmanchar.

Como em outros terreiros de São Luís, não existe na Casa das Minas a coluna central, que Bastide (1973, p. 328-333) informa ser encontrada nos candomblés mais tradicionais da Bahia. Costa Eduardo (1948, p. 61-62) refere-se à existência dessa coluna central em terreiros de Codó. Fomos informados por várias pessoas de que, em muitos terreiros do interior, existe um esteio central, que em alguns lugares é chamado de eira, onde está assentado o axé, e em torno do qual dançam as filhas. Em vários terreiros de São Luís existe, no chão onde se dança, a marca do assentamento, mas não a coluna central. Na Casa das Minas, parece-nos que o simbolismo da coluna central está concentrado na árvore sagrada, que também existe em outros terreiros tradicionais[66].

Na Casa das Minas, como mencionamos, a árvore sagrada não pode ser tocada por qualquer pessoa, e não se podem retirar suas folhas e frutos. Não se pode também podar os seus galhos sem autorização especial dos voduns.

Dona Amância tinha plano de ceder o segundo prédio da casa ao Estado, para instalar um colégio, e com isso esperava conseguir redução dos impostos e alguma ajuda para a manutenção do grupo. Ela dizia que as antigas falavam que, quando todas morressem, a casa ficaria para o Estado. Dizem também que ela tentou vender uma parte da casa para a prefeitura, ao tempo do Prefeito Epitácio Cafeteira.

Algumas pessoas lembram que, antigamente, o terreno da casa era muito maior e ia até a Rua do Norte, paralela à de São Pantaleão. As dançantes atuais

---

[66] Eliade diz que, em muitas culturas tradicionais, um aspecto sagrado da habitação é que ela apresenta um poste central, que é assimilado ao "Axis Mundi", ao "pilar cósmico" ou à "Árvore do Mundo" "...ligando a terra ao céu [...] o céu é concebido como uma imensa tenda sustentada por um pilar central [...] A árvore cósmica é concebida como uma escada que leva ao céu, por onde os xamãs sobem em sua viagem celeste" (1965, p. 48).

lembram que, antigamente, havia muitos terrenos baldios nas vizinhanças, mas a prefeitura cobrava taxas por sua ocupação. Esses terrenos foram sendo ocupados e legalizados na prefeitura. Dizem que quiseram até invadir o terreno ocupado pela Casa das Minas, mas não o conseguiram devido a ter escritura. Dizem que a escritura mais antiga da casa data de 1847. Lembram que a casa funcionou por algum tempo na Rua de Santana, como referimos anteriormente, mas mudou-se para lá com o crescimento da cidade. Sobre isso, havia um documento antigo que se extraviou, pois estava guardado com os papéis de uma filha e foram queimados quando ela morreu. Depois encontraram outra cópia guardada num tubo metálico que estava no comé. A primeira escritura teria sido dada pela Alfândega; outra foi mandada copiar na prefeitura. A escritura é de doação e está no nome de Maria Jesuína e suas companheiras. A do segundo prédio, também conseguido por doação, está em nome de Hosana Maria da Conceição, falecida em 1914, que chefiou a Casa antes de Mãe Andresa. As filhas atuais têm a intenção de modificar as escrituras, colocando o terreno e a casa em nome da Irmandade, unificados num só documento.

Nunes Pereira (1979, p. 22) considera a Casa das Minas "uma sociedade africana transplantada para o Brasil". A casa ocupa um espaço mítico e sagrado implantado pelos fundadores africanos, que é mantido e atualizado pelo grupo. Segundo Malinowski, podemos compreender a organização social de uma comunidade conhecendo as histórias que se relacionam com seu local de origem, que explicam a unidade do grupo e constituem como que uma carta legal da comunidade. De acordo com suas palavras,

> o fato de ter sempre sob os olhos, no meio de todos os acontecimento da vida cotidiana, o lugar exato onde emergiram os ancestrais, a continuidade histórica dos privilégios, ocupações e características distintivas que ao começo mitológico das coisas, constitui fatores que contribuem para manter a coesão, o localismo, o sentimento de união e de parentesco na comunidade.
> (1976, p. 120)

Na Casa das Minas, o próprio espaço físico é subdividido entre os membros das famílias de entidades sobrenaturais cultuadas, e é dessa forma ocupado pelos que se encarregam de seu culto. As violações desse espaço estão sujeitas à punição, com riscos de vida. Uma pessoa que pertence a determinada família de voduns não pode, sem autorização especial, ocupar, na casa, um lugar que pertença a voduns de outra família. Dona Amância, da família de Dambirá, foi morar na casa de nochê Sepazim, da família de Davice, pois se considerava chefe da casa por ser a dançante mais antiga. Nochê Sepazim apareceu em sonho a Dona Deni, dizendo que não permitia que qualquer pessoa fosse tomar conta de sua casa. Pouco depois Dona Amância adoeceu e morreu.

Relações com o mundo exterior

Monografias antropológicas muitas vezes transmitem a impressão de que o grupo estudado encontra-se completamente isolado da sociedade envolvente. Embora constitua grupo relativamente fechado e isolado, a Casa das Minas mantém evidentemente inúmeros intercâmbios com a sociedade maranhense da qual faz parte. Seus membros vivem e trabalham em São Luís e, ainda que uma parte significativa de suas vidas se relacione com o culto, eles vivem de acordo com as condições de vida dos demais membros da classe pobre da cidade.

No Maranhão, até hoje, o setor público é a fonte principal de recursos e de empregos, o elemento fundamental para a sobrevivência de qualquer grupo ou instituição. O próprio governo tem também interesse, paternalista e autoritário, em manter essa situação de subordinação.

Na visão do pessoal da Casa, como ocorre com outras ideologias religiosas, por exemplo com a Igreja Católica, um certo equilíbrio universal depende da colaboração de todos. Dona Deni nos diz que, na Casa das Minas, elas têm que pensar na Nação, e que o governo precisa da ajuda delas. O presidente da República e o governador do estado precisam delas. Elas fazem preces pedindo a ajuda dos guias para os governantes. Isto é uma das obrigações que elas têm.

Por outro lado, Dona Amância lembrava que, segundo as mais velhas, quando o pessoal todo da Casa morresse, o terreno e a casa acabariam ficando para o governo. Além disso, Dadarrô, o vodum mais velho da família real de Davice, é o protetor dos homens de dinheiro e representa o governo, pois é o rei mais velho. Assim, a Casa ajuda ao governo, que, por seu lado, tem também a obrigação de ajudá-la. Atualmente, ao menos, é esta a visão que se tem.

Como vimos ao registrarmos a história da Casa das Minas, em 1973 Dona Amância doou algumas peças da Casa a um museu que iria ser organizado pela Fundação Cultural do Maranhão, solicitando, em troca, material para consertos no prédio, especialmente tijolos e telhas para refazer a parede da cozinha que estava ameaçando ruir.

Dona Celeste nos informou que, no governo José Sarney, em 1967 ou 1968, quando ela ainda se encontrava no Rio de Janeiro, e Dona Manoca já havia falecido, a Casa foi procurada pelo Departamento de Turismo do Estado, que se prontificou a fazer alguns consertos que fossem mais necessários no prédio (também foram à Casa de Nagô para isso). Havia poucas pessoas na Casa das Minas para decidir. Quando Dona Celeste chegou, procurou se informar, mas soube que não havia mais recursos disponíveis. Ela conseguiu com pessoa amiga, que trabalhava naquele órgão público, a promessa de que, quando se conseguissem novos recursos para tal fim, ela seria chamada. Cerca de 15 anos depois, em 1982, a mesma pessoa se encontrava novamente na chefia do órgão de Turismo do estado, e algumas pessoas da Casa das Minas e da Casa de Nagô solicitaram ajuda ao governador, para alguns consertos nos prédios das duas casas. No mesmo ano, Dona Celeste nos informou que conseguiu, na Companhia de Eletricidade do estado, uma ajuda em cerca de cem metros de fio, com os quais iria mandar substituir a fiação elétrica, pois na última Festa do Divino havia muitas lâmpadas acesas, a fiação era antiga e ela temia algum curto-circuito. Dona Celeste, sempre que possível, procura conseguir ajuda em órgãos públicos. Ela algumas vezes, por exemplo, mantém contato com a primeira-dama, à época da Festa do Divino, solicitando autorização para comprar mantimentos com desconto em algumas empresas.

Dona Deni, por outro lado, diz que políticos também sempre costumam ir à Casa das Minas pedir alguma coisa. Dona Joana lembrava que, desde quando era criança, vez por outra aparecia por lá algum governador. Disse que na época do governo Luís Domingues, entre 1910 e 1914, havia uma dançante que trabalhava na cozinha do Palácio e que o governador foi à casa com a esposa.

O interesse do turismo pelo tambor de mina também tem aumentado nestes últimos dez ou 15 anos, tendo, porém, se iniciado lentamente há mais tempo. Dona Zeca, do terreiro da Turquia, lembrou que, em 1944, o chefe de Polícia, Flávio Bezerra, assistiu a uma festa das tobóssis naquele terreiro e achou muito bonita. Ele queria mostrar a festa à sua mulher e combinou mandar fazer uma apresentação no teatro, que deveria ser realizada no dia 11 de novembro de 1944. Dona Anastácia, então a chefe da Casa, estava em dúvida, mas dizia-se que elas deviam ir, pois quem iria dançar eram os encantados, e não elas. No dia combinado, às nove da manhã, faleceu a "guia", ou mãe segunda da Casa, e ninguém mais quis ir.

Dona Celeste diz que, segundo sabe, o interesse turístico pela Casa se iniciou em 1953, ainda em vida de Mãe Andresa, quando o vice-presidente da República, Café Filho, veio a São Luís e pediu para assistir lá a um tambor de mina.

Os trabalhos publicados por Nunes Pereira e Octávio da Costa Eduardo, em 1947 e 1948, os artigos de Edmundo Correia Lopes, desta época ou anteriores, e alguns outros demonstravam o interesse de intelectuais pelo tambor de mina, em contraste com os preconceitos dominantes contra o negro e suas manifestações religiosas e culturais.

A respeito de apresentações fora das épocas previstas, Lopes, em artigo publicado em Lisboa em 1947 e transcrito em Nunes Pereira (1979, p. 215-221), afirma que frequentou a Casa das Minas em 1937, tendo sido recebido com carinho e afeto pela nochê e as noviches mais assíduas. Como sua permanência em São Luís não coincidiu com nenhuma festa, e como ele manifestava grande interesse e certo conhecimento dos cânticos, Mãe Anéris se ofereceu para realizar um tambor para ele, que se encarregaria de pagar um jantar para os participantes — o que lhe saiu por vinte ou trinta mil Réis. Lopes descreve aspectos da festa a que assistiu, desde as 15 até as 23 horas (Nunes Pereira, 1979, p. 219). O pessoal da Casa sempre faz questão de afirmar que lá não se fazem festas fora das épocas previstas e estas são as exceções de que temos notícias. Dona Deni diz que várias vezes pessoas do governo foram lá pedir para elas fazerem apresentações em praças e teatros, mas os voduns não permitem e elas não vão. Diz que há cânticos que não podem ser cantados na rua e, por isso, não gostam que sejam gravados. Hoje em dia, muitas pessoas, especialmente de outros estados, procuram a Casa para visitar e conhecer. Às vezes, leram o romance de Josué Montello, *Os tambores de São Luís*, que faz muitas referências à Casa das Minas, e pensam que lá há toques de tambores em todas as noites do ano. No começo de algumas festas, a casa também costuma ficar cheia de gente de fora que vai assistir ao início das danças. Estudantes universitários às vezes costumam ir lá e fazem perguntas que elas não sabem ou não podem responder.

Em contraste com este interesse externo, o pessoal da Casa lembra que antigamente houve muitas perseguições, lá como em outros terreiros, e ainda podem ocorrer outras perseguições iguais ou piores. Lembram de perseguições ocorridas na época do Estado Novo, ou por volta de 1910, e na época da escravatura, quando as danças deviam ser muito ocultas, e por isso eram feitas nos dias das festas de santos católicos. Dona Deni diz que havia apenas umas poucas pessoas ricas, amigas da Casa, que tinham devoção aos voduns. A Casa das Minas e a Casa de Nagô, ali perto, eram esconjuradas como casas de macumbeiros. Pessoas que passavam se benziam, e havia gente que não deixava os filhos nem passar na calçada da frente. Dona Deni lembra ainda de pessoas que ela conheceu, que tinham alguém com vodum na família, e que deixavam a pessoa em casa acorrentada num quarto sem janela, como se fosse louca. Sobretudo se era gente importante, dono de engenho, e que não queria reconhecer a mediunidade, por julgá-la "coisa de negro".

O folclorista Domingos Vieira Filho nos contou que, quando solteiro, por volta de 1950, interessou-se em conhecer e visitar a Casa das Minas. Uma moça da sociedade, que era sua namorada, desmanchou o namoro dizendo que o tinham visto saindo da Casa das Minas. Assim, na cidade, sempre foram muito difundidos preconceitos contra a religião que se pratica na Casa, o que nos parece ser uma consequência ou uma extensão de preconceitos contra o negro, arraigados de longa data.

Embora as relações da liderança da Casa das Minas com autoridades e com órgãos governamentais atualmente sejam boas, no Maranhão, como na maior parte do país, vigorou até a época do centenário da Abolição a prática de serem estas relações controladas através das Secretarias de Segurança Pública. Eram elas que costumavam registrar as casas de culto, cobrando taxas de registro e de licença para a realização de cerimônias e festas religiosas, sobretudo no interior do Estado. Esse tipo de controle, ao que sabemos, não existe em relação a outras manifestações religiosas no país, onde constitucionalmente é permitida a liberdade de culto. No interior do Maranhão, temos notícia de que essa prática acarreta até hoje problemas, perseguições e vexames a grupos de culto de tambor de mina, que às vezes devem ser registrados como casas de umbanda e ficam subordinados à boa vontade ou à arbitrariedade de delegados de polícia.

Na Bahia, esta prática foi abolida antes de outros estados, devido em parte, segundo temos notícia, ao interesse governamental em incentivar o fluxo turístico em nível internacional para Salvador. Como lá o candomblé tem grande importância entre as manifestações incluídas nos roteiros turísticos, aquele tipo de controle seria considerado constrangedor para o visitante. Pelo documento nº 25.095 de janeiro de 1976, o governador da Bahia decretou que "as sociedades que pratiquem o culto afro-brasileiro, como forma exterior da religião que professam, assim podem exercer o seu culto, independentemente de registro, pagamento de taxa e obtenção de licença junto a autoridades policiais"

(Revista *Vozes*, 1977; nº 9, p. 71). Abdias do Nascimento protestou com razão, dizendo que "somente nesse Estado, de maioria absolutamente afro-brasileira em sua população, cessaram as ilegalidades mencionadas, as quais todavia no resto do país continuam executando sua ação repressora, intimidadora, apesar de inconstitucional" (1980, p. 99).

Nas relações da Casa das Minas com as outras religiões, predomina a visão que, de modo geral, todas as outras religiões são boas. Dona Deni diz que a religião é um caminho, que no mundo há muitos caminhos, todos levam a Deus e cada um segue o seu. O estatuto do terreiro de mina de Pai Euclides, a Casa Fanti-Ashanti, inclui no artigo 4º, como dever da irmandade, respeitar toda e qualquer religião e seus sacerdotes. Em geral, o pessoal de terreiro admira especialmente a Igreja Católica, costuma considerar-se como bom católico, gosta de assistir à missa — sobretudo no dia do santo de devoção de sua entidade protetora —, de acompanhar procissões e assistir a festas da igreja e missas de sétimo dia. Muitos comungam nas missas e costumam batizar e casar os filhos na igreja. Dona Celeste lembra que o Padre Chaves, falecido em meados da década de 1940, que era muito querido na cidade, era amigo da Casa. Ele sabia que a Casa era um terreiro de mina, que tinha um altar muito bonito, e Dona Celeste lembra de tê-lo visto umas duas vezes celebrando missa lá.

Alguns padres às vezes costumam mostrar-se muito intransigentes e intolerantes contra os que praticam as religiões afro-brasileiras. Outros são mais abertos. As missas em que se coroa o Império, na Festa do Divino, organizadas, na maioria, como promessa de pessoas de terreiros, são em geral aceitas pelo clero como manifestações de uma religiosidade primitiva, como ouvimos num sermão.

Conhecemos senhora muito idosa que costumava comungar todas as primeiras sextas-feiras de cada mês. Como tinha mais de noventa anos, o padre ia sempre levar a comunhão em sua casa, que ficava perto da igreja. Alguém a denunciou como mãe-de-santo de terreiro e o padre deixou de ir levar-lhe a comunhão.

Entre as outras religiões, os protestantes costumam geralmente ser os mais intransigentes contra o tambor de mina. Conhecemos casos de mulheres ligadas à Casa das Minas que se casaram com protestante e cujos maridos não as deixam mais frequentar o tambor. Nos dois casos de que temos notícia, comenta-se que a consequência foi a loucura da pessoa ou de seus descendentes. O pessoal da Casa atribui essa loucura à proibição de participar do tambor de mina.

O escritor Hubert Fichte, em conversa com o autor deste livro, expressou a impressão de que a Casa das Minas parece demonstrar um certo puritanismo protestante, que considera como característica do comportamento das filhas, e que se evidencia, por exemplo, na repressão ao culto de Legba, numa certa imaterialidade dos deuses e na preocupação com a pureza corporal. Bastide (1973, p. 309) também se refere ao caráter puritano dos cultos afro-brasileiros no Nordeste.

Já citamos certas relações entre a Casa das Minas e o espiritismo, que no Brasil é muito difundido, especialmente nas camadas populares. Constatamos, entre filhas da Casa das Minas e de outros tambores de mina, certa aceitação da doutrina da reencarnação. Pessoas da Casa afirmam que frequentaram o espiritismo em certas épocas, apesar de as chefes se oporem. Houve um líder espírita, muito conhecido na cidade, que era amigo de Mãe Andresa e frequentava a Casa. Os voduns, entretanto, não gostam de contatos com os mortos.

Em relação aos outros terreiros de tambor de mina, o pessoal diz que as mais velhas tinham muito cuidado para que elas não os frequentassem, para não correrem o risco de ficarem loucas ou caírem na embriaguez. Dona Deni diz que, em outros terreiros, voduns que dizem ser jeje são diferentes dos da Casa das Minas. Dizem que os "invisíveis" são um só e que a religião é a mesma, mas Dona Deni acha que não é bem assim, pois os jeje da Casa das Minas não vão a outros terreiros. Segundo ela, os que dizem que são jeje não o são, não sabem as diferenças. O nome pode até ser o mesmo, mas a entidade é diferente. Para ela, os voduns de lá têm costumes diferentes dos outros, até na maneira de se manifestar. Os outros terreiros são chamados de terreiros da mata, ou de caboclos, ou beta, em jeje. Elas dizem que não costumam ir, pois não entendem de cura, ou pajelança. Dizem que os outros tambores de mina não têm as exigências da Casa das Minas. Dona Deni diz que para se abrir outros terreiros de mina jeje, só com pretas minas africanas, pois elas não deixaram nada para se ver e ninguém sabe como conseguir apanhar as pedras vivas. A religião da Casa é muito complicada, e seria preciso mais de um ano para se conversar sobre as suas principais coisas.

Às vezes, entretanto, algumas pessoas da Casa das Minas são vistas assistindo a festas em outros terreiros, e em geral são recebidas com grande distinção, como amigas. Pessoas de outros terreiros também costumam assistir a festas lá, também sendo bem recebidas.

Antigamente havia poucos terreiros de tambor de mina na cidade. Segundo Costa Eduardo (1948, p. 47), à época de sua pesquisa, em 1944, havia cerca de vinte casas de tambor de mina em São Luís e em seus arredores, sendo nove na área urbana e suburbana, e nove na área rural. Diz ele que, exceto a Casa das

Minas e a Casa de Nagô, as outras três mais antigas tinham sido estabelecidas entre 1910 e 1920, período em que pelo menos outras três casas existentes deixaram de funcionar. Não temos certeza de que essas informações são precisas, pois dispomos de dados que não as confirmam. Mas, de qualquer forma, os terreiros eram pouco numerosos e pouco conhecidos pelo pessoal da Casa das Minas. Antigamente, os outros terreiros, quando recebiam pessoas com encantado jeje, as encaminhavam para a Casa das Minas, mas hoje dizem que não se faz mais isso, pois querem ter maior número de participantes.

Havia vários chefes de terreiros antigos que eram amigos da Casa das Minas. Dona Anastácia dos Santos, natural de Codó, falecida em 1971 aos 103 anos, fundou em 1889 o terreiro da Turquia, de nação tapa, e era muito amiga do pessoal da Casa das Minas, onde costumava às vezes se hospedar. O pessoal da Casa das Minas e da Casa de Nagô também ia assistir às suas festas. A Turquia, à época de nossa pesquisa, era dirigida por Dona Mundica Reis e Dona Zeca (filha de Dona Anastácia), já falecidas. Outro terreiro antigo era o do Egito, chamado Ilê-Niame, que, segundo Pai Euclides, foi fundado por Basília Sofia, chamada, na lei, de Massinocô Alapong. Ela deve ter vindo de Cumassi, na Costa do Ouro, em 1855, e se referia muito aos fantis e aos ashantis. Vindo da África, teria passado algum tempo hospedada na Casa Branca, na Bahia, tendo chegado ao Maranhão em 1864. Pai Euclides informa que Massinocô deve ter fundado o terreiro do Egito, perto do Itaqui, em São Luís, em 1867, mas havia pouca gente que conhecia sua religião para ajudá-la, e não possuíam instrumentos musicais adequados. Massinocô faleceu em 1911 e pessoas mais antigas, como Dona Mundica Reis, do terreiro da Turquia, a conheceram. Foi substituída na chefia do Egito por Maria Pia dos Santos Lago, chamada Iraé-Acu-Vonuncó, que o dirigiu de 1911 a 1965, quando morreu. Mãe Pia preparou inúmeras pessoas, que hoje dirigem terreiros em São Luís. Quem a sucedeu, já muito idosa, foi Dona Celestina, que dirigia o terreiro do Engenho, no Tirirical, e faleceu em 1974. Muitas pessoas em São Luís, ligadas aos terreiros, dizem que, durante as festas do Egito, que se localizava numa elevação próxima ao mar, se avistava à noite, ao largo do porto do Itaqui, o navio encantado de Dom João, com muitas luzes acesas e pessoas a bordo.

Havia outros terreiros antigos chefiados por pessoas amigas da Casa das Minas, como o do Cutim, próximo ao Clube Lítero, fundado por Dona Noêmia Fragoso por volta de 1910. Dona Noêmia faleceu em 1947 e a casa ficou sendo dirigida por sua filha, Dona Joana Batista Alves. Dizem que esse terreiro era mina cambinda.

Outro terreiro antigo e amigo do pessoal da Casa das Minas era o de Dona Maximiana Rosa Silva, que, segundo informações de Pai Euclides, teria nascido em 1862 e falecido em 1974. Seu terreiro era mina cachéu, funcionava na pista do bairro do João Paulo, onde hoje há uma padaria, e depois se transferiu para o Angelim. Em junho de 1938, o terreiro de Dona Maximiana foi visitado pela Missão de Pesquisas Folclóricas do Departamento de Cultura, da Prefeitura Municipal de São Paulo, por iniciativa de Mário de Andrade, tendo sido aí realizadas filmagens e gravações de várias músicas de tambor de mina e de tambor de crioula (Oneyda Alvarenga, 1948).

O pessoal da Casa das Minas refere-se ainda a outros terreiros antigos de pessoas amigas, como o do Justino, no Bacanga, dirigido muito tempo por Mãe Maria Cristina, que dizem ter vindo criança da África e que era nagô congo. Este antigo terreiro é atualmente chefiado por uma senhora chamada Dona Mundica Estrela de Averequete. Assistimos a duas festas dirigidas por ela.

Havia também o de Nhá Chica de Badé, na Cerâmica, e o de Vó Severa, que funcionou em frente à Escola Técnica até os anos de 1960. Conhecemos também, no Bairro de Santo Antônio, o antigo terreiro de Dona Clarinda, já falecida, filha-de-santo de Nhá Alice de Mademodé. Assistimos a algumas festas em seu terreiro, em forma de navio, como vários outros, segundo é comum no Maranhão.

Pai Euclides, da Casa Fanti-Ashanti, informou também que um dos terreiros de mina mais antigos da cidade foi o de Manuel Teu Santo, africano de nação tapa ou nupé. Seu terreiro funcionou no Caldeirão Quebrado, na Madre de Deus. Lá Dona Anastácia, do Turquia, foi feita no santo ainda ao tempo da escravidão.

Em geral, muitos destes terreiros antigos foram sendo fechados com a morte da chefe. Alguns poucos continuam e outros têm algumas filhas que abriram suas casas e seguem as tradições da casa-mãe.

Algumas vezes, voduns da Casa das Minas baixavam em outros terreiros, nas filhas de lá que estavam de visita numa festa, para saudar a casa, mas diz-se que não demoravam e vinham depois para a Casa. Diz-se também que Mãe Andresa e algumas filhas às vezes iam assistir a festas em uma ou outra das casas amigas. Fala-se que as filhas às vezes eram muito dominadas pela mãe-de-santo, e, quando esta morria, não tinham condições de continuar com a casa e ficavam "bolando" de um terreiro a outro.

Entre os terreiros antigos ainda atuantes em São Luís destaca-se a Casa de Nagô, à Rua das Crioulas ou Cândido Ribeiro, próximo à Casa das Minas, sendo ambas as casas mais tradicionais de São Luís. Foi dirigida por Mãe Dudu — Dona Vitorina Tobias Santos —, que nasceu em Viana em 1887, na família dos Morgados de Matinha, e dançava na Casa desde 1916. Mãe Dudu era filha de Iemanjá e de Lego-Xapanã, e dirigiu a casa desde 1967, até falecer em 1989. Desde então, a Casa de Nagô passou a ser dirigida por Dona Lúcia Santos, de Xapanã, que nasceu em 1905, recebeu santo na Casa de Nagô com cerca de dez anos, ficou sendo ferreira da Casa durante cinquenta anos e só dançou em 1961.

A Casa de Nagô foi também estudada por Costa Eduardo (1948), sendo brevemente descrita por Pereira Barreto (1977). Segundo Pai Euclides, a Casa é nagô-abeocutá e teria sido fundada uns quatro anos antes da Casa das Minas. Diz-se que os fundadores das duas casas teriam combinado que, se uma delas viesse a fechar, a outra receberia as filhas restantes.

Os terreiros de tambor de mina de São Luís são muito numerosos atualmente, não havendo, entretanto, nenhuma estatística segura a respeito de sua quantidade. Nota-se que eles têm aumentado, como se pode constatar por exemplo pelo número cada vez maior de casas comerciais, aqui denominadas popularmente de "feiticeiras", que vendem produtos e objetos relacionados com o seu culto. Possuímos cópia de uma relação de tambores de mina, umbanda e sessões espíritas registrados na Delegacia de Costumes e Diversões Públicas da Secretaria de Segurança Pública do Estado, que deve ser do ano de 1968. Aí estão relacionadas 278 casas, sendo 58 do interior do estado e as restantes 220 dos três municípios da Ilha do Maranhão. Trata-se de relação antiga, incompleta e desatualizada, incluindo casas que foram fechadas ou transferidas. Por estimativa modesta, calcula-se que deva haver na Ilha entre quinhentos e mil terreiros de culto assemelhados, com grande diversidade de origens e de formas de organização.

Em março de 1982, tomamos conhecimento, pela imprensa de São Luís, da organização, por iniciativa da Secretaria de Trabalho e Ação Social do estado, de uma Federação de Umbanda e Cultos Afro-Brasileiros do Maranhão. Da organização inicial participaram 18 chefes de grupos de culto da capital e do interior, tendo sido eleito presidente Jorge de Itaci Oliveira. Essa federação deu continuidade a uma anterior, organizada e dirigida, durante vários anos, por José Cupertino, mas a Casa das Minas e a Casa de Nagô não participam dela.

Entre os terreiros de tambor de mina mais conhecidos em São Luís em 1981/1982, quando realizamos esta pesquisa, podemos incluir o Abassá de Iemanjá, do Bairro da Fé em Deus, dirigido por Jorge de Itaci Oliveira (Ziegler, 1975, p. 21-36); o de José Cupertino, no João Paulo; o de Sebastião do Coroado; o de Mariazinha, no Bairro de Fátima; o de Ribamar Castro, no João Paulo; o de Dona Elzita, no Sacavém; o de Dona Clarinda, no quilômetro 8, no Bairro de Santo Antônio; o de Margarida Mota, no Lira; o de Pascoal, no Sacavém; o de Maria Lopes, na Estrada do Olho d'Água; o de Maria Augusta, no Lira; e muitos outros. Algumas dessas casas fecharam por falecimento de seu chefe e mudança de chefia.

Uma das casas atuais, bastante conhecida, é a Casa Fanti-Ashanti, dirigida por Euclides Menezes Ferreira. Funciona na rua Militar, no Cruzeiro do Anil, desde 1964, tendo funcionado anteriormente, desde 1958, em Gapara, no Bacanga. Seu fundador provém do terreiro do Egito, tendo completado sua formação em antigos terreiros de Recife. Possui numerosos filhos-de-santo em São Luís e Belém. Sua casa foi descrita por Pereira Barreto (1977, p. 120-125; e 1987, analisada por Ferretti, M., 1993). Seu Euclides, que foi um dos nossos informantes, encaminhou para publicação, pela Secretaria de Cultura do Estado, trabalho feito por ele sobre sua vida e sua casa de culto, do qual fizemos pequena apresentação (Ferreira, 1984. Ver também, 1985, 1987). As festas em seu terreiro são, às vezes, acompanhadas por algumas filhas da Casa de Nagô e da Casa das Minas.

Algumas festas maiores realizadas em diversos terreiros, especialmente a Festa do Divino, na Casa das Minas ou em outros, constituem oportunidades de reencontro de pessoas amigas ligadas ao culto. Na Casa das Minas, essas festas fazem renovar uma antiga rede de parentesco e de solidariedade, envolvendo inúmeras pessoas — muitas das quais tiveram ou têm parentes como filhos-de-santo —, criam novos laços ou refazem os antigos, e contribuem, de certa forma, para a continuidade do tambor de mina.

À GUISA DE CONCLUSÃO:
O FUTURO DA CASA DAS MINAS

São Luís foi, no século XIX, uma das quatro maiores cidades do Brasil. Depois disso, e por muitos anos, tornou-se uma cidade pequena. Hoje, embora com cerca de um milhão de habitantes, é ainda uma das menores capitais do país.

Nessa ainda pequena cidade, a religião da Casa das Minas continua preservando elementos éticos e étnicos, e não pretende ser uma religião universal que compete com outras no mercado de bens da salvação. Como vimos neste trabalho, a Casa surgiu em São Luís quando o Maranhão vivia talvez seu último grande esplendor econômico. A cidade e o estado sofreram a seguir longo período de declínio, com cerca de um século de duração, que talvez tenha começado a reverter em fins da década de 1960.

Em inícios dos anos 1970, quando conhecemos a Casa das Minas, Dona Amância, que então a chefiava, "chorando nos olhos", dizia que a Casa não podia mais ter vodunsis-gonjaí. Dona Lúcia, mais tarde chefe da Casa de Nagô, nos disse que antigamente "a escravidão" era muito dura, as vodunsis não tinham diversão nenhuma. Elas tinham vodum, tobóssi, religião. Na Casa de Nagô havia as meninas. Houve a primeira e a segunda turmas de tobóssis na Casa das Minas, mas elas eram uma cota certa, um número limitado. As últimas gonjaís, preparadas em 1914, viveram ainda durante sessenta anos na Casa, e não prepararam outras. Este é um dos mistérios de uma decadência quase secular.

A Casa das Minas atravessa até hoje longo período de declínio. Deve ter completado cento e cinquenta anos na década de 1990. Metade desse tempo constitui essa longa fase de declínio. Kabengele Munanga, Roberto Motta, Peter Fry, Jorge Carvalho e outros antropólogos, preocupados com esse problema, algumas vezes discutiram conosco o fenômeno denominado "suicídio cultural", como comentamos em outro trabalho (Ferretti, S., 1995).

Assistindo à Festa de São Sebastião em 1996, Roberto Motta disse que a Casa das Minas está sempre diminuindo, mas tem sempre gente, festas e rituais. Costa Eduardo nos disse que, na metade da década de 1940, constatou a presença de umas vinte dançantes no cordão de festas da Casa. Vodunsis antigas nos disseram que houve festas na Casa das Minas que chegavam a ter mais de cinquenta vodunsis participando na roda dos voduns. Na segunda metade da década de 1990, era difícil baixarem mais de cinco voduns numa festa.

Os deuses são esquecidos e morrem quando não têm mais devotos, como discutiram Nietzsche e outros. Afirmou-se que o cristianismo não resistiria à crise da Revolução Francesa. Linguistas afirmam que um terço dos idiomas falados no planeta corre o risco de iminente extinção. Para a Antropologia, a diversidade cultural, linguística e religiosa constitui reflexo da complexidade humana. Neste final de século e de milênio, assiste-se à persistência do agnosticismo científico ao lado da proliferação, em toda parte e entre todas as classes, inclusive no ambiente intelectual, de crenças e de experiências religiosas as mais diversificadas.

Na Casa das Minas lembra-se que são os voduns toquéns que chamam os outros voduns. Até hoje ainda baixam alguns voduns toquéns, mas se diz sempre que a vinda de novos voduns é um problema deles, e não das vodunsis. Uma pessoa amiga nos contou que a Casa das Minas foi o único terreiro que conheceu, no Brasil, que não quis forçá-la a entrar na religião e virar filha-de-santo, e considerava esta uma das forças desta velha Casa.

As vodunsis dizem que não querem que a Casa se acabe. Dona Amância reclamava que havia pessoas querendo transformar a Casa das Minas em terreiro de umbanda. Disseram-nos que, no passado, as velhas falavam que, quando não houvesse mais ninguém, a Casa ficaria para o estado e viraria museu. Também, como mencionamos, nos disseram que as antigas combinaram entre a Casa das Minas e a de Nagô que, se uma delas fechasse, a outra cuidaria das coisas.

Assíssis e pessoas amigas colaboram quando necessário. Tocadores, vodunsis e voduns garantem até hoje a continuidade da Casa e do culto mina jeje no Maranhão. Desprovido de formas visíveis de ascensão, a continuidade dos grupos de culto de tambor de mina é difícil de ser bem compreendida pelos de fora.

Hubert Fichte, em bonito debate sobre revolução e magia, após analisar relações que considerava desarmônicas entre religiões afro-americanas e política, afirma:

> Os ritos afro-americanos tradicionais de Granada continuarão existindo à margem, como atavismos, diluídos em "spiritual baptism", bailes, festivais juvenis — preparados para compêndios científicos e exposições em museus. Então, depois de uma ou duas gerações, quando a tecnologia, a burocracia e a avareza tiverem feito suas devastações psíquicas, quando se tiver tentado inutilmente curar esquizofrênicos octogenários com ginástica, aí uma onda de conscientização afro-americana reviverá os velhos ritos.
>
> Então as antiquíssimas receitas psicossomáticas terão sido destruídas pela teorização e pelo ocultismo barato, como já aconteceu em Miami, por exemplo.
>
> Espero que eu não tenha razão. (1987, p. 307).

A Antropologia não pode prever o futuro de uma religião, porque nenhuma religião constitui um fenômeno controlado exclusivamente pelo homem. Não podemos saber o que ocorrerá com a Casa das Minas quando morrerem as pouco mais de meia dúzia de vodunsis mais ativas atualmente, quase todas já ultrapassando os setenta anos e algumas avançando na década dos oitenta e dos noventa anos de idade. O bom senso leva a prever que a religião da Casa das Minas dificilmente ultrapassará os primeiros anos do terceiro milênio.

Desejo e espero que eu também não tenha razão em proferir este oráculo.

Anexo: Laços de parentesco na Casa das Minas

1. Dona Amélia Vieira Pinto, de Doçu
Nascida em 1903, falecida em 1997, natural de São Luís; dançante em 1916;
Pai: Gregório José, de Liçá, tocador, falecido em 1930;
Irmão: José Gregório, de Toçá, falecido, tocador;
Tia: Maria Quirina, de Doçu falecida em 1914, dançante;
Avó: Dona Cecília Bandeira, de Bedigá, falecida em 1903, dançante; africana, foi escrava;
Filhas: Zobeilda, de Arronoviçavá, dançante; Maria e Luísa, de Arronoviçavá, tocadoras de ferro;
Netos: Eusébio e Boaventura, tocadores; Elizabete, de Doçupé, dançante.
Total: 11 pessoas.

2. Dona Manoca Roma Santos, de Daco
Falecida em 1967, natural de São Luís, dançante;
Irmãs: Geralda, de Dadarrô, dançante, falecida; Chiquinha, de Bôça, dançante, falecida;
Sobrinha: Maria Luísa, de Poliboji, falecida, dançante;
Total: 4 pessoas.
Obs: O pai de Dona Manoca, viúvo, casou-se com Dona Maria Quirina, tia de Dona Amélia (1, acima).

3. Dona Joana Miranda, de Badé
Nascida em 1905, falecida em 1986, natural de São Luís; dançante em 1917;
Mãe: Dona Torquata da Conceição, de Toçá; nascida em Codó, falecida em 1924; dançante;

Pai: Ajonilo, de Poliboji, falecido em 1920, tocador;
Irmã: Honorata, de Jotim, falecida, dançante;
Sobrinha: Vanda, de Poliboji, devota e amiga;
Primos: Zulima Nazaré, de Doçu, falecida em 1947, dançante; Teresa, de Boçuco, falecida, dançante; Sérvulo Nazaré, de Sobô, falecido, tocador, casado com Dona Amância; Hilton Nazaré, de Naé, tocador; Maria do Nascimento, de Sobô, falecida, dançante;
Avó: Maria da Conceição, escrava africana da Fazenda Muniz Califórnia em Codó, aparentada com Mãe Hosana, de Sepazim, dançante, falecida em 1914.
Total: 12 pessoas.
Obs: Joana era aparentada com o pessoal de Mãe Leocádia Santos (4) e sua mãe era prima do tocador Lúcio (5).

4. Dona Leocádia Santos, de Toçá
Nascida em 1880 ou 1888, falecida em 1970, natural de Codó, dançante;
Mãe: Angélica Maria da Conceição, falecida em 1914, dançante;
Irmã: Zila Salazar, devota e amiga;
Sobrinho: Benedito Salazar, devoto e amigo;
Avó: Margarida da Conceição Santos, falecida, dançante; foi escrava.
Total: 5 pessoas.
Obs: Dona Leocádia era aparentada com Dona Joana (3) e com Maria Jesuína, fundadora da Casa.

5. Benedito, de Sobó e Borutói
Falecido em 1981, natural de São Luís, tocador;
Mãe: Davina, de Bagono, falecida, dançante;
Pai: Lúcio, de Poliboji, falecido em 1978, tocador, primo da mãe de Dona Joana (3);
Tia paterna: Maria Cosme, de Dambirá (?), falecida, gantó;
Primo: Assis, de Dambirá (?), falecido, tocador;
Avó paterna: Norberta, de Bedigá; falecida em 1937, dançante.
Total: 6 pessoas.

6. Maneco (Pitomba), de Poliboji
Falecido em 1970, tocador;
Mãe: Cândida de Alôgue, falecida, dançante;

Irmã de criação: Amância Evangelista de Jesus Viana, de Bôça, nascida em 1902, falecida em 1976, dançante em 1909; casada com o tocador Sérvulo Nazaré;
Filha: Diquinha, de Boçucó, devota e amiga;
Total: 4 pessoas.
Obs: Maneco era aparentado com Dona Leocádia (4).

7. Dona Flora, de Roeju
Nascida em 1900, falecida em 1985, natural de Codó, dançante;
Mãe: Arcângela, de Apojevó, falecida, dançante;
Irmãos: Teresa, Joana e Leonor, falecidas, dançantes; Antônio, falecido, tocador;
Tias: Andrezinha, de Borutói, falecida, dançante; Africana (?), de Apojevó, falecida, dançante, escrava;
Prima: Luísa, de Apojevó, nascida em 1894, falecida em 1986, dançante em 1902;
Primos: Ribamar, tocador (Filho de Luísa);
Filho: Raimundo, falecido, tocador;
Nora: Justina, de Abé, falecida em 1998, dançante;
Neta: Fátima, de Sobô, ajudante.
Total: 14 pessoas.

8. Dona Marcolina, de Daco
Nascida em 1900, falecida em 1982, natural de São Luís, dançante em 1909;
Mãe: Felipa, nascida em 1851, falecida em 1943, amiga e devota; filha de escrava cambinda, recebeu nome africano;
Irmãos: Enedina, de Jogoroboçu, nascida em 1915, dançante em 1932; Basílica, de Boçucó, falecida em 1992, dançante; Caetana de Toçá, falecida, dançante; Dedé, de Tocé, falecida, dançante; Ascânio, de Averequete, falecido, tocador; Lusitano, falecido, tocador;
Tia: Filomena de Poliboji, falecida em 1972, dançante;
Filhas: Elza, de Boçucó, falecida, dançante; Edna, amiga e devota.
Total: 12 pessoas.

9. Dona Cecília Vilela Muniz, de Doçupé
Falecida em 1972, natural de São Luís, dançante;
Irmãs: Zila de Apojevô, falecida em 1962, dançante; Maria de Lurdes, de Ajanutói, falecida em 1970, dançante;

Sobrinhos: José Carlos, falecido, tocador; Carlos Alberto, falecido, tocador; Maria Isabel, de Náe, falecida em 1993, tocadora de ferro; Maria do Carmo, devota de Sobô, falecida em 2003, ajudante.
Total: 7 pessoas.

10. Dona Deni Prata Jardim, de Lepon
Nascida em 1925, natural de Rosário, dançante em 1942;
Mãe: Rita Prata, de Bedigá, nascida em 1901, falecida em 1989, dançante em 1941;
Irmão: ?, tocador;
Bisavó materna: Juliana; africana, escrava, tinha vodum;
Filho: Ribamar, tocador;
Neta: ?, ajudante.
Total: 5 pessoas.

11. Dona Felicidade, de Poliboji
Falecida em 1918 (?), natural do Mearim, dançante;
Irmã: Ida Alves Barradas, de Averequete, falecida, dançante;
Filho: Manuel Nunes Pereira, de Badé, falecido, amigo, devoto.
Total: 5 pessoas.

12. Dona Caetana, de Naiadono
Falecida, amiga e devota;
Filhas: Mocinha, de Averequete, dançante, abandonou a Casa; Severa, de Bagono, falecida, dançante.
Total: 3 pessoas.

13. Dona Fausta, de Aboju
Falecida, dançante;
Irmã gêmea: Mundica, de Aboju, falecida, dançante;
Sobrinha: Galante, de Bagono, falecida, dançante.
Total: 3 pessoas.

14. Dona Medúsia, de Tocé
Falecida em 1976, natural de São Luís, dançante;
Mãe: (?), falecida, dançante na Casa de Nagô;

Irmã: Almerinda Canela, de Ajautó, falecida, dançante.
Total: 2 pessoas.

15. Raul, do lado de Dambirá
Falecido, natural de São Luís, tocador;
Irmão: Porfíro, falecido, tocador.
Total: 2 pessoas.

16. Dona Maria Roxinha, de Jotim
Natural de Rosário, falecida em 2004, dançante em 1950.
Marido: Rosmino, ajudante;
Avó: (?), dançante do lado de Dambirá.
Total: 3 pessoas.

17. Dona Anéris, de Agongone
Nascida em 1888, falecida em 1962, natural de São Luís, dançante em 1895;
Mãe: (?), devota e cozinheira de vodum.
Total: 2 pessoas.

18. Dona Petrolina Luz, de Lepon
Falecida, dançante;
Filha: Conceição, de Lepon, dançante; doente.
Total: 2 pessoas.

19. Dona Maria, de Alôgue
Dançante em 1967;
Marido: Antônio, tocador.
Total: 2 pessoas.

Os 19 grupos familiares formam um total de 104 pessoas ligadas à Casa das Minas como dançantes, tocadores, amigos, devotos ou frequentadores.

Glossário da Casa das Minas[67]

Apresentamos a seguir um glossário de termos usados na Casa das Minas e em terreiros de tambor de mina em São Luís.

Dessas palavras, algumas são arcaísmos ou corruptelas da língua portuguesa, usadas com significado ritual específico na linguagem de santo. Cerca de uma dezena deriva de línguas ameríndias ou de outras origens. A grande maioria é de procedência africana, de línguas como as bantas, iorubá ou nagô.

Mais de 250 palavras e expressões são da língua da Casa das Minas — que se diz jeje —, incluindo nomes de pessoas, divindades ou regiões, que estão grafadas com inicial maiúscula.

É conveniente constatar que, como o jeje não é mais uma língua viva, mas ritual e sagrada, a maioria das palavras apresenta diversas variantes de pronúncia e de significado. Assim, só para o termo "bengala", encontramos cinco denominações diferentes, o que demonstra em parte a riqueza do vocabulário ainda utilizado.

Este levantamento não é exaustivo. Há um grande número de palavras, especialmente as usadas nos cânticos, não incluídas aqui, cujo significado é conhecido, mas não muito comentado na Casa das Minas. O *dicionário de cultos afro-brasileiros*, de Olga Cacciatore, apresenta algumas dessas palavras, já conhecidas na bibliografia. A maioria das palavras que compõem esse glossário aparece no texto de nosso trabalho; elas foram reunidas aqui por facilidade de consulta e por interessar a estudos em outras áreas.

---

[67] O etnolinguista Lébéné Bolouvi publicou no Togo um *Nouveau dictionnaire étymologique afrobrésilien; afro-brasileirismes d'origine ewe-fon et yoruba* (1984), elaborado a partir de quatro fontes: o vocabulário de Nina Rodrigues, o repertório de Yeda Castro, listas lexicais de projeto desenvolvido na UFBA, em 1983, e a lista lexical de Sergio Ferretti (1985), retirada do repertório linguístico da Casa das Minas. Constatamos, entretanto, que a maioria dos vocábulos desse dicionário são de procedência iorubana.

Procuramos grafar as palavras como entendemos sua pronúncia utilizando a representação de sons da língua portuguesa, o que nem sempre é viável. Infelizmente não tivemos a possibilidade de utilizar consultoria de especialista em Linguística africana, o que teria sido de grande valia. Há um importante campo de trabalho relacionado com a identificação de palavras africanas utilizadas em várias regiões do Brasil, especialmente na linguagem do santo, cujo estudo precisa ser intensificado (ver Pessoa de Castro e Souza Castro, 1980, p. 27-50). Yeda Pessoa de Castro tem publicado importantes estudos sobre línguas africanas faladas no Brasil, com muitas referências ao Maranhão (Castro, 2001; 2002).

A

ABÃ. Abano.
ABÃ OU EBÃ. Bandeja grande de madeira e metal usada no Arrambã para carregar os pratos com oferendas aos voduns da família de Davice.
ABATÁ. Tambor de cavalete usado no tambor de mina. Feito em madeira ou metal, com couro nas duas extremidades, armação em metal, afinado a torniquete. Usa-se uma parelha de dois tambores, com tamanhos e sons diferentes.
ABATAZEIRO. Tocador de abatá nos terreiros nagôs. Var. batazeiro.
ABÊ. Vodum feminino da família de Quevioçô. Faz papel de toquém, fala, come sem sal. É a estrela-guia que caiu na água do mar e se encantou numa pescada. Assemelha-se à Iemanjá dos nagôs. Var. Agbé.
ABIÉ. Pedido de perdão.
ABÔ.1. Bengala. 2. Líquido macerado com folhas para banhos de purificação. V. amansi.
ABOBÓ. Comida preparada com feijão branco de olho preto, dendê, quiabo, pimenta-do-reino e pimenta-de-cheiro. Usa-se em todas as festas.
ABOJU. Vodum masculino, jovem, da família de Dambirá. Irmão gêmeo de Roeju, filho de Acóssi. Faz papel de toquém.
ABOMEY. Cidade localizada no centro da República Popular do Benim, antigo Daomé, sede da monarquia daomeana. Var. Abomé.
ACAÇÁ. Comida feita com farinha de arroz ou de milho.
AÇANHABEBE. Tobóssi de Mãe Andresa, de Poliboji. Var. Açoabebe, Asanhabebe.

ACARAJÉ. Comida preparada com feijão branco socado em pilão de pedra, leva quiabo, dendê e pimenta. Usada no Natal, na festa de São Sebastião, na de São João e em outras festas.

ACOICINACABA. Vodum masculino, velho, da família de Davice. Irmão de Dadarrô e pai de Zomadônu. Var. Coicinacaba.

AÇOIVODUM. Todos os voduns juntos. Palavra que aparece em vários cânticos.

ACONCONE. Folha de cajazeira sagrada da Casa das Minas.

AÇONLIVIVE. Tobóssi de Dona Adalgisa, de Agongone.

AÇONVODUNQUE. Um dos nomes de Zomadônu.

ACÓSSI. Vodum masculino, velho, chefe da família de Dambirá. Cientista e curador, é aleijado. Adora São Lázaro. Recebe oferenda num pinhão branco no quintal. Var. Acóssi Sapatá, Acossapatá, Odã.

ACOVILÉ. Companheiro, colega. Tratamento usado entre voduns. Var. Apovilé.

ACUEVI. Vodum feminino da família de Davice. Filha de Doçu. É toquém.

ADAGEBE. Tobóssi de Dona Zila, de Apojevó. Var. Dagebe.

ADAMACHIÔ. Palavra inicial do cântico ao término da ladainha dos voduns mandando os tocadores tocar.

ADANDOZÃ. Reinou no Daomé entre 1795 e 1818 e teria vendido como escrava Nã Agotimé. Foi destronado pelo meio irmão Ghezo.

ADIRI. Termo de tratamento usado pelas tobóssis com as gonjaís e outras pessoas. Possivelmente corresponde a "senhora".

ADUNOBLE. Um dos nomes privados de Averequete, da família de Quevioçô.

ADROBO. Bengala.

AFOPÁ. Chinelo.

AFOVIVE. Tobóssi de Dona Zulima, de Doçu. Var. Afrovive.

AFRU-FRU. Vodum feminino, velho. Dançantes atuais o desconhecem. Seria um dos nomes de Nanã?

AGAJÁ MAÇON. Um dos nomes privados do vodum Doçu, da família de Davice.

AGAMAVI. Tobóssi de Dona Almerinda, de Liçá.

AGÊ. Cabaça envolvida em fios de contas coloridas, usada como instrumento de música. Na Casa de Nagô denomina-se xequerê.

AGÔ. Água.

AGODOME. Toalha.

AGOGÔ. V. ferro ou gã.

AGOJÊ. Banho de purificação com amansi.

AGOLEQUE. Bengala.

Agom. Tobóssi de Dona Manoca, de Daco.

Agongone. Vodum masculino, velho, chefe da família de Savaluno, amigo do povo de Davice. Foi destituído de seu território e recebido por Zomadônu, de quem é hóspede. Possui os seguintes nomes privados: Savalu, Hoso, Lise, Ahoso, Hompeze, Tripapa, Duheme (Costa Eduardo, p. 85). Sin. Aguidá.

Agotimé. Esposa do Rei Agongolo (1789-1797) de Abomey, mãe do futuro Rei Ghezo (1818-1858). Teria sido vendida como escrava pelo Rei Adandozã (1797-1818) e vindo para o Brasil. Seria a fundadora da Casa das Minas (Verger; Gleason). Var. Nã Agotimé.

agralá. Tipo de farofa ritual, preparada com farinha seca, dendê e sal. Acompanha o peixe ou a galinha assada na grelha.

aguidavi. Vareta de pau de goiabeira com um nó, usada para tocar os tambores.

Ajanutói. Vodum masculino, adulto, da família de Quevioçô. Na Casa das Minas, é surdo-mudo.

ajopome. Bengala.

Ajautó de Aladá. Vodum masculino, adulto, pai de Avrejó. Amigo da Casa, mora do lado de Quevioçô. É velho, ajuda a tomar conta dos filhos de Acóssi e encontrou Bôça perdida. É rei nagô, protetor dos advogados. Var. Ajautó de Aladânu.

Aladá. Cidade ao sul do ex-Daomé, atual Benim, onde se originou o culto aos voduns da família de Aladânu, chefiados por Ajautó. Var. Alada.

Aladânu. Nome privado de Ajautó. Habitante natural de Aladá.

Alôgue. Vodum masculino, adulto, da família de Dambirá. É quase índio, como Aboju.

aloqué. Pedido de bênção vodum. Var. alokpé.

aluá. Bebida fermentada feita com gengibre, farinha de milho ou de arroz, mel ou açúcar. Também pode ser feita de abacaxi.

amansi. Líquido macerado preparado com diversas folhas, inclusive de cajazeira, com água do comé. É utilizado em muitos rituais.

amió. Comida ritual preparada com farinha seca em caldo de galinha. Pirão.

anadopé. Despedida ou arremate após o término de uma festa, para se poder começar outra. Var. nadopé.

Anaité. Vodum feminino, velha, da família de Quevioçô. Seria irmã de Sobô. Var. Naité, Deguesina (Naité Sedume, Verger, 1956).

ANANIM. Vodum feminino da família de Davice, filha adotiva de Dadarrô. Criou Daco e Apojevó e brinca com os toquéns. Var. Nanim.

ANOBELOBER. Nome africano de Dona Marcolina de tói Daco, conforme informaram a Hubert Fichte.

APOJEVÓ. Vodum masculino, toquém da família de Davice, filho mais novo de Dadarrô.

APOJI. Vodum masculino da família de Davice. Toquém, filho de Zomadônu.

APOVILÉ. Companheiro. Tratamento entre voduns. Var. acovilé.

AQUE. Dinheiro. Dado como presente nas festas de pagamento.

AQUICI. Planta medicinal chamada estoraque ou benjoim. Var. quici.

ARQUIBÃ. Arrumação da louça após o Arrambã.

ARRAMBÃ. Cerimônia de fechamento anual do terreiro antes da Quaresma, realizada na Quarta-Feira de Cinzas. Também chamada de bancada, carga ou quitanda. É realizada com muita comida reunida, frutas, doces etc., que são preparados na semana anterior e guardados no comé para serem distribuídos antes da despedida dos voduns. Representa um pedido de fartura e de bênçãos sobre a alimentação. Var. Arrumá.

ARREMATE. Parte final de ritual em que se cantam os cânticos de despedida.

ARRONOVIÇAVÁ. Vodum masculino, velho, da família de Davice, irmão de Naedona. Dizem que era cambinda, mas dançou na Casa das Minas. Possui cânticos próprios em língua cambinda ou caxias. Chamada pelos jejes de Indeia.

ASADOLEBE. Tobóssi (Costa Eduardo, p. 80).

ASODOVI. Tobóssi (Costa Eduardo, p. 80).

ASSENTAMENTO. Árvore ou pedra que recebe a força do vodum e representa uma divindade. Também dito fundamento.

ASSISSI. Irmão, irmã. Tratamento usado entre as tobóssis ou entre irmãs que têm o mesmo vodum protetor. Tratamento dado a pessoa amiga e frequentadora da Casa das Minas.

ATABAQUE. Tambor alto de pé, afunilado, com um só couro, em três tamanhos diferentes usado nos candomblés.

AVEREQUETE. Vodum masculino, rapaz, da família de Quevioçô. Fala e faz papel de toquém. É protegido por sua irmã Abê. É pajem. Em outros terreiros aparece como um velho. Herskovits (1967, II, p. 193) informa que Afrekete é o mais novo membro do panteão daomeano do mar. Na Casa das Minas é considerado a estrela-guia, e adora São Benedito. Um de seus nomes privados é Adunoble. Nunes Pereira (1979, p. 34) informa que Averequete se dá a si mesmo o título: "Tói Averequete vonucon gaú pocuê do nu qui já". Var. Verequete.

AVIEVODUM. Deus Superior. V. Evovodum.

AVREJÓ. Vodum masculino, toquém, filho de Ajautó de Aladá. Mora com o povo de Quevioçô. Var. Afrejó.

AXEXÊ. Tambor de choro, cerimônia fúnebre realizada após o enterro de iniciados em rito nagô. Na Casa de Nagô só se faz de corpo presente. V. Sirrum, Zelim e Tambor de choro.

AZACÁ. Vodum masculino da família de Savaluno, irmão de Agongone e de Tôpa. É caçador, usa arco-e-flecha e um de seus nomes africanos é Tróci-Tróci. Var. Zacá.

AZANIEBE. Nome africano privado de Dona Marcolina de Daco, falecida em 1982.

AZILE. Vodum masculino da família de Dambirá, irmão de Acóssi. Adora São Roque. É velho e doente. Var. Azila, Azilu.

AZOGRI. Farinha feita com milho torrado que não foi aberto, socado em pilão com açúcar e servido no Arrambã. Var. azogrim.

AZONCE. Vodum masculino da família de Dambirá, irmão de Acóssi. É velho e o único que não é doente na família. É rei, pois assumiu a coroa do irmão doente. Adora São Sebastião. Tem muitos filhos, entre eles Eowa, que só reconhecem como pai Acóssi. Não quis se comprometer com o povo jeje e dizem que é nagô. Var. Azonco, Agonço, Dambirá Agonço.

AZUACE SACOREBABOI. Seria o nome africano privado de Mãe Luísa, de Zomadônu, que chefiou a Casa das Minas em fins do século XIX.

AZOUGUE. Nome popular de mercúrio, utilizado para afastar o mal.

B

BABANATÔ. Um dos nomes privados de Zomadônu.

BADÉ. Vodum masculino da família de Quevioçô. Na Casa das Minas, é adulto, mudo e só fala por sinais, interpretados pelos toquéns. É também chamado Neném Quevioçô. É encantado na pedra de raio e representa o trovão. Equivale a Xangô entre os nagôs. É festejado no dia de São Pedro. Tem uma dança em que briga com Liçá, numa luta de espadas, dançando numa perna só, levantando os braços. É a luta do trovão contra o sol. Não gosta de fumo. Usa um lenço vermelho e uma faixa branca com guizos.

Bagono. Vodum masculino da família de Dambirá. Dizem que se transforma em sapo. Var. Bagone, Bagolo.

bálsamo santo. Resina medicinal aromática, usada para acalmar, entre outros fins. Var. bálsamo do peru.

banho. É usado para diferentes finalidades, como purificação ou como tratamento. Há o de garrafa, o de limpeza, o cru ou o cozido. Sin. garrafada.

barco. Grupo de iniciação em um terreiro. A palavra em jeje para designá-lo seria rama. Sin. feitoria, pelotão.

Barri Seton. Nome africano privado de Dona Celeste, de Averequete.

batuque. Nome genérico para danças negras. Nome popular dos cultos afro-brasileiros no Rio Grande do Sul e na Amazônia, especialmente em Belém.

Bedigá. Vodum masculino, adulto, da família de Davice. Filho dos reis Dadarrô e Naedona. Seu nome privado é Son Fon Bedigá Boinsé. É cavaleiro, como o irmão Doçu. Ambos são amigos, usam chicote ou rebenque. É muito orgulhoso. Ficou com a coroa de Dadarrô, pois Doçu não quis ser rei. É protetor dos governantes, advogados e juízes. Verger (1956, p. 160) informa que Bepegá, filho do Rei Tegbessu, reinou no Daomé entre 1740 e 1777. Dizem que no Maranhão ele é também chamado Boçu Von Dereji ou Dom Dioroji, na linha de cura.

Bedigui. Fala das tobóssis quando pediam alguma coisa e batiam palmas se abaixando. Var. badigri.

Beideleíbe. Nome africano privado de Dona Marcolina de tói Daco, segundo sua irmã Dona Enedina.

Benim. 1. Nome atual do ex-Daomé. República de Benim, de onde vieram inúmeros escravos denominados jeje. O termo Benim deriva do nome de antigo reino africano. 2. Cidade ao sul da Nigéria.

beta. Terreiro da mata; tambor-de-caboclo ou de nações que não jeje ou nagô.

boboquete. Cachimbo com cabo de taquara longo, fumado pelos voduns.

Bôçá. Vodum feminino da família de Dambirá. Faz papel de toquém. É mocinha, alegre, brincalhona e anda sempre com o irmão Boçucó, a quem protege. Corresponderiam, ambos, à Oxumaré, a serpente arco-íris dos nagôs? Outra denominção: Boçalabé.

Bôça Memeia. Entidade cambinda.

Boçucó. Vodum masculino da família de Dambirá. Faz papel de toquén. É protegido pela irmã Bôçá, com quem anda sempre junto. Às vezes se esconde dela, transformando-se numa cobra oculta sob um cupinzeiro. Também costuma andar com Liçá.

Bôçu Jara. Entidade cambinda.

Bôçu Roncôli. Nome africano privado de Dona Amância, de Bôçá, falecida em 1976.

Bôçu Rundoleme. Nome africano privado de Dona Rita, de Bedigá, falecida em 1979.

Bôçu Von Dereji. Entidade cambinda.

borá. 1. Denominação genérica para cultos de influência afro-ameríndia em várias regiões do Norte e Nordeste, inclusive no Maranhão. Objetiva procurar a cura de vários tipos de enfermidades. 2. Nome de um instrumento usado nos rituais de cura. Tem a forma de búzio ou de caramujo grande soprado, produz o som de apito de navio. Sin. boré, toré, tambor de índio, canjerê.

Borutói. Vodum masculino da família de Dambirá. Filho de Acóssi. É velho e usa bengala. Var. Borotói, Abatotói.

brancos. Modo familiar de designar os voduns.

brincadeira. Um dos nomes dados aos cultos afro-brasileiros no Maranhão. Designação genérica para danças populares. Sin. brinquedo de Santa Bárbara, brinquedo, terecô, festa, dança.

brincante. Participante dos cultos que entra em estado de transe e recebe as divindades. Sin. dançante, filho ou filha-de-santo.

C

caapi. Planta alucinógena de uso ritual.

Cacheu. Nome da Companhia de Estanco criada em Portugal por volta de 1680, destinada a importar escravos da Guiné e de Bissau para o Maranhão e Pará.

caixa do Divino. Tambor do tipo militar, com armação de metal e cordas, couro nas duas extremidades, de tamanho médio, tocado pelas caixeiras.

caixeira. Tocadora de caixa na festa do Divino.

cajazeira. Árvore sagrada da Casa das Minas; da família das Anarcardiáceas (*Spondia lutea*). Sin. taperebá (Nunes Pereira, 1979, p. 57).

CAMBINDA. 1. Região e povo da África, próximos à foz do Rio Congo, que deu muitos escravos ao Maranhão. 2. Tradição de cultos afro-maranhenses difundida principalmente na região de Codó, também chamada Caxias. Var. Cabinda.

CANDOMBLÉ. 1. Nome genérico para cultos afro-brasileiros especialmente da Bahia. 2. Designação genérica para as casas ou terreiros destes cultos.

CANJERÊ. 1. Reunião religiosa de negros com cânticos e danças, tidos como feitiçaria ou macumba. 2. No Maranhão, é também chamado tambor de índio, ou boré.

CÂNTICO. Palavras cantadas em línguas africanas e em português, acompanhadas por instrumentos e dança, dirigidas às diversas divindades como elemento fundamental dos ritos afro-brasileiros. Sin. cantiga, toada, doutrina ou ponto.

CARGA. 1. Conjunto de coisas para serem despachadas, geralmente coisas de defunto. 2. Coisas que são levantadas para despachar às divindades na época da Quaresma ou que são arreadas para recebê-las na Aleluia.

CARIRU. Alimento ritual preparado com fubá de arroz, farinha seca, camarão socado, quiabo, alho, louro, servido muitas vezes em forma de bola. É típico dos jejes. Var. caruru.

CARIMBÓ DE VELHA. Dança com rebolado jocoso, realizada, no Maranhão, geralmente após o lava-pratos ou último dia de uma festa grande, como a do Divino, no dia do serramento do mastro.

CASA. Nome genérico do local de culto no tambor de mina do Maranhão. Sin. terreiro.

CATIMBÓ. Nome utilizado para cultos afro-ameríndios no Nordeste e na Amazônia. Sin. canjerê, borá, pajelança.

CATRAIA. Tipo de galinha pequena que entra no preparo de diversos alimentos rituais. Sin. capote, guiné, galinha-d'angola, estou-fraca, conquém.

CAXIAS. 1. Município maranhense próximo a Codó, região que deu muitas filhas-de-santo à Casa das Minas. 2. Cânticos da nação cambinda, com palavras em português. Sin. (na segunda acepção) cacheu.

CHEQUERÊ. Cabaça.

CHIBARRO. Bode usado em sacrifício e no preparo de alimentos rituais da Casa das Minas.

CHOSSUM. Alimento ritual preparado com carne de chibarro, camarão, dendê, sal, pimenta. É cozido a vapor envolto em folha de bananeira. Sin. sussume.

COCORÔ. Galinha.

COICINACABA. Acoicinacaba.

COMACUÍBE. Tobóssi de Dona Anéris, de Agongone. Var. Omacuíbe.

COMÉ. 1. Quarto dos santos ou dos segredos chamado peji nos cultos nagôs. É o santuário onde se encontram os assentamentos das divindades e outros objetos de culto e nele entram apenas os iniciados. 2. Nome de uma cidade ao sul da República de Benin, próxima a Grande Popo, onde teria se originado o culto a Quevioçô e a Sobô (Sastre, 1972, p. 340-1).

COCRE. Colar de missangas curto, justo ao pescoço como uma gargantilha, usado pelas tobóssis e pelas gonjaí durante o ano da feitoria; suas cores variam com as divindades. É semelhante ao quelê dos ritos nagôs. Var. cogre, crocre.

COVE. Fome.

CRIAÇÃO. Termo usado no Maranhão como sinônimo de aves domésticas, especialmente os galináceos.

CURA. Nome genérico para ritual afro-ameríndio no Norte e Nordeste que tem como instrumento musical básico é o maracá. Durante o ritual, o chefe do culto ou pajé, em transe xamanístico, recebe sucessivamente várias divindades ou encantados. Assemelha-se ao catimbó do Nordeste. Sin. pajelança.

D

DÃ. Serpente no ex-Daomé, atual Benim, chamada Oxumaré. Na Casa das Minas, a família de Dambirá, o panteão da Terra e da peste, é chamada de povo de Odã ou Dã, e ainda Ierodã. É chefiada por tói Acóssi. Var. Odã.

DACO. Vodum masculino, da família de Davice, filho de Sepazim e de Daco-Donu. É toquém e foi criado por Nanim.

DACO-DONU. Vodum masculino da família de Davice, marido de Sepazim, pai de Daco. Dizem na Casa das Minas que ele é rei de Aladá. Segundo Herskovits (1967, I, p. 13), é o nome do rei que governou Abomey entre 1625 e 1640 ou 1650.

DADARRÔ. Vodum masculino da família de Davice, um dos mais velhos; criou os toquéns. Representa o governo, é o protetor dos homens de dinheiro. Foi casado com Naiadona, com quem teve vários filhos.

DAGEBE. Tobóssi de Dona Zila, de Apojevó. Var. Adagebe.

DALSA. Pulseira de búzios, coral ou contas que era dada pelas tobóssis às gonjaís. Var. darsa.

DAMBIRÁ. Nome de uma das famílias de divindades da Casa das Minas. Constitui o panteão da Terra. São pobres e, por isso, poderosos. Diz-se que Dambirá é o nome do palacete ou dos aposentos deles, que é uma casa de sapé. São chefiados por Acóssi Sapatá. Sin. Odã, Dã, Ierodã.

DANGIBÉ. Cântico realizado para despachar Legba e abrir as cerimônias do terreiro, ao mesmo tempo em que se joga água na porta da rua. Var. Ero Dangibé, Ero Cagibé.

DAOMÉ. Atual República de Benim, antigo reino africano, colonizado pela França a partir de 1892. Sua capital, que se chamava Abomey, tem hoje o nome de Porto Novo. Segundo P. Hazoumé (1956, p. 1), a palavra deriva de *Dã ho mê*. *Dã* seria o nome do chefe da tribo e significa serpente; *ho mê* significa no ventre. Daomé significa, assim, "no ventre da serpente". A palavra Daomé aparece em inúmeros cânticos rituais na Casa das Minas. Dessa região vieram os escravos chamados de jeje.

DAVICE. Família de divindades dos reis do antigo Daomé, constituída por voduns que são considerados nobres, reis ou príncipes, chefiados por Dadarrô. Divindades desta família foram protetores dos africanos que fundaram a Casa das Minas do Maranhão. Diversos voduns desta família, cultuados no Maranhão, foram identificados por Costa Eduardo (1948, p. 77) e por Verger (1952, p. 160) como membros da família real de Abomey.

DE. Meu pai ou senhor. Termo de tratamento entre voduns dado aos mais velhos e veneráveis, como Agongone ou De Aguidá.

DE AGUIDÁ. Um dos nomes privados de Agongone, vodum velho da família de Savaluno.

DECÉ. Vodum feminino da família de Davice, filho de Doçu. É toquém.

DEINHA. Vodum cambinda.

DERROM. Os voduns velhos. Há um cântico para eles que se inicia com as palavras "Derrom moré".

DESPACHO. Oferenda que deve ser colocada fora do terreiro, no mar, na floresta ou numa encruzilhada.

DIAMBA. Planta narcótica cujo fumo é utilizado em rituais afro-ameríndios. Sin. maconha.

DIJINA. Nome africano privado dado aos iniciados nos cultos afro-brasileiros; termo nagô ou iorubá. Segundo Binon Cossard (1970, p. 338), o nome privado é tirado de palavras dos cânticos da divindade protetora de quem o leva.

DOÇU. Vodum masculino da família de Dadarrô, filho de Dadarrô. É boêmio, poeta, compositor e tocador. Sabe dançar, é cavaleiro e usa chicote ou rebenque. Dizem que adora São Jorge. Passou a coroa do pai para o irmão Bedigá. É festejado no Dia de Reis, a 6 de janeiro. Também conhecido por outros nomes privados. Sin. Doçu Agajá, Maçon, Huntó, Bogueçá.

DOÇUPÉ. Vodum masculino da família de Davice, filho de Doçu. É toquém.

E

EBÃ. Bandeja grande de madeira e metal usada no Arrambã com oferendas da família de Davice. Var. Abã.

EBAN. Guia que inicia os neófitos (Las Casas, [s.d.], p. 66).

ECREVÊ. Casa, em nagô.

EGITO. Antigo terreiro de tambor de mina de São Luís, localizado numa elevação próxima ao Porto do Itaqui, onde, nos dias de festa, se avistava aceso o navio encantado do Rei Dom João. Segundo Pai Euclides, era chamado de Ilê Niame e teria sido fundado pela negra africana Basília Sofia, cujo nome privado era Massinocô Alapong, vinda de Cumassi, na Costa do Ouro — atual Gana. Ela teria chegado ao Maranhão em 1864 e falecido em 1911. Foi substituída na chefia da casa por Mãe Pia dos Santos Lagos, chamada Irae Acu Vonunco, que faleceu em 1966, com 99 anos. O terreiro do Egito seria fanti ashanti e teria dado origem a diversos terreiros de São Luís, como a Casa Fanti-Ashanti de Pai Euclides.

EIRA. Nome dado no Maranhão à coluna ou poste central que se usa nos terreiros de mina do interior.

E MANJÔ RO A. Expressão que significa "pouco me importa" ou "não quero saber disso", usada pelos voduns quando se irritam com uma filha, segundo Nunes Pereira (1979, p. 35).

ENCANTADO. Palavra portuguesa usada no Maranhão como sinônimo de divindade, vodum, caboclo, sombra, invisível.

ENCANTARIA. Lugar onde se diz que vivem os encantados ou invisíveis.

ENCHENTE DOS JARROS. Ritual para se colocar água nas jarras dos voduns guardados no comé.

ENVILACÃ. Conta pequena com cores escuras e amarelas, usada em alguns rosários de filhas do lado de Dambirá.

EUÁ. Vodum feminino da família de Dambirá, filha de Azonce. Seria equivalente à Oxum dos nagôs. Dizem na Casa das Minas que ela foi assentada na Casa de Nagô. Sin. Eoa, Eua.

ERÊ. 1. Nome genérico dado a entidades infantis nos ritos nagô e angola. 2. Nome de um estado de transe menos violento, mas que pode durar vários dias (Binon Cossard, 1970, p. 164-65), intermediário entre a normalidade e o transe propriamente dito, durante os ritos de iniciação. Costa Eduardo (1948, p. 96) considera que a possessão pelas tobóssis na Casa das Minas corresponde ao estado de erê dos candomblés nagôs.

EROCAGIBE. Primeira palavra de cântico para afastar Legba no início das festas. Tem função semelhante ao cântico Imbarabô dos ritos nagô.

ERVA-SANTA. Planta medicinal utilizada em vários rituais.

ESTORAQUE. Resina de incenso usada em banhos e na defumação, retirada de arbusto ornamental, muito utilizada na Casa das Minas. Sin. benjoim, aquici, quici.

EWÊ. Tronco linguístico da África Ocidental falado nas regiões de Gana, Togo e Benim, ex-Daomé. Possui vários grupos dialetais como o fon, o mina, o mahi, o gú (gun ou gê).

EVONO. Senhor. Forma de tratamento usada pelas tobóssis para designar os voduns, especialmente o que sua mulher carregava, e também para se referir ao Deus Superior.

EVOVODUM. Pai Eterno, Deus Superior. Na Casa das Minas recebe cânticos na ladainha dos voduns antes do início dos toques. Dizem que possui também uma vasilha de alimentos do lado de Davice. Não recebe culto especial e encontra-se muito distante. Var. Avievodum.

F

FAMÍLIA-DE-SANTO. 1. Laços de parentesco ritual ou religioso que une os filhos-de-santo entre si e ao pai ou à mãe-de-santo sem levar em consideração a consanguinidade ou filiação biológica nem a afinidade ou aliança matrimonial. 2. Parentesco entre divindades. Na Casa das Minas, as divindades cultuadas agrupam-se em famílias que possuem características específicas.

FANTI-ASHANTI. Grupo étnico-linguístico de negros da Costa do Ouro, atual Gana. No Brasil eram conhecidos como negros mina.

FEITORIA. O mesmo que iniciação. A feitoria das tobóssis era o grau mais elevado de iniciação na Casa das Minas. Era realizada durante vários dias com matanças de animais, banhos rituais etc. É chamado barco nos ritos nagôs.

FEITICEIRAS. Termo usado no Maranhão para designar as casas que vendem objetos utilizados nos cultos afro-brasileiros.

FERRO. Instrumento de metal em forma de campânula cilíndrica achatada, batida com vareta também de metal. É usado para marcar o ritmo nas festas de tambor de mina e é tocado por mulher. Em algumas casas a câmpanula costuma ser dupla. Chamado gã, em jeje, e agogô, em nagô.

FON. Grupo dialetal da língua ewê, falado no ex-Daomé, atual Benim, e usada por escravos procedentes dessa região. Inclui o jeje, dialeto predominante nos cânticos da Casa das Minas. Var. fo.

FUNDAMENTO. Objeto que contém a força das divindades e que nos terreiros às vezes costuma ser guardado, enterrado. Diz-se que muitos foram trazidos pelos africanos fundadores das primeiras casas. Sin. assentamento.

FURÁ. Bebida ritual usada como obrigação no tambor de mina, em algumas cerimônias. É preparada com arroz ou milho e água posta em fermentação; leva gergelim e outros ingredientes.

G

GÃ. Instrumento de metal, de uma só boca, de uso predominantemente feminino, que marca o ritmo dos tambores. Nome jeje dado ao agogô dos nagôs. Sin. ogã, ferro.

GANTÓ. Tocadora de gã.

GARRAFADA. Tratamento usado pela medicina popular no Brasil, constante de garrafa contendo aguardente ou álcool, junto com plantas diversas e outros elementos; usada para banhos ou como remédio.

GENGIBRE. Erva cuja raiz é utilizada em bebidas e alimentos rituais. Sin. açafrão.

GENGIBIRRA. Bebida típica maranhense fermentada e feita com gengibre.

GERGELIM. Planta herbácea de propriedades medicinais, usada em vários alimentos rituais e contra doenças de pele. Sin. zerzilim, coentro.

GHEZO. Rei de Abomey, que reinou entre 1818 e 1859; filho da rainha Nã Agotimé, que teria trazido para o Maranhão os fundamentos da Casa das Minas (Verger, 1956, p. 157-60).

GINJA. Fruto da ginjeira ou azereiro; espécie de cereja vermelha escura com a qual se faz bebida especial. Na Casa das Minas há três pés, segundo se diz, vindos da África, dedicados às tobóssis, aos toquéns e a Zomadônu.

GONJAÍ. Vodunsi-gonjaí, filha-de-santo feita completa que recebia vodum e uma tobóssi na Casa das Minas e que estava acima das vodunsis-he, por seu nível superior de iniciação. Var. hunjaí.

GONJEUME. Nome africano privado de Dona Amélia, de Doçu.

GONJEVA. Pequena conta de cor marrom usada nos rosários da Casa das Minas, considerada um dos símbolos da nação jeje. Var. ronjeva, ronjevi.

GONO CUÍBE. Nome africano privado de Dona Maria Lisboa, de Jotim.

GOROGORO. Negra velha.

GUE. Presente que as tobóssis costumavam solicitar na Casa das Minas. Var. que.

GUIA. 1. Colar ritual de contas nas cores da entidade protetora. 2. Mãe-pequena, segunda pessoa nos terreiros de mina, abaixo do pai ou da mãe-de-santo. 3. Dançante que dirige os cânticos.

GUMA. Varanda de danças ou terreiro, lugar onde se dança o tambor de mina.

GUME. Pátio interno, quintal ou jardim onde há várias plantas e árvores, como a cajazeira sagrada da Casa das Minas.

GUMPLI. Nome dado ao tambor do meio, na Casa das Minas.

H

HUM. Tambor grande da Casa das Minas feito com tronco oco de árvore, afunilado. Possui a extremidade maior revestida por couro de bode ou de boi, preso com correia e cravelhas, assemelhando-se aos diversos punhos de uma roda de leme. A base inferior é torneada. É afinado com torniquete e martelo. Toca-se inclinado, batendo-se com a mão e com um aguidavi, ou vareta de madeira, no couro e na lateral. Tem cerca de 1,20 m de comprimento e uns 30 cm de diâmetro superior. Cada tambor pertence a um vodum, que lhe dá o nome. Var. rum.

HUMBONO. Chefe do culto na Casa das Minas (Costa Eduardo, 1948, p. 69).

HUMPLI. Tambor pequeno, que se coloca entre as pernas do tocador sentado. Mede cerca de 70 cm de comprimento, sendo tocado com dois aguidavis Var. humpi, rumpi.

HUNTÓ. Tocador de tambor na Casa das Minas, chefiado pelo huntó-chefe, que toca o tambor grande. Recebe iniciação especial, tem deveres próprios e participa da matança ritual do chibarro.

I

IAMI OXORONGÁ. Entidades femininas que representam o poder das velhas mães ancestrais conhecidas na mitologia iorubana da Nigéria e do Benim e difundidas em toda a África. Entre os iorubás elas são as donas do pássaro e moram nas grandes árvores. Possuem poderes sobre os orixás. Representam a primeira mulher, o ser primordial, e não se incorporam nos fiéis. Controlam o bem e o mal, a feitiçaria e a antifeitiçaria. São temidas como perigosas e seu nome não deve ser pronunciado.

IMBARABÔ. Primeira palavra do cântico para afastar Exu, nos ritos nagô no Maranhão.

IERODÃ. Um dos nomes do povo de Dambirá.

IHAPEN. Nome africano privado de Dona Deni de Lepon.

INDÉ. Um dos nomes privados de nagono Toçá. Também se diz Indé quando um vodum vem ao mesmo tempo em duas vodunsis.

INVISÍVEL. Encantado, divindade ou vodum.

IZADINCOI. Segunda mãe ou mãe-pequena. Var. zadoncoi.

J

JARRAS VOTIVAS. Vasos ou potes de barro usados no comé para guardar a água dos voduns. Na Casa das Minas dizem que algumas são africanas, possuindo desenhos em relevo (Nunes Pereira, 1979, p. 3).

JEAVÓ. Bengala. Var. jeacó.

JEÇUÇU. Açúcar.

JEVIVI. Sal.

JEJE. 1. Termo atualmente pouco conhecido na África, aplicado no Brasil às línguas ewê-fon, do grupo kwa. 2. Denominação dada aos grupos étnicos do sul do Benin, especialmente os fon e os gu, trazidos em grande número para o Brasil no século XIX. Palavra provavelmente originária do iorubá ájeji, estrangeiro, nome que os iorubás, no Daomé, davam aos daomeanos (Cacciatore, 1977; Lima, 1976, p. 72).

JOGOROBOÇU. Vodum masculino, toquém, filho de Zomadônu, da família de Davice. Var. Ajogoroboçu, Boçu.

JOTIM. Vodum masculino da família de Savaluno, filho de Agongone. É toquém que leva e traz recados ou mensagens. Var. Ajotim.

JÔNU. Agradecimento ou dedicação da festa. Repetição ritual privada de alguns rituais, após o encerramento de uma festa. Participam dele apenas as iniciadas, que repetem as mesmas matanças da festa, repartindo os alimentos para fazerem pedidos e agradecimentos. Var. Jôlu, Jôlo.

L

LEGBA. Divindade considerada trapaceira ou *trickster* entre os jejes. Na Casa das Minas é considerado como o Demônio, por isso não é oficialmente cultuado, mas recebe apenas um cântico para a limpeza da casa, na abertura das festa. É chamado Légua Boji Buá, nos terreiros da mata, e Exu, nos ritos nagô.

LÉGUA BOJI BUÁ. Nome de Legba ou Exu nos terreiros da mata, especialmente em Codó. Na Casa das Minas dizem que este é o nome de um vodum cambinda que não se identifica com Legba.

LEPON. Vodum masculino da família de Dambirá, filho mais velho de Acóssi. Nas festas, fuma e usa bengala.

LIÇÁ. Vodum masculino da família de Quevioçô. Anda muito e representa o Sol, de quem é amigo, mas não se une com Badé, que representa o raio. Só gosta de cantar em nagô. Na Casa das Minas é mudo, dança com uma espada de metal. Seria a parte masculina de Mavu-Liçá, o Criador, na mitologia daomeana.

LÍNGUA (FALAR OU CANTAR EM). Usar língua africana.

LOCO. Vodum masculino da família de Quevioçô que protege contra o vento e as tempestades. Corresponde a Iroco dos nagôs, representado pela gameleira.

M

MÃE-DE-SANTO. Dirigente de casa de culto afro-brasileiro.

MAHI. Povo e língua do norte de Abomey, no Benim. Chamado, no Brasil, mina-mahi.

MALÊ. Nome genérico dado na Bahia a negros maometanos como haussás, tapas e outros.

MANACÁS. Nome do homem que teria batizado a Casa das Minas, segundo informação de Dona Enedina.

MARAFO. Cachaça, aguardente. Termo usado em terreiros do interior.

MASSECUTÓ. Teria sido o nome africano privado de mãe Maria Jesuína, de Zomadônu, uma das fundadoras da Casa das Minas.

MASSINOCÔ ALAPONG. Nome africano privado de Basília Sofia, fundadora do terreiro do Egito, no Itaqui, em São Luís, falecida em 1911. Teria vindo de Cumassi e passado pela Bahia antes de chegar ao Maranhão, em 1864, segundo Pai Euclides.

MASTARÉU. Parte superior complementar e giratória do mastro do Divino, com pequena bandeira fixada.

MATANÇA. Sacrifício ritual e secreto de animais, realizado no comé, como obrigação oferecida às divindades. Sin. narrunó.

MAVU. Princípio feminino na mitologia daomeana. Ser supremo, associado a Liçá, seu princípio masculino complementar.

MÉDIUM. Pessoa possuidora de faculdades especiais e que, depois de devidamente preparada, pode servir como intermediária entre o mundo material e o espiritual, através do transe ou possessão, tornando-se vodunsi, no tambor de mina, ou filha-de-santo, no candomblé. Termo utilizado sobretudo no espiritismo. Var. média.

MENINA. Entidade feminina infantil possuída pelas vodunsis-gonjaí que se submeteram a todos os graus de iniciação na Casa das Minas. Cada gonjaí recebia uma menina, que não voltava mais após a sua morte. Sin. tobóssi.

MEONCIA. Minha mãe.

MESA DO REI DOS MESTRES. Ritual que era realizado no antigo terreiro do Egito, em 13 de dezembro, no qual se oferecia um banquete a crianças com vestimentas especiais. No terreiro da Turquia, o Rei dos Mestres é tói Alapong, uma qualidade de Oxalá.

MINA. Grupo étnico de Gana, de antigos negociantes de escravos. Termo que se diz originado de Elmina ou São Jorge da Mina, antigo forte português localizado na Costa do Ouro, atual Gana. Os negros minas procediam da Costa do Ouro, especialmente os fanti ashanti. O termo passou a designar genericamente os negros sudaneses no Brasil, acrescentando, posteriormente, a eles seu grupo étnico específico, como mina-nagô, mina jeje, mina-mahi, mina-fanti, mina-popo etc.

MINA JEJE. Nome do grupo étnico fundador da Casa das Minas do Maranhão, procedente do sul do ex-Daomé, atual Benim.

MINDUBIM. 1. Amendoim. 2. Mudo. 3. Na Casa das Minas, designa os voduns da família de Quevioçô, que são nagôs, hóspedes e surdos-mudos. Diz-se que eles ficaram mudos para não revelar os segredos dos nagôs aos jejes. Var. midubi.

MISSÃ. Vodum feminino da família de Quevioçô, irmã de Sobô. É a mais velha dos nagôs e adora Sant'Ana. Var. Vó Missã.

MOCAMBO. Nome da festa de pagamento dos tocadores nos tambores de mina nagô e outros do Maranhão, em que se distribuem moedas a todos os presentes.

MUANGA. Feitiço, coisa feita.

N

NAÇÃO. Denominação da origem tribal de grupos negros africanos trazidos como escravos ao Brasil, também atribuída às tradições religiosas destes grupos. Segundo Lima, entre os grupos afro-brasileiros, atualmente o conceito de nação é mais religioso do que étnico, pois "foi aos poucos perdendo sua conotação política para se transformar num conceito quase exclusivamente teológico. Nação passou a ser, desse modo, o padrão ideológico e ritual dos terreiros de candomblé da Bahia" (Lima, 1976, p. 77). Os terreiros mais tradicionais esforçam-se, entretanto, por manter os padrões característicos de suas culturas formadoras.

NACÔ. A senhora. Tratamento entre vodum masculino e vodum feminino.

NADOPÉ. Despedida e agradecimento. Cerimônia privada de encerramento realizada após as festas. Var. Anadopé.

NAÉ. Vodum feminino, da família de Davice. Senhora Velha ou Sinhá Velha, considerada mãe de todos os voduns e ancestral da família real. É a vodum maior, que rege a Casa das Minas e lá mantém as filhas-de-santo. Diz-se que, entre os jejes, Naé corresponde a Vó Missã dos nagôs. É a chefe das tobóssis, que a chamavam de Dindinha. Recebe homenagens e cânticos em todas as festas. Suas festas de obrigação acontecem em 25 de dezembro e 24 de junho.

NAEDONA. Vodum feminino, da família de Davice; esposa de Dadarrô. Var. Naiadona, Naegongon.

NAGÔ. Nome dado no Brasil aos escravos sudaneses de fala iorubá, procedentes da atual Nigéria; engloba grupos étnicos diversificados, conhecidos como Oié, Ketu, Ijexá, Abeucutá etc. A palavra provavelmente se origina de Anagônu ou anagô, termo usado pelos daomeanos para designar os povos que falavam iorubá. As línguas por eles faladas são também denominadas nagô. Deram origem aos modelos tradicionais dos candomblés da Bahia e dos xangôs do Recife e exerceram grande influência religiosa no Maranhão, principalmente através da Casa de Nagô.

NAGONO. Possivelmente corresponde ao termo gêmeos. Termo utilizado antes dos nomes dos voduns gêmeos Toçá e Tocé.

NAIAVÊ. V. naivê.

NAI TARANDÊ. Expressão ritualística repetida pelos voduns enquanto se arrastam na esteira pelo chão, quando têm que ir embora ou se desincorporar (Nunes Pereira, 1979, p. 77).

NAIVÊ. Cerimônia privada de luto na lei por morte de pessoa importante no culto ou de parente próximo. É feito pelas vodunsis, que pintam diversas partes do corpo com tabatinga de várias cores. Sin. naiavê.

NÃ AGOTIMÉ. V. Agotimé.

NANÃ. Vodum feminino da família de Quevioçô, a mais velha dos voduns nagô, adorada na Casa das Minas, onde "vinha" no tempo das fundadoras. É homenageada na festa de Santa Bárbara e no Sábado de Aleluia. Var. Nanambioco, Nanã Burucu, Nanã Boroco, Nanã Borutu.

NANIM. V. Ananim.

NANOMBEBE. Tobóssi de Dona Firmina. Seria dançante de Loco de Quevioçô (Nunes Pereira 1979, p. 26-36) ou de Jogoroboçu.

NARRUNÓ. Matança cerimonial e privada de animais oferecidos em sacrifício às divindades.

NENÉM QUEVIOÇÔ. Um dos nomes do vodum Badé de Quevioçô.

NHA CHÉ. Meu irmão. Tratamento usado entre voduns.

NIGRINHA. Diminutivo pejorativo e injurioso, aplicado a pessoas de reputação duvidosa.
NIGRINHAGEM. Safadeza.
NOCHÊ. Minha mãe. Derivado de nô, mãe, e che, minha (Nunes Pereira, 1979, p. 27).
NONUFON. Alimento ritual que leva dendê, quiabo e sal, servido com galinha e amió. Var. nunufo.
NOVICHE. Minha irmã. Termo de tratamento usado entre filhas-de-santo.
NUBIEDUTE. 1. Toquém masculino, entre os fanti. 2. Nome dado pelos daomeanos ao estado de transe infantil ou erê (Bastide, 1974, p. 129).
NUFÉ. Quarto de santo, na Casa de Nagô. Sin. camarinha, roncó.
NUPÉ. Língua e grupo étnico sudanês da Nigéria que foi bastante difundido no Maranhão e é ainda lembrado na Casa de Nagô. Sin. Tapa.

O

Ô. Pedra, lugar de assentamento das divindades, o mesmo que o otá dos nagô.
OSÇA. Ouvido. Ter bom ouvido, ouvir bem e saber tocar ou cantar. Var. ouça.
OBI. Fruto comestível de árvore africana (*Cola acuminata*, Esterculiácea) adaptada ao Brasil. Também chamado cola ou noz-de-cola, é utilizado em fundamentos do tambor-de-mina e em jogo divinatório.
OBRIGAÇÃO. 1. Oferenda ritual às divindades, contendo principalmente alimentos. Comida de obrigação. Alimento ritual servido aos devotos das divindades em suas festas. Come-se com as mãos. 2. Preceito ou dever, algo que deve ser feito.
ODÃ. Nome dado à família de Dambirá, panteão da Terra e das doenças.
OGÃ. Cargo honorífico nos candomblés nagô.
OGBÔNI. Sociedade secreta iorubana, que parece ter também existido no Brasil em inícios do século XIX, à época das revoltas de escravos na Bahia.
OLHO-DE-BOI. Semente de palmeira usada como amuleto.
OMACUÍBE. Tobóssi de Mãe Anéris, de Agongone. Var. Omaclibe, Omahuíbe.
ORIXÁ. Divindade iorubana ou nagô. Muitos foram antigos reis, heróis, antepassados divinizados ou representam forças da natureza. O mesmo que vodum entre os jeje. Sin. santo.
OROBININDECHÊ. Nome africano privado de Dona Enedina de Jogoroboçú.

OROBÔ. Planta medicinal africana adaptada ao Brasil, utilizada em cerimônias religiosas e no tratamento da bronquite e outras doenças.

OTÁ. Pedra de assentamento entre os nagô.

P

PAGAMENTO (FESTA DE). Obrigação. Há vários tipos, como as feitas pelas gonjaí, as em agradecimento aos tocadores etc.

PAI-DE-SANTO. Chefe das casas de culto afro-brasileiros, com atribuições semelhantes às da mãe-de-santo. Sacerdote ou pessoa que dirige a casa e o culto.

PAJÉ. Chefe dos cultos de origem ameríndia comuns na região amazônica. Homem ou mulher que dirige a cerimônia da pajelança. Var. pajoa.

PAJELANÇA. Culto afro-ameríndio, difundido largamente na Amazônia, cujo instrumento básico é o maracá. Durante o ritual o pajé recebe sucessivamente diversas divindades ou encantados e entra em transe de tipo xamanístico, acompanhado pela assistência com cânticos e palmas. Sin. cura.

PAPA CESAR. Nome do homem que teria sido um dos colaboradores na época da fundadação da Casa das Minas, segundo Dona Enedina.

PARENTESCO DE SANTO. V. família-de-santo.

PASSE (DAR OU RECEBER). Ritual preventivo contra males espirituais ou físicos, feito através de diversos gestos, transmitidos por médium ou filha-de-santo, em estado de transe ou não. Muito comum no espiritismo, e também utilizado no tambor de mina pelas filhas de Quevioçô, na Casa das Minas.

PEDRA DE ASSENTAMENTO. V. fundamento e assentamento.

PEJI. Lugar onde se localizam rituais reservados, se conservam importantes objetos nas casas de culto afro-brasileiros e onde ficam os assentamentos das divindades cultuadas. Entre os nagôs, quarto dos santos, quarto privado, quarto dos segredos, ou comé, em jeje.

PELE BOJU. Refrão repetido várias vezes num dos cânticos muito conhecidos nos tambores de mina do Maranhão. Na Casa das Minas, diz-se que é um cântico em nagô para tói Liçá, que é viajante. Em outros terreiros diz-se que é um cântico para Omolu.

PELOTÃO. Termo originário de vocabulário militar, utilizado na Casa das Minas para designar famílias de voduns e também o grupo de pessoas que foi iniciado junto, no mesmo barco.

PEMBA. Giz ou pó de giz de várias cores, utilizado em rituais afro-brasileiros.

PÊNDOME. Altar dos voduns no comé, onde se encontram os assentamentos da divindade e onde se colocam suas jarras votivas, oferendas e outros objetos rituais. Var. pódome, pódone.

PINHÃO. Arbusto agreste (euforbiácea) de vários tipos. O roxo é muito usado à frente das casas no Maranhão, contra feitiçaria e mau-olhado. O branco, na Casa das Minas, é a planta sagrada onde são feitas oferendas para tói Acóssi.

POLIBOJI. Vodum masculino da família de Dambirá, filho de tói Acóssi. Adora Santo Antônio. Possui os seguintes nomes privados, segundo Costa Eduardo (1948, p. 85): Dada, Misu, Cohoe, Jeco, Da, Mede, Metonji, Lacaba, Lube, Adonóvi, Vipenhon, Sadono, Abrogévi, Bo, Hanh, Hae, Hanshi.

POSSESSÃO. 1. Técnica corporal ou estado especial em que um(a) iniciado(a), em transe, assume ou representa o papel de uma entidade sobrenatural. 2. Invasão do indivíduo por um espírito. Sin. queda no santo.

PRECEITO. Conjunto de prescrições seguida em um grupo de culto religioso. Sin. tradição, obrigação, lei.

PUNGA. Ritual na dança do tambor de crioula que representa um convite à dança, uma saudação ou uma brincadeira sensual. Sin. umbigada.

Q

QUE. Dinheiro. Var. aquê, quequê, quiqui

QUEREBENTÃ. Casa do povo de Davice, casa grande, terreiro de Davice. É o nome africano da Casa das Minas, chamado querebentã de Zomadônu.

QUEVIOÇÔ. Família de voduns nagô. Na Casa das Minas, são hóspedes e mudos. Voduns do panteão do Céu que controlam os astros, as águas, as chuvas, os raios, os trovões e combatem as ventanias e tempestades. Chefiados por Sobô e Badé.

QUILOMBO. Concentração de escravos fugidos ou quilombolas, comuns em toda parte do país durante o período da escravidão.

R

RAMA. Iniciação ou feitoria das tobóssis. O mesmo que barco.

RENDECHÊ. Sala Grande onde os voduns se reúnem e onde se localiza o altar católico, na Casa das Minas. Var. randeche.

REBENQUE. Pequeno chicote feito com palha-da-costa torcido, com cabeça de cavalo em metal na extremidade superior. Usado pelos voduns cavaleiros Doçu e Bedigá. Origina-se do espanhol platino, segundo o Dicionário Aurélio.

RESSAU. Alimento ritual preparado pelos tocadores com o sangue de chibarro, miolos e outras entranhas. Alimento de obrigação para todos os participantes de festa grande. Serve contra mau-olhado, "ventre virado" e outras doenças. Var. ruessau, ruessá.

REVIVE. Tobóssi de Dona Cecília de Doçupé.

ROIANÇAMA. Primeiro nome africano privado de Mãe Andresa, de Poliboji, que lhe foi dado antes da feitoria e pelo qual era mais conhecida na Casa.

RONDOPÉ. Base de cimento em torno de algumas plantas sagradas, como as ginjeiras e o pinhão-branco, onde se colocam oferendas para certas divindades. Possivelmente, corruptela de rodapé.

ROÉJU. Vodum masculino da família de Dambirá, gêmeo de Aboju e filhos de Acóssi. Ele e seu irmão fazem papel de toquém junto com Boçá e Boçucó, da mesma família.

ROSÁRIO. Colar ritual longo feito com missangas, contas, búzios, com medalhas, cruzes, figas etc., com as cores da divindade protetora. É lavado ritualmente e não deve ser tocado por qualquer pessoa. Na Casa das Minas pertence aos voduns, que os dão às filhas-de-santo. Sin. guia.

ROTOPAMERAÇULEME. Segundo nome africano privado de Mãe Andresa, dado a ela após a feitoria (Nunes Pereira, 1979, p. 27).

RUINÇÃ. Nome africano privado de Dona Luísa, de Apojevó.

RUM. V. hum.

RUMACO. Cerimônia de limpeza ritual do terreiro feita com pombo. É realizada pelas mais velhas, com a proteção de Acóssi, entre os meses de agosto e setembro.

RUMPLI. V. humpli.

RUNTÓ. V. huntó.

S

SACRIFÍCIO. Matança ritual de animais, de duas ou de quatro patas, oferecidos às divindades como obrigação.

SACUDIMENTO. Ritual nagô de limpeza do corpo ou purificação. Nele usam-se uma ave e alimentos especiais, acompanhados por cânticos próprios. Sin. descarga.

SALA GRANDE. V. rendechê.

SANDOLEBE. Tobóssi de Dona Filomena, de Poliboji.

SANLEVÍVI. Tobóssi de Dona Chiquinha de Bôça.

SANDONQUE. Nome africano privado de Dona Felipa, que não era vodunsi e doou vários filhos como tocadores e filhas como vondunsis à Casa das Minas, entre as quais Dona Enedina, sua filha caçula. Var. Sandancoe.

SANTO. Palavra que é usada popularmente como sinônimo de orixá, vodum, encantado ou divindade, em decorrência do sincretismo afro-católico. Na Casa das Minas, diz-se que santos e voduns são entidades distintas e que os santos são adorados pelos voduns.

SAPATÁ. Nome de tói Acóssi, Acóssi Sapatá, vodum chefe da família de Dambirá, correspondente a Xapanã ou Omulu, deus da varíola e da peste entre os nagô. Var. Sagbatá, Sacpatá.

SARABANTÃ. Varanda de dança dos voduns, segundo Nunes Pereira, chamada de guma pelas atuais dançantes.

SARAPATEL. Comida típica possivelmente de origem portuguesa, comum no Maranhão, preparada com sangue e entranhas de animais, especialmente porco. Sin. sarrabulho.

SAVALUNO. 1. Nome dado à região norte de Abomé, o país Mahi, no atual Benim (Costa Eduardo, 1948, p. 76), onde surgiu a adoração dos tohossú, espíritos dos filhos reais nascidos anormais, chefiados por Zomadônu. 2. Na Casa das Minas, constitui uma família de divindades, amigos do povo de Davice, que são jeje, mas moram com eles por terem perdido seu território em guerras. Foram agasalhados por Zomadônu e são hóspedes, sendo chefiados por Agongone. Var. Savalu.

SAVÔ. Sacrifício ritual de animais realizado para afastar epidemias. Segundo Nunes Pereira (1979, p. 31), despacha-se um chibarro morto recheado com dinheiro. Afirma-se também que é feito com pombos e moedas, despachados pelos tocadores em oferecimento a Acóssi. Var. Savu.

SENHOR(A). Termo utilizado com o significado de vodum, entidade protetora ou dona de uma pessoa.

SEPAZIM. Vodum feminino da família de Davice, filha de Dadarrô e esposa de Daco-Donu. É princesa e adora o Divino Espírito Santo.

SINCRETISMO. Ecletismo religioso exemplificado pela identificação de uma divindade africana como um santo católico ou pela assimliação de um santo católico pela religião africana. Designa também a adoção de certos rituais e de certos princípios do Catolicismo e de cultos ameríndios ou outros, pelos cultos afro-brasileiros.

SINHAZINHA. V. tobóssi.

SIRRUM. Cerimônia fúnebre, também chamada de tambor de choro ou Zelim. Realizada de corpo ausente. Var. sihum, chirrum.

SOBÔ. Vodum feminino mãe dos voduns da família de Quevioçô. Representa o relâmpago e adora Santa Bárbara. Var. Sogbô.

SOCIMETOM. Nome africano privado de Dona Neusa, de Sobô.

SOHÔ. Segredo dos voduns.

SONLEVIVE. Tobóssi de Dona Adalgisa, de Agongone. Var. Açonlevívi.

SUDANESES. Povos africanos localizados entre o Saara e o Atlântico, próximos ao Golfo da Guiné, naturais dos seguintes países: Chade, Níger, Sudão, Nigéria, Benim (ex-Daomé), Togo, Gana (ex-Costa do Ouro), Costa do Marfim, Libéria, Guiné, Senegal, Serra Leoa, Alto Volta e outros. Entre os escravos dessa vasta região vindos para o Brasil, destacam-se os jeje, os iorubás ou nagôs, os fanti ashanti, os hauçá.

SÚMI. Sumo; remédio para beber, preparado com plantas maceradas.

SURUPIRA. Entidade da mitologia ameríndia, muito difundida na Amazônia, que toma conta da caça e da mata. Possui os pés para trás e engana os caçadores.

SUSSUME. V. chossum.

T

TAMBOR. Instrumento musical de percussão, com diferentes formas, nomes e funções nos cultos afro-brasileiros. No Maranhão, os terreiros e as cerimônias de tambor de mina também são chamados genericamente de tambor.

TAMBOR DE CHORO. Cerimônia fúnebre pela morte de filha-de-santo ou de tocador, em que todos permanecem sentados, cantando acompanhados de instrumentos. V. Sirrum e Zelim.

TAMBOR DE CRIOULA. Dança folclórica típica de negros no Maranhão, como forma de divertimento e homenagem ou pagamento de promessa, especialmente a São Benedito, na qual se destaca a umbigada, ou punga. É acompanhada por três tambores próprios, o grande, o pequeno e o meião.

TAMBOR DE ENTRUDO. Ritual festivo com cânticos próprios realizado na Casa das Minas no domingo de carnaval ou antes. Nessa celebração, os voduns brincam e molham as pessoas, jogando talco, perfume e água.

TAMBOR DE ÍNDIO. Cerimônia do tambor de mina do Maranhão em que se recebem entidades ameríndias, sendo em parte realizada na mata ou em sítios. Sin. Canjerê, borá.

TAMBOR DE MINA. Nome dado no Maranhão aos cultos de origem africana realizados em casas ou terreiros de mina, e que se assemelham aos candomblés da Bahia ou aos xangôs do Recife.

TAMBOR DE PAGAMENTO. Ritual em homenagem aos tocadores, que recebem presentes das filhas-de-santo. É realizado no início do ano. Na Casa das Minas havia também um tambor de pagamento às gonjaí mais velhas, realizado um ano após a feitoria das mais novas, completando o ciclo dos ritos de iniciação. Na Casa de Nagô é denominado Mocambo.

TAPA. V. nupé.

TAQUI. Pimenta.

TERECÔ. Uma das denominações usadas no interior do Maranhão, especialmente em Codó, para os cultos afro-brasileiros ou tambores de mina. Os participantes são chamados de terecozeiros. Sin. baia, badé, beta, budu, brinquedo de Santa Bárbara, nagô, pajelança, tambor da mata, tambor de caboclo.

TERREIRO. Casa de culto ou local onde são realizadas cerimônias religiosas afro-brasileiras. Expressão utilizada no tambor de mina, no candomblé, na umbanda etc. No Maranhão, também se chama de guma o lugar onde se dança o tambor de mina.

TOBÓSSI. Entidade feminina infantil, semelhante ao erê dos candomblés. Tem nome próprio e era recebida na Casa das Minas pelas gonjaís em festas especiais que duravam até nove dias. As tobóssis falavam língua própria, brincavam com bonecas, pareciam princesas, tinham danças específicas e comiam com os visitantes. Vestiam-se com roupas especiais, com muitos enfeites. Em outros terreiros antigos do Maranhão, possuíam características diferentes. Sin. tobossa, sinhazinha, menina, princesa.

TOÇÁ. Vodum masculino, toquém da família de Davice, gêmeo de Tocé, filho de Zomadônu. É chamado de Nagono.

TOCADOR. Pessoa que toca os tambores no culto e, para isso, deve ter recebido iniciação adequada. É função masculina no tambor de mina. O tocador participa das matanças de animais de quatro patas.

Tocé. Vodum masculino, toquém, da família de Davice, gêmeo de Toçá, filhos de Zomadônu.

Tochê. Meu pai. Termo de tratamento.

Tohossu. Reis da água. Representam os espíritos infantis dos filhos nascidos anormais dos reis de Abomey, no antigo Daomé, atual Benim. Eram jogados no rio e a eles se dedicava culto especial. Eram chefiados por Zomadônu (Herskovits, 1967, I, p. 229). Var. toxossu.

Tói. Pai. Tratamento das vodunsis aos voduns.

Topa. Vodum masculino da família de Savaluno, irmão de Zacá e de Agongone. Diz-se que ele não pára e anda só. Var. Togpa.

Toquém. Vodum mais novo que vem na frente, abre os caminhos aos mais velhos, leva e traz os recados. É mensageiro ou guia. É chefiado por Toçá e por Jogoroboçu. Alguns toquéns são meninos, e outros, adolescentes. Diz-se que são meios-irmãos por serem filhos de um pai com mães diferentes. Quase todos são da família de Davice, incluindo a de Savaluno. Os voduns mais novos das famílias de Dambirá e Quevioçô também são considerados toquéns. Segundo Costa Eduardo (1948, p. 79-80), na Casa das Minas segue-se a teologia daomeana na crença que as divindades mais novas de cada panteão são consideradas *tricksters* (trapaceiros) e protegidas por uma irmã benevolente. Var. toqueno, tocoêni, toquêne.

Toré. 1. Instrumento indígena semelhante a uma corneta. 2. Designação dada aos cultos com influência afro-indígena, especialmente no Nordeste e particularmente em Sergipe, visando a curar doenças. V. borá. 3. Dança guerreira afro-indígena ao som de pífano e trombeta. 4. Cerimônia religiosa dos índios pancarus, em Pernambuco. Var. boré, borá.

Torração. Preparo ritual de alimentos, realizado na semana que antecede o carnaval, em que se torra coco, milho etc. para serem servidos na Quarta-Feira de Cinzas, no Arrambã.

Trabalhar. Praticar a religião.

Trabalho. Ritual nas religiões afro-brasileiras, especialmente na umbanda.

Tratamento. Cura de doenças materiais ou espirituais, procurada pelos devotos nas casas de culto. Feita com remédios tradicionais, com plantas medicinais e com vários rituais, como banhos, benzimentos, passes, rezas etc. Sin. cura.

TRANSE MEDIÚNICO. Estado alterado de consciência ou de dissociação mental, com características variadas e sujeito a diversas formas de controle cultural. V. possessão.

TRAVESSEIROS DOS VODUNS. Pequenos travesseiros com capa rendada usados pelos voduns ao se deitarem em esteiras, no momento de serem despachados ou irem embora.

TREFU. Proibição, por exemplo, de revelar o nome de uma divindade na Casa de Fânti.

TRICKSTER. Palavra inglesa utilizada na bibliografia sobre religiões de origem africana como qualificativo de Exu ou Legba. Trapaceiro, fraudulento, impostor, astucioso, travesso; atributos do Demônio.

TRÓCI-TRÓCI. Nome privado do vodum Jotim, da família de Savaluno.

TROGONU. Possivelmente, leque, toalha.

TROTRÔBE. Tobóssi de Dona Leocádia, de Toçá. Var. Torotoro.

TURQUIA (Casa ou terreiro da). Antiga casa de tambor de mina de São Luís, fundada em 1889 por Mãe Anastácia Lúcia dos Santos, falecida em 1972, aos 103 anos, muito amiga do pessoal da Casa das Minas. O dono da Casa é o Rei Turquia, e algumas divindades ou encantados lá são chamados de turcos.

U

ULOLEBE. Tobóssi de Dona Teresa, de Boçucó. Var. Ulolobe, Whweobe.

UMBANDA. Religião surgida no Brasil com a combinação sincrética de elementos de origem africana, ameríndia, católica, oriental etc. Parece ter surgido no sul do país nas primeiras décadas do século XX. Atualmente está largamente difundida em toda parte. As casas, ou terreiros, costumam se congregar em federações estaduais. As divindades são chamadas de caboclos. Tem correspondência em diversos países da América, como o culto de Maria Leonza, na Venezuela, a *santería* em Cuba e no Caribe etc. Desde a década de 1980, tem se difundido também na Argentina, no Uruguai, em alguns lugares dos Estados Unidos e mesmo em países europeus.

V

VALDENCÓ. Quarto dos santos na Casa de Nagô, em São Luís. O mesmo que peji ou comé. Var. valdencorne, voduncorne, vandecôrni, valdencômi, vardenco.

VEREQUETE. V. Averequete.

VEVEU. Líquido ritual preparado com diversas folhas, utilizado em rituais na Casa de Nagô. Semelhante ao *amansi* da Casa das Minas.

VICHÊ. Meu (minha) filho(a). Forma ritual de tratamento na Casa das Minas.

VIDÊNCIA. Faculdade de ter visões de entidades espirituais e outros seres ou coisas, cenas passadas ou futuras, comum em filhas-de-santo que se dizem médiuns videntes. Utilizada como forma de adivinhação ou previsão nos tambores de mina. Diz-se que as mães-de-santo devem ser videntes. Sin. visão, visagem.

VISAGEM. 1. Assombração, fantasma, materialização de entidades sobrenaturais. 2. Vidência. Var. visage.

VISÃO. Percepção de fatos ou coisas sobrenaturais e/ou futuras, comum em participantes do tambor de mina. As filhas-de-santo, principalmente do lado de Dambirá, na Casa das Minas, costumam ter visões. Muitas vezes as visões aparecem na luz de uma vela que se acende no comé. Sin. vidência.

VODUM. Divindade, em jeje, que corresponde a orixá em nagô. Os voduns podem ser velhos, adultos, jovens ou crianças, masculinos ou femininos e agrupam-se em famílias ou panteões, com características específicas. São considerados intercessores entre Evovodum, o Deus Superior, e os homens. Incorporam-se durante o transe nas vodunsis ou filhas-de-santo. Var. vodu.

VODUNSI. Esposa dos voduns, sacerdotisa ou filha-de-santo, mulher que recebe um vodum durante o transe.

VODUNSI-GONJAÍ. Filha-de-santo feita com todos os graus de iniciação e que recebe tobóssi. Var. hunjaí. V. gonjaí.

VODUNSI-HE. Filha-de-santo que se submeteu aos primeiros graus de iniciação e que recebe um vodum. Var. vodunsirrê.

VODUNCIPONCILÊ. Ajudante, servente ou cozinheira dos voduns. Não entra em transe, mas se submete a certos rituais iniciáticos. Costuma ser pessoa de toda confiança na Casa. Semelhante à equéde dos nagô.

Vó MISSÃ. Vodum feminino da família de Quevioçô. É velha e decide tudo entre os nagôs. Corresponde a Naé dos jeje. Adora Sant'Ana.

X

XAMÃ. Chefe do culto em grupos ameríndios ou asiáticos que entra em transe e recebe diversas entidades sucessivamente. Palavra original de língua asiática. Sin. curador.

XAMANISMO. Prática religiosa característica de povos ameríndios e asiáticos chefiada pelo xamã, com a intenção principal de curar doenças.

XANGÔ. Orixá nagô, deus do raio e do trovão. Teria sido Rei de Oió, na Nigéria. Entre os jejes é chamado de Badé.

XIRÉ. Ordem em que são tocadas, cantadas e dançadas as invocações aos orixás nos candomblés nagô, iniciando-se por Exu, depois passando por Ogum e por todos os orixás, terminando por Oxalá.

Z

ZACÁ. Vodum masculino velho, irmão de Agongone, da família de Savaluno. Var. Azacá.

ZOMADÔNU. Vodum masculino adulto da família de Davice, filho de Acoicinacaba. Teve quatro filhos toquéns. É o dono ou o chefe da Casa das Minas. Foi o vodum da fundadora e das primeiras mães. Também chamado Babanatô, é o que abre as portas. Recebe homenagens em todas as cerimônias da Casa das Minas, sendo festejado em 1º de janeiro. Na mitologia daomeana, é considerado o chefe dos Tohossús, espíritos infantis dos filhos nascidos anormais na família real (Herskovits, 1967).

ZANDRÓ. Invocação ou chamada dos voduns antes do começo de uma festa de três dias. Cerimônia privada realizada no comé e na Sala Grande, em que as vodunsis, sentadas em esteiras, agrupadas por ordem de família, cantam invocações próprias e oferecem alimentos, especialmente o abobó. Também se diz que fazem um jogo de Zandró para conhecer o vodum protetor de uma pessoa.

ZELIM. Tambor de choro de corpo presente. Cerimônia fúnebre em homenagem a um morto, filha-de-santo ou tocador de tambor de mina. Equivale ao Axexê dos nagôs. Var. Zeli.

BIBLIOGRAFIA CONSULTADA

ABBEVILLE, Claude d'. **História da missão dos padres capuchinhos na ilha do Maranhão e terras circunvizinhas.** São Paulo: EDUSP; Belo Horizonte: Itatiaia, 1975. (Coleção *Reconquista do Brasil*, n. 19). (Original de 1614).

ABRANCHES, Dunshee d'. **O cativeiro: memória histórica.** 2. ed. São Luís: Alumar, 1992. (Coleção *Documentos Maranhenses*). (Original de 1941).

ÁFRICA GEO. 2.ed. São Paulo: Abril Cultural, 1977. n. 5. (Original de 1971).

AKSTEIN, David. **A função das seitas espíritas brasileiras no equilíbrio biopsicossocial.** Rio de Janeiro: [s. n.], 1978. Trabalho apresentado ao VI Congresso Pan-Americano de Hipnologia e Medicina Psicossomática. Mimeogr.

ALMEIDA, Alfredo Wagner Berno de. **A ideologia da decadência.** São Luís: IPES, 1982.

_____. **Carajás: a guerra dos mapas.** Repertório de fontes documentais e comentários para apoiar a leitura do mapa temático do seminário-consulta "Carajás: desenvolvimento ou destruição". Belém: Falangola, 1994.

ALVARENGA, Oneyda. **Tambor de mina e tambor-de-crioula: registros sonoros do folclore musical brasileiro.** São Paulo: Discoteca Pública Municipal, 1948.

ALVES, Rubem A. **A volta do sagrado: os caminhos da sociologia da religião no Brasil.** *Religião e sociedade.* Rio de Janeiro, n. 3, p. 109-141, 1978.

AMARAL, João Ribeiro do. **Ephemerides maranhenses (datas e factos mais notáveis da História do Maranhão).** Maranhão: Typogravuras Teixeira, 1923. Part. 1. Tempos coloniais (1844-1923).

AMORIM, Cleides A. **Casa das Minas do Maranhão: vozes que "calam", o conflito que se estabelece.** Dissertação (Mestrado) — PPGAS/UFRGS, Porto Alegre, 2001.

ANDRADE, Maristela de Paula. **Terra de índio: terra de uso comum e resistência camponesa.** Tese (Doutorado em Antropologia) – Departamento de Antropologia, USP, São Paulo, 1990.

Arquivo Público do Estado do Maranhão – APEM. **A invasão do quilombo Limoeiro 1878**. Pesq. e org. Maria Raymunda (Mundinha) Araújo. São Luís: SIOGE, 1992a. (Documentos Históricos do APEM).

_____. **Catálogo: o negro e o índio na legislação do Maranhão provincial (1835-1889)**. Pesquisador Manoel de Jesus Barros Martins. São Luís: SIOGE, 1992b. (Instrumentos de Pesquisa).

ARAÚJO, Mundinha. **Breve memória das comunidades de Alcântara**. São Luís: SIOGE, 1990.

_____. **Insurreição de escravos em Viana 1867**. São Luís: SIOGE, 1994.

ARAÚJO, Waldenir Caldeira de Jesus Coelho de. **Parentesco religioso afro-brasileiro no grande Recife**. 2007. Dissertação (Mestrado) – UFRG/Museu Nacional, Rio de Janeiro, 1977.

ARON, Raymond. **Les grandes doctrines de sociologie historique**. (II — Emile Durkheim — Vilfredo Pareto — Max Weber). Paris: Les cours de la Sorbonne, 1962. Mimeo.

ARQUIVO E ADMINISTRAÇÃO. *Revista da Associação dos Arquivistas Brasileiros*. Jul. 1988. Ed. especial. (Pesquisa: Guia Brasileiro de Fontes Brasil-África).

ARQUIVO NACIONAL/DIM. **Guia brasileiro de fontes para a História da África, da escravidão negra e do negro na sociedade atual**. 2. v. Brasília: [s.n.], 1988. (Fontes Arquivistas).

ASSUNÇÃO, Mathias Röhrig. **A guerra dos Bem-te-vis: a Balaiada na memória oral**. São Luís: SIOGE, 1988.

_____. **Pflanzer, Sklaven und Keinbauern in der Brazleianischen Provinz Maranhão 1800-1850**. *Berliner Lateinamerika-Forschungen*. Frankfurt am Main: Vervuuert Verlag, 1993.

AUGRAS, Monique. **Alteridade e dominação no Brasil; psicologia e cultura**. Rio de Janeiro: NAU, 1995.

AZEVEDO, Aluísio de. **O mulato**. Rio de Janeiro: Edições de Ouro, [s.d.].

BALANDIER, Georges. **Antropologia política**. São Paulo: Difel/Edusp, 1969.

_____. **Sociologie des mutations**. Paris: Anthropos, 1970.

_____. **Sociologie actuelle de l'Afrique noire: dynamique sociale en Afrique Centrale**. Paris: PUF, 1971.

BARRETO, Maria Amália Pereira. **Os voduns no Maranhão**. São Luís: Fundação Cultural do Maranhão, 1977.

_____. **A Casa de Fanti-Ashanti em São Luís do Maranhão**. 1987. Tese (Doutorado em Antropologia) – Universidade Federal do Rio de Janeiro/ Museu Nacional/ PPGAS, Rio de Janeiro, 1987.

BARTH, Frederick. **Ethnic Groups and Boundaries: the Social Organization Of Culture Difference**. Oslo: Universitets Fortlaget, 1969.

BASCON, William. **The Yoruba of Southwestern Nigeria**. Nova York: Holt Rinehart and Winston, 1969.

BASTIDE, Roger. **Medicina e magia nos candomblés**. In: *Sociologia do folclore brasileiro*. São Paulo: Anhembi, 1959, p. 154-180.

_____. **As religiões africanas no Brasil: contribuição a uma sociologia das interpenetrações de civilizações**. São Paulo: Pioneira/Edusp, 1971. 2v.

_____. **Estudos afro-brasileiros**. São Paulo: Perspectiva, 1973.

_____. **As Américas negras**. São Paulo: Difel/Edusp, 1974.

_____. **O candomblé da Bahia (rito nagô)**. 3. ed. São Paulo: Nacional, 1978. (Coleção Brasiliana, 313).

_____ & VERGER, Pierre. **Contribuição ao estudo da adivinhação em Salvador (Bahia)**. In: MOURA, Carlos Eugênio de (Org.). *Olóòrisa: escritos sobre a religião dos orixás*. São Paulo: Agora, 1981, p. 57-85.

MORAIS Filho, Nascimento. **Bem-te-vi: Estêvão Rafael de Carvalho**. Edição facsimilar. São Luís: Secretaria de Fazenda, 1987.

BERG, Maria Elisabeth van den. **Aspectos botânicos do culto afro-brasileiro da Casa das Minas do Maranhão**. In: *Bol. Mus. Pará. Belém*, Emilio Goeldi, ser. Bot. v. 7, n. 2, p. 485-498, 1991.

BERLINCK, Manoel T. & HOGAN, Daniel J. **Adaptação da população e "cultura da pobreza" na cidade de São Paulo: marginalidade social ou relações de classe?** In: HOGAN, Daniel J. et alii. *Cidade usos & abusos*. São Paulo: Brasiliense, 1978, p. 115-167.

BLACKING, John. **Political and Musical Freedom in the Music of Some Black South African Churches**. In: HOLY, Ladislau & STUCLILICK, William (Orgs.) *The Structure of Folk Models*. London: Academic Press, 1981. p. 35-62. (ASA Monographies, 20.)

BOLOUVI, Lébéné Philippe. **Nouveau dictionnaire étymologique afro-brésilien: afro-brasileirismes d'origine ewe-fon et yoruba**. Lomé, Togo: Presses de l'Universtité du Bénin, 1994.

BOURDIER, Pierre. **A economia das trocas simbólicas**. São Paulo: Perspectiva, 1974.

BOYER-ARAÚJO, Véronique. **Femmes et cultes de possession au Brésil: ses compagnons invisibles**. Paris: Editions L'Harmattan, 1993.

BRANDÃO, Carlos Rodrigues. **Os deuses do povo: um estudo sobre a religião popular**. São Paulo: Brasiliense, 1980.

_____. **Produtores tradicionais da cultura popular.** Cadernos CERU. São Paulo, n. 17, p. 109-127, set. 1982.

BRILMAN, Sonja. **Minha religião, uma questão de sobreviver, irmã! Uma reflexão teológica na prática religiosa das negras da tradição religiosa afro-brasileira dos tambores de Mina.** Amsterdã: Universidade de Amsterdã, 1989. 21 p. Adaptação de capítulo de dissertação de mestrado. Mimeo.

CACCIATORE, Olga Gudolle. **Dicionário de cultos afro-brasileiros.** Rio de Janeiro: Forense, 1977.

CADERNOS DE PESQUISA. 100 anos de Abolição. UFMA/PPPG, v. 4, n. 1, jan-jun., 1988.

CALDEIRA, José Ribamar de C. **O Maranhão na literatura dos viajantes do século XIX.** São Luís: AML/SIOGE, 1991.

CAMARGO, Maria Thereza L. de Arruda. **Garrafada.** Rio de Janeiro: MEC, 1975. (Monografias folclóricas, 1).

CARNEIRO, Édson. **Religiões negras.** Rio de Janeiro: Civilização Brasileira, 1936. (Biblioteca de Divulgação Científica, n. 7).

_____. **Candomblés da Bahia.** Rio de Janeiro: Edições de Ouro, 1961.

CARREIRA, Antônio. **As companhias pombalinas de navegação, comércio e tráfego de escravos entre a costa africana e o Nordeste brasileiro.** Boletim Cultural da Guiné Portuguesa. Porto, n. 23, p. 89-94, 1968-9.

CARLINI, Álvaro. **Cachimbo e maracá; o catimbó da missão (1938).** Centenário de nascimento de Mário de Andrade. São Paulo: Acervo Histórico Discoteca Oneyda Alvarenga. Centro Cultural São Paulo, 1993.

CARVALHO, José Jorge de. **Studies of Afro-Brazilian Cults: a critical review of the main trends of thought.** Belfast: The Queen's University, 1978. Mimeo.

CARVALHO, Maria Michol Pinho de. **Matracas que desafiam o tempo: é o bumba-meu-boi do Maranhão. Um estudo da tradição/modernidade na cultura popular.** São Luís: [s.n.], 1995.

CASAS, Álvaro de las. **Na labareda dos trópicos.** Rio de Janeiro: A Noite, [s.n.].

CASCUDO, Luís da Câmara. **Dicionário do folclore brasileiro.** Rio de Janeiro: INL/MEC, 1962. 2 v.

CASTRO, Yeda Pessoa de. **Os falares africanos na interação social do Brasil Colônia.** Salvador: Universidade Federal da Bahia, 1980. (Centro de Estudos Bahianos, 89.)

_____. **Das línguas africanas ao português brasileiro.** *Afro-Ásia.* Salvador, n. 14, p. 81-106, 1983.

_____. **Falares africanos na Bahia: um vocabulário afro-brasileiro**. Rio de Janeiro: Academia Brasileira de Letras/Topbooks, 2001.

_____. **A língua mina jeje no Brasil: um falar africano em Ouro Preto do século XVIII**. Belo Horizonte: FAPEMIG/Fundação João Pinheiro, 2002.

_____ & CASTRO, Guilherme A. Souza. **Cultura africana nas Américas: um esboço de pesquisa conjunta na localização de empréstimos**. *Afro-Ásia*. Salvador, n. 13, p. 27-50, abr. 1980.

CONCEIÇÃO, Manuel da. **Essa terra é nossa: depoimento sobre a vida e as lutas de camponeses no Estado do Maranhão**. Petrópolis: Vozes, 1980. Entrevista a Ana Maria Galano.

COPANS, Jean. **Antropologia, ciência das sociedades primitivas**. Lisboa: Edições 70, 1974.

_____. **Anthropologie et impérialisme**. Paris: François Maspero, 1975.

CORNEVIN, Robert. **Le Dahomey**. Paris: PUF, 1970. (Col. Que sais-je? 1176.)

COSSARD, Gisèle Binon. **Contribution a l'étude des candomblés au Brasil: le candomblé Angola**. Paris: Faculté des Lettres et Sciences Humaines, 1970. Mimeo.

COSTA, Sebastião de Jesus. **Umbanda e cultura**. São Luís: SIOGE, 1985.

CUNHA, Manuela Carneiro da. **Etnicidade: da cultura residual mas irredutível**. *Revista de Cultura & Política*. São Paulo, n. 1, p. 35-9, ago. 1977.

CUNHA, Mariano Carneiro da. **A feitiçaria entre os nagô-yorubá**. Dédalo. *Revista do Museu de Arqueologia e Etnologia*, USP, São Paulo, (23): 1-15. 1984.

_____. **Da senzala ao sobrado: arquitetura brasileira na Nigéria e na República Popular do Benin**. Fotos de Pierre Verger. Introdução de Manuela Carneiro da Cunha. São Paulo: Nobel/EDUSP, 1985.

DANTAS, Beatriz Góis. **Repensando a pureza nagô**. *Religião e sociedade*. Rio de Janeiro, n. 8, p. 15-20, 1982.

_____. **Vovó nagô e papai branco: usos e abusos da África no Brasil**. Rio de Janeiro: Graal, 1988.

DIAS, Manuel Nunes. **Fomento e mercantilismo: a Companhia Geral do Grão-Pará e Maranhão (1755-1778)**. Belém: Universidade Federal do Pará, 1970. 2v.

DICIONÁRIO DE CIÊNCIAS SOCIAIS. Rio de Janeiro: Fundação Getúlio Vargas, 1986.

DOUGLAS, Mary. **Pureza e perigo**. São Paulo: Perspectiva, 1976.

DREWAL, Henry John & DREWAL, Margaret Thompson. **Gelede: Art and Female Power among the Yoruba**. Bloomington: Indiana University Press, 1990.

DUARTE, Abelardo. **Catálogo ilustrado da Coleção Perseverança**. Maceió: Instituto Histórico e Geográfico de Alagoas, 1974.

DURKHEIM, Emile. **Les formes élémentaires de la vie religieuse.** Paris: Félix Alcan, 1937.

EDUARDO, Octávio da Costa. **The Negro in Northern Brazil: a study in acculturation.** Nova York: J. Augustin Publisher, 1948.

_____. **Aspectos da folclore de uma comunidade rural.** Separata da Revista do Arquivo. São Paulo, Departamento de Cultura, N. CXLIV, 1951.

_____. **O tocador de atabaques nas casas de culto afro-maranhenses.** In: *Dakar,* IFAN, 1952, p. 119-123. (mem. IFAN, 27).

ELIADE, Mircea. **Le sacré et le profane.** Paris: Gallimard, 1965. (Collection Ideés, 76).

EVANS-PRITCHARD, E. E. **Bruxaria, oráculos e magia entre os azande.** Rio de Janeiro: Zahar, 1978.

_____. **Os nuers: uma descrição do modo de subsistência e das instituições políticas de um povo nilota.** São Paulo: Perspectiva, 1978 b.

FERREIRA, Aurélio Buarque de Holanda. **Novo dicionário da língua portuguesa.** Rio de Janeiro: Nova Fronteira, 1975.

FERREIRA, Euclides Menezes. **O candomblé no Maranhão.** São Luís: Alcântara, 1984.

_____. **Orixás e voduns em cânticos associados.** São Luís: Alcântara, 1985.

_____. **A Casa de Fanti-Ashanti e seu alaxé.** São Luís: Alcântara, 1987.

_____. **A prática do culto afro no Maranhão: livro-documento do I Encontro Maranhense de Cultos Afro-Brasileiros.** São Luís: Casa Fanti-Ashanti, set. 1994. Mimeo.

FERRETTI, Mundicarmo Maria Rocha. **De segunda a domingo: mina, uma religião de origem africana.** São Luís: SIOGE, 1987.

_____. **Rei da Turquia, o Ferrabrás de Alexandria?: a importância de um livro na mitologia do tambor de mina.** In: MOURA, Carlos Eugênio de, org. *Meu sinal está em teu corpo: escritos sobre a religião dos orixás.* São Paulo: EDICON/EDUSP, 1991. p. 202-218.

_____. **Tambor de mina, cura e baião na Casa Fanti-Ashanti/MA.** São Luís, 1991 b. (Disco LP com encarte ilustrado.).

_____. **Desceu na guma: o caboclo do tambor de mina no processo de mudança de um terreiro de São Luís — a Casa Fanti-Ashanti.** São Luís: SIOGE, 1993. 2. ed. revista, São Luís: EDUFMA, 2000.

_____. **Terra de caboclo.** São Luís: SECMA, 1994.

_____. **Maranhão Encantado, encantaria maranhense e outras histórias.** São Luís: UEMA, 2000.

_____. **Encantaria de "Barba Soeira": Codó, capital da magia negra?** São Paulo: Siciliano, 2001.

FERRETTI, Sérgio Figueiredo. **Tambor de crioula, festa de preto.** *Revista Universitária.* São Luís, v. 2, n. 1, p. 83-93, 1979.

_____. **Macumba e umbanda: estudo de religião e política.** Natal: [s.n.], 1980. Trabalho inédito apresentado no Curso de Mestrado em Antropologia. Datilogr.

_____. **Estudo sobre parentesco-de-santo.** Natal: [s.n.], 1980 b. Trabalho inédito apresentado ao Curso de Mestrado em Antropologia. Datilogr.

_____. **Religião popular e mudança.** *Comunicações do ISER.* v. 4, n. 17, p. 57-61, nov. 1984.

_____. **Casa das Minas Jeje do Maranhão.** *Comunicações do ISER.* v. 4, n. 17, p. 59-72, dez. 1985.

_____. **Bruxaria, oráculos, magia e feitiçaria no tambor de mina do Maranhão.** *Comunicações do ISER.* v. 7, n. 30, p. 44-51, 1988.

_____. **Voduns da Casa das Minas.** In: MOURA, Carlos Eugênio M. de (Org.). *Meu sinal está no teu corpo: escritos sobre a religião dos orixás.* São Paulo: EDICON/EDUSP, 1989. p. 176-201. Cap. 7.

_____. **Da etnopoesia afro-americana.** *Anuário antropológico 87.* Rio de Janeiro: Tempo Brasileiro, Brasília: EDUnB, p. 231-241, 1990.

_____. **O conhecimento erudito da tradição afro-brasileira.** *Afro-Ásia.* Salvador, UFBA/CEAO, n. 15, p. 5-12. 1992.

_____. **Repensando etnia, identidade e sincretismo.** *Revista de Ciências Sociais da UFMA.* São Luís, v. 2, n.1-2, p. 112-127, jul.-dez. 1992 b.

_____. **Careta de Cazumba, máscara do bumba-meu-boi.** *Vagalume.* Suplemento Cultural. São Luís, SIOGE, v. VI, n. 19, p. 32-34, jan.-jun. 1993.

_____. **Negro, catolicismo popular e religiões afro-brasileiras.** *D. O. Leitura.* São Paulo, v. 12, n. 144, p. 11-12, mai. 1994.

_____. **Repensando o sincretismo.** São Paulo: EDUSP/ FAPEMA, 1995.

_____. **Festas da cultura popular na religião afro-brasileira do Maranhão.** (Vídeo, 17 min.) São Luís, 1995 b.

_____. et alii. **Tambor de crioula: ritual e espetáculo.** São Luís: SIOGE, 1979. (3. ed. rev. São Luís, SECMA/CMF, 2002.).

FICHTE, Hubert. **Die Pflanzen der Casa das Minas.** *Ethnobotanik,* Sonderband, v. 3, n. 85, 1985, p. 241-248.

_____. **Etnopoesia: antropologia poética das religiões afro-americanas.** São Paulo: Brasiliense, 1987.

_____. **Das Haus der Mina in São Luiz de Maranhão. Materialien zum Studium des religiözen Verhaltens**. Zusammen mit Sérgio Ferretti. Frankfurt: S. Fischer, 1989.

_____. **Psyche. Glossen**. Frankfurt: S. Fischer, 1990.

_____. **Explosion**. Roman der Ethnologie. Frankfurt: S. Fischer, 1993.

FIGUEIREDO, Aldrin Moura de. **A cidade dos Encantados: pajelanças, feitiçarias e religiões afro-brasileiras na Amazônia: a constituição de um campo de estudo**. 1996. Dissertação (Mestrado em História) – Departamento de História, Universidade Estadual de Campinas, Campinas, 1996.

FOOTE-WHYTE, W. **La sociedad de las esquinas**. México: Diana, 1971.

FRY, Peter. **Para inglês ver: identidade e política na cultura brasileira**. Rio de Janeiro: Zahar, 1982.

_____. **Mediunidade e sexualidade**. *Religião e sociedade*. São Paulo, n. 1, p. 105-124, 1977.

FURUYA, Yoshiaki. **Entre "nagoização" e "umbandização": uma análise no culto mina-nagô de Belém, Brasil**. *Annals*, Association for Latin American Studies. Tokyo, n. 6, p. 13-53, 1986.

_____. **Umbandização dos cultos populares na Amazônia: a integração ao Brasil**. In: NAKAMARI & PELLEGRINI FILHO, Américo, org. *Possessão e procissão: religiosidade popular no Brasil*. Osaka: National Museum of Ethnology, 1994. p. 11-59.

GEERTZ, Cliford. **A interpretação das culturas**. Rio de Janeiro: Zahar, 1978.

GLEASON, Judith. **Agotime, her legend**. Com ilustrações de Carybé. New York: Grossman Publishers, 1970.

GLUCKMAN, Max. **Rituais de rebelião no sudeste da África**. Brasília: UnB, 1974. (Coleção Cadernos de Antropologia, 4.)

GOUVEIA, Claudia R. M. **"As esposas do Divino": poder e prestígio feminino nas festas do Divino em terreiros de tambor de mina em São Luís do Maranhão**. 2001. Dissertação (Mestrado). PPGAS, Universidade Federal de Pernambuco, Recife, 2001.

HALPERIN, Daniel T. **Analysis of an Afro-Brazilian Dance and Spirit Possession Ceremony: Comparisons with Dance Therapy**. 1992. Dissertação (Mestrado). Philadelphia: Hahnemann University, 1992.

_____. **Dancing at the Edge of Chaos: an Ethnography of Wildness and Ceremony in an Afro-Brazilian Possession Religion**. 1995. Tese (Doutorado em Estudos Latino-Americanos) – Berkeley, Universidade da Califórnia, 1995.

HAZOUMÈ, Paul. **Le pacte de sang au Dahomey**. Paris: Institut d'Ethnologie, 1956.

HERSKOVITS, Melville J. **Dahomey: an ancient West African kingdom**. Evanston: Northwestern University Press, 1967.

_____. **Antropologia cultural**. São Paulo: Mestre Jou, 1969.

HEUSCH, Luc de. **Pourquoi l'epouser? et autres essais**. Paris: Gallimard, 1971.

HOONAERT, Eduardo (Coord.). **História geral da Igreja na América Latina: ensaio de interpretação a partir do povo**. Petrópolis: Vozes, 1977. t. 2.

KI-ZERBO, J. **História geral da África**. São Paulo: UNESCO, 1982. v. 1.

LANDES, Ruth. **A cidade das mulheres**. Rio de Janeiro: Civilização Brasileira, 1967.

LAPASSADE, G. & LUZ, M. A. **O segredo da macumba**. Rio de Janeiro: Paz e Terra, 1972.

LAVELEYE, Didier de. **Peuple de la mangrove: approche ethnologique d'un espace social métissé (région de Cururupú-Mirinzal, Maranhão, Brézil)**. Bruxelas: ULB/FSSPE, 2002.

LEACH, E. R. **La ritualisation chez l'homme selon son développement social et culturel**. In: HUXLEY, J., ed. *Le comportement rituel chez l'homme et l'animal*. Paris: Gallimard, 1971. p. 241-248.

_____. **Les systèmes politiques des hautes terres de Birmanie: analyse des structures sociales kachin**. Paris: François Maspero, 1972.

LEACOCK, Seth & Ruth. **Spirits of the Deep: a Study of an Afro-Brazilian Cult**. Nova York: Anchor, 1975.

LÉVI-STRAUSS, Claude. **Anthropologie structurale**. Paris: Plon, 1958.

_____. **O pensamento selvagem**. São Paulo: Nacional, 1976.

_____. **Totemismo hoje**. Petrópolis: Vozes, 1975.

LECLERC, Gérard. **Crítica da antropologia: ensaios acerca da história do africanismo**. Lisboa: Estampa, 1973. (Coleção Práxis, 22.)

LEWIS, Ioan M. **Êxtase religioso: um estudo antropológico da possessão por espírito e do xamanismo**. São Paulo: Perspectiva, 1977.

LIMA, Olavo Correia. **Casa nagô, tradição religiosa ioruba no Maranhão**. São Luís: UFMA, 1981.

_____. **Isolados negros maranhenses: aspectos etnoteológicos negros**. São Luís, 1982.

_____ & AZEVEDO, Ramiro Corrêa. **Isolados negros no Maranhão**. São Luís: Gráfica São José, 1980.

LIMA, Vivaldo da Costa. **O conceito de "nação" nos candomblés da Bahia**. *Afro-Ásia*. Salvador, n. 12, p. 65-90, jun. 1976.

_____. **A família-de-santo nos candomblés jeje-nagôs da Bahia: um estudo de relações intra-grupais.** 1977. Dissertação (Mestrado) – Colegiado de Pós-Graduação em Ciências Humanas, Universidade Federal da Bahia, Salvador, 1977.

LOPES, Edmundo Correia. **Vestígios da África no Brasil.** *O Mundo Português.* v. 6, n. 63, p. 109-121, mar. 1939.

_____. **O kpoli de mãe Andresa.** *O Mundo Português.* v. 9, n. 100, p. 139-144, abr. 1942.

_____. **A escravatura: subsídios para a sua história.** Lisboa: Agência Geral das Colônias, 1944.

_____. **Os trabalhos de Costa Peixoto e a língua Ewe no Brasil.** In: PEIXOTO, António Costa. *Obra nova de língua geral de mina.* Lisboa: Agência Geral das Colônias, 1945, p. 40-67. Manuscrito publicado por Luís Silveira.

_____. **A propósito da Casa das Minas.** *Atlântico, Revista Luso-Brasileira.* Lisboa, 1947. p. 78-82. Reeditado In: PEREIRA, M. Nunes, *A Casa das Minas.* Petrópolis: Vozes, 1979, p. 215-21.

LOPES, Raimundo. **Uma região tropical.** 2. ed. Rio de Janeiro: Fon-Fon e Seleta, 1970. (Coleção São Luís, 2).

LOYOLA, Maria Andréa. **Medicina popular.** In: GUIMARÃES, Reinaldo, org. *Saúde e medicina no Brasil.* Rio de Janeiro: Graal, 1979.

LUZ, Joaquim Vieira da. **Fran Paxeco e as figuras maranhenses.** Rio de Janeiro: Livros de Portugal & Ed. Dois Mundos, 1957.

MALINOWSKI, Bronislaw. **Argonautas do pacífico ocidental: um relato do empreendimento e da aventura dos nativos no arquipélago da Nova Guiné Melanésia.** São Paulo: Abril Cultural, 1976. (Coleção Os pensadores.)

_____. **Trois essais sur la vie sociale des primitifs.** Paris: Petit Bibliothèque, n. 109, 1976 b.

MARANHÃO. Superintendência de Desenvolvimento. Departamento Estadual de Estatística. **Anuário Estatístico do Maranhão.** São Luís: SUDEMA, 1968.

MARATUR (Empresa Maranhense de Turismo). **Relatório de Atividades 1º Trimestre.** São Luís, 1982. Mimeo.

MARQUES, Augusto César. **Dicionário histórico e geográfico da província do Maranhão.** Rio de Janeiro: Fon-Fon e Seleta, 1970. (Coleção São Luís, 3).

MASSON, Nonato. **Segredos e mistérios da "Casa das Minas".** Fotos de Dreyfus Azoubel. Pacotilha — O Globo. São Luís, 2ª feira, 9 mar. 1953.

MATTA, Roberto da. **Carnavais, paradas e procissões: reflexões sobre o mundo dos ritos.** *Religião e sociedade.* São Paulo, n. 1, p. 3-30, 1977.

_____. **Ensaios de antropologia**. Petrópolis: Vozes, 1973.

MAUÉS, Raimundo H. **A ilha encantada: medicina e xamanismo numa comunidade de pescadores**. Belém: UFPA, 1990 [1977].

_____. **Padres, pajés, santos e festas: catolicismo popular e controle eclesiástico**. Belém: Cejup, 1995.

MAUPOIL, Bernard. **La Géomancie à l'ancienne Côte des Esclaves**. Paris: Institut de l'Ethnologie, 1961.

MEIRELES, Mário Martins. **História da arquidiocese de São Luís do Maranhão**. São Luís: Univ. do Maranhão/SIOGE, 1977.

_____. **História do Maranhão**. 2. ed. São Luís: Fundação Cultural do Maranhão, 1980.

_____. **O negro no Maranhão**. São Luís: EDUFMA, 1983.

MELLO, Veríssimo de. **As confrarias de N. S. do Rosário como reação contra-aculturativa dos negros no Brasil**. *Afro-Ásia*. Salvador, n. 13, p. 107-118, abr. 1980.

MERCIER, Paulo. **História da antropologia**. Rio de Janeiro: Eldorado, 1974.

MÉRIEN, Jean Yves. **Celso Magalhães, poeta abolicionista**. São Luís: Fundação Cultural do Maranhão, 1978.

_____. **Structure et signification du roman de Aluísio Azevedo "O Mulato"**. *Nouvelles Etudes Portugaises et Brésiliennes*. Rennes-Villejean, Centre d'Etudes Hispaniques, Hispano-Americaines et Luso-Brésiliennes. Université de Haute Bretagne, [s.d.], p. 83-121.

_____. **Aluísio Azevedo vida e obra (1837-1913): o verdadeiro Brasil do século XIX**. Rio de Janeiro: Espaço e Tempo/MINC/Pró-Leitura/INI./Banco Sudameris, 1988.

METRAUX, Alfred. **Le vaudou haitien**. Paris: Gallimard, 1968.

MICHTON, Madeleine. **Becoming a Medium: the Role of Trance in Puerto Rican Spiritism as an Avenue to Mazeway Resynthesis**. 1975. Tese (Doutorado em Antropologia Cultural) – University of New York, 1975.

MILAN, Betty. **Manhas do poder: umbanda, asilo e iniciação**. São Paulo: Ed. Ática, 1979. (Coleção Ensaios, 59).

MONTELLO, Josué. **Os tambores de São Luís**. 2. ed. Rio de Janeiro: José Olympio, 1976.

MOTT, Luiz. **A inquisição no Maranhão**. São Luís: EDUFMA, 1995.

MOURA, Carlos Eugênio Marcondes de, org. **Meu sinal está no teu corpo: escritos sobre a religião dos orixás**. São Paulo: EDICON/EDUSP, 1989.

MOURA, Clóvis. **O negro: de bom escravo a mau cidadão?**. Rio de Janeiro: Conquista, 1977. (Coleção Temas Brasileiros, 21).

_____. **Rebeliões da senzala: quilombos, insurreições, guerrilhas.** 3. ed. São Paulo: Editora Ciências Humanas, 1981.

_____. **Os quilombos e a rebelião negra.** São Paulo: Brasiliense, 1981 b. (Coleção Tudo é História, 12).

MUNANGA, Kabengele. **Os basanga de Shaba (Zaire): aspectos sócio-econômicos e políticos-religiosos.** Tese (Doutorado em Ciências Humanas e Antropologia Social) – Universidade Federal de São Paulo, 1977.

NASCIMENTO, Abdias. **O quilombismo.** Petrópolis: Vozes, 1980.

NASCIMENTO, João Afonso de. **Três séculos de modas.** 2. ed. Belém: Conselho Estadual de Cultura, 1976. (Coleção Cultura Paraense).

OCTÁVIO, Rodrigo. **A Balaiada.** São Luís: EDUFMA, 1995.

OLIVEIRA, Jorge Itaci de. **Orixás e voduns nos terreiros de Mina.** São Luís: VCR Produções e Publicidade, 1989.

OLIVEIRA, Roberto Cardoso de. **Identidade, etnia e estrutura social.** São Paulo: Pioneira, 1976.

ORTIZ, Renato. **A morte branca do feiticeiro negro: umbanda, integração de uma religião numa sociedade de classes.** Petrópolis: Vozes, 1978.

_____. **A consciência fragmentada: ensaios de cultura popular e religião.** São Paulo: Paz e Terra, 1980.

PACHECO, D. Felipe Conduru. **História eclesiástica do Maranhão.** São Luís: SENEC/Dep. de Cultura, 1969. (Coleção César Marques, v. 1.).

PACHECO, Gustavo de Brito Freire. **Brinquedo de cura: um estudo sobre a pajelança maranhense.** 2004. Tese (Doutorado em Antropologia Social) – PPGCS/Museu Nacional/Universidade Federal do Rio de Janeiro, 2004.

PANOFF, Michel & PERRIN, Michel. **Dictionnaire de l'ethnologie.** Paris: Payot, 1973. (Petit Bibliotheque, n. 224.).

PARÉS, Luís Nicolau. **The Phenomenology of Spirit Possession in the Tambor de Mina (An Ethnographic and Audio-Visual Study).** London: University of London/SOAS, 1997.

_____. **O triângulo das tobóssi, uma figura ritual no Benim, Maranhão e Bahia.** In: Afro-Ásia. n. 25-26. Salvador, 2001. p. 177-213.

PEIXOTO, Antônio da Costa. **Obra nova da língua geral de mina.** Lisboa: Agência Geral das Colônias, 1945. Manuscrito publicado por Luís Silveira.

PEREIRA, João Batista Borges. **Estudos antropológicos das populações negras na Universidade de São Paulo.** *Revista de Antropologia.* São Paulo, n. 24, p. 63-74, 1981.

PEREIRA, Manuel Nunes. **A Casa das Minas: culto dos voduns jeje no Maranhão**. 2. ed. Petrópolis: Vozes, 1979.

PERLMAN, Janice E. **O mito da marginalidade: favela e política no Rio de Janeiro**. Rio de Janeiro: Paz e Terra, 1977.

POLLAK-ELTZ, Angelina. **Cultos afro-americanos**. Caracas: Universidade Católica Andrés Bello, 1972.

PORTELLI, Hugues. **Gramsci y la cuestión religiosa: una sociologia marxista de la religion**. Barcelona: Editorial Laia, 1977.

PRADO, Regina Paula dos Santos. **Sobre a classificação dos funcionários religiosos da zona da Baixada Maranhense**. In: Da Matta, Roberto, coord. A*spectos antropológicos: pesquisa polidisciplinar da Prelazia de Pinheiro*. v. 3. São Luís: [s.n.], 1974. p. 25-60.

_____. **Todo ano tem: as festas na estrutura social camponesa**. 1977. Dissertação (Mestrado) – PPGAS/Museu Nacional/Universidade Federal do Rio de Janeiro, 1977.

PROJETO VIDA DE NEGRO DA SOCIEDADE MARANHENSE DE DEFESA DOS DIREITOS HUMANOS. **Terras de preto: quebrando o mito do isolamento** (levantamento preliminar da situação atual das chamadas terras de preto localizadas no Estado do Maranhão). São Luís: [s.n.], 1989.

RADCLIFF-BROWN, A. R. **Estrutura e função na sociedade primitiva**. Petrópolis: Vozes, 1973.

RAMOS, Arthur. **As culturas negras: introdução à antropologia brasileira**. Rio de Janeiro: Casa do Estudante do Brasil, s. d. (Coleção Arthur Ramos, 3).

_____. **O negro brasileiro: etnografia religiosa**. São Paulo: Nacional, 1951. (Coleção Brasiliana, 188).

_____. **O negro na civilização brasileira**. Rio de Janeiro: Casa do Estudante do Brasil, 1971.

_____. **As culturas negras no Novo Mundo**. São Paulo: Nacional, 1979. (Coleção Brasiliana, 249).

REIS, Waldemiro E. dos. **Espiritismo e mediunidade no Maranhão**. São Luís: [s.n], [s.d.].

RELIGIÃO E SOCIEDADE. **Identidade e resistência cultural do negro brasileiro**. São Luís: NEAB/UFMA, 1985. Mimeo.

REVISTA DE CULTURA VOZES. Petrópolis, v. 71, n. 9, 1977.

RIBEIRO, Maria José Bastos. **Maranhão de outrora (1819-1924): memórias de uma época**. Rio de Janeiro: Ed. Jornal do Commércio, 1924.

RIBEIRO, Jalila Ayoub Jorge. **A desagregação do sistema escravista no Maranhão (1850-1888)**. São Luís: SIOGE, 1988.

RIBEIRO, René. **Cultos afro-brasileiros do Recife: um estudo de ajustamento social**. Recife: MEC/IJNPS, 1978.

RICHEPORT, Madeleine. **Sistemas alternativos de cura no Brasil: material audiovisual**. Rio de Janeiro: UFRJ, Org. Pan-Americana de Saúde, [s.d.]. Mimeo.

RODRIGUES, Raimundo Nina. **Os africanos no Brasil**. São Paulo: Nacional, 1977. (Coleção Brasiliana, 9).

_____. **O animismo fetichista dos negros bahianos**. Rio de Janeiro: Civilização Brasileira, 1935. (Biblioteca de Divulgação Científica, 2).

SÁ, Laís Mourão. **Sobre a classificação de entidades sobrenaturais**. In: DA MATTA, Roberto, coord. *Aspectos antropológicos: pesquisa polidisciplinar da Prelazia de Pinheiro*. v. 3. São Luís: [s.n.], 1974, p. 13-24.

_____. **O pão da terra: propriedade comunal e campesinato livre na Baixada Ocidental Maranhense**. 1975. Dissertação (Mestrado) – Museu Nacional/PPGAS/ Universidade Federal do Rio de Janeiro, Rio de Janeiro, 1975.

SALLES, Fritz Teixeira de. **Associações religiosas no Ciclo do Ouro: introdução ao estudo do comportamento social das irmandades de Minas no Século XVIII**. Belo Horizonte: Centro de Estudos Mineiros, 1963. (Coleção Estudos Universidade de Minas Gerais, 1).

SALLES, Vicente. **O negro no Pará**. Rio de Janeiro: FGV/Universidade Federal do Pará, 1971.

SANTANA, Esmeraldo Emetério de. **Nação angola: encontro de nações-de-candomblé**. *Anais do encontro realizado em Salvador, 1981*. UFBA/CEAO. Centro Editorial e Didático/ IANAMÁ, 1984,. p. 35-47.

SANTOS, Descóredes Maximiliano dos. **Contos crioulos da Bahia: narrados por Mestre Didi**. Petrópolis: Vozes, 1976.

SANTOS. Joel Rufino dos. **História do negro no Brasil: aulas ministradas durante a IV Semana do Negro no Maranhão**. São Luís: Centro de Cultura Negra do Maranhão, 1985.

SANTOS, Juana Elbein dos. **A expressão oral na cultura negro-africana e brasileira**. In: SANTOS, Descoredes M. dos. Contos crioulos da Bahia. Petrópolis: Vozes, 1976 b, p.11-16.

_____. **Os nagô e a morte; pàde, àsèsè e o culto egun na Bahia**. Petrópolis: Vozes, 1976.

SANTOS, Maria do Rosário Carvalho & SANTOS NETO, Manuel dos. **Boboromina: terreiros de São Luís, uma interpretação sócio-cultural**. São Luís: SECMA/SIOGE, 1989.

SANTOS, Pedro Braga dos. **Alcântara, a sociologia da festa do Divino**. São Luís: FIPES, 1980.

SARGANT, William. **A possessão da mente: uma fisiologia da possessão, do misticismo e da cura pela fé**. Rio de Janeiro: Imago, 1975.

SASTRE, Robert. **Le vodu dans la vie culturelle, social et politique du Sud-Dahomey**. In: *Colloque de Cotonu: les religions africaines comme source de valeurs de civilizations*. Paris: Présence Africaine, 1972.

SCARANO, Julita. **Devoção e escravidão: a Irmandade de Nossa Senhora do Rosário dos Pretos no Distrito Diamantino no Século XVIII**. São Paulo: Nacional, 1976. (Coleção Brasiliana, 357).

SENNA, Nelson de. **Africanos no Brasil: estudos sobre os negros africanos e a influência afro-negras sobre a linguagem e os costumes do povo brasileiro**. Belo Horizonte: Graphica Queiroz Breyner, 1938.

SILVA, Anaiza Vergolino e. **Alguns elementos para o estudo do negro na Amazônia**. Belém: Museu Paraense Emílio Goeldi, 1968. (Publicações avulsas, n. 8).

_____. **O tambor de flores: uma análise da Federação Espírita Umbandista e dos cultos afro-brasileiros do Pará (1965-1975)**. 1976. Dissertação (Mestrado) – Universidade Estadual de Campinas, Campinas, 1976.

SILVA, Carlos Benedito Rodrigues da. **Da Terra das Primaveras à Ilha do Amor: reggae, lazer e identidade cultural**. São Luís: EDUFMA, 1995.

SILVA, Dimas Salustiano. **Direito insurgente do negro no Brasil: território e cidadania dos quilombos**. São Luís: PVN/SMDDH, 1993. Mimeo.

SILVERSTEIN, Leni M. **Mãe de todo mundo: modos de sobrevivência nas comunidades de candomblés da Bahia**. *Religião e sociedade*. Rio de Janeiro, n. 4, p. 143-169, 1979.

SOARES, Luiz Eduardo. **Campesinato: ideologia e política**. Rio de Janeiro: Zahar, 1981.

SOCIEDADE BRASILEIRA PARA O PROGRESSO DA CIÊNCIA (SBPC). **Anais da 47ª Reunião Anual**. São Luís, UFMA, 9 a 14 de julho de 1995. 2. v.

SOGBOSSI, Hippolyte Brice. **Aproximación al estúdio de la tradición linguístico-cultural de los arará en Jovellanos, Perico y Agromonte (Cuba)**. 1996. Tese (Doutorado) – Universidad de Havana, Havana, 1996.

_____. **Minas-jêje em São Luís do Maranhão, Brasil: contribuição ao estudo de uma tradição daomeana.** 1999. Dissertação (Mestrado) – PPGAS/Museu Nacional/ Universidade Federal do Rio de Janeiro, Rio de Janeiro, 1999.

_____. **Contribuição ao estudo da cosmologia e do ritual entre os jêje no Brasil: Bahia e Maranhão.** 2004. Tese (Doutorado em Antropologia Social) – Museu Nacional/Universidade Federal do Rio de Janeiro, Rio de Janeiro, 2004.

SOUZA, Pe. José Coelho de. **Os jesuítas no Maranhão.** São Luís: Fundação Cultural do Maranhão, 1977. v. 2. (Coleção Antônio Lopes).

SPIRO, Melford E. **La religion: problèmes de définition et d'explication.** In: BANTON, M., org.. *Essais d'anthropologie religieuse.* Paris: Gallimard, 1972, p. 109-152. (Collection Essais). ASA Monographs, (3) 1966.

THOMAS, Louis-Vincent e LUNEAU, René. **La terre africaine et ses religions.** Paris: Lib. Larousse Université, 1975. (Série Anthropologie Sciences Humaines et Sociales).

TINHORÃO, José Ramos. **Música popular de índios, negros e mestiços.** 2. ed. Petrópolis: Vozes, 1975.

TRINDADE-SERRA, Ordep. **A morte africana no Brasil.** *Anuário Antropológico 77.* Rio de Janeiro: Tempo Brasileiro, 1978, p. 256-274.

_____. **Pureza e confusão: as fontes do limbo.** *Anuário Antropológico 79.* Rio de Janeiro: Tempo Brasileiro, 1981, p. 148-67.

TURNER, Victor W. **Syntaxe du symbolisme d'une religion africaine.** In: HUXLEY, J. (Org.). *Le comportement rituel chez l'homme et l'animal.* Paris: Gallimard, 1971. p. 76-88.

_____. **Les tambours d'affliction: analyse des rituels chez les Ndembu de Zambia.** Paris: Gallimard, 1972.

_____. **O processo ritual: estrutura e anti-estrutura.** Petrópolis: Vozes, 1974.

UNESCO. **Culturas africanas: documentos da reunião de peritos sobre "As sobrevivências das tradições religiosas africanas nas Caraíbas e na América Latina".** São Luís, 24-29 de junho de 1985. Paris, [s.n.], 1986.

VAN GENNEP, Arnold. **Os ritos de passagem.** Petrópolis: Vozes, 1978.

VELHO, Yvone Maggie Alves. **Guerra de orixás: um estudo de ritual e conflito.** 1973. Dissertação (Mestrado) – Museu Nacional/Universidade Federal do Rio de Janeiro, Rio de Janeiro, 1973.

VERGER, Pierre. **Le culte des voduns d'Abomey aurait-il été apporté à Saint-Louis de Maranhon par la mère du roi Ghézo?** In: *Les Afro-Americains.* Dakar: IFAN, 1952, p. 157-60 (Mem. IFAN, 27).

_____. Orixás: deuses iorubanos na África e no Novo Mundo. São Paulo: Currupio/Círculo do Livro, 1981.

_____. 50 anos de fotografia. Salvador: Corrupio, 1982.

_____. Uma rainha africana mãe-de-santo em São Luís. São Paulo: Revista USP, n. 6, p. 151-158. jun.-ago. 1990.

_____. Grandeza e decadência do culto de Iyami Òsòròngà (Minha Mãe Feiticeira) entre os Yorùbá. In: MOURA, Carlos Eugênio Marcondes de, org. *As senhoras do pássaro da noite: escritos sobre a religião dos orixás V*. São Paulo: AM/EDUSP, 1994. p. 13-71.

VIEIRA FILHO, Domingos. **As belas artes no Maranhão: notícias bibliográficas.** São Luís: Departamento de Cultura do Estado/Museu Histórico e Artístico, 1969.

_____. Breve história das ruas e praças de São Luís. Maranhão: [s. n.], 1971.

_____. Folclore brasileiro: Maranhão. Rio de Janeiro: MEC/FUNART, 1977.

_____. A linguagem popular do Maranhão. 3. ed. São Luís: [s.n.], 1979.

VOGT, Carlos & FRY, Peter. A "descoberta do Cafundó": alianças e conflitos no cenário da cultura negra no Brasil. *Religião e sociedade*. Rio de Janeiro, n. 8, p. 45-52, 1982.

WEBER, Max. Le savant et le politique. Paris: Plon, 1959.

_____. L'ethique protestant et l'esprit du capitalisme. Paris: Plon, 1964.

_____. Economia y sociedad: esbozo de sociología compreensiva. México: Fondo de Cultura Econômica. 1969. 2 v.

WOORTMANN, Klaus. **Cosmologia e geomancia: um estudo de cultura yorubá-nagô.** *Anuário Antropológico 77*. Rio de Janeiro: Tempo Brasileiro, 1978. p. 11-84.

ZIEGLER, Jean. **Les vivants et la mort: essais de sociologie.** Paris: Editions du Seuil, 1975. (Collection Esprit).

Este livro foi impresso em julho de 2009,
no Armazém das Letras Gráfica e Editora, no Rio de Janeiro.
O papel do miolo é o offset 75g/m² e o da capa é o cartão 250g/m².
A fonte usada no miolo é a ITC Stone Serif, corpo 9/14.